Prompt Engineering im Geschäftsprozessmanagement

Thomas Keuthen

Prompt Engineering im Geschäftsprozessmanagement

Innovation mit KI als Schlüssel zur Effizienz

Thomas Keuthen
Karlsruhe, Deutschland

ISBN 978-3-658-48675-4   ISBN 978-3-658-48676-1 (eBook)
https://doi.org/10.1007/978-3-658-48676-1

Die Deutsche Nationalbibliothek verzeichnet diese Publikation in der Deutschen Nationalbiblio-
grafie; detaillierte bibliografische Daten sind im Internet über https://portal.dnb.de abrufbar.

Springer Gabler ist ein Imprint der eingetragenen Gesellschaft Springer Fachmedien Wiesbaden
GmbH und ist ein Teil von Springer Nature.
Die Anschrift der Gesellschaft ist: Abraham-Lincoln-Str. 46, 65189 Wiesbaden, Germany

Wenn Sie dieses Produkt entsorgen, geben Sie das Papier bitte zum Recycling.

Vorwort

Die digitale Transformation hat das Geschäftsprozessmanagement (GPM) nachhaltig verändert und stellt Unternehmen vor die Herausforderung, ihre Prozesse kontinuierlich zu optimieren. In einer zunehmend datengetriebenen Wirtschaft sind Automatisierung, Effizienzsteigerung und strategische Kostenkontrolle entscheidende Faktoren für langfristigen Erfolg. Während in der Vergangenheit Workflow-Management-Systeme und Robotic Process Automation (RPA) als Innovationen galten, zeigt sich heute, dass diese Ansätze allein nicht mehr ausreichen. Die nächste Evolutionsstufe im Geschäftsprozessmanagement wird durch Large Language Models (LLMs) und gezieltes Prompt Engineering geprägt.

Aktuelle Entwicklungen verdeutlichen, warum Unternehmen sich mit diesen neuen Technologien auseinandersetzen müssen. Beispielsweise setzt der Einzelhandelskonzern Rewe Künstliche Intelligenz (KI) und maschinelles Lernen ein, um die Warenplanung und Disposition in seinen Filialen zu optimieren. Durch eine datenbasierte Analyse von Verkaufszahlen, saisonalen Effekten und Wetterprognosen können Produkte gezielt gesteuert werden, was zu einer besseren Warenverfügbarkeit, geringeren Lagerkosten und reduzierter Lebensmittelverschwendung führt. Ähnlich nutzt Fresenius Medical Care KI-gestützte Systeme, um bei Dialysebehandlungen mögliche Komplikationen frühzeitig zu erkennen – teilweise bis zu 75 min im Voraus. Diese Beispiele zeigen, dass der Einsatz von KI längst nicht mehr nur ein experimenteller Ansatz ist, sondern einen handfesten wirtschaftlichen Mehrwert generiert.

Doch mit der zunehmenden Verbreitung von LLMs stehen Unternehmen vor neuen Herausforderungen. Ein wesentlicher Punkt ist die Preisgestaltung der Anbieter. Große Technologieunternehmen wie OpenAI, Google oder Anthropic setzen zunehmend auf undurchsichtige oder dynamische Pricing-Modelle, die Unternehmen vor strategische Entscheidungen stellen. Eine unkontrollierte Nutzung kann schnell zu unerwartet hohen Kosten führen, während restriktive Lizenzmodelle den Zugriff auf leistungsstarke Modelle erschweren können. Vor diesem Hintergrund wird es für Unternehmen essenziell, nicht nur effiziente Nutzungsstrategien zu entwickeln, sondern auch Abhängigkeiten von einzelnen Anbietern zu reduzieren. Neben einem bewussten Outsourcing und der Optimierung bestehender Modelle durch gezieltes Prompt Engineering bieten sich auch Alternativen wie Open-Source-Modelle oder sogar eigene Entwicklungen an.

Ein zentraler Aspekt dieses Buches ist daher das gezielte Prompt Engineering, das eine Schlüsselrolle bei der effektiven Nutzung von LLMs spielt. Die Art und Weise, wie ein Prompt formuliert wird, beeinflusst direkt die Qualität der generierten Ergebnisse und kann dabei helfen, Kosten zu senken und Prozesse zu optimieren. Unternehmen wie Adobe zeigen bereits, wie durch durchdachte Prompts komplexe Aufgaben wie Bildbearbeitung oder Textgenerierung effizient gesteuert werden können.

Zur Veranschaulichung der Konzepte und Techniken in diesem Buch wurde die aktuell frei verfügbare Version von ChatGPT (Stand: Frühjahr 2025) verwendet – konkret die Modellvariante GPT-4o mini. Dieses Modell vereint leistungsfähige Textverarbeitung mit einem effizienten Ressourcenverbrauch und eignet sich damit besonders gut für praxisnahe Anwendungen im Alltag und Beruf. Alle Beispiele und Anleitungen wurden mit dieser Version erstellt, sodass Leserinnen und Leser sie ohne zusätzliche Kosten oder technischen Aufwand selbst nachvollziehen können.

Das Buch richtet sich an Fach- und Führungskräfte, Prozessanalysten sowie IT-Experten, die sich mit der digitalen Transformation im Geschäftsprozessmanagement auseinandersetzen. Ziel ist, eine Brücke zwischen klassischen Prozessmanagement-Methoden und den neuesten Entwicklungen im Bereich Künstlicher Intelligenz zu schlagen. Dabei werden nicht nur theoretische Grundlagen vermittelt, sondern auch praxisnahe Anwendungsfälle vorgestellt, die zeigen, wie Unternehmen LLMs zur Prozessoptimierung nutzen können. Besonderes Augenmerk liegt auf Strategien zur effizienten Nutzung von LLMs, der Kostenkontrolle und der Vermeidung von Anbieterabhängigkeiten.

Ein bewusster und reflektierter Umgang mit LLMs ist dabei essenziell. Diese Modelle sollten nicht naiv eingesetzt, sondern im Kontext der eigenen fachlichen Einschätzung überprüft werden. Entscheidend ist dabei nicht, dass der Nutzer die gestellte Aufgabe selbst lösen könnte, sondern dass er in der Lage ist, die Qualität des Ergebnisses kritisch zu bewerten. Ein Beispiel verdeutlicht dies: Jemand muss kein Dichter oder Germanist sein, um die ästhetische Qualität eines Gedichts subjektiv zu beurteilen – er kann es als Rezipient erleben und seine Wirkung einschätzen. Genauso verhält es sich mit der Anwendung von LLMs in geschäftlichen Kontexten: Die Beurteilung der Ergebnisse sollte immer auch die Zielgruppe und den beabsichtigten Zweck berücksichtigen. Nur so kann eine verantwortungsbewusste Nutzung gewährleistet werden, die echten Mehrwert schafft, anstatt unüberprüft fehlerhafte oder ungeeignete Inhalte in Geschäftsprozesse einfließen zu lassen.

Ich hoffe, dass dieses Buch wertvolle Impulse für die strategische Anwendung von LLMs im Geschäftsprozessmanagement liefert und Unternehmen dabei unterstützt, neue Potenziale zu erschließen – sei es durch effizientere Workflows, fundiertere Entscheidungen oder die Reduzierung von Kosten. Die Zukunft des GPM wird nicht mehr nur von klassischen Automatisierungstools bestimmt, sondern von der intelligenten Nutzung von KI-Technologien. Dieses Buch soll einen praxisnahen Leitfaden bieten, um diese Entwicklung aktiv mitzugestalten.

Karlsruhe, Deutschland   Thomas Keuthen

Interessenkonflikt

Der/die Autor*in hat keine für den Inhalt dieses Manuskripts relevanten Interessenkonflikte.

Inhaltsverzeichnis

1 **Einleitung** 1
  1.1 Geschäftsprozessmanagement in der digitalen Transformation 2
  1.2 Bedeutung von Large Language Models und Prompt
      Engineering 4
  1.3 Ziele des Buches 6
  1.4 Aufbau des Buches 7
  Literatur 9

2 **Grundlagen** 11
  2.1 Geschäftsprozessmanagement. 11
      2.1.1 Definitionen und Konzepte. 11
      2.1.2 Ziele 14
      2.1.3 Artefakte und Akteure im
              Geschäftsprozesslebenszyklus 15
      2.1.4 Business Process Model and Notation (BPMN) 24
  2.2 Large Language Models 29
      2.2.1 Einführung Künstliche Intelligenz 29
      2.2.2 Zentrale Begriffe und Technologien. 32
      2.2.3 Large Language Models. 34
      2.2.4 Textverständnis. 37
      2.2.5 Tokenization 39
      2.2.6 Transformer-Modell 41
      2.2.7 Training 47
      2.2.8 Python Skript 52

2.3   Prompt Engineering 54
        2.3.1   Der Prompt...................................... 54
        2.3.2   Grundprinzipien 59
        2.3.3   Grundtechniken 62
        2.3.4   Meta-Optimierung 66
        2.3.5   Zentrale Herausforderungen und Lösungen............ 69
Literatur 74

3   LLMs im GPM 77
    3.1   Dokumente analysieren................................. 77
            3.1.1   Texttypen 77
            3.1.2   Strukturierungsgrad 80
            3.1.3   Zielgruppe..................................... 81
            3.1.4   Mehrsprachigkeit 83
            3.1.5   Sprachstile 86
    3.2   Prozessidentifikation.................................. 88
            3.2.1   Prozessstrategie entwickeln 88
            3.2.2   Prozessgovernance vorbereiten 90
            3.2.3   Prozesslandkarte erstellen 92
    3.3   Prozessmodellierung.................................. 96
            3.3.1   Prozessschritte identifizieren 96
            3.3.2   BPMN-Kollaborationsdiagramme modellieren 102
            3.3.3   Organigramm modellieren 108
            3.3.4   IT-Architektur modellieren...................... 111
    3.4   Analyse bestehender Geschäftsprozesse..................... 113
            3.4.1   Prozessqualität bestimmen....................... 113
            3.4.2   Prozesskennzahlen ermitteln 116
    3.5   Prozessgestaltung 119
            3.5.1   Maßnahmen definieren........................... 119
            3.5.2   Maßnahmen priorisieren......................... 121
            3.5.3   Prozess-Roadmap gestalten 125
    3.6   Implementierung neuer Prozessmodelle..................... 127
            3.6.1   Maßnahmen umsetzen 127
            3.6.2   Maßnahmen kommunizieren 131
    3.7   Überwachung und kontinuierliche Verbesserung 135
            3.7.1   Compliance prüfen.............................. 135
            3.7.2   Prozessgovernance prüfen 137
            3.7.3   Wirtschaftlichkeit prüfen 140

3.8 Optimierung von Prozessen 143
    3.8.1 Prozesse automatisieren 143
    3.8.2 Kontinuierlich verbessern (CPI) 145
    3.8.3 Radikal verbessern (BPR) 147
Literatur 149

4 Prompt Engineering im GPM 151
  4.1 Schritt-für-Schritt Prompt-Erstellung 151
    4.1.1 Problemidentifikation 151
    4.1.2 Zielsetzung 153
    4.1.3 Kontext bereitstellen 155
    4.1.4 Prompt-Formulierung 156
    4.1.5 Testen und Validieren 157
    4.1.6 Iteration und Optimierung 159
  4.2 Prompt-Optimierung 163
    4.2.1 Grundregeln 163
    4.2.2 Top-Down 165
    4.2.3 Grammatik 167
  4.3 Der Prozessanalyst als Prompt Engineer 169
    4.3.1 Hard- und Soft-Skills 169
    4.3.2 Informationsverarbeitungskompetenzen 172
    4.3.3 Sprachkompetenzen für Arbeitsanweisungen 174
  4.4 Praktische Beispiele 182
    4.4.1 Prozessmodellierung in Hochschulen 182
    4.4.2 Prozessmodellierung in SAP-Projekten 185
Literatur 187

5 Technische Integration 189
  5.1 GPM-Tools mit LLMs erweitern 189
    5.1.1 Sprachmodelle im Vergleich 189
    5.1.2 Sprachmodelle im GPM-Lifecycle 195
    5.1.3 Auswahl geeigneter LLMs 198
    5.1.4 Technische Integration 201
    5.1.5 No-Code Workflow-Management-Systeme 203
  5.2 Datenintegration und -management 205
    5.2.1 Datenakquise 205
    5.2.2 Datenaufbereitung 206
    5.2.3 Datenverwaltung 207
    5.2.4 Sicherheits- und Datenschutzaspekte 209

5.3   LLM-basierte Prozessmanagement-Systeme entwickeln 213
      5.3.1   Typische Ausgangssituation 213
      5.3.2   Implementierungsschritte 214
      5.3.3   Potenziale 217
5.4   LLM-basiertes Process Mining 220
      5.4.1   Einführung in Process Mining 220
      5.4.2   Process Discovery 222
      5.4.3   Process Conformance Checking 223
      5.4.4   Process Enhancement 225
5.5   Empfehlungen für die Praxis 226
Literatur 228

6   LLM-Prozessstrategie 231
6.1   Strategische Bedeutung von LLMs im GPM 231
      6.1.1   Technologische Einordnung 231
      6.1.2   Auswirkungen auf Geschäftsprozesse 233
      6.1.3   Chancen und Herausforderungen 234
      6.1.4   Stakeholder-Management 237
      6.1.5   Best Practices aus der Praxis 240
6.2   Phasen LLM-gestützter Prozessstrategien 245
      6.2.1   Strategische Analyse 245
      6.2.2   Strategieentwicklung 246
      6.2.3   Strategieimplementierung 248
      6.2.4   Integration in bestehende Organisationsstrategien 249
Literatur 250

7   Ausblick 251
7.1   Zukünftige Weiterentwicklungstrends 251
      7.1.1   Verbesserung der Modellgenauigkeit 251
      7.1.2   Edge AI 253
      7.1.3   Erweiterung der Anwendungsbereiche 255
      7.1.4   Ethik und Datenschutz 256
      7.1.5   Benutzerfreundlichkeit und Zugänglichkeit 258
7.2   Strategische Empfehlungen für Unternehmen 259
      7.2.1   Investitionen in Technologie 259
      7.2.2   Outsourcing-Strategien 261
      7.2.3   Zusammenarbeit mit Experten
              und Forschungseinrichtungen 262
Literatur 264

8 Fallstudien aus der Praxis 265
  8.1 LLM-gestützte Prozessmodellierung 265
    8.1.1 Forschungsprojekt 265
    8.1.2 Herausforderung................................ 266
    8.1.3 Lösungsansätze................................ 267
    8.1.4 Ergebnisse..................................... 269
  8.2 LLM-gestützte Kundenservice-Prozesse 270
    8.2.1 Unternehmen 270
    8.2.2 Herausforderung................................ 271
    8.2.3 Lösungsansätze................................ 272
    8.2.4 Ergebnisse..................................... 273
  8.3 LLM-gestützte ERP-Systeme 274
    8.3.1 Unternehmen 274
    8.3.2 Herausforderung................................ 275
    8.3.3 Lösungsansätze................................ 276
    8.3.4 Ergebnisse..................................... 277

Der Autor

Thomas Keuthen ist Berater für Geschäftsprozessmanagement und IT-Architektur mit Schwerpunkt auf dem öffentlichen Sektor. Er unterstützt Behörden und öffentliche Einrichtungen bei der Optimierung und Digitalisierung von Verwaltungsprozessen. Ein besonderer Fokus seiner Arbeit liegt auf der strukturierten Wissensvermittlung in den Bereichen Prozessmodellierung und innovative Technologien.

Sein Bachelorstudium der Wirtschaftsinformatik absolvierte er an der Dualen Hochschule Baden-Württemberg (DHBW), mit inhaltlichen Schwerpunkten auf Workflow-Management-Systeme, agile Methoden und die Digitalisierung von Hochschulprozessen. Anschließend erweiterte er seine Qualifikation durch ein Masterstudium in Business Administration mit dem Schwerpunkt Non-Profit- und Public Management an der Zürcher Hochschule für Angewandte Wissenschaften (ZHAW).

Berufliche Erfahrungen sammelte er bereits während seines Studiums, unter anderem als Agile Coach, Projektmanager und Softwareentwickler. Später war er als freiberuflicher Berater tätig, mit dem Fokus auf die Einführung von Software- und CRM-Systemen in unterschiedlichen Organisationen.

Aufgrund seiner umfangreichen Kenntnisse in den Bereichen Technologie, Prozessmanagement und öffentlicher Verwaltung ist Thomas Keuthen ein gefragter Experte für Fragen der digitalen Transformation. Seine Auseinandersetzung mit den Einsatzmöglichkeiten von Large Language Models (LLMs) im Geschäftsprozessmanagement bildet die inhaltliche Grundlage dieses Buches

Abbildungsverzeichnis

Abb. 1.1   Aufbau des buches 7

Abb. 2.1   GPM-Lebenszyklus. 16
Abb. 2.2   BPMN generisches Beispielmodell 26
Abb. 2.3   Wissenstreppe nach North. 38
Abb. 2.4   Beispiel Matrix 2D-Sprachraum........................ 49
Abb. 2.5   Prompt-Arten 56
Abb. 2.6   Prompt-Engineering-Grundtechniken. 63

Abb. 3.1   Generische Prozesslandkarte. 95
Abb. 3.2   Generisches Organigramm 109
Abb. 3.3   Generische IT-Architektur 112
Abb. 3.4   Wirkungsmodell Prozesskennzahlen. 117

Abb. 4.1   Beispiel Top-Down-Prozessidentifikation. 166

Abb. 8.1   PRODIGY Governance. 268
Abb. 8.2   PRODIGY Verbesserung Prozessmodellierung 269

Tabellenverzeichnis

Tab. 5.1   Übersicht geeigneter LLMs in den Phasen des Prozesslebenszyklus . . . 195

Einleitung

Die Nutzung von Künstlicher Intelligenz (KI) im Geschäftsprozessmanagement hat in den letzten Jahren rasant zugenommen. Unternehmen setzen zunehmend auf leistungsfähige KI-Modelle, um Prozesse zu optimieren, Entscheidungen zu unterstützen und innovative Lösungen zu entwickeln [1]. Derzeit sind viele dieser Anwendungen kostengünstig nutzbar, und verursachen nur indirekte Kosten – etwa durch den Zeitaufwand der Mitarbeitenden für die Erstellung und Anpassung von Prompts. Diese Situation könnte sich jedoch ändern, wenn Anbieter von LLMs ihre Preismodelle anpassen und künftig auf eine Abrechnung pro Nutzungseinheit, also pro Prompt und Zeichenlänge, umstellen. In einem solchen Szenario würden die Kosten für qualitativ hochwertige KI-Modelle erheblich steigen, was Unternehmen dazu zwingen würde, ihre Nutzung zu optimieren.

Vor diesem Hintergrund gewinnt das sogenannte Prompt Engineering – die gezielte und effiziente Formulierung von Eingaben für KI-Modelle – immer mehr an Bedeutung. Aktuell erfolgt dieser Prozess in vielen Unternehmen noch nach dem Prinzip von Trial-and-Error. Während diese Experimentierfreude gegenwärtig kostenseitig noch vertretbar ist, könnte eine zukünftige Preisgestaltung der KI-Dienstleister solche ineffizienten Ansätze zunehmend unwirtschaftlich machen [2]. Unternehmen müssen daher frühzeitig Strategien entwickeln, um den maximalen Nutzen aus ihren KI-Anwendungen zu ziehen und gleichzeitig Kosten zu minimieren.

Neben diesen wirtschaftlichen Überlegungen ist ebenso wichtig, die oftmals noch vorhandene Skepsis gegenüber KI-Technologien abzubauen. Viele Menschen nutzen bereits Rechtschreib- und Grammatikprüfungen in Textverarbeitungsprogrammen, ohne dies zu hinterfragen. Nun erweitert sich der Anwendungsbereich durch disruptive KI-Innovation auf eine neue Dimension – die inhaltliche

© Der/die Autor(en), exklusiv lizenziert an Springer Fachmedien Wiesbaden GmbH, ein Teil von Springer Nature 2025
T. Keuthen, *Prompt Engineering im Geschäftsprozessmanagement*,
https://doi.org/10.1007/978-3-658-48676-1_1

Unterstützung. Solange die Autorinnen und Autoren selbst die Richtigkeit der generierten Inhalte überprüfen können, bleibt dieser Fortschritt vertretbar und kann als wertvolle Hilfe im Arbeitsalltag dienen [3]. Um das volle Potenzial von KI auszuschöpfen, ist es daher notwendig, sowohl eine effiziente Nutzung als auch eine breite Akzeptanz dieser Technologien zu fördern.

1.1   Geschäftsprozessmanagement in der digitalen Transformation

In der heutigen, schnelllebigen Geschäftswelt ist die digitale Transformation zu einem entscheidenden Faktor für den Erfolg und die Wettbewerbsfähigkeit von Unternehmen geworden. Geschäftsprozesse müssen kontinuierlich angepasst und optimiert werden, um den steigenden Anforderungen und den sich ständig verändernden Marktbedingungen gerecht zu werden [3]. In diesem Kontext kommt dem Geschäftsprozessmanagement eine zentrale Bedeutung zu. Es umfasst die systematische Gestaltung, Steuerung und kontinuierliche Verbesserung von Geschäftsprozessen, mit dem Ziel, die Effizienz und Effektivität der Unternehmensabläufe zu maximieren [4]. Dadurch lassen sich nicht nur Ressourcen besser nutzen, sondern auch die Qualität von Produkten und Dienstleistungen steigern.

Die digitale Transformation hat die Art und Weise, wie Unternehmen ihre Prozesse verwalten, jedoch grundlegend verändert. Neue Technologien wie Large Language Models ermöglichen es Unternehmen, große Mengen an Daten in Echtzeit zu analysieren und daraus wertvolle Erkenntnisse zu gewinnen [1]. Diese Technologien bieten nicht nur die Möglichkeit, Prozesse zu automatisieren, sondern auch die Grundlage für eine kontinuierliche, datengestützte Prozessoptimierung. Geschäftsprozesse, die einst von Hand durchgeführt wurden, können nun effizienter und präziser gestaltet werden. Durch den Einsatz intelligenter Technologien werden sie selbstoptimierend und anpassungsfähig an sich ändernde Marktbedingungen. Unternehmen, die ihre Prozesse effektiv managen und die richtigen Technologien nutzen, können ihre Produktionszeiten verkürzen, Kosten senken und gleichzeitig die Kundenzufriedenheit erhöhen.

Andersherum unterstützt Geschäftsprozessmanagement die Digitalisierung und schafft die Grundlage für die Einführung prozessgestützter Softwarelösungen, die spezifisch auf die Anforderungen einzelner Geschäftsprozesse zugeschnitten sind. Insbesondere der Einsatz von No-Code- und Low-Code-Plattformen eröffnet neue Möglichkeiten: Unternehmen können Softwareanwendungen entwickeln, ohne dass tiefgehende Programmierkenntnisse erforderlich sind. Dadurch wird nicht nur der Entwicklungsprozess beschleunigt, sondern auch die Flexibilität erhöht, mit der Organisationen auf neue Herausforderungen und sich verändernde Marktbedingungen reagieren können. Ein zentrales Merkmal moderner No-Code- und Low-Code-Ansätze ist ihre enge Verbindung zur Prozessmodellierung. Viele dieser Umgebungen basieren auf visuellen Darstellungen von Geschäftsprozessen und ermöglichen Nutzern, Anwendungen durch intuitive Prozessvisualisierungen zu konfigurieren und anzupassen [2]. Dies reduziert die Abhängigkeit von IT-Teams, fordert von den Geschäftsprozessverantwortlichen jedoch gleichzeitig zunehmend algorithmische Denkweisen.

Im Kontext der digitalen Transformation ist es nicht zwingend erforderlich, dass ein Unternehmen einen besonders hohen Digitalisierungs-Reifegrad erreicht hat, um Large Language Models im Geschäftsprozessmanagement zu nutzen. LLMs können bereits in weniger digitalisierten Organisationen einen bedeutenden Mehrwert bieten, indem sie ad-hoc den Prozess der Modellierung, Analyse und Optimierung von Geschäftsprozessen erleichtern. Der Einsatz von LLMs erfordert keine umfassende IT-Infrastruktur oder vollständig digitalisierte Prozesse, sondern kann schrittweise integriert werden, um spezifische Aufgaben zu unterstützen, wie etwa die automatisierte Analyse von Dokumenten, das Erstellen von Prozessmodellen basierend auf Best Practices oder die Bereitstellung von Empfehlungen zur Prozessverbesserung. Daher stellt der Einsatz von LLMs eine niedrigschwellige Einstiegsmöglichkeit in die Digitalisierung von Geschäftsprozessmanagement dar, die Unternehmen auch bei einem noch nicht sehr fortgeschrittenen Digitalisierungsgrad nutzen können.

In diesem Zusammenhang gewinnt das prozessorientierte Projektmanagement an Relevanz, da es eine strukturierte und systematische Herangehensweise an die Planung, Durchführung und Überwachung von Projekten bietet, die direkt auf die Optimierung von Geschäftsprozessen ausgerichtet sind [3]. Prozessorientiertes Projektmanagement stellt sicher, dass Projekte nicht isoliert betrachtet werden, sondern im Kontext der übergeordneten Geschäftsprozesse und Unternehmensziele stehen. Dies ermöglicht eine bessere Integration von Projektergebnissen in die operativen Abläufe des Unternehmens.

Ein praktisches Beispiel für prozessorientiertes Projektmanagement bietet SAP Focused Build. Diese speziell für agile und prozessorientierte SAP-Implementierungsprojekte entwickelte Lösung unterstützt Unternehmen, ihre Projekte entlang klar definierter Prozesse zu steuern [1]. Ein Unternehmen, das SAP Focused Build nutzt, kann den gesamten Lebenszyklus eines SAP-Implementierungsprojekts prozessgesteuert abbilden. Beginnend mit der Anforderungserfassung werden die Anforderungen den einzelnen Prozessschritten zugeordnet. In der Entwicklungsphase bleibt die Prozessstruktur zentral, da sie sicherstellt, dass alle Entwicklungen auf die Geschäftsziele abgestimmt sind. Schließlich ermöglichen integrierte Test-management-Funktionen die Validierung der Prozesse und Anforderungen.

Der Einsatz von Geschäftsprozessmanagement ist für Unternehmen in der digitalen Transformation nicht nur ein strategischer Erfolgsfaktor, sondern eine unabdingbare Notwendigkeit [4]. Die Fähigkeit, Geschäftsprozesse kontinuierlich zu analysieren, zu optimieren und durch innovative Technologien zu automatisieren, ermöglicht Unternehmen, auf die Herausforderungen einer dynamischen Marktlandschaft flexibel zu reagieren. GPM dient dabei als Brücke zwischen technologischen Möglichkeiten und den operativen Anforderungen der Organisation. Es schafft die Grundlage für nachhaltige Wettbewerbsvorteile. Gerade in einer Zeit, in der Datengetriebenheit und intelligente Technologien wie Large Language Models die Spielregeln neu definieren, bleibt GPM der Schlüssel, um die digitale Transformation aktiv zu gestalten.

1.2   Bedeutung von Large Language Models und Prompt Engineering

Large Language Models (LLMs) wie ChatGPT haben in den letzten Jahren eine bemerkenswerte Entwicklung durchlaufen und sind zu einem der bedeutendsten Fortschritte im Bereich der Künstlichen Intelligenz (KI) geworden. Diese Modelle basieren auf fortschrittlichen Algorithmen des maschinellen Lernens, insbesondere Deep Learning, und sind in der Lage, menschliche Sprache auf eine Weise zu verstehen und zu generieren, die früher nicht vorstellbar war [5]. LLMs können riesige Mengen an Textdaten verarbeiten und daraus Muster sowie tiefere Zusammenhänge ableiten, die für den Menschen oft schwer zu erkennen wären.

Ein LLM wie ChatGPT hat Zugang zu umfangreichen Datenmengen, die aus verschiedenen Quellen stammen – darunter Bücher, wissenschaftliche Artikel, Webseiten und viele andere Textformate. Dank der Fähigkeit, semantische Beziehungen und kontextuelle Informationen zu erfassen, sind diese Modelle in der Lage, Texte zu analysieren, zu verstehen und sogar zu erzeugen, die inhaltlich kohärent und sprachlich von hoher Qualität sind. Sie können Fragen beantworten, Zusammenfassungen generieren, Texte übersetzen oder neue Inhalte auf Basis gegebenen Inputs erstellen. Dies macht LLMs nicht nur zu einem wertvollen Werkzeug für die Kommunikation, sondern auch zu einer entscheidenden Ressource in verschiedenen Bereichen wie der Datenanalyse, der Content-Erstellung und der Prozessoptimierung [6].

Ein entscheidender Aspekt bei der Nutzung von LLMs ist Prompt Engineering – ein spezieller Ansatz, um die Leistung dieser Modelle gezielt zu steuern. Der

Begriff „Prompt" bezieht sich auf die Eingabeaufforderung oder den Text, den ein Nutzer an das Modell sendet, um eine gewünschte Antwort zu erhalten. Das Prompt Engineering umfasst die Kunst und Wissenschaft, diese Eingaben so zu gestalten und zu optimieren, dass die Modelle präzise und relevante Antworten liefern. Ein gut durchdachter und optimierter Prompt kann das Modell dazu anregen, spezifische Aufgaben zu erfüllen, wichtige Informationen zu extrahieren oder eine besonders detaillierte Antwort zu liefern, die den Anforderungen des Nutzers entspricht [2].

Im Kontext des Geschäftsprozessmanagements (GPM) bieten LLMs in Kombination mit effektivem Prompt Engineering eine neue Dimension der Prozessanalyse und -modellierung. Ein Beispiel dafür ist die Extraktion von relevanten Prozessinformationen aus einer Vielzahl von Unternehmensdokumenten, wie etwa Handbüchern, Standardarbeitsanweisungen, Berichten oder auch E-Mails. LLMs können diese Dokumente durchforsten und dabei Muster und Beziehungen identifizieren, die für die Modellierung von Geschäftsprozessen von Bedeutung sind. So können Geschäftsprozesse aus unstrukturierten Datenquellen abgeleitet und effizient in strukturierte Formate überführt werden.

Darüber hinaus können LLMs im Geschäftsprozessmanagement genutzt werden, um Prozesse zu analysieren und Verbesserungspotenziale zu erkennen. Mit einem gut formulierten Prompt können spezifische Aspekte eines Prozesses erfragt werden, wie etwa Schwachstellen, Ineffizienzen oder potenzielle Optimierungsfelder. Diese Technologien bieten also nicht nur die Möglichkeit, Daten zu extrahieren, sondern auch tiefer gehende Analysen durchzuführen, die auf menschlichem Fachwissen basieren, jedoch schneller und präziser umgesetzt werden [4].

Ein weiteres Beispiel für die Anwendung von Prompt Engineering im GPM ist die Automatisierung der Dokumentation von Prozessen. Statt manuell Prozessdokumentationen zu erstellen, können Unternehmen LLMs nutzen, um diese Aufgaben effizient zu erledigen, indem sie entsprechende Eingabeaufforderungen an das Modell formulieren, um präzise Prozessbeschreibungen zu generieren. LLMs können so genutzt werden, um nicht nur die tägliche Prozessarbeit zu unterstützen, sondern auch innovative Lösungen für die Weiterentwicklung und Optimierung der Geschäftsprozesse anzubieten [3].

Prompt Engineering ermöglicht eine präzise Steuerung und Maximierung der Fähigkeiten von LLMs, sodass Unternehmen in der Lage sind, diese leistungsstarken Modelle gezielt für spezifische Aufgaben im Geschäftsprozessmanagement einzusetzen. Durch die Kombination von KI-Technologien und intelligentem Prompt Design lassen sich erhebliche Effizienzsteigerungen und Verbesserungen in der Prozessoptimierung erzielen.

1.3   Ziele des Buches

Das Ziel dieses Buches ist es, die Anwendung von Prompt Engineering für Large
Language Models wie ChatGPT im Geschäftsprozessmanagement zu untersuchen
und praxisnahe Einsichten zu bieten, wie diese Technologien genutzt werden können, um Geschäftsprozesse zu verbessern und zu optimieren.

Effizienzsteigerung Ein zentrales Ziel dieses Buches ist, zu untersuchen, wie
LLMs dazu beitragen können, die Genauigkeit und Effizienz der Prozessmodellierung zu verbessern. Durch die gezielte Nutzung von LLMs, unterstützt
durch effektives Prompt Engineering, wird gezeigt wie Prozesse schneller und präziser modelliert werden können. Dies betrifft insbesondere die Extraktion relevanter Informationen aus großen Mengen unstrukturierter Daten und die anschließende
Überführung dieser Daten in strukturierte Prozessmodelle, die die Grundlage für
weiterführende Optimierungen bieten.

Prozesslebenszyklus Ein weiteres Ziel dieses Buches ist es, die vielfältigen Anwendungsmöglichkeiten von LLMs im gesamten Prozesslebenszyklus aufzuzeigen –
beginnend mit der Identifikation von Geschäftsprozessen über die Analyse und das
Design bis hin zur Implementierung, Überwachung und kontinuierlichen Optimierung. LLMs bieten in jeder Phase des Lebenszyklus eine wertvolle Unterstützung, sei
es bei der Dokumentation von Prozessen, der Analyse von Prozessdaten oder der
Bereitstellung von Optimierungsvorschlägen basierend auf historischen Daten und
Mustererkennungen. Das Buch stellt detailliert dar, wie LLMs durch die richtige
Prompt-Formulierung in jeder dieser Phasen eingesetzt werden können.

Praktische Anwendungsfälle Dieses Buch präsentiert zahlreiche praktische Beispiele und Anwendungsszenarien, die verdeutlichen, wie spezifische Prompts
entwickelt und optimiert werden können, um LLMs effektiv für die Prozessmodellierung zu nutzen. Anhand realer Anwendungsfälle wird aufgezeigt, wie
Unternehmen von der Nutzung von LLMs profitieren können, um ihre Geschäftsprozesse nicht nur zu modellieren, sondern auch innovative Lösungen zur Prozessverbesserung zu entwickeln. Diese Anwendungsfälle werden sowohl einfache als
auch komplexe Szenarien umfassen und aufzeigen, wie Prompts angepasst werden
können, um die gewünschten Ergebnisse zu erzielen.

Organisatorische Auswirkungen Ein weiterer wichtiger Fokus dieses Buches ist
die Analyse der organisatorischen Auswirkungen des Einsatzes von LLMs und gezieltem Prompt Engineering im Geschäftsprozessmanagement. Wie verändert sich

die Effizienz und Flexibilität innerhalb von Unternehmen, wenn diese Technologien zum Einsatz kommen? Es wird aufgezeigt, wie der Einsatz von LLMs nicht nur die Qualität der Prozessmodellierung verbessert, sondern auch die gesamte Arbeitsweise innerhalb von Organisationen optimiert. Durch die Automatisierung und Beschleunigung von Prozessdokumentationen, Analysen und Optimierungen können Unternehmen ihre Ressourcen effizienter nutzen, schneller auf Marktveränderungen reagieren und ihre organisatorische Agilität steigern.

Insgesamt werden die Potenziale von LLMs und Prompt Engineering für das Geschäftsprozessmanagement umfassend zu erforschen und konkrete, umsetzbare Strategien und Best Practices zu vermitteln, die Unternehmen dabei unterstützen, ihre Prozesse im digitalen Zeitalter nachhaltig zu verbessern.

1.4 Aufbau des Buches

Dieses Buch gliedert sich in acht Kapitel, die Schritt für Schritt in die Themen Geschäftsprozessmanagement (GPM), Large Language Models (LLMs) und Prompt Engineering einführen und deren praktische Anwendung beleuchten. Jedes Kapitel baut auf dem Vorherigen auf, sodass sowohl theoretische als auch praxisorientierte Perspektiven berücksichtigt werden. Im Folgenden wird der Aufbau des Buches vorgestellt. Abb. 1.1 zeigt, wie dabei Theorie und Methodik verbunden werden.

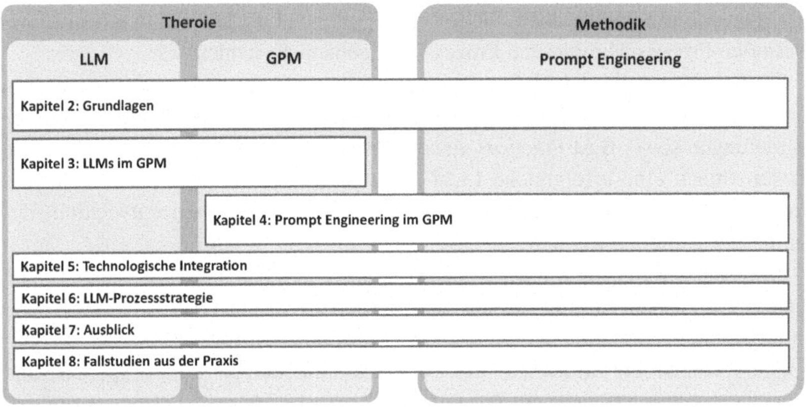

Abb. 1.1 Aufbau des buches

Im ersten Teil, „**Grundlagen**", werden zentrale Konzepte des GPM sowie der Einsatz von LLMs und Prompt Engineering erläutert. Grundlegende Definitionen, Ziele und die verschiedenen Phasen des Geschäftsprozesslebenszyklus werden vorgestellt, beginnend bei der Prozessidentifikation bis hin zur kontinuierlichen Prozessoptimierung. Dieser Abschnitt legt das notwendige Fundament für das Verständnis der im späteren Verlauf behandelten Inhalte.

Der zweite Teil, „**LLMs im GPM**", widmet sich speziell der Rolle von LLMs im GPM. Es wird aufgezeigt, wie LLMs bei der Dokumentanalyse, der Prozessidentifikation, der Modellierung und der Prozessgestaltung unterstützen können. Der Einsatz von LLMs in der Analyse bestehender Geschäftsprozesse und deren Optimierung wird ebenso behandelt wie die konkrete Implementierung und Überwachung neuer Prozessmodelle. In diesem Kapitel werden zudem praktische Beispiele und konkrete Anwendungen von LLMs in verschiedenen Branchen aufgezeigt.

Im darauffolgenden Abschnitt, „**Prompt Engineering im GPM**", wird detailliert auf die Kunst des Prompt-Designs eingegangen. Hier werden die Schritte zur Erstellung und Optimierung von Prompts erläutert, die als Schlüssel zur effizienten Nutzung von LLMs im GPM dienen. Besonderes Augenmerk wird auf die Rolle des Prozessanalysten als Prompt Engineer gelegt, wobei die erforderlichen Hard- und Soft Skills thematisiert werden. Außerdem werden praxisorientierte Fallbeispiele für die Modellierung von Prozessen mit Hilfe von LLMs präsentiert.

„**Technische Integration**" bildet den nächsten Abschnitt und fokussiert sich auf die Integration von LLMs in bestehende GPM-Tools und Systeme. Es werden sowohl die Auswahl geeigneter LLMs als auch die technische Umsetzung der Integration in den gesamten GPM-Lifecycle behandelt. Der Abschnitt umfasst auch Themen wie Datenintegration, Sicherheitsaspekte und die Entwicklung von LLM-basierten Process-Mining- und Prozessmanagement-Systemen.

Der sechste Teil, „**LLM-Prozessstrategie**", stellt die strategische Dimension der LLM-Integration in Geschäftsprozesse dar. Hier werden Chancen, Herausforderungen sowie Best Practices aus der Praxis aufgezeigt. Es wird erörtert, wie Unternehmen eine erfolgreiche LLM-gestützte Prozessstrategie entwickeln und implementieren können, wobei die einzelnen Phasen der Strategieentwicklung detailliert beschrieben werden.

Im letzten Teil, „**Ausblick**", werden zukünftige Trends in der Entwicklung von LLMs sowie deren Einfluss auf das Geschäftsprozessmanagement untersucht. Die strategischen Empfehlungen für Unternehmen umfassen Investitionen in Technologie, Outsourcing-Strategien und die Zusammenarbeit mit Experten und Forschungseinrichtungen, um die Potenziale von LLMs in der Zukunft optimal zu nutzen.

Zusätzlich werden **Fallstudien aus der Praxis** präsentiert, in denen die konkrete Anwendung von LLMs in verschiedenen Unternehmenskontexten gezeigt wird. Diese Fallstudien verdeutlichen die Herausforderungen und Lösungsansätze bei der Integration von LLMs in Geschäftsprozesse, z. B. in der Prozessmodellierung, im Kundenservice oder in ERP-Systemen.

Jeder Abschnitt des Buches ist mit konkreten Beispielen und praxisorientierten Ansätzen versehen, um den Lesern einen direkten Bezug zur Anwendung der beschriebenen Technologien und Konzepte zu ermöglichen.

Literatur

1. Hess, T. (2022). Digitale Transformation strategisch steuern. Springer Gabler Wiesbaden.
2. Müller, A., Schröder, H., von Thienen, L. (2021). Künstliche Intelligenz: Roadmap zur Aufdeckung und Realisierung der KI-Potenziale in der Prozessdigitalisierung. In: Digineering. Springer Vieweg, Berlin, Heidelberg.
3. Brocke, J., & Rosemann, M. (2015). Handbook on Business Process Management 1. Springer-Verlag Berlin Heidelberg.
4. Schmelzer, H., & Sesselmann, W. (2020). Geschäftsprozessmanagement in der Praxis. Carl Hanser Verlag.
5. Buxmann, P., Schmidt, H. (2021). Künstliche Intelligenz: Mit Algorithmen zum wirtschaftlichen Erfolg. Springer Gabler.
6. Taulli, T. (2023). Large Language Models. In: Generative AI. Apress, Berkeley, CA.

Grundlagen

2

Zusammenfassung

Was sind die Grundsteine erfolgreicher Geschäftsprozessoptimierung? Dieses Kapitel bietet eine Einführung in die wesentlichen Konzepte des Geschäftsprozessmanagements (GPM) und stellt die Funktionsweise von Large Language Models (LLMs) vor. Der Leser erfährt, wie Prozesse von der Modellierung bis zur Optimierung effizient gestaltet werden und erhält zugleich einen Einblick in die Mechanismen hinter den LLMs, die diese Prozesse transformieren können.

Zentrale Fragen
- Was sind die zentralen Elemente des Geschäftsprozesslebenszyklus und wie beeinflussen sie den Erfolg eines Prozesses?
- Wie können LLMs im Kontext von Geschäftsprozessen eingesetzt werden?
- Welche Prinzipien und Techniken des Prompt Engineerings sind für GPM besonders relevant?

2.1 Geschäftsprozessmanagement

2.1.1 Definitionen und Konzepte

Im ersten Abschnitt dieses Kapitels werden grundlegende Definitionen und Konzepte des Geschäftsprozessmanagements (GPM) eingeführt, die als Grundlage für die spätere Anwendung von Large Language Models (LLMs) und Prompt Engineering im GPM dienen. Ein tiefes Verständnis dieser Konzepte ist unerlässlich, um die Effizienz und Wirksamkeit von Geschäftsprozessen zu steigern und neue Technologien in die Praxis zu integrieren.

Ein **Geschäftsprozess** ist eine strukturierte Folge von Aktivitäten, die in einem Unternehmen durchgeführt werden, um ein bestimmtes Ziel zu erreichen. Diese Aktivitäten sind miteinander verbunden und tragen gemeinsam zu einem definierten Ergebnis bei. Geschäftsprozesse sind unterschiedlich komplex und variieren je nach Branche und Unternehmensgröße. Sie beinhalten sowohl manuelle als auch automatisierte Aktivitäten und betreffen mehrere Abteilungen oder Funktionseinheiten eines Unternehmens [3].

Beispiel

Ein einfaches Beispiel für einen Geschäftsprozess ist die Bearbeitung einer Kundenanfrage: Ein Kunde meldet sich mit einer Frage oder einem Problem, ein Mitarbeiter des Kundenservices nimmt die Anfrage auf, prüft die notwendigen Informationen und gibt dem Kunden eine Antwort oder leitet die Anfrage an die zuständige Abteilung weiter. Der Erfolg dieses Prozesses zeigt sich daran, wie schnell und zufriedenstellend die Anfrage bearbeitet wird. ◀

Ein **Ende-Zu-Ende-Prozess** (E2E-Prozess) bezeichnet einen Geschäftsprozess, der mit einem von außen kommendem Ereignis oder Auslöser beginnt und alle notwendigen Schritte bis hin zu einem ausgehenden Ereignis oder definierten Endergebnis umfasst. Ziel eines Ende-Zu-Ende-Prozesses ist es, den gesamten Ablauf ohne Unterbrechungen oder redundante manuelle Eingriffe abzuwickeln, sodass die Prozesskette von Anfang bis Ende durchgängig optimiert wird. Der Fokus liegt darauf eine durchgängige Wertschöpfungskette zu bilden. Der Begriff wird häufig verwendet, um die vollständige Automatisierung oder Integration eines Prozesses zu beschreiben, bei dem alle beteiligten Systeme und Abteilungen miteinander kommunizieren, um ein definiertes Ziel zu erreichen. Im Gegensatz zu isolierten Teilprozessen, bei denen nur ein begrenzter Abschnitt der Wertschöpfungskette betrachtet wird, stellt der Ende-Zu-Ende-Prozess sicher, dass alle relevanten Aktivitäten in einem einzigen, kohärenten Ablauf zusammengeführt werden. Dies umfasst sowohl die internen Unternehmensprozesse als auch die Interaktionen mit externen Partnern oder Kunden [5].

Beispiel

Ein Beispiel für einen Ende-Zu-Ende-Prozess ist der komplette Order-to-Cash-Prozess (Bestellung bis Zahlungseingang), der alle Phasen vom Eingang der Kundenbestellung über die Produktion und Lieferung bis hin zur Rechnungsstellung und dem Erhalt der Zahlung umfasst. Ein gut gestalteter Ende-Zu-Ende-Prozess maximiert die Effizienz, reduziert Fehlerquellen und trägt zur Verbesserung der Kundenzufriedenheit bei, da der gesamte Ablauf von Anfang bis Ende kontrolliert und transparent ist. ◄

Der Erfolg eines Ende-Zu-Ende-Prozesses hängt stark von der Integration der verschiedenen Systeme und Abteilungen ab, die daran beteiligt sind. Technologien wie Enterprise Resource Planning (ERP)-Systeme und Robotic Process Automation (RPA) werden häufig eingesetzt, um Ende-Zu-Ende-Prozesse zu automatisieren und die Zusammenarbeit zu optimieren.

Geschäftsprozessmanagement (GPM) bezeichnet einen systematischen Ansatz zur Identifikation, Analyse, Gestaltung, Implementierung, Überwachung und kontinuierlichen Optimierung von Geschäftsprozessen. GPM stellt sicher, dass alle Geschäftsprozesse in einer Organisation effizient und effektiv ablaufen und dabei die strategischen Ziele des Unternehmens unterstützt werden. GPM ist ein fortlaufender Zyklus, der Geschäftsprozesse verbessert und transformiert, um die Gesamtleistung einer Organisation zu steigern [7].

In vielen modernen Unternehmen werden zunehmend Softwarelösungen wie **Business Process Management (BPM)-Tools oder Workflow-Management-Systeme** eingesetzt. Mit diesen Lösungen können Prozesse zunächst visuell modelliert und dokumentiert werden. Standardisierte Notationen wie BPMN (Business Process Model and Notation) ermöglichen eine klare Darstellung der Abläufe, die als Grundlage für Analysen und Verbesserungen dienen [4]. Moderne GPM-Software bietet darüber hinaus Funktionen zur Prozessanalyse und -simulation, die Schwachstellen, Engpässe oder ineffiziente Abläufe identifizieren.

Ein wesentlicher Vorteil ist die Automatisierung wiederkehrender und standardisierter Aufgaben. Workflow-Engines, **Robotic Process Automation** (RPA) und integrierte Systeme ermöglichen, manuelle Eingriffe zu minimieren [9]. Dabei fungiert GPM-Software als zentrale Plattform, die verschiedene Abteilungen und Systeme miteinander verbindet. Sie erleichtert die Zusammenarbeit zwischen Mitarbeitern, Teams und externen Partnern, indem sie Kommunikation, Dokumentenaustausch und Aufgabenmanagement unterstützt. Darüber hinaus ermöglicht

GPM-Software die Echtzeitüberwachung von Prozessen. Mithilfe von Dashboards und Monitoring-Funktionen können Unternehmen den aktuellen Status ihrer Abläufe im Blick behalten und frühzeitig auf Abweichungen oder Probleme reagieren. Gleichzeitig unterstützt sie die Einhaltung von Compliance-Vorgaben und die Qualitätssicherung, indem Prozesse standardisiert und automatisch geprüft werden. Dokumentationen und Audits werden dadurch erheblich erleichtert [8].

Durch die systematische Herangehensweise stellt GPM sicher, dass Unternehmen agil und anpassungsfähig bleiben, um ihre strategischen Ziele in einer dynamischen Marktumgebung zu erreichen. Die Integration neuer Technologien, wie sie in den folgenden Kapiteln beschrieben wird, ist ein wesentlicher Bestandteil der kontinuierlichen Verbesserung im GPM.

2.1.2 Ziele

GPM verfolgt das Ziel, die Leistung und Effizienz einer Organisation zu steigern. Geschäftsprozesse müssen so gestaltet sein, dass sie nicht nur den operativen Anforderungen entsprechen, sondern auch langfristig den Erfolg und die Wettbewerbsfähigkeit des Unternehmens sichern. Die wichtigsten Ziele und Nutzen des GPM sind:

Effizienzsteigerung
Ein zentrales Ziel des GPM ist die Optimierung von Prozessen, um die Ressourcen besser zu nutzen und Kosten zu senken. In vielen Organisationen werden Geschäftsprozesse durch ineffiziente Abläufe, redundante Aufgaben oder veraltete Technologien belastet. Durch die Identifikation und Beseitigung dieser Schwachstellen können Unternehmen ihre Prozesse so gestalten, dass sie weniger Ressourcen benötigen und dabei schneller und kostengünstiger arbeiten [3]. Die Automatisierung von Prozessen, der Einsatz neuer Technologien und die kontinuierliche Verbesserung von Abläufen tragen dazu bei, die Effizienz der Geschäftsprozesse zu steigern. Dies führt auch zu einer Reduktion von Fehlern und Verzögerungen, was weiter zu den Kostensenkungen beiträgt [1].

Qualitätsverbesserung
Ein weiteres Ziel des GPM ist die Sicherstellung konsistenter und hochwertiger Ergebnisse. Dies wird durch standardisierte Prozesse erreicht, die sicherstellen, dass jede Aufgabe nach den gleichen Qualitätsstandards ausgeführt wird. Standardisierte Prozesse sorgen dafür, dass alle Mitarbeiter die gleichen Verfahren und Techniken anwenden, um gleichbleibend hohen Qualität zu erreichen [7]. Insbesondere

in Bereichen wie Produktion, Kundendienst oder Lieferkettenmanagement ist die Qualität der Prozesse für das Vertrauen der Kunden wichtig. Durch die Implementierung von Best Practices und kontinuierlicher Prozessbewertung wird die Qualität der Arbeitsergebnisse nachhaltig verbessert.

Flexibilität

Ein weiteres wesentliches Ziel des GPM ist die Flexibilität von Geschäftsprozessen. In einer zunehmend dynamischen und wettbewerbsintensiven Geschäftswelt müssen Unternehmen in der Lage sein, Prozesse schnell an sich ändernde Marktbedingungen oder interne Anforderungen anzupassen. Das GPM ermöglicht Unternehmen, agil zu bleiben und ihre Prozesse bei Bedarf schnell umzustrukturieren oder zu optimieren [9]. Ob durch neue gesetzliche Vorgaben, geänderte Kundenbedürfnisse oder technologische Innovationen – das GPM sorgt dafür, dass Prozesse flexibel bleiben und Veränderungen effizient integriert werden können. So bleiben Unternehmen auch in unsicheren und schnelllebigen Märkten wettbewerbsfähig [6].

Transparenz

Schließlich ist ein weiterer wichtiger Nutzen des GPM die Schaffung von Transparenz innerhalb der Organisation. Ein gut implementiertes Geschäftsprozessmanagement sorgt dafür, dass Klarheit über Prozesse und Verantwortlichkeiten geschaffen wird. Jeder Mitarbeiter weiß, welche Aufgaben und Ziele er im Rahmen des Geschäftsprozesses hat und wie seine Arbeit in den Gesamtprozess passt [4]. Transparenz über Prozessabläufe hilft nicht nur, Missverständnisse zu vermeiden und Kommunikationsbarrieren zu überwinden, sondern ermöglicht auch eine gezielte Identifikation von Schwachstellen und Verbesserungspotenzialen. Unternehmen, die über transparente Prozesse verfügen, können schneller auf Probleme reagieren und ihren Kundenservice, ihre Produkte und ihre Dienstleistungen kontinuierlich verbessern [5].

2.1.3 Artefakte und Akteure im Geschäftsprozesslebenszyklus

Das GPM folgt einem iterativen Ansatz, um Geschäftsprozesse zu identifizieren, zu analysieren, zu gestalten, zu implementieren und kontinuierlich zu optimieren. Dieser Prozess wird in mehrere Phasen unterteilt, die systematisch aufeinander aufbauen. Die einzelnen Phasen des GPM-Zyklus sind in Abb. 2.1 dargestellt. Sie werden im Folgenden definiert und ihre Akteure und Artefakte genannt.

Abb. 2.1 GPM-
Lebenszyklus

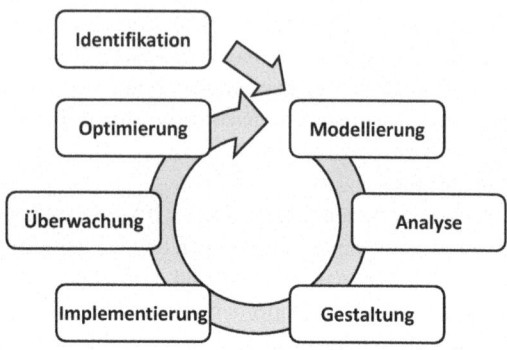

2.1.3.1 Prozessidentifikation

In der Prozessidentifikationsphase eines GPM-Projekts werden alle bestehenden Geschäftsprozesse innerhalb einer Organisation identifiziert und entschieden, welche von diesen Prozessen im Rahmen des Projekts weiter untersucht und verbessert werden sollen [4]. Ziel dieser Phase ist, einen umfassenden Überblick über die wesentlichen Geschäftsprozesse zu erhalten und deren strategische Bedeutung für die Organisation zu bewerten. Auf dieser Grundlage können Prioritäten gesetzt und Ressourcen gezielt eingesetzt werden, um die Prozesse zu optimieren und die Unternehmensziele zu erreichen [14].

Ein zentraler Aspekt der Prozessidentifikation ist die Prozessorientierung, die im Gegensatz zur traditionellen Abteilungsorganisation steht. Anstatt die Geschäftsabläufe entlang von Abteilungen zu organisieren, werden Prozesse übergreifend entlang der Wertschöpfungskette und unter Berücksichtigung der Kundenbedürfnisse betrachtet [10]. Dieser Ansatz verbessert die Kundenorientierung, da die Prozesse ganzheitlich und aus der Perspektive des Endkunden betrachtet werden.

Zentrales Artefakt der Prozessidentifikation ist häufig eine **Prozesslandkarte**. Sie stellt das Gesamtsystem der Prozesse in einem strukturierten, meist hierarchischen, Format dar, um eine Übersicht darüber zu geben, wie die verschiedenen Geschäftsprozesse miteinander in Beziehung stehen und in einem Unternehmen ablaufen [1]. In einer Prozesslandkarte werden die Kernprozesse, deren Unterprozesse sowie die Wechselwirkungen zwischen ihnen abgebildet. Sie bietet erste Orientierung und die Basis der Kommunikation zwischen Fachabteilung und Prozessexperten. Sie visualisiert die internen und externen Verbindungen und hilft dabei, Redundanzen oder unklare Zuständigkeiten zu identifizieren. Innerhalb der Prozesslandkarte können drei verschiedene Geschäftsprozess-Arten definiert werden:

- **Strategische Prozesse** sind die Prozesse, die direkt mit der langfristigen Ausrichtung und Zielverwirklichung eines Unternehmens verbunden sind. Sie umfassen Aktivitäten wie die Unternehmensstrategieentwicklung, Marktforschung, strategische Partnerschaften und das Management von Innovationen. Diese Prozesse haben eine hohe Bedeutung für den Erfolg des Unternehmens und bestimmen oft die Richtung und den Wettbewerbsvorteil des Unternehmens [1].
- **Kernprozesse** sind die zentralen Prozesse, die unmittelbar mit der Erstellung von Produkten oder Dienstleistungen sowie mit der Wertschöpfung für die Kunden verbunden sind. Sie bilden das Herzstück eines Unternehmens und sind eng mit der Erfüllung der Kundenbedürfnisse und der Qualität der angebotenen Produkte oder Dienstleistungen verknüpft [13]. Beispiele hierfür sind die Produktentwicklung, Produktion und der Vertrieb von Waren oder Dienstleistungen.
- **Supportprozesse** sind unterstützende Prozesse, die die Kernprozesse ermöglichen. Sie sind nicht direkt in der Wertschöpfungskette beteiligt, aber stellen sicher, dass die Kernprozesse über die nötigen Ressourcen und Unterstützung verfügen, um erfolgreich zu sein. Zu den Supportprozessen gehören unter anderem die IT-Infrastruktur, Personalmanagement, Finanzen, Beschaffung und die Verwaltung [4].

Akteure der Prozessidentifikation

- Die **Prozessverantwortlichen** sind dafür zuständig, dass der identifizierte Prozess mit den strategischen Unternehmenszielen übereinstimmt. Sie stellen sicher, dass die Prozesse konform durchgeführt werden und tragen Verantwortung für die kontinuierliche Verbesserung und Anpassung der Prozesse [14]. Ihre Aufgabe ist es, den Prozess im Detail zu verstehen, mögliche Schwachstellen zu identifizieren und Verbesserungspotenziale zu erkennen.
- Das **Top-Management** hat die Aufgabe, die verschiedenen identifizierten Prozesse zu priorisieren und festzulegen, welche Prozesse im Rahmen des GPM-Projekts verbessert oder optimiert werden sollen. Sie setzen die strategischen Ziele und priorisieren die Prozesse, die für die Unternehmensentwicklung und die Erreichung der übergeordneten Ziele von besonderer Bedeutung sind. Das Top-Management sorgt für die nötige Unterstützung und Ressourcenbereitstellung für die Umsetzung von Verbesserungsmaßnahmen [10].

2.1.3.2 Prozessmodellierung

In der Prozessmodellierungsphase werden die zuvor identifizierten Prozesse in einer formalen und strukturierten Weise dokumentiert. Ziel ist es, den Ablauf, die Ressourcen und die Zuständigkeiten innerhalb des Prozesses klar darzustellen, um eine detaillierte Analyse vorzubereiten [4].

Die **Prozessarchitektur** spielt hierbei eine wichtige Rolle, da sie die übergeordnete Struktur und Hierarchie der Geschäftsprozesse innerhalb einer Organisation beschreibt. Sie stellt sicher, dass alle Prozesse im Unternehmen miteinander in Einklang stehen, und vermeidet Redundanzen durch Wiederverwendung und Referenzieren von Prozessfragmenten [15].

Eine weit verbreitete Methode zur Modellierung von Geschäftsprozessen ist die Business Process Model and Notation (BPMN), die die Kommunikation zwischen Prozess-Stakeholdern gewährleistet und eine standardisierte visuelle Darstellung von Prozessen [12]. BPMN bietet dabei ein leistungsfähiges Instrument zur Abbildung von Prozessen auf verschiedenen Abstraktionsebenen und dient als Grundlage für Automatisierung und Optimierung [2].

Akteure der Prozessmodellierung

*   **Prozessanalysten** sind dafür verantwortlich, den identifizierten Prozess mithilfe von BPMN zu modellieren. Sie erstellen eine verständliche visuelle Darstellung des Prozesses und berücksichtigen dabei alle relevanten Aktivitäten, Entscheidungen und Verbindungen [1]. Ihr Ziel ist es, den Prozess so klar wie möglich abzubilden und damit die Grundlage für die weitere Analyse und Verbesserung zu schaffen. Dafür stehen sie im Austausch mit allen Prozessakteuren.
*   Die **Fachabteilungen** liefern das notwendige Fachwissen, um sicherzustellen, dass die Modellierung die tatsächliche Abfolge und Struktur der Aktivitäten im Unternehmen widerspiegelt. Sie arbeiten eng mit den Prozessanalysten zusammen, um die Richtigkeit und Relevanz der modellierten Abläufe zu gewährleisten [13].

2.1.3.3 Prozessanalyse

In der Prozessanalysephase wird der zuvor modellierte Prozess auf seine Leistungsfähigkeit hin untersucht. Ziel dieser Analyse ist, Schwachstellen, ineffiziente Abläufe und Verbesserungspotenziale zu identifizieren, um den Prozess weiter zu optimieren. Die Analyse kann dabei sowohl qualitative als auch quantitative Methoden einsetzen, um den Ist-Zustand des Prozesses objektiv zu bewerten und auf dieser Grundlage Entscheidungen für Verbesserungsmaßnahmen zu treffen [4].

Die **Prozessqualität** beschreibt dabei, wie gut ein Prozess die festgelegten Anforderungen und Erwartungen erfüllt. Sie bezieht sich auf Dimensionen, die je nach Prozessziel und Unternehmensstrategie unterschiedlich priorisiert werden. Häufig betrachtete Dimensionen der Prozessqualität sind [15]:

- **Effektivität**: Der Grad, zu dem die Prozessziele erreicht werden.
- **Effizienz**: Der Aufwand an Ressourcen im Verhältnis zum Ergebnis.
- **Zuverlässigkeit**: Die Konsistenz, mit der der Prozess gewünschte Ergebnisse liefert.
- **Flexibilität**: Die Fähigkeit des Prozesses, sich an Veränderungen anzupassen.
- **Transparenz**: Die Nachvollziehbarkeit und Übersichtlichkeit der Prozessabläufe.
- **Kundenzufriedenheit**: Das Maß, in dem der Prozess die Erwartungen der Kunden erfüllt.
- **Compliance**: Die Einhaltung gesetzlicher, regulatorischer und interner Vorgaben.
- **Sicherheit**: Der Schutz vor Risiken und die Minimierung von Fehlern oder Schäden.

Zwei Standard-Kennzahlen zu Bestimmung der zeitlichen Prozessqualität sind:

- Die **Durchlaufzeit** bezeichnet die gesamte Zeitspanne, die gemessen wird, um einen Prozess von Anfang bis Ende zu durchlaufen. Sie umfasst alle Aktivitäten eines Prozesses, einschließlich der Wartezeiten, Bearbeitungszeiten und Transportzeiten. Ein erfolgreiches Prozessmanagement strebt eine Reduktion der Durchlaufzeit an, ohne einzelne Dimensionen der Prozessqualität zu verschlechtern. Eine verkürzte Durchlaufzeit führt zu einer besseren Ressourcennutzung und ermöglicht, mehr Aufträge in kürzerer Zeit zu bearbeiten [6].
- Die **Servicezeit** bezieht sich auf die spezifische Zeit, die tatsächlich für die Bearbeitung einer Aktivität oder das Erbringen einer Dienstleistung aufgewendet wird, ohne dabei Wartezeiten oder Verzögerungen zu berücksichtigen. Sie beschreibt also die effektive Bearbeitungszeit, in der ein Mitarbeiter oder ein System aktiv arbeitet. Die Servicezeit ist ein Maß für die Leistungsfähigkeit eines Prozesses in Bezug auf die konkrete Ausführung der Aktivität und ist besonders wichtig in Dienstleistungsunternehmen, in denen eine schnelle und Ressourcenbewusste Bearbeitung von Anfragen oder Aufträgen eine hohe Kundenzufriedenheit sicherstellt [14].

Akteure der Prozessanalyse

- **Prozessanalysten** führen die detaillierte Analyse des Prozesses durch, um Schwächen und Verbesserungspotenziale zu identifizieren. Sie wenden verschiedene Analysetechniken an, wie z. B. Kosten-Nutzen-Analysen, Engpassanalysen oder Simulationen, um den Ist-Zustand objektiv zu bewerten und datenbasierte Entscheidungen zu treffen. Sie analysieren auch Kennzahlen wie Durchlaufzeit und Servicezeit [13].

- Die **Fachabteilungen** spielen eine entscheidende Rolle, indem sie praxisnahe Einblicke in die Herausforderungen und Schwächen des aktuellen Prozesses geben. Sie können auf Probleme aufmerksam machen, die in der Modellierung oder Analysephase möglicherweise nicht sichtbar wurden, und sie tragen dazu bei, den Prozess aus einer praktischen Perspektive zu beurteilen [4].

2.1.3.4 Prozessgestaltung

In der Prozessgestaltungsphase erfolgt auf Basis der Erkenntnisse aus der Prozessanalyse die Neugestaltung oder Anpassung des Geschäftsprozesses. Ziel dieser Phase ist es, Maßnahmen zu entwickeln, die die im vorherigen Schritt identifizierten Schwachstellen beseitigen [14]. Der Fokus liegt darauf, einen Soll-Prozess zu entwerfen, der nicht nur die bisherigen Mängel behebt, sondern auch neue Möglichkeiten für eine höhere Qualität und Agilität bietet.

Ein zentraler Ansatz ist die Reduzierung der Durchlaufzeit. Dies lässt sich erreichen, indem Engpässe im Prozess identifiziert und beseitigt werden, unnötige Wartezeiten eliminiert und die Bearbeitungszeiten optimiert werden. Ein weiterer Ansatzpunkt ist die Erhöhung der Effizienz, die sowohl die bestmögliche Nutzung der vorhandenen Ressourcen als auch die Beseitigung von Überflüssigkeiten und ineffizienten Aktivitäten umfasst. Dies bedeutet, dass alle Schritte im Prozess auf ihre Notwendigkeit und ihren Wert hin überprüft werden, um Ressourcen gezielt und nachhaltig einzusetzen. Die Verbesserung der Prozessqualität stellt einen weiteren Schlüssel zur Prozessoptimierung dar [4].

Durch die Implementierung von Standardisierungen, einer konsequenten Qualitätssicherung und gegebenenfalls durch den Einsatz von Automatisierungstechnologien kann die Fehlerquote gesenkt und die Konsistenz der Ergebnisse gesteigert werden. Die Integration moderner Technologien in den Prozess ermöglicht eine nahtlose, fehlerfreie Ausführung von Aufgaben, die mit rein manuellen Methoden oft fehleranfällig oder zeitaufwändig wären [13].

Die Prozessgestaltung kann von einfachen Anpassungen bis hin zu umfassenden Neugestaltungen reichen. Die Entwicklung eines Soll-Prozessmodells sollte auf den Anforderungen und Zielen der Organisation basieren und sicherstellen, dass alle relevanten Aspekte wie Kundenbedürfnisse, Ressourcennutzung und strategische Ausrichtung berücksichtigt werden [1].

Akteure der Prozessgestaltung

- **Prozessdesigner** sind verantwortlich für die Entwicklung des neuen Prozessentwurfs. Sie setzen die Ergebnisse der Prozessanalyse um und erarbeiten Lösungen zur Verbesserung des Prozesses. Ihre Aufgaben beinhalten die Definition von Prozessschritten, die Festlegung von Zuständigkeiten, das Einführen von Innovationsansätzen und die Sicherstellung, dass der Soll-Prozess die strategischen Ziele der Organisation unterstützt [15]. Sie können auch neue Technologien oder Arbeitsmethoden in den Prozess integrieren, um die gewünschten Verbesserungen zu erzielen.

- **IT-Spezialisten** sind notwendig für die Implementierung neuer technischer Lösungen, die zur Optimierung des Prozesses beitragen. Sie bewerten die technische Machbarkeit der vorgeschlagenen Änderungen, beraten bei der Auswahl geeigneter IT-Systeme und unterstützen die Integration von Softwarelösungen und Automatisierungswerkzeugen in den neuen Prozess [14].

2.1.3.5 Prozessimplementierung

In der Prozessimplementierungsphase wird das neu gestaltete oder angepasste Prozessmodell in die Praxis umgesetzt. Dies umfasst sowohl organisatorische als auch technologische Maßnahmen, die notwendig sind, um den Soll-Prozess zu etablieren und die gewünschten Verbesserungen zu erzielen [14]. Die Implementierung ist der Übergang von der Planungs- und Designphase hin zur realen Anwendung des neuen Prozesses.

Die technologische Implementierung betrifft die Integration von IT-Systemen und Technologien, die den neuen Prozess unterstützen. Dazu gehört die Konfiguration oder Programmierung von Softwarelösungen, die Automatisierung von Aufgaben, die Integration von bestehenden Systemen und das Testen der IT-Infrastruktur. Hier werden IT-Tools so eingerichtet, dass sie die Prozessanforderungen erfüllen und eine reibungslose Durchführung der Abläufe ermöglichen [4].

Die Organisatorische Implementierung bezieht sich auf die Anpassung der Arbeitsabläufe und die Einführung von neuen Verfahren und Praktiken in der Organisation. Dazu gehören vor allem Schulungsmaßnahmen, die den betroffenen Mitarbeitern helfen, sich mit den neuen Prozessen vertraut zu machen und ihre Aufgaben effizient in Übereinstimmung mit den neuen Prozessen zu erfüllen. Auch die Änderung von Zuständigkeiten und die Anpassung der Arbeitsstrukturen können notwendig sein, um den Soll-Prozess zu realisieren [1].

Ein wichtiger Aspekt dieser Phase ist die transparente Kommunikation der Veränderungen an alle betroffenen Stakeholder. Eine klare Kommunikation sorgt dafür, dass alle Beteiligten die Gründe für die Veränderungen verstehen und ihre Rolle im neuen Prozess begreifen [13].

Akteure der Prozessimplementierung

- **IT-Spezialisten** spielen eine zentrale Rolle bei der technischen Implementierung des neuen Prozesses. Sie sind verantwortlich für die Integration der notwendigen IT-Systeme und deren Konfiguration, um den neuen Prozess zu unterstützen. Dies kann die Anpassung bestehender Software, die Implementierung neuer Anwendungen oder die Automatisierung bestimmter Aufgaben beinhalten. IT-Experten stellen sicher, dass die Technologie korrekt funktioniert, die Datenintegration reibungslos verläuft und die Systemumgebung stabil und sicher ist [15].
- **Change Manager** sind für die organisatorische Umsetzung des neuen Prozesses zuständig. Sie begleiten den gesamten Veränderungsprozess und stellen sicher, dass die Mitarbeiter die neuen Abläufe verstehen und umsetzen können. Ihre Aufgabe umfasst die Planung und Durchführung von Schulungsprogrammen. Sie überwachen auch den Erfolg der Implementierung und unterstützen die Mitarbeiter dabei, mögliche Widerstände gegenüber den Veränderungen zu überwinden. Change Manager sorgen dafür, dass der Übergang reibungslos verläuft und die Mitarbeiter motiviert und gut vorbereitet sind, den neuen Prozess in ihrer täglichen Arbeit anzuwenden [14].

2.1.3.6 Prozessüberwachung und -kontrolle

In der Prozessüberwachungs- und Kontrollphase wird die Leistung des implementierten Prozesses kontinuierlich überwacht, um sicherzustellen, dass der Prozess die festgelegten Ziele auch erfüllt. In dieser Phase müssen Abweichungen vom Soll-Zustand frühzeitig erkannt und geeignete Maßnahmen zur Prozessverbesserung ergriffen werden. Die Überwachung umfasst das Erfassen von Leistungsdaten und das regelmäßige Messen der Prozessqualität [14].

Prozesskostenrechnung ist ein wichtiges Instrument in der Überwachungsphase. Sie hilft dabei, die Kosten eines Geschäftsprozesses zu berechnen und zu verstehen. Die Prozesskostenrechnung ordnet Kosten den einzelnen Prozessschritten zu und ermöglicht es, genau zu identifizieren, wo innerhalb des Prozesses Einsparpotenziale oder Verbesserungsmöglichkeiten bestehen. So kann etwa erkannt werden, welche Schritte besonders teuer sind und wo Investitionen oder Änderungen möglich sind, um die Rentabilität zu steigern [1].

Prozessgovernance ist ein weiteres wichtiges Konzept in der Prozessüberwachung. Sie definiert die Richtlinien, Standards und Verantwortlichkeiten für das Management von Geschäftsprozessen innerhalb der Organisation. Die Prozessgovernance legt fest, wer für die Ausführung, Überwachung und kontinuierliche Optimierung der Prozesse verantwortlich ist und wie Prozesse gesteuert werden. Sie stellt sicher, dass Prozesse im Einklang mit den strategischen Zielen des Unternehmens durchgeführt werden und dass Verantwortlichkeiten klar zugewiesen sind. Eine effektive Prozessgovernance trägt dazu bei, die Prozessqualität über einen langen Zeitraum aufrechtzuerhalten [4].

Akteure der Prozessüberwachung und -kontrolle

- **Prozesscontroller** sind verantwortlich für die kontinuierliche Überwachung der Prozessleistung. Sie messen die Prozessqualität und bewerten die Abweichungen vom Soll-Zustand. Sie berichten regelmäßig an das Management und schlagen Maßnahmen vor. Prozesscontroller sind auch für die Durchführung von Prozessaudits und die Analyse der Prozesskosten verantwortlich [15].
- Das **Management** ist für die übergeordnete Überwachung und Steuerung der Prozessleistung zuständig. Es wird regelmäßig vom Prozesscontroller über die Prozessqualität informiert und trifft Entscheidungen über notwendige Anpassungen oder Verbesserungsmaßnahmen. Das Management stellt sicher, dass die Prozessziele mit den strategischen Zielen des Unternehmens übereinstimmen und dass der Prozess kontinuierlich an Veränderungen in der Markt- oder Geschäftsumgebung angepasst wird [14].

2.1.3.7 Prozessoptimierung

Die Prozessoptimierung ist ein kontinuierlicher, fortlaufender Prozess, der auf den Ergebnissen der Prozessüberwachung und -kontrolle basiert. Sie dient der stetigen Verbesserung der Prozesse, um sicherzustellen, dass diese immer an die sich verändernden Anforderungen, Marktbedingungen und technologischen Entwicklungen angepasst werden. Die Optimierung stellt sicher, dass Geschäftsprozesse effizient, kostengünstig und leistungsfähig bleiben und dabei die Qualität und Kundenzufriedenheit weiterhin gewährleistet werden [1].

Im Rahmen der Prozessoptimierung werden unterschiedliche Ansätze verfolgt, um die gewünschten Verbesserungen zu erzielen. Zwei der bekanntesten Ansätze sind Continuous Process Improvement und Business Process Reengineering:

- **Continuous Process Improvement (CPI)** ist ein systematischer Ansatz zur kontinuierlichen Verbesserung von Geschäftsprozessen. Ziel ist es, schrittweise und fortlaufend in der Prozessqualität Verbesserungen zu erzielen. CPI betont die Idee, kleine, aber regelmäßige Anpassungen itterativ vorzunehmen. Dieser Ansatz ermöglicht es, bestehende Abläufe zu optimieren, ohne tiefgreifende Veränderungen oder Umstrukturierungen vorzunehmen. CPI fördert eine Kultur der ständigen Verbesserung, bei der alle Mitarbeitenden aktiv eingebunden sind und dazu beitragen, den Prozess nachhaltig zu verbessern [11].

- **Business Process Reengineering (BPR)** ist ein radikalerer Ansatz, bei dem die Neugestaltung von Geschäftsprozessen im Mittelpunkt steht. BPR erreicht durch tiefgreifende Veränderungen und die komplette Neugestaltung von Prozessen signifikante Verbesserungen in der Prozessqualität. Dieser Ansatz setzt an den grundlegenden Strukturen eines Prozesses an und führt häufig zu weitreichenden organisatorischen Veränderungen. BPR wird typischerweise in Situationen angewendet, in denen die bestehenden Prozesse nicht mehr den Anforderungen des Marktes oder der Kunden entsprechen und eine grundlegende Veränderung erforderlich ist [10].

Akteure der Prozessoptimierung

- **Prozessmanager** sind verantwortlich für die Initiierung und Steuerung von Optimierungsprojekten. Sie analysieren kontinuierlich die Prozessleistung, identifizieren Verbesserungsmöglichkeiten und treiben die Umsetzung von Verbesserungsmaßnahmen voran. Dabei koordinieren sie alle relevanten Akteure und sorgen dafür, dass Optimierungsprozesse effektiv geplant, umgesetzt und überprüft werden. Prozessmanager setzen Prioritäten und stellen sicher, dass kontinuierliche Verbesserungen in die Arbeitsweise integriert werden, um die Prozessperformance langfristig zu steigern [14].
- Die **Fachabteilungen** liefern wertvolles Feedback zur operativen Effizienz des Prozesses. Ihre Erfahrung und ihr Wissen über die tatsächliche Durchführung des Prozesses machen sie zu wichtigen Partnern bei der Identifikation von Verbesserungspotenzialen. Fachabteilungen tragen aktiv zur Implementierung von Verbesserungsvorschlägen bei und unterstützen die kontinuierliche Optimierung, indem sie mögliche Schwachstellen aufzeigen und neue Ideen zur Effizienzsteigerung einbringen [4].

2.1.4   Business Process Model and Notation (BPMN)

Die **Business Process Model and Notation** (BPMN) ist die weltweit anerkannte Sprache des Geschäftsprozessmanagements, die es ermöglicht, komplexe Prozesse in einer standardisierten und leicht verständlichen Form zu modellieren und so die Kommunikation zwischen Prozess-Stakeholdern zu optimieren. Durch die hierarchische Struktur von BPMN können Teilprozesse und Subprozesse detailliert abgebildet werden, was die Analyse und Optimierung von Prozessen erleichtert. Beispielsweise können ineffiziente Arbeitsabläufe, redundante Aufgaben oder Engpässe besser identifiziert und entsprechend angepasst werden. Die wichtigsten BPMN-Elemente sind:

- **Aktivitäten:** Jede Aktivität entspricht einer spezifischen Aufgabe, die im Rahmen des Prozesses ausgeführt werden muss.
- **Ereignisse:** Ereignisse definieren Punkte im Prozessablauf, an denen etwas eintreten muss. Zum Beispiel markieren Ereignisse den Beginn und das Ende eines Prozesses oder bestimmte Zustände, wie das Eintreffen einer Nachricht oder das Erreichen einer Frist.
- **Gateways:** Gateways dienen als Entscheidungs- und Verzweigungspunkte innerhalb eines Prozesses. Sie steuern den Ablauf, indem sie alternative Pfade oder Parallelität im Prozessablauf definieren. Gateways können für Bedingungen wie „wenn/dann"-Entscheidungen oder für die Aufteilung eines Prozesses in parallele Abläufe verwendet werden.
- **Sequenzflüsse:** Diese bestimmen die Reihenfolge, in der Aktivitäten ausgeführt werden. Sequenzflüsse verbinden Aktivitäten und Ereignisse miteinander, um die logische Abfolge des Prozesses zu verdeutlichen.
- **Informationsflüsse:** Informationsflüsse zeigen, wie Informationen (z. B. Daten oder Nachrichten) zwischen verschiedenen Teilnehmern oder Prozessen ausgetauscht werden. Sie verbinden verschiedene Pools oder Lanes.
- **Swimlanes:** Swimlanes strukturieren den Prozess visuell, indem sie Aktivitäten bestimmten Akteuren oder Rollen zuordnen. Sie helfen dabei, den Verantwortungsbereich jeder Person oder Abteilung zu kennzeichnen und die Interaktionen zwischen verschiedenen Akteuren transparent zu machen.

Mit der Einführung von BPMN 2.0 wurden bereits erkannte Verbesserungen gegenüber BPMN 1.0 eingeführt, die die Modellierung erheblich vereinfachen und flexibler gestalten. BPMN 2.0 ermöglicht eine komprimierte Darstellung von Prozessen, die in der vorherigen Version oft durch komplexe und unübersichtliche Darstellungen gekennzeichnet waren. Die neue Version erlaubt Modellierern, Prozesse klarer und intuitiver zu strukturieren, indem sie redundante Elemente reduziert und den Fokus auf eine effizientere Visualisierung legt. Darüber hinaus bietet BPMN 2.0 die Möglichkeit, eigene Typen der vorgegebenen Elemente zu definieren. Dies erlaubt es, spezifische Anforderungen von Organisationen oder Branchen abzubilden, ohne die Kompatibilität mit dem Standard zu verlieren. Dadurch können BPMN-Modelle vielfältig eingesetzt werden. Ein generisches Beispielmodell ist in Abb. 2.2 dargestellt.

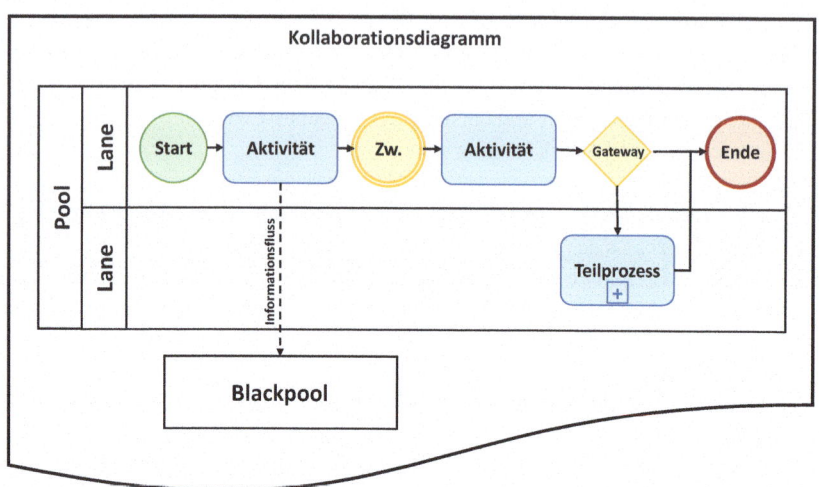

Abb. 2.2 BPMN generisches Beispielmodell

Ein klassisches Beispiel für die Reduktion der Komplexität in BPMN 2.0 ist die
Verwendung von Subprozessen und Call Activities, um wiederkehrende oder umfangreiche Abläufe zu kapseln. In BPMN 1.0 mussten solche Abläufe oft in einer
flachen Struktur vollständig dargestellt werden, was zu großen und unübersicht-
lichen Diagrammen führte. Ein Bestellprozess enthält beispielsweise Phasen wie
„Kundenanfrage prüfen", „Verfügbarkeit der Artikel überprüfen" und „Rechnungsstellung". In BPMN 1.0 hätte dieser gesamte Ablauf in einem einzigen Diagramm
mit allen Details abgebildet werden müssen. Mit BPMN 2.0 können diese Phasen
jeweils in Subprozessen als eigenständige Diagramme dargestellt werden. Der
Hauptprozess zeigt dann lediglich die Phasen, während die detaillierten Aktivitäten
in den Subprozessen ausgelagert werden. Zusätzlich kann mit BPMN 2.0 eine Call
Activity genutzt werden, um Prozesse wie „Rechnungsstellung" wiederzuver-
wenden, wenn dieser Vorgang in mehreren Prozessen identisch ist. Dadurch wird
das Diagramm nicht nur kompakter, sondern auch wartungsfreundlicher, da Änderungen am Rechnungsstellungsprozess nur an einer Stelle vorgenommen werden müssen.

Die BPMN ist ein mächtiges Werkzeug. Sie bietet eine standardisierte, leicht
verständliche Sprache, um komplexe Abläufe präzise darzustellen. Ein zentrales
Regelwerk ist jedoch unverzichtbar, insbesondere in Zeiten, in denen KI-gestützte
Tools zunehmend zur Modellierung herangezogen werden. Künstliche Intelligen-
zen, die streng nach den Spezifikationen der Object Management Group (OMG)

arbeiten, können bei fehlerhafter Anwendung der BPMN-Regeln zu falschen Annahmen und Missinterpretationen führen. Dies macht die Auseinandersetzung mit verbreiteten Missverständnissen notwendig, um die Arbeit mit BPMN-Modellen zu gestalten.

Im Folgenden werden häufige Irrtümer in der Anwendung von BPMN erläutert und klargestellt [12]:

„Alle Gateways müssen geschlossen werden, bevor Aufgaben folgen"

Irrtum: Viele Modellierer glauben, dass jedes Gateway alle möglichen Sequenzflüsse vollständig schließen muss, bevor eine Aufgabe folgt. Dies ist jedoch nicht korrekt. Exklusive Gateways (Exclusive Gateways) schließen per Definition alle anderen Pfade automatisch aus, sobald eine Bedingung erfüllt ist.

Richtigstellung: Laut den OMG-Spezifikationen für BPMN muss ein exklusives Gateway nicht explizit alle alternativen Pfade „schließen". Es genügt, wenn eine Bedingung zutrifft und ein Pfad aktiviert wird. Dies bedeutet, dass andere Sequenzflüsse konzeptionell nicht mehr relevant sind. Zitat: „An Exclusive Gateway evaluates conditions and selects a single outgoing sequence flow."

„Aufgaben dürfen nur einen eingehenden Sequenzfluss haben"

Irrtum: Der Glaube, dass Aufgaben nur einen eingehenden Sequenzfluss haben dürfen, entsteht oft aus der Fehlinterpretation paralleler oder alternativer Prozessmodelle.

Richtigstellung: Eine Aufgabe kann mehrere eingehende Sequenzflüsse haben, wenn diese z. B. von einem parallelen Gateway zusammengeführt werden. OMG beschreibt dies folgendermaßen: „A Task may have multiple incoming sequence flows if they converge before execution."

„Ein Parallel-Gateway darf keine Bedingung haben"

Irrtum: Parallele Gateways werden oft als rein technische Elemente verstanden, die ohne Bedingungen funktionieren.

Richtigstellung: Parallele Gateways synchronisieren alle eingehenden Sequenzflüsse und aktivieren alle ausgehenden Flüsse. Die Bedingungen, die sich auf die Pfade beziehen, sind außerhalb des Gateways zu prüfen. Zitat: „A Parallel Gateway activates all outgoing sequence flows regardless of conditions."

„Jeder Prozess benötigt einen expliziten Endpunkt"

Irrtum: Der Glaube, dass jedes Prozessmodell ein Endereignis haben muss, ist weit verbreitet.

Richtigstellung: BPMN erlaubt offene Prozesse, die kein explizites Endereignis benötigen, wenn sie z. B. durch externe Faktoren beendet werden. OMG spezifiziert: „Processes may remain open-ended, especially if external events or systems terminate them."

„Zwischenereignisse können nur in Sequenzflüssen eingesetzt werden"

Irrtum: Zwischenereignisse (Intermediate Events) werden fälschlicherweise nur innerhalb laufender Sequenzflüsse gesehen.

Richtigstellung: Zwischenereignisse können auch als „angeheftete" Ereignisse (Boundary Events) an Aufgaben oder Gateways angebracht sein. Sie dienen oft der Modellierung von Ausnahmen oder zeitabhängigen Triggern. Zitat: „Boundary events are attached to activities to handle exceptions or specific triggers."

„Pool-Grenzen dürfen überschritten werden"

Irrtum: Häufig wird angenommen, dass Sequenzflüsse Pool-Grenzen überschreiten können.

Richtigstellung: Laut OMG dürfen Sequenzflüsse keine Pool-Grenzen überschreiten. Pools repräsentieren separate Organisationseinheiten, die nur über Nachrichtenflüsse kommunizieren dürfen. Zitat: „Sequence flows cannot cross Pool boundaries; communication occurs via Message Flows."

„Subprozesse sind keine eigenständigen Einheiten"

Irrtum: Subprozesse werden oft als bloße Erweiterungen des Hauptprozesses angesehen.

Richtigstellung: Subprozesse sind eigenständige Prozesse mit definierten Start- und Endpunkten. Sie sind lediglich in den übergeordneten Prozess eingebettet. OMG spezifiziert: „A Sub-Process is a self-contained process that is embedded within a parent process."

„Das Ereignis mit dem Stern-Symbol ist universell verwendbar"

Irrtum: Das Stern-Symbol wird häufig als universelles Ereignis missverstanden.

Richtigstellung: Das Stern-Symbol steht ausschließlich für Eskalationsereignisse (Escalation Events). Es ist auf spezifische Kontexte begrenzt. Zitat: „The Escalation Event indicates a trigger for escalating a specific situation within a process."

Die korrekte Anwendung der BPMN-Regeln ist für die Interpretation durch KI-Systeme unabdingbar. Durch die Vermeidung der oben genannten Irrtümer können Missverständnisse vermieden und Modelle geschaffen werden, die sowohl menschlichen als auch maschinellen Interpretationen standhalten. Ein solides Verständnis der BPMN-Regeln muss für die effektive Zusammenarbeit zwischen Menschen und KI sichergestellt werden.

2.2   Large Language Models

2.2.1   Einführung Künstliche Intelligenz

Technische Perspektive

▶ Künstliche Intelligenz (KI) bezeichnet die Entwicklung von Systemen, die Aufgaben durchführen können, die typischerweise menschliche Intelligenz erfordern, wie z. B. Mustererkennung und Entscheidungsfindung.

KI ist ein Bereich der Informatik, der versucht, Maschinen mit menschenähnlichen kognitiven Fähigkeiten auszustatten. Diese Fähigkeiten umfassen Wahrnehmung, Problemlösung, Lernen und Entscheidungsfindung. Moderne KI-Technologien bedienen sich Algorithmen aus maschinellem Lernen, statistischer Analyse und tiefen neuronalen Netzen, um Muster in großen Datenmengen zu erkennen und basierend auf diesen Mustern Entscheidungen zu treffen [24]. Die Definition dieser technischen Perspektive ist praktisch orientiert, da sie sich auf die tatsächliche Funktionsweise von KI-Systemen konzentriert und philosophische Fragen nach Bewusstsein oder echter Intelligenz vermeidet. Ein Beispiel für die Anwendung dieser Technologien ist die Bilderkennung in der Medizin, bei der KI-Algorithmen Hautkrebs auf Fotos identifizieren [19]. Bereits in den 1950er-Jahren entstanden erste KI-Programme wie der „Logic Theorist" von 1956, der mathematische Beweise automatisierte [23]. Ein zentrales Argument für die Notwendigkeit von Computern in der KI ist, dass diese leistungsfähige Berechnungen und Datenverarbeitung ermöglichen, die für die Durchführung komplexer Algorithmen unerlässlich sind. Andererseits könnte argumentiert werden, dass theoretisch auch möglich wäre, KI ohne moderne Computer zu entwickeln, beispielsweise durch vereinfachte, manuelle Umsetzungen von Algorithmen, wie sie in den frühen Programmen oder mechanischen Maschinen vorkamen [27]. Historisch gesehen, waren erste KI-Experimente auch ohne leistungsstarke Computer möglich, aber heutzutage ist der Einsatz eines Computers für die praktische Umsetzung von KI unverzichtbar.

Etymologische Perspektive

▶ Der Begriff „Künstliche Intelligenz" beschreibt eine durch Technik erzeugte Form von Erkenntnis.

Aus einer etymologischen Perspektive betrachtet, setzt sich der Begriff „künstliche Intelligenz" aus den Wörtern „künstlich" und „Intelligenz" zusammen. „Künstlich" kommt vom althochdeutschen „künst", was so viel wie „technisch erzeugt" oder „künstlich erschaffen" bedeutet, während „Intelligenz" vom lateinischen „intellegere" kommt und „verstehen" oder „erkennen" bedeutet [21]. Die Kombination der beiden Begriffe legt nahe, dass KI eine durch Technik erschaffene Form der Erkenntnis ist. Diese Sichtweise unterstützt die philosophische Auffassung, dass KI keine „echte" Intelligenz besitzt, sondern lediglich eine technische Nachbildung davon darstellt [18]. Ein Beispiel ist die Entwicklung von Schachprogrammen, die durch das Befolgen von Regeln und Berechnungen Züge ausführen und so intelligente Entscheidungen treffen. Schon 1951 entwickelten Alan Turing und Christopher Strachey ein Schachprogramm, das auf frühen Computern lief, und damit eine „künstliche Fähigkeit zur Erkenntnis" zeigte [28]. Aus einer etymologischen Perspektive könnte KI theoretisch auch in anderen, nicht-computergestützten Systemen existieren, wie etwa mechanischen Rechenmaschinen oder Technologien, die noch nicht auf Computern basieren.

Philosophische Perspektive

▶ Künstliche Intelligenz wird als die Fähigkeit von Maschinen verstanden, menschenähnliches Denken zu simulieren, ohne notwendigerweise echtes Verständnis zu besitzen.

Philosophisch betrachtet, wirft KI die Frage auf, ob Maschinen wirklich denken oder nur Intelligenz simulieren. John Searles „Chinesisches Zimmer"-Argument beispielsweise besagt, dass Maschinen zwar sprachliche Eingaben verarbeiten können, jedoch kein echtes Verständnis besitzen, weil sie nur Regeln befolgen [26]. Die Unterscheidung zwischen schwacher KI, die in heutigen Anwendungen wie Sprachassistenten existiert, und starker KI, die menschenähnliches Denken erfordert, ist ein zentrales Thema. Während schwache KI bereits weit verbreitet ist, ist starke KI bislang nicht realisiert worden, und ob sie überhaupt möglich ist, ist fraglich [16]. Ein Beispiel für schwache KI sind Chatbots, die menschenähnliche Gespräche führen, ohne dabei wirklich zu „verstehen" [29]. Bereits 1966 simulierte das Programm ELIZA von Joseph Weizenbaum textbasierte Gespräche, was die Debatte um „echtes" maschinelles Denken anregte. Philosophisch könnte daher argumentiert werden, dass KI ohne Computer denkbar ist, etwa durch Menschen, die das Verhalten von Maschinen nachahmen [18]. Doch in der praktischen Anwendung ist der Computer notwendig, da KI-Systeme auf algorithmischen Prozessen basieren, die eine hohe Rechenleistung erfordern [24].

Neurowissenschaftliche Perspektive

▶ Künstliche Intelligenz bezieht sich auf Systeme, die die Funktionsweise biologischer Neuronen in einer mathematischen und computergestützten Form nachahmen.

Neurowissenschaftlich betrachtet, sind KI-Systeme stark von der Funktionsweise des menschlichen Gehirns inspiriert, insbesondere durch künstliche neuronale Netze. Während das menschliche Gehirn aus biologischen Neuronen besteht, die hochgradig parallel arbeiten, sind künstliche neuronale Netze mathematische Modelle, die nur begrenzt biologische Ähnlichkeit aufweisen [25]. Künstliche neuronale Netze simulieren grundlegende Prinzipien der biologischen Informationsverarbeitung, etwa das Lernen durch Erfahrung [22]. Künstliche neuronale Netze wurden bereits in den 1940er-Jahren konzipiert, erste funktionierende Modelle kamen jedoch erst in den 1980er-Jahren mit dem Backpropagation-Algorithmus zum Einsatz [25]. Neurowissenschaftlich betrachtet ist der Computer für die heutige Umsetzung von KI notwendig, da er die komplexen biologischen neuronalen Netzwerke simuliert, was nur durch leistungsstarke Rechenmaschinen effizient möglich ist [20]. Die Prinzipien des Lernens und der Informationsverarbeitung, die KI zugrunde liegen, sind jedoch nicht zwangsläufig an Computer gebunden. Zukünftige Technologien wie Quantencomputer oder biohybride Systeme könnten KI ohne traditionelle Computerstrukturen ermöglichen [17].

In der Diskussion um die Definition von Künstlicher Intelligenz wird ein klarer Unterschied zwischen der technischen und der neurowissenschaftlichen Perspektive sichtbar. Die technische Definition fokussiert sich auf funktionale Systeme, während die neurowissenschaftliche Definition den biologischen Ursprung der Intelligenz als Modell betrachtet. Auch die etymologische Perspektive, die die Künstlichkeit der Intelligenz betont, steht im Gegensatz zur philosophischen Betrachtung, die fragt, ob „echte" Intelligenz überhaupt künstlich sein kann. Praktisch orientieren sich die meisten heutigen Definitionen von KI an der technischen Perspektive, da Anwendungen in Wirtschaft und Wissenschaft von größerer Bedeutung sind als philosophische Überlegungen zu Bewusstsein oder echter Intelligenz [24]. Letztlich bleibt der Begriff „Künstliche Intelligenz" ein interdisziplinäres Konzept, das je nach Kontext unterschiedlich verstanden wird.

Bezüglich der Frage, ob ein Computer für die Umsetzung von KI notwendig ist, lässt sich sagen, dass dies für die heutige und verbreitete Form von KI unumgänglich ist, da riesige Datenmengen verarbeitet und komplexe Algorithmen in akzeptabler Zeit ausgeführt werden müssen. Historisch und theoretisch könnte jedoch auch eine andere Form von KI existieren, etwa auf mechanischen Geräten oder durch menschliche Nachahmungen. Künftige Technologien, die über die traditionellen Computerstrukturen hinausgehen, könnten ebenfalls neue Wege für die Entwicklung von KI eröffnen [20].

2.2.2 Zentrale Begriffe und Technologien

Maschinelles Lernen (ML) ist ein Teilbereich der Künstlichen Intelligenz, bei dem Computer dazu befähigt werden, aus Daten zu lernen und Muster zu erkennen, ohne dass sie für jede einzelne Aufgabe explizit programmiert werden müssen. Dieser Prozess ähnelt dem menschlichen Lernen, bei dem sich Fähigkeiten durch Übung und Erfahrung verbessern. Im Maschinellen Lernen existieren verschiedene Methoden, die jeweils unterschiedliche Ansätze verfolgen.

Beim **Überwachten Lernen** (Supervised Learning) wird der Computer mit Beispieldaten trainiert, die bereits die richtigen Antworten enthalten. Ein Beispiel ist die Klassifikation von E-Mails als „Spam" oder „Nicht-Spam", wobei der Algorithmus aus Tausenden von bereits markierten E-Mails lernt, neue E-Mails korrekt einzuordnen [39]. Beim **Unüberwachten Lernen** (Unsupervised Learning) hingegen erhält der Computer Daten ohne vorherige Kategorisierung und muss eigenständig Muster oder Gruppen erkennen. Ein Beispiel dafür ist die Gruppierung von Kunden im Online-Shop anhand ihres Kaufverhaltens [30]. Im **Bestärkenden Lernen** (Reinforcement Learning) lernt ein Programm durch Belohnung oder Bestrafung, welche Handlungen zum gewünschten Ergebnis führen. Autonome Roboter zum Beispiel lernen so, Hindernissen auszuweichen, indem sie durch Versuch und Irrtum herausfinden, wie sie sich bewegen müssen [40].

Deep Learning ist eine fortgeschrittene Methode des Maschinellen Lernens, die auf tiefen neuronalen Netzwerken basiert und besonders gut in der Lage ist, komplexe Muster zu erkennen. Diese Technik wird unter anderem in Bereichen wie der Gesichtserkennung oder der Spracherkennung verwendet [32]. **Künstliche Neuronale Netze** (ANNs) sind dabei von der Funktionsweise des menschlichen Gehirns inspiriert und bestehen aus Neuronen, die über Verbindungen Signale austauschen, um Zusammenhänge zwischen Eingaben und Ausgaben zu erlernen. Verschiedene Arten von neuronalen Netzwerken adressieren dabei unterschiedlich Anwendungsfälle.

- **Convolutional Neural Networks** (CNNs) sind auf die Analyse von Bildern und Videos spezialisiert und erkennen Merkmale wie Kanten, Farben und Formen [37].

- **Recurrent Neural Networks** (RNNs) hingegen sind ideal für die Verarbeitung sequenzieller Daten wie Sprache oder Musik, da sie frühere Eingaben speichern können. Eine besondere Form von RNNs ist das **Long Short-Term Memory** (LSTM), das sich besonders gut für Anwendungen wie Sprachverarbeitung oder Finanzprognosen eignet [34].

- **Transformer-Modelle** wie GPT und BERT sind besonders leistungsfähig im Bereich der natürlichen Sprache und können Texte verstehen und erzeugen [41].

- **Generative Adversarial Networks** (GANs) bestehen aus zwei Teilen: Ein Generator erstellt realistisch aussehende Bilder oder Texte, während ein Diskriminator prüft, ob sie echt oder künstlich sind, wodurch sich das System im Laufe der Zeit verbessert [33].

- **Autoencoder** sind darauf ausgelegt, große Datenmengen effizient zu repräsentieren, indem sie unwichtige Details verwerfen und nur die wesentlichen Informationen speichern [36].

Zur Beschleunigung von KI-Algorithmen werden spezialisierte Hardwarelösungen angeboten, die darauf ausgelegt sind, rechenintensive Aufgaben effizienter zu bewältigen als herkömmliche CPUs oder GPUs.

Eine der wichtigsten Hardwarekomponenten sind **Tensor Processing Units** (TPUs), die speziell für die Anforderungen neuronaler Netzwerke entwickelt wurden. TPUs sind optimiert für Matrixmultiplikationen und andere mathematische Operationen, die in Deep-Learning-Modellen häufig vorkommen [35]. Im Vergleich zu herkömmlichen GPUs bieten sie eine deutlich höhere Rechenleistung bei gleichzeitig geringerem Energieverbrauch, was sie besonders für Anwendungen wie maschinelles Lernen in der Cloud und das Training großer Modelle attraktiv macht.

FPGAs (Field-Programmable Gate Arrays) hingegen sind anpassbare, rekonfigurierbare Chips, die für spezifische Berechnungen optimiert werden können. Sie bieten eine hohe Flexibilität, da ihre Hardwarestruktur je nach Anwendung angepasst werden kann, wodurch sie für bestimmte KI-Workloads besonders effizient sind. FPGAs werden häufig in Bereichen wie industrieller Automatisierung, autonomem Fahren und Echtzeitanwendungen eingesetzt, wo niedrige Latenz und hohe Leistungsfähigkeit erforderlich sind.

Ein wichtiger Bereich ist die **Edge-KI**, bei der KI-Modelle direkt auf Endgeräten ausgeführt werden, anstatt große Datenmengen zur Verarbeitung in die Cloud zu senden. Hier kommen Hardwarelösungen wie das Nvidia Jetson Nano zum Einsatz [38]. Das ist ein leistungsfähiges, aber energieeffizientes Modul, das für KI-Anwendungen in Embedded-Systemen konzipiert wurde. Es ermöglicht den Einsatz neuronaler Netzwerke für Anwendungen wie Objekterkennung, Robotik oder autonome Steuerung. Ebenso bietet Google Coral AI eine Reihe von KI-Beschleunigern, darunter Edge-TPUs, die speziell für die effiziente Verarbeitung von KI-Workloads auf lokalen Geräten entwickelt wurden [31].

Diese Technologien ermöglichen, KI-Modelle direkt am Ort der Datenerfassung auszuführen, anstatt sie zur Berechnung an entfernte Server zu senden. Besonders in Echtzeitanwendungen wie autonomem Fahren, medizinischer Diagnostik oder intelligenter Videoüberwachung ist dies ein Vorteil, da schnelle Entscheidungen getroffen werden müssen und eine kontinuierliche Internetverbindung nicht immer gewährleistet ist.

2.2.3 Large Language Models

Large Language Models (LLMs) sind fortschrittliche Künstliche Intelligenz (KI)-Modelle, die auf großen Mengen von Textdatensätzen trainiert wurden und die Fähigkeit besitzen, menschenähnliche Texte zu generieren, zu verstehen und zu interpretieren. Diese Modelle können in natürlicher Sprache kommunizieren, indem sie nicht nur einfache Textantworten liefern, sondern auch komplexe Anfragen verstehen und kontextuelle Zusammenhänge herstellen. Die Fähigkeit, Texte zu generieren, reicht von einfachen Sätzen bis hin zu hochkomplexen, zusammenhängenden Texten, die in vielen Bereichen der Kommunikation nützlich sind, wie z. B. in der Beantwortung von Fragen oder der Übersetzung [48].

LLMs sind in der Lage, menschenähnliche Antworten auf vielfältige Anfragen zu liefern, die syntaktisch korrekt sind und konzeptionell und semantisch sinnvoll erscheinen. Sie können dazu genutzt werden, Texte zu verfassen, Fragen zu beantworten, Anweisungen zu geben, Zusammenfassungen zu erstellen oder sogar kreativ zu sein und literarische Werke zu erzeugen [50]. Besonders ist ihre Fähigkeit, große Datenmengen zu analysieren, zu verarbeiten und daraus Muster zu erkennen, ohne explizite Programmanweisungen zu erhalten [44].

Ein Kernprinzip des Trainings von LLMs ist das Vorhersagen des nächsten Wortes in einem Text, basierend auf den vorhergehenden Wörtern. Dies geschieht durch ein Verfahren namens Autoregression. Das Modell wird mit einer riesigen Menge an Text versorgt und soll im Wesentlichen den „nächsten Schritt" in einer Textsequenz vorhersagen. Das Training erfolgt, indem es für jede Textsequenz den Fehler zwischen der vom Modell vorhergesagten und der tatsächlichen Wortfolge berechnet und diesen Fehler minimiert [43].

Der Trainingsprozess nutzt Gradientenabstiegsverfahren, um die Gewichtungen der neuronalen Netzwerke so anzupassen, dass das Modell die Vorhersagen über die Textsequenzen immer genauer macht. Diese Lernprozesse finden auf Milliarden von Parametern statt, die dem Modell ermöglichen, tiefere Muster und kontextuelle Zusammenhänge im Text zu erkennen. Über Zeit entwickelt das Modell die Fähigkeit, nicht nur einfache Wortfolgen zu erzeugen, sondern auch komplexe Sätze und Absätze zu generieren, die inhaltlich und grammatikalisch kohärent sind [49].

Ein wichtiger Bestandteil des Trainings ist die Fähigkeit des Modells, semantische Beziehungen zwischen Wörtern und deren Bedeutungen zu erlernen. Dies ermöglicht es dem Modell, nicht nur die Worte zu erkennen, sondern auch deren Bedeutungsnuancen im jeweiligen Kontext zu verstehen und korrekt zu interpretieren [46]. Beispielsweise kann das Modell erkennen, dass das Wort „Bank" je nach Kontext eine Finanzinstitution oder eine Sitzgelegenheit bedeuten kann.

Nach Abschluss des Trainings sind LLMs in der Lage folgende Aufgabentypen zu erledigen:

- **Textgenerierung**: LLMs können fließende, kohärente Texte zu einer Vielzahl von Themen generieren, indem sie die gelernten Muster und Zusammenhänge wiedergeben. Sie sind in der Lage, Artikel, Essays, kreative Geschichten und technische Dokumentationen zu erstellen [41].
- **Textveränderung**: Eine weitere wichtige Anwendung ist die Fähigkeit von LLMs, längere Texte oder Dokumente zusammenzufassen und in anderer Form wiederzugeben. Das Modell extrahiert die wesentlichen Informationen und präsentiert diese in der gewünschten Form, die dennoch den Kern der ursprünglichen Botschaft bewahrt.
- **Textübersetzung**: Durch die Fähigkeit, die Bedeutung von Texten zu verstehen, können LLMs verwendet werden, um Texte zwischen verschiedenen Sprachen zu übersetzen. Diese Übersetzungen basieren nicht nur auf direkten Wortübersetzungen, sondern berücksichtigen auch den Kontext und die grammatikalischen Strukturen der Zielsprache [41].
- **Enzyklopädisches Erzählen**: LLMs sind in der Lage, auf gestellte Fragen zu antworten, indem sie Informationen aus ihrem umfangreichen Wissensspeicher abrufen. Dies kann einfache Fakten oder auch komplexe, tiefere Analysen umfassen. Das Modell extrahiert relevante Informationen aus seinem gelernten Textkorpus und präsentiert diese in Form einer verständlichen Antwort [42].

Diese Anwendungen bieten Unternehmen potenzielle Wettbewerbsvorteile, indem sie Aufgaben automatisieren, die früher viel Zeit und Aufwand erforderten. Im GPM können LLMs zur Automatisierung und Unterstützung von Prozessen wie der Dokumentenverarbeitung, der Analyse von Geschäftsdaten und der Kommunikation zwischen Abteilungen eingesetzt werden [45]. Das Potenzial für LLMs, nicht nur als Wissensquelle zu dienen, sondern auch als Werkzeug zur Optimierung von Arbeitsabläufen, macht sie zu einem wertvollen Asset in modernen Unternehmen [47].

Die Anwendungsmöglichkeiten von LLMs erstrecken sich über eine Vielzahl von Branchen und Unternehmensbereichen. Vom Kundensupport über Content Creation und Datenanalyse bis hin zur Bildungsförderung bieten diese Modelle eine wertvolle Unterstützung, die Prozesse optimiert, Ressourcen spart und die Produktivität steigert. Die Flexibilität und Skalierbarkeit von LLMs machen sie zu einem dynamischen Werkzeug.

Kundensupport

Ein bedeutender Anwendungsbereich für LLMs ist der Kundensupport, bei dem sie automatisiert Kundenanfragen beantworten und als interaktive Schnittstelle zwischen dem Unternehmen und seinen Kunden fungieren. LLMs können dazu verwendet werden, Chatbots oder virtuelle Assistenten zu betreiben, die rund um die Uhr verfügbar sind und in der Lage sind, eine Vielzahl von Anfragen zu verstehen und zu beantworten. Diese Anfragen können sowohl einfache Fragen, wie etwa Öffnungszeiten oder Produktinformationen, als auch komplexe Anliegen, wie die Lösung technischer Probleme, umfassen. LLMs analysieren die Anfragen in natürlicher Sprache, interpretieren sie im Kontext und liefern daraufhin schnelle und präzise Antworten. Dies entlastet den Support, indem es menschliche Agenten von Routineaufgaben befreit und die Antwortgeschwindigkeit sowie -qualität erhöht. Ein weiterer Vorteil des Einsatzes von LLMs im Kundensupport ist die Fähigkeit zur Skalierbarkeit: Sie können mit einer Vielzahl von Kunden gleichzeitig kommunizieren, ohne dass es zu Verzögerungen oder Fehlern kommt. Zusätzlich können sie aus den Interaktionen lernen und ihre Antworten im Laufe der Zeit verbessern, wodurch der Support kontinuierlich optimiert wird.

Content Creation

LLMs haben das Potenzial, den Bereich der Content Creation zu revolutionieren, insbesondere in Bereichen wie Marketing, Blogging und soziale Medien. Sie können automatisch Texte für Artikel, Blogbeiträge, Produktbeschreibungen, Social-Media-Posts und Werbung generieren. Unternehmen können auf diese Weise kostengünstig und zeitnah Inhalte erstellen, die an die Bedürfnisse ihrer Zielgruppen angepasst sind. LLMs sind in der Lage, stilistisch passende und thematisch relevante Texte zu produzieren, die sowohl informativ als auch ansprechend sind. Zudem können LLMs dabei helfen, die SEO-Optimierung (Search Engine Optimization) von Texten zu verbessern, indem sie die relevanten Keywords erkennen und in den Text integrieren. In der automatisierten Texterstellung ist die

Flexibilität und Kreativität von LLMs besonders wertvoll, da sie oft in der Lage sind, Themen aus verschiedenen Blickwinkeln zu behandeln und dabei die Qualität und Konsistenz zu wahren.

Bildung
Im Bereich der Bildung bieten LLMs innovative Möglichkeiten zur Unterstützung von Lernenden. Sie können als personalisierte Tutoren agieren, die auf individuelle Bedürfnisse und Lernstile eingehen, Erklärungen zu komplexen Konzepten bieten und Fragen der Lernenden individuell beantworten. LLMs sind in der Lage, auf verschiedene Schwierigkeitsgrade einzugehen und Erklärungen so anzupassen, dass sie für den jeweiligen Lernenden verständlich sind. Darüber hinaus können LLMs beim Erstellen von Übungsaufgaben, Tests und Lernmaterialien unterstützen und so die Arbeitsbelastung von Lehrkräften verringern. Sie ermöglichen, Lerninhalte kontinuierlich zu aktualisieren und auf dem neuesten Stand zu halten, ohne dass manuelle Anpassungen erforderlich sind. Durch die Verwendung von LLMs im Bildungsbereich kann eine differenzierte und skalierbare Bildung geboten werden, die allen Lernenden zugutekommt und den Zugang zu hochwertigen Bildungsressourcen vereinfacht.

2.2.4   Textverständnis

Die Wissenstreppe beschreibt die Entwicklung von Wissen von der Verarbeitung einfacher Zeichen bis hin zur Wettbewerbsfähigkeit. Dieses Modell hilft zu verstehen, wie Informationen entstehen, genutzt und in wertschöpfende Handlungen überführt werden [51].

Um die technologischen Komponenten eines LLM (Large Language Model) einzuordnen, wird in Abb. 2.3 beschrieben, wie die einzelnen Mechanismen in jeder Stufe angewendet werden.

1. **Zeichen** sind die grundlegenden Bestandteile von Daten – Buchstaben, Zahlen oder Symbole, die noch keine Bedeutung tragen. In einem LLM entspricht dies der Rohform des Eingabetextes vor jeglicher Verarbeitung.
2. In der zweiten Stufe der Wissenstreppe befinden sich **Daten**: rohe, unstrukturierte Fakten oder Zahlen, die noch keinen Kontext haben. Sie stellen die Ausgangsbasis für jede weitergehende Informationsverarbeitung dar. In einem LLM entspricht dieser Schritt der Tokenisierung, bei der der Text in einzelne Tokens, also Wörter oder Subwörter, zerlegt wird. Hier werden die Rohdaten, ohne kontextuelle Verbindungen oder Bedeutungen, zunächst in verarbeitbare Bestandteile zerlegt.

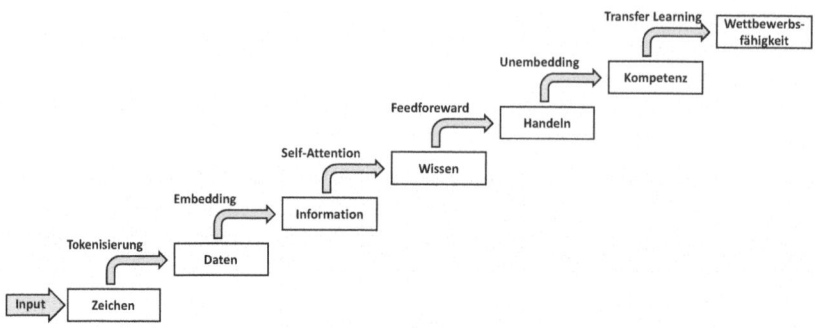

Abb. 2.3 Wissenstreppe nach North

3. **Information** entsteht, wenn Daten in einen Kontext gesetzt und strukturiert werden. Sie beantworten grundlegende Fragen wie „Was?" und „Wann?" und beginnen, Zusammenhänge zwischen den Einzelheiten herzustellen. In einem LLM erfolgt dieser Schritt nach der Tokenisierung durch die Einbettung der Tokens in Vektorräume. Jedes Token wird durch einen Vektor repräsentiert, der dem Modell ermöglicht, semantische Beziehungen zwischen den Tokens zu erkennen. In dieser Phase wird der Self-Attention-Mechanismus aktiv: Jedes Token stellt mithilfe seines Query-Vektors (Q) eine „Frage" an die anderen Tokens, um zu bestimmen, welche Informationen aus der Sequenz für seine Bedeutung relevant sind. Die Key-Vektoren (K) anderer Tokens werden verwendet, um die Relevanz zu ermitteln, und der Value-Vektor (V) liefert die Information, die zur weiteren Berechnung des Kontextes verwendet wird.

4. **Wissen** entsteht, wenn Information durch Erfahrung und Kontextualisierung verarbeitet wird. Auf dieser Stufe wird das „Warum?" eines Sachverhalts oder Ereignisses begreifbar. Im LLM wird das durch die Verarbeitung der Self-Attention-Ergebnisse und der Feedforward-Schichten ermöglicht. Hier wird das Wissen weiter verfeinert und das Modell kann durch die Verknüpfung von Token-Beziehungen beginnen, tiefere Bedeutungen und Muster zu erkennen. Der Self-Attention-Mechanismus ermöglicht es dem Modell die unmittelbaren Nachbarn eines Tokens zu betrachten und die weiterreichenden, kontextuellen Beziehungen zwischen den verschiedenen Teilen eines Textes zu erkennen. Dadurch wird der Übergang von isolierten Daten zu einem strukturierten Wissen ermöglicht.

5. **Handeln** bedeutet, Wissen gezielt anzuwenden, um konkrete Aufgaben oder Probleme zu lösen. Hier wird Wissen auf eine tiefere Ebene gebracht, und Zusammenhänge zwischen verschiedenen Wissenselementen werden erkannt. Bei

Multi-Head Attention in einem Transformer-Modell-Basierten LLM wird dieser Schritt besonders relevant. Verschiedene Attention-Heads lernen unterschiedliche Aspekte der Beziehungen zwischen Tokens und ermöglichen so eine differenzierte Betrachtung und Interpretation von komplexen, mehrdimensionalen Zusammenhängen.

6. **Kompetenz** bedeutet, dass Wissen und Verständnis angewendet werden können, um konkrete Probleme zu lösen oder fundierte Entscheidungen zu treffen. In einem LLM wird Kompetenz erreicht, wenn das Modell in der Lage ist, auf der Grundlage des erlernten Wissens konkrete Vorhersagen zu generieren. Die Feedforward-Schichten und Unembedding-Schicht ermöglichen es dem Modell, die Informationen aus den vorherigen Berechnungen zu kombinieren und eine konkrete Antwort oder Handlung in textueller Form auszugeben. Durch gezieltes Fine-Tuning kann das Modell seine Antworten verbessern und spezifische Anforderungen besser erfüllen.

7. Die höchste Stufe der Wissenstreppe ist die **Wettbewerbsfähigkeit**, bei der Wissen effektiv genutzt wird, um nachhaltige Vorteile zu erzielen. In einem LLM zeigt sich dies durch die Fähigkeit, über Standardwissen hinaus neue Einsichten zu generieren und durch kontinuierliches Training sowie Feedback-Mechanismen immer leistungsfähiger zu werden. Hierbei spielen Transfer Learning und Reinforcement Learning from Human Feedback (RLHF) eine entscheidende Rolle, um die generierten Inhalte an die Bedürfnisse der Nutzer anzupassen. Unternehmen, die LLMs strategisch einsetzen, können dadurch Innovations- und Effizienzvorteile realisieren.

2.2.5 Tokenization

Tokenization ist ein entscheidender Schritt in der Verarbeitung von Texten durch Maschinen. Es stellt die Brücke zwischen rohem Text und der numerischen Darstellung her, die ein Computer verarbeiten kann. Der Text muss in kleinere Einheiten (sogenannte „Tokens") aufgeteilt werden, die dann in Vektoren oder Zahlen umgewandelt werden, da neuronale Netzwerke nur mit numerischen Daten arbeiten können. Tokenization ist entscheidend, um den Input für das Modell effizient und interpretierbar zu machen [41].

In der Tokenization wird ein Text in kleinere Bestandteile zerlegt, die das Modell verarbeiten kann. Diese Bestandteile können Worte, Wortstämme oder sogar Zeichen sein. Der Satz „Ich liebe es, Pizza zu essen." könnte in Tokens wie ["Ich", "liebe", "es", ",", "Pizza", "zu", "essen", "."] zerlegt werden. Diese Tokens werden anschließend in numerische Darstellungen (oft als Integer-IDs) umgewandelt, die das Modell als Eingabe akzeptiert. Jede ID repräsentiert einen Token und verweist auf eine Einbettung (Embedding), die den Token in einen hochdimensionalen Vektorraum transformiert. Diese Vektoren werden dann als Eingabe in die Transformer-Schichten übergeben, wo sie durch Self-Attention-Mechanismen weiterverarbeitet werden.

Die Anzahl der Token in einer Eingabesequenz beeinflusst die Berechnungen im Modell direkt. Je länger die Sequenz, desto mehr Rechenaufwand ist erforderlich, da das Modell jeden Token und seine Beziehungen zu allen anderen Tokens in der Sequenz berechnen muss. Dies führt zu einer quadratischen Komplexität in Bezug auf die Sequenzlänge. Lange Eingabesequenzen sind ressourcenintensiver und erhöhen die benötigte Rechenleistung.

Viele LLMs, darunter GPT-Modelle, verwenden Subword-Tokenisierung wie Byte-Pair Encoding (BPE) oder WordPiece. Diese Methoden versuchen eine optimale Aufteilung von Text in Subtokens zu erreichen, um sowohl häufige Wörter als auch seltene Wortteile effizient darzustellen.

Byte-Pair-Encoding (BPE) basiert darauf, häufige Zeichen- oder Buchstaben-kombinationen schrittweise zu „paaren", um immer größere Token zu erstellen. Der Algorithmus beginnt mit einer Zerlegung des Textes in einzelne Grund-Token und sucht dann die häufigsten Paarungen, um größere Subtokens zu bilden.

Beispiel

In einem Text mit den Wörtern „low", „lowest" und „lower" könnte BPE zunächst die Tokens ["l", "o", "w", "e", "r", "s", "t"] erzeugen. Es wird anschließend die häufigste Kombination (z. B. "lo") gepaart, um ein Subtoken ["lo", "w", "e", "st", "er"] zu bilden. ◄

WordPiece ist ein ähnlicher Ansatz, der vor allem in Modellen wie BERT verwendet wird. Anstatt nur Zeichen zu paaren, versucht der Algorithmus, sinnvolle Teile von Wörtern zu finden. Häufige Wörter wie „playing" könnten direkt als ein Token dargestellt werden, während seltenere Wörter wie „unplayable" in ["un", "play", "able"] aufgeteilt werden könnten.

Token ermöglichen autoregressive Modelle, die sequenziell Daten verarbeiten und Vorhersagen treffen. Bei der Generierung von Texten, wie es bei Modellen wie ChatGPT der Fall ist, sagt ein autoregressives Modell den nächsten Token basierend auf den zuvor gesehenen Tokens voraus. Dies bedeutet, dass das Modell Schritt für Schritt arbeitet und jedes Mal nur einen Token generiert, der dann wieder in das Modell eingespeist wird, um den nächsten Token vorherzusagen. Dies geschieht vereinfacht in folgender Sequenz:

1. **Input und Tokenisierung**: Der Inputtext wird zunächst in eine Sequenz von Tokens zerlegt.
2. **Modellprozess**: Das Modell verwendet die bereits generierten Tokens und erstellt eine Wahrscheinlichkeitsverteilung für den nächsten Token basierend auf diesen.
3. **Vorhersage**: Das Modell wählt den Token mit der höchsten Wahrscheinlichkeit aus der Verteilung und fügt ihn zur Sequenz hinzu.
4. **Wiederholung**: Der neu generierte Token wird dann zusammen mit den vorherigen Tokens erneut dem Modell als Eingabe gegeben, um den nächsten Token vorherzusagen.

Dieser Prozess wiederholt sich, bis das Modell ein Endsignal erreicht oder eine bestimmte maximale Länge überschritten wird. Wichtig ist, dass das Modell bei jedem Schritt nur den nächsten Token vorhersagen darf – es „blickt" nicht in die Zukunft, sondern nur auf die Vergangenheit (die bereits generierten Tokens).

2.2.6 Transformer-Modell

LLMs wie ChatGPT basieren auf Transformer-Modellen und verwenden eine große Anzahl von Parametern, die während des Trainings gelernt werden. Diese Modelle unterscheiden sich von früheren neuronalen Netzwerken, da sie auf Sequenzen von Daten ohne die Notwendigkeit einer rekurrenten Verarbeitung zugreifen kann. In der Transformer-Architektur gibt es keine Wiederholungen oder Rückkopplungen, wie es bei RNNs (Recurrent Neural Networks) der Fall ist. Stattdessen verarbeiten Transformer Eingaben parallel, was ihnen ermöglicht, große Textmengen schneller zu bearbeiten [41].

Ein Transformer-Modell besteht aus zwei Hauptblöcken:

- **Encoder**: Dieser Teil nimmt eine Sequenz von Eingabewörtern und wandelt sie in Repräsentationen um, die ihre Bedeutung erfassen.
- **Decoder**: Dieser Teil verwendet diese Repräsentationen, um Vorhersagen zu treffen, wie z. B. den nächsten Buchstaben oder das nächste Wort in einem Text.

ChatGPT verwendet jedoch nur den Decoder-Teil eines Transformer-Modells (weil es ein autoregressives Modell ist, das Text generiert), aber das zugrunde liegende Prinzip bleibt gleich.

Der **Self-Attention-Mechanismus** ist das Herzstück der Transformer-Modelle und spielt eine entscheidende Rolle, um Kontextinformationen zwischen Wörtern zu verarbeiten. Im Rahmen des Self-Attention-Mechanismus werden drei Vektoren für jeden Token in einer Sequenz berechnet: Query (Q), Key (K) und Value (V):

1. **Query-Vektor (Q):** Der Query-Vektor repräsentiert die „Frage", die ein bestimmter Token an die anderen Tokens in der Sequenz stellt. Er beschreibt, nach welcher Art von Informationen der aktuelle Token sucht. Der Query eines Tokens wird verwendet, um die Relevanz anderer Tokens für diesen Token zu bestimmen. – „Welche anderen Wörter in diesem Satz sind wichtig für mich?"

2. **Key-Vektor (K):** Der Key-Vektor ist die Antwort auf die Frage des Query-Vektors. Er beschreibt einen Token, um zu entscheiden, wie relevant dieser Token für die anderen Tokens ist. Er enthält Informationen, die beschreiben, wie wichtig dieser Token im Kontext anderer Tokens ist.

3. **Value-Vektor (V):** Der Value-Vektor enthält die eigentlichen Informationen, die dieser Token zur Modellvorhersage beiträgt. Er repräsentiert den Wert, der bei der Berechnung von Beziehungen zwischen den Tokens verwendet wird. Wenn das Modell entscheidet, dass ein Wort wichtig ist (basierend auf dem Query und Key), wird der Value genutzt, um das Verständnis des Wortes zu verbessern.

Um die zuvor erläuterten Mechanismen in einem Transformer-Modell praktisch anzuwenden, werden die Eingaben in mehreren Phasen verarbeitet. Diese Phasen bilden die Grundlage für die Erzeugung von Antworten und ermöglichen dem Modell, den Kontext eines Textes präzise zu erfassen. Von der Tokenization über die Berechnung der Self-Attention-Werte bis hin zur finalen Ausgabe durch die Feedforward-Schichten und das Unembedding folgt das Modell einer strukturierten Pipeline. Im nächsten Abschnitt werden diese Verarbeitungsschritte detailliert beschrieben, um die Funktionsweise eines LLMs besser nachvollziehen zu können.

Die Phasen der Eingabeverarbeitung

1. **Tokenization:** Der Text wird in einzelne Tokens (z. B. Wörter) zerlegt.

2. **Embedding (Query-, Key-, Value-Vektoren):** Jedes Wort in einer Sequenz wird durch einen Vektor dargestellt. Aus jedem dieser Vektoren werden die drei Vektoren berechnet: Query (Anfrage), Key (Schlüssel) und Value (Wert). Diese Vektoren haben die gleiche Dimension und werden durch Linearkombinationen der ursprünglichen Wortrepräsentation erzeugt.

3. **Self-Attention-Score (Aufmerksamkeit):** Für jedes Wort wird die Ähnlichkeit des Query-Vektors mit den Key-Vektoren aller anderen Wörter in der Sequenz berechnet. Diese Ähnlichkeit wird durch ein Skalarprodukt gemessen. Die resultierenden Werte geben an, wie ähnlich sich die Tokens sind und wie viel

„Aufmerksamkeit" das Modell einem anderen Wort beimessen soll. Die Werte, die aus dem vorherigen Schritt stammen, werden durch eine Softmax-Funktion in Wahrscheinlichkeiten umgewandelt. Diese Gewichte werden dann verwendet, um die Value-Vektoren zu kombinieren. Der neu berechnete Vektor kombiniert Informationen von allen anderen Tokens in der Sequenz, wobei jeder Token in der Sequenz unterschiedlich stark gewichtet berücksichtigt wird. Dadurch entsteht eine gewichtete Repräsentation des Kontexts für jedes Wort.

4. **Multi Head Attention:** Transformer-Modelle verwenden mehrere Attention-Heads, um verschiedene Arten von Kontextinformationen gleichzeitig zu verarbeiten. Hierbei werden mehrere Attention-Prozesse parallel durchgeführt, wobei jede Attention-Schicht mit unterschiedlichen Gewichtungen (also verschiedenen Q, K und V-Matrizen) arbeitet. Jeder Head lernt, sich auf unterschiedliche Aspekte des Textes zu konzentrieren. Dadurch kann das Modell verschiedene Arten von Beziehungen zwischen Tokens gleichzeitig erlernen. Die Ergebnisse der verschiedenen Attention-Heads werden schließlich zusammengeführt und kombiniert.

5. **Feedforeward-Schichten:** Die Informationen, die in der Self-Attention-Schicht gesammelt wurden, werden in den Feedforward-Schichten weiterverarbeitet. Eine Feedforward-Schicht ist ein mehrschichtiges, vollständig verbundenes neuronales Netzwerk, das über jedes Token in der Eingabesequenz unabhängig angewendet wird. Diese Schicht besteht in der Regel aus zwei hintereinander geschalteten linearen Transformationen, getrennt durch eine Aktivierungsfunktion. Zunächst erfolgt eine lineare Multiplikation mit einer Gewichtungsmatrix, die auf den Lerndaten basiert. Dies ermöglicht dem Modell, verschiedene Aspekte der Sprache zu verstehen und Fragen zu beantworten. Im zweiten Schritt wird die ReLU (Rectified Linear Unit)-Aktivierungsfunktion angewendet, um negative Werte auf Null zu setzen und so nichtlineare Beziehungen zu erfassen. Schließlich wird erneut eine lineare Multiplikation mit einer Gewichtungsmatrix durchgeführt, die zusätzliche Informationen anreichert. Dies hilft dem Modell, Muster zu erkennen, die für die Token-Generierung relevant sind. Ein abschließendes Bias sorgt dafür, dass ein Modell variant bleibt und bei gleichem Input unterschiedliche Ausgaben erzeugt.

6. **Unembedding:** Das Modell berechnet schließlich die Wahrscheinlichkeitsverteilung der möglichen nächsten Tokens. Diese Verteilung gibt an, welches Token am wahrscheinlichsten als nächstes kommt, basierend auf dem bisher generierten Text.

7. **Token-Limit:** Das Modell generiert den nächsten Token nacheinander auf autoregressive Weise, basierend auf dem Kontext der vorhergehenden Tokens. Dabei berechnet es für jedes Token Wahrscheinlichkeiten und wählt das Token mit der

höchsten Wahrscheinlichkeit oder eine Variation davon. Dieser Prozess wiederholt sich, bis das Modell auf eine der folgenden Bedingungen trifft:

a. **Abschlussbedingungen**: Das Modell kann spezielle Tokens generieren, die das Ende einer Antwort signalisieren (z. B. ein End-of-Sentence-Token oder ein Stop-Token). Sobald dieses Token generiert wird, hört das Modell auf, weitere Tokens zu produzieren.

b. **Maximale Länge**: Wenn die zuvor festgelegte maximale Länge für die Ausgabe erreicht wird, stoppt das Modell ebenfalls, unabhängig davon, ob die Antwort vollständig ist.

c. **Logits-Threshold**: Das Modell kann an einem Punkt ankommen, an dem es keine neuen Tokens mit hoher Wahrscheinlichkeit auswählen kann (dies ist selten, aber möglich bei sehr langen Antworten oder schwachen Prompts).

Beispiel

Zur Veranschaulichung ein Beispiel mit einem Prompt zur Prozessmodellierung mit BPMN für einen Geschäftsprozess: Bestellabwicklung.

Beispiel-Prompt:

„Erkläre den BPMN-Modellierungsprozess für die Bestellabwicklung, beginnend mit der Auftragsannahme, dann die Lagerprüfung, gefolgt von der Rechnungsstellung und Lieferung."

1. Eingabe-Tokens und ihre Vektoren

Zunächst wird der Text des Prompts in Tokens zerlegt, hier die Worte („Erkläre", „den", „BPMN-Modellierungsprozess", „für", …). Jeder dieser Tokens wird in Query, Key und Value umgewandelt.

2. Query (Anfrage)

Jedes Token erzeugt eine Query, um zu „fragen", welche anderen Tokens für seine Bedeutung wichtig sind.

Beispiel für „Query"-Vektoren:

- Token „BPMN-Modellierungsprozess" fragt, wie viel Aufmerksamkeit es den Tokens „Bestellabwicklung", „Auftragsannahme", „Lagerprüfung", „Rechnungsstellung" und „Lieferung" schenken sollte, um den Prozess in seinem richtigen Kontext zu verstehen.

- Token „Lagerprüfung" fragt, wie viel Aufmerksamkeit es den Tokens „Bestellabwicklung" oder „Rechnungsstellung" schenken sollte, um zu verstehen, ob die Lagerprüfung vor oder nach der Rechnungsstellung stattfindet.

Diese Queries helfen dabei, die Reihenfolge und Beziehung zwischen den Prozessschritten klarzustellen.

3. Key (Schlüssel)

Jedes Token erzeugt auch einen Key-Vektor, der darstellt, was dieses Token bedeutet und in welchem Kontext es relevant sein könnte. Die Key-Vektoren aller Tokens werden verglichen mit den Query-Vektoren, um festzustellen, wie ähnlich sie sind.

Beispiel für „Key"-Vektoren:

- Token „Auftragsannahme" hat einen Key, der zeigt, dass es der erste Schritt im Bestellprozess ist. Es signalisiert, dass es wichtig für Tokens wie „Bestellabwicklung" ist, weil es den Prozess einleitet.
- Token „Rechnungsstellung" hat einen Key, der signalisiert, dass es eine Verbindung zur „Lagerprüfung" hat, weil die Rechnung nach der Prüfung erstellt wird.

Diese Keys liefern den Kontext und helfen dem Modell, die Beziehung zwischen den Prozessschritten zu erkennen.

4. Value (Wert)

Jedes Token hat einen Value-Vektor, der die eigentlichen Informationen trägt, die das Modell bei der Verarbeitung nutzt. Wenn ein Query eines Tokens mit einem Key eines anderen Tokens gut übereinstimmt, dann übernimmt das Modell den Value dieses Tokens als relevante Information.

Beispiel für „Value"-Vektoren:

- Token „Lagerprüfung" trägt den Wert „Lagerbestand überprüfen", was später bei der Verarbeitung des Prozesses von Bedeutung ist.
- Token „Rechnungsstellung" trägt den Wert „Rechnung an den Kunden ausstellen", was dem Modell bei der Erklärung des Prozesses hilft.

Wenn der Query „BPMN-Modellierungsprozess" stark mit dem Key „Auftragsannahme" übereinstimmt, wird der Value „Auftragsannahme" verwendet, um die Bedeutung zu verstärken.

5. Berechnung der Aufmerksamkeit (Attention Scores)

Die Aufmerksamkeit wird berechnet, indem der Query-Vektor eines Tokens mit den Key-Vektoren aller anderen Tokens multipliziert wird. Das Ergebnis ist ein Attention Score, der festlegt, wie viel Aufmerksamkeit das Modell jedem Token schenken sollte.

Beispielhafte Berechnungen für den Attention-Mechanismus:

- Token „BPMN-Modellierungsprozess" könnte den höchsten Attention Score für das Token „Bestellabwicklung" bekommen, weil sie in direktem Zusammenhang stehen.
- Token „Lagerprüfung" könnte einen hohen Attention Score für „Auftragsannahme" erhalten, weil es der Schritt nach der Auftragsannahme ist.

Tokens, die stark miteinander in Verbindung stehen (z. B. „Lagerprüfung" und „Rechnungsstellung"), erhalten höhere Attention Scores und beeinflussen die Gewichtung der Werte entsprechend.

6. Finale Ausgabe basierend auf Self-Attention

Nach der Berechnung der Attention Scores werden die relevanten Werte gewichtet summiert und verwendet, um die Antwort des Modells zu erzeugen. Dadurch ist das Modell in der Lage, eine kohärente Erklärung des BPMN-Prozesses zu liefern, indem es die richtigen Beziehungen und Reihenfolgen der Schritte betont. ◄

Die Modellarchitektur, insbesondere die Anzahl der Schichten, die Dimension der versteckten Schichten, und die Multi-Head Attention, spielt eine entscheidende Rolle für die Fähigkeit des Modells, komplexe Prompts zu verstehen. Eine größere Anzahl an Parametern ermöglicht die Modellierung hochdimensionaler Kontexte. Beispielsweise erlaubt eine hohe Embedding-Dimension eine differenzierte semantische Einbettung von Geschäftsregeln, wodurch das Modell Nuancen in mehrschichtigen Prompts wie Entscheidungsbäumen oder Workflows besser versteht. Gleichzeitig ermöglichen Mechanismen wie positionale Einbettungen eine präzise Abbildung sequenzieller Abhängigkeiten, die im GPM besonders kritisch sind, etwa bei der Modellierung von Lieferketten.

In komplexen Geschäftsprozessen, die zahlreiche Variablen und dynamische Interaktionen beinhalten, sind robuste Modellarchitekturen entscheidend. Größere Modelle mit einer optimierten Dropout-Rate vermeiden Überanpassungen, was wichtig ist, um Verhaltensmuster in unvorhergesehenen Szenarien zu bewahren. Etwa bei der Prozessmodellierung von Eskalationsketten kann ein fein abgestimmtes Modell Szenarien antizipieren, die selten auftreten, jedoch geschäftskritisch sind. Durch kontrollierte Lernraten wird die Stabilität des Modells während der Trainingsphase gewährleistet, was für präzise Prozesssimulations- und Planungsanwendungen essenziell ist.

Parameter wie die **Temperatur**, das **Top-k Sampling**, und das **Top-p Sampling** beeinflussen die Variabilität und Kreativität der Modellantworten. Eine niedrige Temperatur erzeugt deterministische Antworten, während eine höhere Temperatur kreative und explorative Ansätze begünstigt. Für GPM eignet sich eine moderate Temperatur, um strukturierte Prozessvorgaben zuverlässig zu interpretieren und auszuführen. Gleichzeitig ermöglicht die Länge des Prompts, komplexe Kontexte zu übermitteln und präzise Antworten zu generieren. Top-k Sampling ist eine Technik, bei der das Modell den nächsten Token aus den k wahrscheinlichsten Tokens auswählt. Durch die Begrenzung der Auswahl auf eine feste Anzahl der wahrscheinlichsten Optionen wird der Text vorhersehbarer und stabiler, da die Auswahlmöglichkeiten eingeschränkt werden. Im Gegensatz dazu steht das Top-p (Nucleus) Sampling, bei dem das Modell nicht nur die k wahrscheinlichsten Tokens berücksichtigt, sondern so viele Tokens auswählt, bis die Summe ihrer Wahrscheinlichkeiten einen bestimmten Schwellenwert, p, erreicht. Diese Methode führt zu einer dynamischeren Auswahl, die eine ausgewogene Balance zwischen Kreativität und Konsistenz im generierten Text ermöglicht, da die Anzahl der in die Auswahl einbezogenen Tokens flexibel ist und sich je nach Wahrscheinlichkeitsverteilung ändert.

Die maximale Antwortlänge ist entscheidend, um sicherzustellen, dass Ergebnisse präzise und vollständig bleiben. Eine zu kurze Antwort kann relevante Informationen abschneiden, während ein zu langes Fenster zu redundanten Antworten führen kann. Insbesondere im GPM, wo Prozessregeln präzise formuliert werden müssen, etwa in der Beschreibung von Eskalationsszenarien oder SLA-Kriterien, ist eine optimierte Längensteuerung wichtig.

2.2.7 Training

Die Token-Werte (Embeddings) eines Modells werden stark durch die Trainingsdaten und den Trainingsprozess bestimmt. Der Ablauf kann zusammengefasst werden als:

1. **Embedding**: Für jedes Token wird ein Embedding-Vektor initialisiert, der das Token im hochdimensionalen Raum repräsentiert. Zu Beginn des Trainings sind diese Vektoren zufällig gewählt. Die Dimensionen dieser Vektoren sind feste Werte, die von der Architektur des Modells bestimmt werden. Diese Embeddings sind die Grundlage für die späteren Berechnungen und werden während des Trainings optimiert.
2. **Tokenisierung**: Das Modell wird auf großen Textkorpora trainiert, wobei es lernt, Wörter und Phrasen basierend auf ihrem Kontext zu verarbeiten und vorherzusagen. Bevor ein Modell trainiert wird, werden die Textdaten in Tokens zerlegt.

3. **Backpropagation**: Während des Trainingsprozesses durchläuft das Modell wiederholt die Trainingsdaten und versucht, vorherzusagen, welches Token als Nächstes kommt (autoregessives Lernen). Das Modell vergleicht seine Vorhersage mit dem tatsächlichen nächsten Token im Trainingssatz. Anhand dieses Vergleichs wird der Fehler berechnet. Dieser Fehler fließt in die Verlustfunktion ein, die misst, wie gut oder schlecht das Modell die nächsten Tokens vorhersagt. Das Ziel ist, den Fehler so weit wie möglich zu minimieren. Um den Fehler zu minimieren, wird ein Backpropagation-Verfahren verwendet, das die Parameter des Modells anpasst. Dazu gehören insbesondere die Gewichtsmatrizen und die Embeddings der Tokens. Jedes Mal, wenn das Modell einen Fehler macht, passt es die Gewichtungen der Neuronen und die Werte der Token-Embeddings an, sodass das Modell bei zukünftigen Vorhersagen präziser wird.

4. **Kontextbasierte Bedeutung**: Nach dem Training repräsentieren die Token-Embeddings die statistischen Muster in den Trainingsdaten. Das bedeutet: Tokens, die in ähnlichen Kontexten vorkommen (z. B. „Bestellung", „Kauf", „Lieferung") haben ähnliche Embeddings; Tokens, die unterschiedliche Bedeutungen haben, werden in unterschiedliche Teile des Vektorraums verschoben, abhängig von ihrem Kontext.

Beispiel

Die Nutzung von Embeddings und deren rechnerischen Operationen bietet weitreichende Möglichkeiten für das Geschäftsprozessmanagement. Durch die mathematische Modellierung von Begriffen und deren Beziehungen lassen sich Prozesse optimieren, Anomalien erkennen und Aufgaben wie die Automatisierung von Buchungsprozessen realisieren. Die in Abb. 2.4 beispielhaft visualisierte Darstellung der Embeddings soll folgend als stark vereinfachtes Beispiel eines (Large) Language Models dienen.

Rückschlüsse aus der Anordnung der Wort-Vektoren
- „Zahlungslauf" und „Skonto": Diese Begriffe befinden sich aufgrund ihrer gemeinsamen Verbindung zu Zahlungsfristen in der Nähe zueinander.
- „Kreditor" und „Lieferant": Beide Begriffe sind synonym oder stellen die gleiche Entität dar, sodass ihre Vektoren im Raum fast übereinanderliegen.
- „Mahnwesen" und „Verbindlichkeiten": Diese Begriffe sind im Prozess der Kreditorenbuchhaltung logisch miteinander verbunden und erscheinen daher in derselben Cluster-Region.

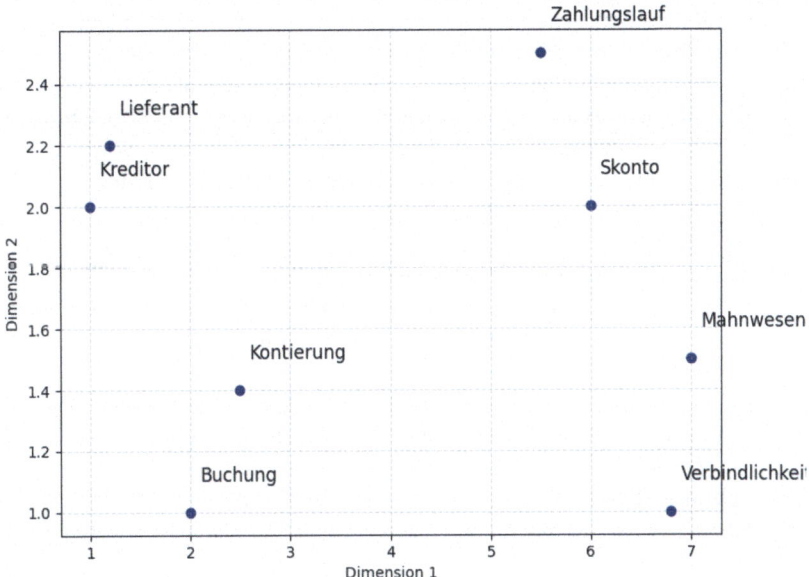

Abb. 2.4 Beispiel Matrix 2D-Sprachraum

Rechnerische Operationen mit Embeddings
Embeddings ermöglichen, semantische Beziehungen zwischen Begriffen zu analysieren und zu berechnen:

1. **Clustering von Begriffen**
   Embeddings ermöglichen, verwandte Begriffe in Gruppen oder Cluster zu unterteilen. In der Kreditorenbuchhaltung könnten Begriffe folgendermaßen geclustert werden:
   - **Cluster 1 (Rechnungsbearbeitung)**: „Rechnung", „Kontierung", „Buchung", „Kostenstelle"
   - **Cluster 2 (Zahlungsabwicklung)**: „Skonto", „Zahlungslauf", „Mahnwesen", „Verbindlichkeiten"
   - **Cluster 3 (Lieferantenmanagement)**: „Kreditor", „Lieferant", „Stammdaten", „Zahlungsbedingung"
2. **Analogie-Operationen**
   Analog zu Wortanalogien (wie „König – Mann + Frau ≈ Königin") lassen sich auch geschäftsbezogene Beziehungen durch Embeddings darstellen:

- **„Rechnung" – „Lieferant" + „Kreditor"** $\approx$ **„Verbindlichkeit":** Eine Rechnung ist mit einem Lieferanten verbunden, aber wenn „Lieferant" durch „Kreditor" ersetzt wird, ergibt sich „Verbindlichkeit".
- **„Eingangsrechnung" – „Buchung" + „Zahlung"** $\approx$ **„Begleichung":** Eine Eingangsrechnung ist mit einer Buchung verbunden. Wird die Buchung durch „Zahlung" ersetzt, folgt der Begriff „Begleichung".

3. **Ähnlichkeitsmessungen durch Vektorabstand**

Die Ähnlichkeit zwischen Begriffen kann durch den Vektorabstand oder die Kosinus-Ähnlichkeit gemessen werden:

- **cos(„Zahlungslauf", „Skonto")** $\approx$ **hoch:** Diese Begriffe haben einen engen Bezug zu Zahlungsfristen und erscheinen daher im Vektorraum nahe beieinander.
- **cos(„Buchung", „Mahnwesen")** $\approx$ **niedriger:** Obwohl beide Begriffe aus der Kreditorenbuchhaltung stammen, sind sie weniger direkt miteinander verbunden und daher weiter voneinander entfernt.

4. **Vektorarithmetik**

Prozesse in der Kreditorenbuchhaltung lassen sich durch Vektorarithmetik optimieren:

- **„Buchung" + „Automatisierung"** $\approx$ **„Dunkelbuchung":** Dieser Ausdruck zeigt, wie automatisierte Buchungsprozesse (Dunkelbuchungen) mathematisch durch die Addition von „Buchung" und „Automatisierung" beschrieben werden können.
- **„Rechnung" + „Freigabe"** $\approx$ **„Zahlungsfreigabe":** Die Freigabe einer Rechnung führt in der Buchhaltung zur Zahlungsfreigabe – eine einfache Vektorarithmetik beschreibt diesen Zusammenhang.

5. **Anomalie-Erkennung durch Embedding-Differenzen**

Durch den Vergleich von Begriffen und deren Vektoren lassen sich Anomalien erkennen. Wenn etwa ein neuer Begriff weit entfernt von einem Cluster liegt, könnte dies auf einen Fehler oder eine Anomalie hinweisen:

- Wenn die Begriffe „Rechnungsprüfung" und „Freigabe" normalerweise nahe beieinander liegen, aber plötzlich ein stark abweichender Vektor auftaucht, könnte das auf einen Prozessfehler hindeuten.
- Eine ungewöhnliche Buchung, die weit außerhalb des typischen Clusters von „Rechnung" und „Verbindlichkeit" liegt, könnte als Anomalie erkannt und weiter untersucht werden. ◄

Die Leistung von LLMs hängt maßgeblich von der Datengrundlage ab, mit der sie trainiert werden. LLMs werden mit riesigen Mengen an Textdaten aus einer Vielzahl von Quellen trainiert, darunter Bücher, wissenschaftliche Artikel, Websites,

Foren, Social-Media-Beiträge und viele weitere öffentliche Textsammlungen. Diese Textdaten umfassen unterschiedlichste Themen und Stile, was den Modellen eine breite Wissensbasis verschafft und ihre Fähigkeit verbessert, ein breites Spektrum an Aufgaben zu bewältigen. Die Textdaten werden sorgfältig kuratiert, um sicherzustellen, dass sie eine Vielzahl von Themen, sprachlichen Nuancen und grammatikalischen Strukturen abdecken.

Besonders die Verteilung der Sprachen innerhalb der Datensätze hat einen erheblichen Einfluss auf die Vielseitigkeit und Sprachkompetenz der Modelle. Ein genauer Blick auf diese Verteilung zeigt deutliche Unterschiede, die sich aus der Verfügbarkeit von Inhalten im Internet und den Kriterien der Datenaufbereitung ergeben. Ein prominentes Beispiel für einen solchen Datensatz ist WebText, das bei der Entwicklung von GPT-2 verwendet wurde. Es enthält qualitativ hochwertige Texte aus öffentlich zugänglichen Online-Quellen und wurde speziell kuratiert, um irrelevante oder minderwertige Inhalte zu vermeiden. Die Sprachverteilung in WebText wird dabei stark von der Dominanz des Englischen im Internet geprägt. Schätzungen zufolge machen englischsprachige Inhalte etwa 92–95 % der Daten aus. Andere Sprachen wie Spanisch, Deutsch oder Französisch sind nur in sehr geringem Umfang vertreten, typischerweise mit Anteilen von 1–3 %. Russisch und weitere Sprachen, insbesondere solche, die global weniger verbreitet sind, stellen einen noch kleineren Anteil dar.[1]

Diese Verteilung ist kein Zufall, sondern das Ergebnis mehrerer Faktoren. Der erste und offensichtlichste Grund ist die Verfügbarkeit von Texten im Internet. Englisch ist mit einem Anteil von etwa 60 % die dominierende Sprache des Internets, gefolgt von Chinesisch (ca. 15 %), Spanisch (ca. 8 %) und Deutsch (ca. 4 %). Hinzu kommt, dass viele Inhalte in kleineren oder weniger verbreiteten Sprachen oft nicht die gleiche Qualität oder Standardisierung aufweisen wie englischsprachige Texte. Dies erschwert ihre Integration in Trainingsdatensätze. Zusätzlich werden bei der Aufbereitung der Daten häufig strenge Qualitätskriterien angewandt, die dazu führen, dass Sprachen mit weniger strukturierten Inhalten unterrepräsentiert bleiben.

Die Konsequenzen dieser Ungleichheit in der Sprachverteilung sind deutlich sichtbar. Modelle, die auf Datensätzen wie WebText basieren, zeigen in der englischen Sprache eine gute Leistung, während ihre Fähigkeiten in anderen Sprachen, insbesondere in solchen mit geringerer Repräsentation, deutlich eingeschränkt sind. Dieser Unterschied zeigt sich besonders bei komplexen Aufgaben wie der kreativen Textgenerierung oder dem Verständnis von kulturell spezifischen Konzepten.

---

[1] https://paperswithcode.com/dataset/webtext.

Trotz dieser Herausforderungen gibt es Bemühungen, die Sprachvielfalt in
Datensätzen zu erhöhen. Multilinguale Datensätze wie „The Pile", die gezielt
Texte aus weniger repräsentierten Sprachen integrieren, und spezielle Korpus-
Projekte für lokale Sprachen könnten langfristig dazu beitragen, die Fähigkeiten
großer Sprachmodelle zu erweitern. Dennoch bleibt die Sprachverteilung ein kritischer Aspekt, der die Leistung, Zugänglichkeit und Fairness dieser Modelle beeinflusst. Es ist daher essenziell, dass zukünftige Entwicklungen diesen Bereich
stärker berücksichtigen, um eine inklusivere und diversere Sprachmodellierung zu
ermöglichen.[2]

Ein breiter Mix an Trainingsdatenquellen im Unternehmenskontext wie Ge-
schäftsdokumenten, Audit-Logs und ERP-Daten fördert die Adaptivität des Modells. Modelle, die auf mehrsprachigen und regional diversifizierten Daten trainiert
werden, können spezifische geschäftliche Anwendungsfälle in unterschiedlichen
Regionen verstehen, wie etwa regulatorische Anforderungen oder kulturelle Besonderheiten in globalen Lieferketten. Datenvielfalt ermöglicht zudem die Modellierung seltener, aber kritischer Szenarien, etwa in der Risikomanagement-Planung.
Ein Modell, das mit Daten trainiert wurde, die BPMN-Strukturen, Workflow-
Beispiele und Fehleranalysen umfassen, kann Prozesse sowohl modellieren als
auch validieren. Kontextuelle Informationen, die aus großen Datensätzen extrahiert werden, ermöglichen die detaillierte Abbildung komplexer Geschäftsprozesse
und unterstützen die Implementierung von automatisierten Verbesserungsmaßnahmen.

2.2.8 Python Skript

LLMs bieten nicht nur textuelle Antworten auf Fragen, sondern können auch komplexe Aufgaben wie die Generierung strukturierter Daten durchführen. Ein Anwen-
dungsgebiet im GPM ist die Generierung von strukturierten Daten wie BPMN-
Diagrammen. Der technische Ablauf lässt sich in fünf Hauptphasen unterteilt:

Im Prompt die Skriptnotwendigkeit erkennen
Der erste Schritt im Prozess besteht darin, den Bedarf an einem Python-Skript aus
der Benutzereingabe zu erkennen. LLMs sind darauf trainiert, komplexe Anfragen
zu analysieren und zu verstehen, welche Art von Aufgaben ausgeführt werden
müssen. Wenn ein Benutzer etwa eine BPMN-Datei erstellen möchte, könnte der
Input so aussehen:

---

[2] https://pile.eleuther.ai/.

„Erstelle eine BPMN-Datei, die einen einfachen Geschäftsprozess abbildet: Einen Start-Ereignis, eine Aufgabe und ein End-Ereignis."

Ein LLM erkennt in diesem Prompt, dass eine strukturierte XML-Datei benötigt wird, die den BPMN-Standard widerspiegelt. Es versteht, dass der Benutzer einen Code benötigt, der diese Elemente in einer genauen und korrekt formatierten XML-Struktur erzeugt.

Inhaltliche Antwort generieren

Nachdem das LLM die Notwendigkeit für ein Python-Skript erkannt hat, wird der nächste Schritt in der Generierung des Inhalts durchgeführt. In dieser Phase gibt das Modell dem Benutzer eine inhaltliche Antwort, die die Anforderungen des Prompts erläutert. In Bezug auf das oben genannte Beispiel könnte die Antwort folgendermaßen aussehen:

„Um den von Ihnen beschriebenen Geschäftsprozess zu modellieren, können wir ein einfaches Python-Skript verwenden, das eine BPMN-Datei im XML-Format erzeugt. Das Skript wird ein Start-Ereignis, eine Aufgabe und ein End-Ereignis definieren, die miteinander durch Sequenzflüsse verbunden sind. Ich werde Ihnen nun den Python-Code zur Verfügung stellen, um diese BPMN-Datei zu erstellen."

Diese inhaltliche Antwort bestätigt nicht nur, dass das Modell die Anfrage verstanden hat, sondern erklärt auch, dass der nächste Schritt darin besteht, den Python-Code zu generieren. Sie schafft eine Brücke zwischen der Benutzereingabe und der technischen Lösung, indem sie die Struktur des Codes skizziert.

Skript zur Strukturierung generieren

Nun folgt die eigentliche Code-Generierung. In dieser Phase erstellt das LLM das Python-Skript, das die benötigten strukturierten Daten produziert. Das Modell nutzt dabei Bibliotheken wie xml.etree.ElementTree oder lxml, um die XML-Daten im BPMN-Format zu erzeugen. Das generierte Skript wird so konzipiert, dass es die Elemente der BPMN-Datei korrekt erstellt und miteinander verknüpft. Es definiert das BPMN-Format, erstellt die grundlegenden Prozess-Elemente (Start-Ereignis, Aufgabe, End-Ereignis) und fügt die notwendigen Sequenzflüsse hinzu, um den Prozessablauf darzustellen. Die Ausgabe ist eine vollständige BPMN-XML-Datei.

Skript vom LLM ausführen

Nachdem das LLM das Skript generiert hat, folgt der Schritt, in dem das Skript ausgeführt wird, um die tatsächliche BPMN-Datei zu erstellen. Da LLMs in der Regel nicht direkt in der Lage sind, Code auszuführen, könnte der Benutzer gebeten werden, das Skript selbst auszuführen. In einer anderen Anwendung könnte das LLM jedoch über eine API oder eine Plattform verfügen, die es ihm ermöglicht, Code auszuführen und Ergebnisse in Echtzeit bereitzustellen. Die Ausführung des Skripts würde das gewünschte Ergebnis liefern: die BPMN-Datei.

Datei für den Nutzer als Download bereitstellen
Der abschließende Schritt ist, die generierte BPMN-Datei dem Benutzer als Download zur Verfügung zu stellen. Nachdem das Skript ausgeführt wurde, kann die BPMN-Datei in einer für den Benutzer zugänglichen Form bereitgestellt werden. In einer Webanwendung oder einer API könnte dies durch das Bereitstellen eines Download-Links erfolgen, der auf die erzeugte Datei verweist.

Für den Benutzer könnte das Verfahren so aussehen:

„Ihre BPMN-Datei wurde erfolgreich generiert. Klicken Sie hier, um die Datei herunterzuladen: [business_process.bpmn]."

Auf diese Weise wird die Arbeit des LLM, das den Python-Code erzeugt und ausführt, für den Benutzer greifbar und praktisch, indem er die Datei herunterladen und in einem BPMN-Tool weiterverwenden kann.

Durch das Erkennen der Notwendigkeit eines Python-Skripts, das Generieren des Codes, das Ausführen des Scripts und das Bereitstellen des Ergebnisses als Datei wird eine nahtlose Benutzererfahrung geschaffen, die es ermöglicht, Daten in standardisierten Formaten wie BPMN zu erstellen. Die Fähigkeit von LLMs, diesen gesamten Prozess zu unterstützen, stellt einen bedeutenden Fortschritt in der Schnittstelle zwischen natürlicher Sprache und Programmierung dar.

2.3   Prompt Engineering

2.3.1   Der Prompt

Ein Prompt ist eine spezifische Eingabe oder Anweisung, die an ein LLM gegeben wird, um eine gewünschte Reaktion oder Antwort zu generieren [52]. Der Prompt kann in unterschiedlicher Form vorliegen: als eine Frage, eine Aufforderung, eine Aufgabenstellung oder als eine kontextuelle Beschreibung, die dem Modell den Rahmen vorgibt, innerhalb dessen es eine Antwort formulieren soll. Im Wesentlichen ist der Prompt der Ausgangspunkt für die Interaktion mit dem LLM. Je präziser und klarer der Prompt formuliert wird, desto genauer und relevanter wird in der Regel die Antwort des Modells [53].

Ein einfaches Beispiel für einen Prompt könnte sein: „Erkläre die Grundlagen des Geschäftsprozessmanagements." In diesem Fall wäre die Antwort eine allgemeine Erklärung. Ein komplexerer Prompt könnte eine detaillierte Anweisung oder ein Szenario enthalten, das spezifische Anforderungen stellt, wie etwa: „Liste die wichtigsten Phasen des Geschäftsprozessmanagements auf und erläutere jede Phase mit konkreten Beispielen aus der Praxis." Hierbei ist der Prompt nicht nur eine Frage, sondern eine präzise Anleitung, wie die Antwort strukturiert und welche Art von Information erwartet wird [54].

Die Bedeutung der Gestaltung von Prompts ist für die Effektivität und Genauigkeit der Antworten von LLMs entscheidend. Die Optimierung von Prompts spielt eine zentrale Rolle, wenn es darum geht, das volle Potenzial eines LLM auszuschöpfen. Ein gut konzipierter Prompt sorgt dafür, dass das Modell relevante und präzise Ergebnisse liefert, während ein unspezifischer oder schlecht formulierter Prompt zu ungenauen oder vagen Antworten führen kann [53]. In der Praxis ist daher unerlässlich, Prompts sorgfältig zu gestalten, um den gewünschten Kontext und die Anforderungen widerzuspiegeln.

Die Gestaltung und Optimierung von Prompts sind nicht nur für die Qualität der Antworten von Bedeutung, sondern auch für die Effizienz bei der Nutzung von LLMs. Prompts sollten bei Bedarf mehrfach angepasst werden, um genau die Informationen zu erhalten, die benötigt werden. Im GPM könnte dies beispielsweise bedeuten, dass Prompts so formuliert werden, dass sie relevante Prozessinformationen extrahieren, Prozesse modellieren oder Entscheidungen effizient unterstützen. Dabei spielen Klarheit, Detailgenauigkeit und Kontextualisierung eine wesentliche Rolle, um das LLM zu den gewünschten Ergebnissen zu führen.

Prompts lassen sich in verschiedene Typen kategorisieren, die unterschiedlich komplex sind und unterschiedliche Interaktionen mit dem Modell erlauben. Die wichtigsten Typen sind der statische Prompt, die Prompt Chain und der selbstoptimierende Prompt [52]. Abb. 2.5 zeigt wie aus Kombination von Basis-Prompts weitere Promptarten zusammengesetzt werden.

Ein **Statischer Prompt** ist eine einfache, einmalige Eingabe, die dem Modell eine klare Anweisung gibt. Diese Art von Prompt bleibt unverändert und generiert direkt eine Antwort basierend auf der gegebenen Information.

Beispiel

Prompt: „Schreibe einen kurzen Absatz über die Vorteile erneuerbarer Energien."

Antwort: „Erneuerbare Energien wie Solar- und Windkraft bieten saubere, nachhaltige Energiequellen, die die Umweltbelastung reduzieren und langfristig kostengünstig sind." ◄

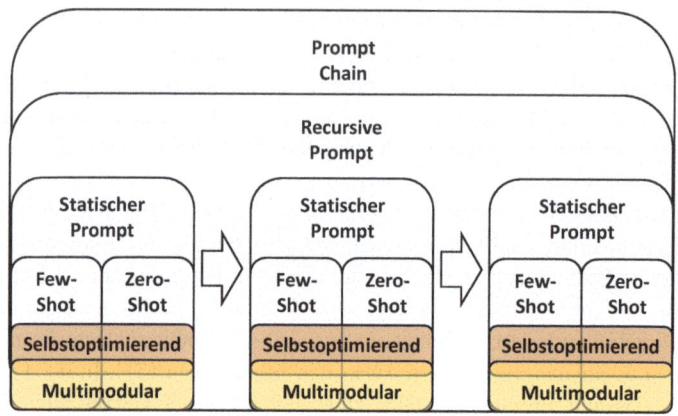

Abb. 2.5 Prompt-Arten

Der Vorteil eines statischen Prompts liegt in seiner Einfachheit und der direkten Natur der Eingabe. Das gewünschte Ergebnis zu erzielen ist jedoch herausfordernd, wenn der Prompt nicht präzise genug formuliert ist. Der statische Prompt bietet keine Möglichkeit, das Ergebnis dynamisch zu verfeinern.

Eine **Prompt Chain** oder „verkettete Prompts" ermöglicht eine iterativere und komplexere Art der Interaktion mit dem Modell. Hierbei wird eine Kette von Prompts verwendet, bei der die Eingaben und Ausgaben in mehreren Schritten überarbeitet oder ergänzt werden, um ein genaueres oder differenzierteres Ergebnis zu erzielen.

Beispiel

Prompt 1: „Was sind die Vorteile erneuerbarer Energien?"

Antwort: „Erneuerbare Energien sind nachhaltig, umweltfreundlich und reduzieren die Abhängigkeit von fossilen Brennstoffen."

Prompt 2: „Kannst du das auf Deutschland bezogen spezifizieren?"

Antwort: „In Deutschland spielen erneuerbare Energien eine Schlüsselrolle in der Energiewende. Der Ausbau von Windkraft und Solarenergie ist ein zentraler Bestandteil der Klimaschutzpolitik." ◄

Die Verkettung von Prompts bietet mehr Kontrolle und Flexibilität. Sie ermöglicht eine schrittweise Annäherung an ein komplexes Thema, bei dem frühere Antworten als Grundlage für nachfolgende Interaktionen dienen. Das Hauptproblem hierbei ist jedoch die Erhöhung der Komplexität, da jeder Schritt zusätzliche Variablen in den Prozess einführt, die den finalen Output beeinflussen können.

Ein **Selbstoptimierender Prompt** verwendet Feedback-Schleifen, um den Input kontinuierlich zu verbessern. Diese Art von Prompt erfordert ein Meta-Modell, das die Qualität der Antworten bewertet und den Prompt basierend auf der Qualität der Ausgabe modifiziert. Der Prozess der Optimierung kann algorithmisch gesteuert werden, wobei verschiedene Heuristiken oder Bewertungsmethoden genutzt werden.

Beispiel

Initialer Prompt: „Schreibe einen wissenschaftlichen Artikel über die Vorteile von Solarenergie."

Bewertung der Antwort: Das Meta-Modell analysiert die Antwort auf ihre Kohärenz, Vollständigkeit und sprachliche Präzision.

Automatische Anpassung des Prompts: Das System modifiziert den Prompt zu „Füge Statistiken über den globalen Einsatz von Solarenergie hinzu und erkläre, wie Solarenergie zur Reduzierung von CO_2-Emissionen beiträgt." ◄

Selbstoptimierende Prompts sind besonders leistungsfähig, da sie eine dynamische Interaktion mit dem Modell ermöglichen und auf empirisches Feedback reagieren. Der Nachteil dieser Methode ist, dass sie eine höhere Rechenleistung erfordert und oft eine komplexe Architektur, um die Feedback-Schleifen effizient zu gestalten.

Zusätzlich zu den bereits genannten statischen Prompts, Prompt Chains und selbstoptimierenden Prompts gibt es weitere fortschrittliche Typen von Prompts, die in der Praxis nützlich sein können, um komplexere Aufgaben zu bewältigen. Diese Typen versuchen das Verhalten von großen Sprachmodellen noch gezielter zu steuern.

Ein **multimodaler Prompt** umfasst verschiedene Arten von Eingaben, z. B. Text, Bild, Audio oder Video, um die Interaktion mit dem Modell zu erweitern. Einige moderne LLMs können multimodale Eingaben verarbeiten, um auf Anfragen zu reagieren, die über rein textbasierte Informationen hinausgehen.

Beispiel

Prompt (Text und Bild): „Erkläre, was auf diesem Bild passiert und welche physischen Prinzipien daran beteiligt sind." (mit einem Bild eines fallenden Balls)

Antwort: „Das Bild zeigt einen Ball, der fällt. Dies wird durch die Schwerkraft verursacht, die den Ball nach unten zieht. Zusätzlich könnte die Luftreibung die Fallgeschwindigkeit beeinflussen." ◄

Der Vorteil multimodaler Prompts liegt in der Erweiterung der Möglichkeiten zur Informationsverarbeitung, da das Modell Daten aus verschiedenen Quellen verarbeiten und kombinieren kann. Der Nachteil ist, dass es derzeit nur wenige LLMs gibt, die über diese Fähigkeit verfügen.

Der **Zero-Shot Prompt** bezeichnet eine Abfrage, bei der das Modell keine expliziten Beispiele oder zusätzlichen Kontexte erhält. Hier wird dem LLM eine Aufgabe präsentiert, ohne dass vorherige Informationen darüber gegeben wird, wie die Antwort strukturiert sein sollte. Diese Art von Prompt testet die Fähigkeit des Modells, auf neue, unbekannte Aufgaben, ohne explizite Anleitung zu reagieren.

Beispiel

Prompt: „Erkläre die Theorie der Quantenverschränkung."

Antwort: „Quantenverschränkung ist ein physikalisches Phänomen, bei dem zwei Teilchen miteinander verbunden bleiben, selbst wenn sie räumlich getrennt sind, sodass der Zustand des einen Teilchens den Zustand des anderen beeinflusst." ◄

Der Vorteil des Zero-Shot Promptings liegt in seiner Effizienz, da es keine Vorbereitungen erfordert. Allerdings ist der Nachteil, dass das Modell möglicherweise nicht immer präzise oder spezialisierte Antworten liefert, insbesondere bei komplexeren oder weniger bekannten Themen.

Beim **Few-Shot Prompting** erhält das Modell im Gegensatz zum Zero-Shot Prompting einige Beispiele, um ein Muster für die gewünschte Ausgabe zu erkennen. Few-Shot Prompting wird verwendet, um die Struktur und Art der erwarteten Antworten zu verdeutlichen.

Beispiel

Prompt: „Hier ist ein Beispiel: ‚Solarenergie ist eine der saubersten Energiequellen, die keine Emissionen produziert und zur Bekämpfung des Klimawandels beiträgt.' Schreibe nun einen ähnlichen Absatz über Windenergie."

Antwort: „Windenergie ist eine umweltfreundliche Energiequelle, die ebenfalls keine Emissionen produziert und eine zentrale Rolle in der globalen Energiewende spielt." ◄

Few-Shot Prompting verbessert die Modellgenauigkeit erheblich, indem es dem Modell kontextbezogene Beispiele gibt, die es verwenden kann, um präzisere und besser formatierte Antworten zu erstellen.

Beim **Recursive Prompting** wird das Modell dazu verwendet, Teile einer komplexen Aufgabe zu lösen und dann das Ergebnis als Eingabe für den nächsten Schritt zu nutzen. Dieses rekursive Vorgehen ermöglicht, schrittweise an komplexen Problemen zu arbeiten und Zwischenergebnisse zu generieren, die dann manuell verändert wieder in den Prozess einfließen.

Beispiel

Prompt 1: „Erkläre die Theorie der Relativitätstheorie in einfachen Worten."

Antwort: „Die Relativitätstheorie besagt, dass die Zeit und der Raum relativ sind und von der Geschwindigkeit abhängen, mit der sich ein Objekt bewegt."

Prompt 2: „Nutze diese Erklärung und füge ein Beispiel für das Zeitdilatationsphänomen hinzu."

Antwort: „Zeitdilatation bedeutet, dass Zeit langsamer vergeht, je schneller man sich bewegt. Ein Beispiel ist ein Astronaut, der mit hoher Geschwindigkeit durch den Weltraum reist und bei seiner Rückkehr feststellt, dass auf der Erde mehr Zeit vergangen ist." ◄

Dieses Verfahren hat den Vorteil, dass das Modell durch schrittweise Lösung eines Problems detailliertere und vollständigere Antworten liefert. Der Nachteil ist, dass es aufwendig ist und bei jedem Schritt Fehler kumuliert werden können. Zudem muss der Prompt Engineer fähig sein, gezielte Nachfragen zu der komplexen Aufgabe zu stellen.

2.3.2 Grundprinzipien

Die Kunst der Prompt-Erstellung ermöglicht das volle Potenzial von LLMs zu nutzen. Bei der Entwicklung von Prompts müssen einige grundlegende Prinzipien beachtet werden, um präzise, relevant und für den gewünschten Anwendungsfall nützlich Antworten mithilfe des Modells zu generieren. Diese Prinzipien – Klarheit, Kontext und Spezifität – sind essenziell, um die Interaktion mit LLMs zu optimieren und die Qualität der erhaltenen Antworten zu maximieren. Im Folgenden wird jedes dieser Prinzipien erläutert und bietet die Basis der erweiterten Optimierung in den Folgekapiteln.

Das Prinzip der **Klarheit** ist fundamental, um sicherzustellen, dass das LLM die Anfrage korrekt versteht und die Antwort präzise liefert. Ein klar formulierter Prompt ist eine der grundlegenden Voraussetzungen für die Qualität der Modellantworten. Wenn ein Prompt vage oder mehrdeutig formuliert wird, kann das Modell Schwierigkeiten haben, die Anfrage korrekt zu interpretieren und folglich eine ungenaue oder irrelevante Antwort zu generieren. Dies ist insbesondere dann problematisch, wenn die Anfragen komplexer oder vielschichtiger sind.

Eine klare Formulierung des Prompts bedeutet, dass die Aufgabenstellung eindeutig und unmissverständlich ist. Sie sollte keinen Raum für Interpretationen oder Unsicherheiten lassen, um sicherzustellen, dass das Modell in der Lage ist, die Anfrage im gewünschten Kontext zu verstehen. Dies umfasst nicht nur die Verwendung einer präzisen Sprache, sondern auch die Vermeidung unnötiger Komplexität und Verwirrung in der Struktur des Prompts.

Beispiel

Unklarer Prompt: „Erzähle mir von Geschäftsprozessen."

Klarer Prompt: „Nenne die fünf wichtigsten Phasen des Geschäftsprozessmanagements und erkläre jede Phase mit konkreten Beispielen aus der Praxis." ◄

Im ersten Beispiel wird der Begriff „Geschäftsprozesse" sehr allgemein verwendet. Das Modell könnte eine breite Antwort liefern, die nicht dem Bedarf des Nutzers entspricht. Im zweiten Beispiel wird der Prompt konkreter, indem explizit nach den „fünf wichtigsten Phasen" gefragt wird und um eine detaillierte Erklärung mit „konkreten Beispielen" gebeten wird. Diese Klarheit sorgt dafür, dass das Modell präzise Informationen liefert, die auf die spezifische Anfrage abgestimmt sind.

Kontext ist ein weiteres fundamentales Prinzip bei der Erstellung von Prompts. Er dient dazu, das LLM mit allen relevanten Informationen zu versorgen, die es benötigt, um die Anfrage korrekt und in Übereinstimmung mit den spezifischen Anforderungen des Nutzers zu beantworten. Ohne ausreichenden Kontext ist das Modell gezwungen, eine Antwort zu generieren, die möglicherweise nicht die genaue Perspektive oder den gewünschten Fokus trifft. Kontextualisierte Prompts geben dem Modell den nötigen Rahmen, um die Antwort in die richtige Richtung zu lenken.

Der Kontext umfasst nicht nur die unmittelbare Fragestellung, sondern auch zusätzliche Informationen zu den Rahmenbedingungen, Zielen oder Beispielen, die die Antwort beeinflussen. Dies hilft dem Modell, die Intention des Nutzers genau zu verstehen und die Antwort entsprechend anzupassen.

Unkontextualisierter Prompt: „Erkläre das Konzept des Geschäftsprozessmanagements."

Kontextualisierter Prompt: „Erkläre das Konzept des Geschäftsprozessmanagements im Kontext eines Unternehmens, das sich auf die Produktion von Automobilen spezialisiert. Berücksichtige dabei insbesondere die Phasen der Prozessoptimierung und Qualitätskontrolle." ◄

Im zweiten Beispiel erhält das Modell den nötigen Kontext, der es in die Lage versetzt, die Antwort auf die Automobilindustrie auszurichten. Dies bedeutet, dass das Modell spezifischere und relevantere Informationen liefert, die auf die jeweilige Branche und die dort vorkommenden Prozesse zugeschnitten sind. Kontextualisierung ist besonders wertvoll, wenn es darum geht, sehr branchenspezifische Themen zu behandeln.

Das Prinzip der **Spezifität** ist eng mit der Genauigkeit und Relevanz der Antworten verbunden. Ein spezifischer Prompt ist zielgerichtet und präzise, sodass er dem Modell klar macht, was genau von ihm erwartet wird. Je spezifischer der Prompt ist, desto gezielter und relevanter wird die Antwort des LLM. Allgemeine oder vage Prompts hingegen neigen dazu, breitere, weniger fokussierte Antworten zu generieren, die nicht den genauen Bedürfnissen des Nutzers entsprechen. Spezifität bedeutet sich auf bestimmte Aspekte oder Kriterien zu konzentrieren, die für den Kontext und die Aufgabe wichtig sind. Es geht darum, die Anfrage so zu gestalten, dass sie dem Modell eine klare Richtung vorgibt und es zu einer fokussierten Antwort führt.

Vager Prompt: „Beschreibe Geschäftsprozessmanagement."

Spezifischer Prompt: „Beschreibe den Geschäftsprozessmanagementansatz in einem mittelständischen Softwareunternehmen und erläutere dabei, wie Prozessautomatisierung und Qualitätsmanagement integriert werden." ◄

Der spezifische Prompt fokussiert sich auf ein bestimmtes Unternehmen und Thema (mittelständisches Softwareunternehmen), was das Modell dazu anregt, detailliertere und relevantere Informationen zu liefern. Der vage Prompt, der einfach nur nach „Geschäftsprozessmanagement" fragt, ist zu allgemein und würde eine breite und unspezifische Antwort erzeugen.

Die besten Ergebnisse werden erzielt, wenn alle drei Prinzipien – Klarheit, Kontext und Spezifität – in der Erstellung eines Prompts berücksichtigt werden. Ein gut gestalteter Prompt vereint diese Elemente und ermöglicht dem Modell, präzise und nützliche Antworten zu liefern. Die Kombination dieser Prinzipien sorgt dafür, dass die Anfrage eindeutig und fokussiert ist und dass das Modell genügend Kontext hat, um die Anfrage im richtigen Rahmen zu verstehen.

Beispiel

„Erläutere die fünf wichtigsten Phasen des Geschäftsprozessmanagements in einem mittelständischen Softwareunternehmen und erkläre, wie in jeder Phase Prozessautomatisierung und Qualitätsmanagement integriert werden können." Dieser Prompt ist klar, da er präzise nach den „fünf wichtigsten Phasen" fragt. Er bietet Kontext, indem er den Bezug zu einem „mittelständischen Softwareunternehmen" herstellt und die Spezifität durch die Fokussierung auf die Integration von „Prozessautomatisierung" und „Qualitätsmanagement" in jede Phase des Geschäftsprozessmanagements vertieft. ◄

Die Fähigkeit, Prompts präzise zu gestalten und die nötigen Informationen bereitzustellen, ist entscheidend, um LLMs für die Bedürfnisse des Geschäftsprozessmanagements sinnvoll und effizient zu nutzen. In der Praxis bedeutet dies, dass Unternehmen, die LLMs zur Unterstützung ihrer Geschäftsprozesse einsetzen, in der Lage sind, fundierte und auf ihre spezifischen Anforderungen zugeschnittene Antworten zu erhalten.

2.3.3 Grundtechniken

Die gezielte Erstellung und Optimierung von Prompts für LLMs ist ein iterativer und kreativer Prozess, der mehrere Techniken umfasst, um die Qualität der erzeugten Antworten kontinuierlich zu verbessern. Drei allgemeine Techniken, die beim Prompt Engineering von Bedeutung sind, sind Iterative Optimierung, Fehleranalyse und Beispielbasierte Prompts. Der in Abb. 2.6 dargestellte Informationsfluss ist die Grundlage für weitere Prompt-Optimierung, die in den Folgekapiteln behandelt werden.

Iterative Optimierung ist eine der zentralen Techniken im Prompt Engineering, da sie eine systematische Verbesserung der Prompts durch wiederholtes Testen und Anpassen ermöglicht. Bei der iterativen Optimierung wird ein erster, grober Prompt erstellt, der dann in mehreren Durchläufen verfeinert wird. Durch das

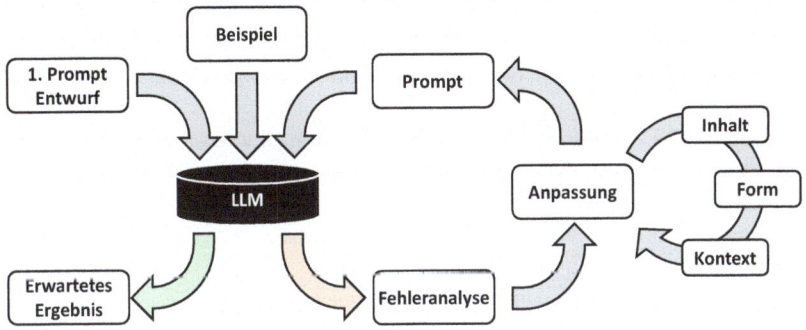

Abb. 2.6 Prompt-Engineering-Grundtechniken

Testen des ursprünglichen Prompts und das anschließende Analysieren der erhaltenen Antworten können Schwächen und Unklarheiten im Prompt identifiziert
werden, die das Modell möglicherweise in eine falsche Richtung führen. Auf Basis
dieses Feedbacks wird der Prompt angepasst und der Prozess beginnt von vorne,
bis eine qualitativ hochwertige und zielgerichtete Antwort erzielt wird.

Beispiel

Erster Entwurf des Prompts: „Erkläre den Prozess der Qualitätskontrolle im
Unternehmen."

Erhaltene Antwort: Das Modell liefert eine allgemeine Erklärung von
Qualitätskontrolle, ohne spezifische Details zur Branche oder dem Unternehmen zu bieten.

Anpassung des Prompts: „Erkläre den Prozess der Qualitätskontrolle in
einem mittelständischen Unternehmen, das Softwareprodukte entwickelt."

Erhaltene Antwort: Die Antwort wird jetzt auf die Softwarebranche zugeschnitten, ist jedoch immer noch zu allgemein.

Weitere Anpassung: „Erläutere den Qualitätskontrollprozess in einem mittelständischen Softwareunternehmen und gehe dabei auf spezifische Techniken
wie automatisierte Tests und Code-Reviews ein." ◄

Durch diesen iterativen Prozess wird der Prompt immer genauer, bis das Modell
die benötigten spezifischen Informationen liefert. Diese Technik fördert eine
kontinuierliche Verfeinerung und stellt sicher, dass der Prompt so optimiert wird,
dass die gewünschten Antworten präzise und nützlich sind, ohne dabei vorherige
Antworten zu berücksichtigen.

Fehleranalyse ist eine weitere zentrale Technik im Prompt Engineering. Hierbei wird das Ergebnis der Anfrage analysiert, um etwaige Fehler oder Missverständnisse in den Antworten des LLMs zu identifizieren. Durch die Fehleranalyse wird systematisch untersucht, warum das Modell nicht die erwartete Antwort liefert und welche Änderungen am Prompt vorgenommen werden müssen. Gezielte Korrekturmaßnahmen, die ergriffen werden können, sind beispielsweise präzise Formvorgaben, um Fehler in der Struktur oder Darstellung zu vermeiden, oder Sicherheitsprüfungen, wenn ethische oder risikobehaftete Inhalte identifiziert werden.

Fehler können verschiedene Formen annehmen, wie etwa:

1. **Inhalt**
   a. **Unvollständige Antworten**: Die Antwort deckt wichtige Aspekte der Frage nicht ab.
   b. **Ungenaue oder irrelevante Antworten**: Die Antwort enthält falsche Informationen oder weicht vom Thema der Frage ab.
   c. **Widersprüchliche Antworten**: Die Antwort steht im Widerspruch zu sich selbst oder bekannten Fakten.
2. **Form**
   d. **Übermäßig lange Antworten**: Wesentliche Informationen werden mit unnötigen Details überlagert, was die Verständlichkeit mindert.
   e. **Ignorierte Anweisungen zur Struktur**: Vorgaben zur gewünschten Antwortform, wie z. B. Listen, Tabellen oder Absätze, werden nicht befolgt.
3. **Kontext**
   f. **Fehlende Kontextanpassung**: Die Antwort ist nicht auf die spezifischen Anforderungen des Anwendungsfalls oder der Zielgruppe abgestimmt.
   g. **Unklare oder missverständliche Antworten**: Formulierungen führen zu Verwirrung oder erlauben mehrere Interpretationen.
   h. **Ethik- oder Sicherheitsprobleme**: Die Antwort enthält unangemessene, riskante oder unethische Inhalte.

Beispiel

Prompt: „Erkläre die Bedeutung der Prozessanalyse im Geschäftsprozessmanagement."

Antwort: „Die Prozessanalyse ist wichtig, weil sie Prozesse optimiert und verbessert."

Fehleranalyse: Die Antwort ist zu vage und geht nicht auf spezifische Aspekte der Prozessanalyse ein.

Anpassung des Prompts: „Erkläre die Bedeutung der Prozessanalyse im Geschäftsprozessmanagement und nenne spezifische Techniken, wie die Wertstromanalyse oder SWOT-Analyse, die in dieser Phase verwendet werden." ◄

Eine weitere wichtige Methode im Prompt Engineering ist der Einsatz von **beispielbasierten Prompts**. Hierbei werden dem LLM explizit Beispiele für die erwarteten Antworten mitgegeben. Diese Methode nutzt das Prinzip des Lernens durch Beispiele und hilft dem Modell, die Art und Struktur der Antwort zu erkennen, die gewünscht wird. Das Einfügen von Beispielen in den Prompt kann dem Modell klare Anhaltspunkte geben und die Qualität der Antwort erheblich verbessern.

Beispielbasierte Prompts sind besonders nützlich, wenn die gewünschte Antwortstruktur oder die benötigten Details schwer zu beschreiben sind oder wenn die Antwort aus mehreren Teilen bestehen soll. Durch die Bereitstellung von Beispielen kann das Modell schneller verstehen, wie es die Antwort formulieren soll und welche Informationen es einbeziehen muss.

Beispiel

Prompt ohne Beispiel: „Beschreibe den Prozess der Prozessanalyse im Geschäftsprozessmanagement."

Prompt mit Beispiel: „Beschreibe den Prozess der Prozessanalyse im Geschäftsprozessmanagement. Zum Beispiel: Zuerst wird der bestehende Prozess in seinen Einzelteilen untersucht. Dann erfolgt eine Bewertung der Effizienz und Effektivität des Prozesses, gefolgt von einer Identifikation von Schwachstellen und Verbesserungspotenzialen." ◄

In diesem Beispiel gibt das Beispiel dem Modell eine klare Vorstellung davon, wie die Antwort strukturiert werden sollte. Es wird klar, dass der Antwortaufbau eine sequenzielle Struktur aus mehreren Phasen (Untersuchung, Bewertung, Identifikation von Schwachstellen) beinhalten soll.

Beispielbasierte Prompts sind eine effiziente Methode, um die Kohärenz und Relevanz der Modellantworten sicherzustellen, indem sie dem Modell eine klare Orientierung bieten. Sie sind besonders hilfreich in Situationen, in denen der Nutzer ein bestimmtes Format oder eine bestimmte Detailtiefe erwartet, wie etwa in Berichterstellung, Zusammenfassungen oder Prozessmodellierungen.

Die Grundtechniken des Prompt Engineering, Iterative Optimierung, Beispielbasierte Prompts und Fehleranalyse schöpfen das Potenzial von LLMs voll aus. Jede dieser Methoden trägt dazu bei, dass die Interaktion mit dem Modell präziser und effizienter wird. Iterative Optimierung sorgt für kontinuierliche Verbesserungen, beispielbasierte Prompts leiten das Modell in die richtige Richtung, und die Fehleranalyse hilft, Missverständnisse zu beseitigen und das Modell an die Anforderungen des Nutzers anzupassen.

2.3.4 Meta-Optimierung

Um die Grenzen der empirischen Optimierung zu überwinden und effektivere Meta-Optimierungsstrategien zu entwickeln, helfen mathematische Ansätze. In einem neuronalen Netz misst die Loss Function, wie weit die Ausgabe des Modells vom gewünschten Ergebnis entfernt ist. Der Gradient der Loss Function gibt die Richtung an, in die die Gewichte des Modells angepasst werden müssen, um den Fehler zu minimieren.

Während **Gradient-Based Optimization** üblicherweise zur Feinabstimmung der Modellparameter verwendet wird, kann ein ähnlicher Ansatz für die Optimierung von Prompts verwendet werden. Dies erfolgt in selbstoptimierenden Systemen, bei denen das Ziel darin besteht, die Struktur des Prompts so zu verändern, dass er optimale Ergebnisse liefert. Anstatt den Verlust in Bezug auf Modellparameter zu minimieren, könnte das Ziel hier sein, den Prompt so anzupassen, dass die Ausgabequalität maximiert wird.

Der Prozess könnte folgendermaßen aussehen:

1. **Initialer Prompt**: Ein erster Prompt wird vom Menschen formuliert, um eine Aufgabe zu lösen.
2. **Bewertung der Ausgabe**: Die Ausgabe des Modells wird mit einer festgelegten Metrik bewertet (z. B. Relevanz, Kohärenz, Präzision).
3. **Gradientenberechnung**: Auf Basis dieser Bewertung wird eine „Fehlerfunktion" konstruiert, die ausdrückt, wie weit die aktuelle Ausgabe vom idealen Ergebnis entfernt ist.
4. **Prompt-Anpassung**: Der Gradient dieser Fehlerfunktion wird verwendet, um den Prompt automatisiert zu modifizieren. Beispielsweise könnten einzelne Begriffe hinzugefügt, entfernt oder neu formuliert werden, um die Ausgabe zu verbessern.

Diese Methode ist besonders effektiv in automatisierten Systemen, bei denen konkrete Situationen optimiert werden.

Die Verwendung der Gradient-Based Optimization für Prompt-Optimierung steht noch in den Anfängen, bietet aber enormes Potenzial. Eine zentrale Herausforderung ist aktuell noch die Differenzierbarkeit. Während Modellparameter mathematisch differenzierbar sind, sind Texte dies nicht. Die Herausforderung besteht also darin, eine Methode zu finden, um Prompts oder Texte so zu „parametrisieren", dass sie auf einen Differenzierbarkeitsansatz reagieren. Die Bewertung der „Qualität" eines Textoutputs ist viel komplexer als die Bewertung der Vorhersagegenauigkeit eines Klassifikationsmodells, da hierbei Metriken wie Kohärenz, logische Konsistenz und stilistische Angemessenheit berücksichtigt werden müssen.

Durch administrativen Zugriff auf das LLM ist **Embedding-Manipulation** möglich. In LLMs repräsentieren Embeddings die numerische Darstellung von Wörtern, Phrasen oder Prompts im hochdimensionalen Raum. Diese Vektoren bilden die Grundlage, auf der das Modell semantische Ähnlichkeiten, Zusammenhänge und Kontexte versteht. Die Manipulation von Embeddings bezieht sich auf gezielte Anpassungen dieser Vektoren, um gewünschte Bereiche im latenten Raum zu aktivieren, die für spezifische Aufgaben besonders relevant sind. Ziel ist es, die Repräsentation des Prompts so zu verändern, dass das Modell mit höherer Wahrscheinlichkeit die gewünschten Antworten generiert.

Embedding-Manipulation kann auf zwei Arten erfolgen:

- **Direkte Modifikation** und gezielte Steuerung über Prompts. Bei der direkten Modifikation werden die numerischen Werte in den Embeddings angepasst, was jedoch nur in einer Entwicklungsumgebung mit Zugriff auf die zugrunde liegenden Modellparameter möglich ist.
- Alternativ erfolgt die Steuerung durch **Änderungen in der Formulierung** des Prompts, wodurch das Modell subtil in bestimmte semantische Richtungen gelenkt wird.

Letzteres ist besonders praktisch für Anwender ohne administrativen Zugriff auf das Modell. Die Embeddings können dann experimentell ergründet werden.

Die **Clusteranalyse von Prompt-Embeddings** ist eine fortschrittliche Technik, die die Beziehungen zwischen verschiedenen Prompts analysiert, um systematisch zu optimieren. Jedes Sprachmodell, insbesondere große neuronale Modelle wie GPT- oder BERT-Varianten, verarbeitet Eingaben, indem es sie in hochdimensionale numerische Vektoren umwandelt. Diese Embeddings repräsentieren die semantischen und syntaktischen Eigenschaften des Prompts in einem abstrakten Raum, dem sogenannten latenten Raum. Durch die Anwendung von Clusteranalyse auf diese Embeddings können Prompts gruppiert werden, die ähnliche semantische Muster oder Aufgabenstellungen adressieren.

Identifikation redundanter Prompts: Wenn Prompts sehr nahe beieinander liegen, generieren sie in der Regel ähnliche Antworten. Dies deutet darauf hin, dass ein Prompt möglicherweise entfernt oder umformuliert werden kann, um die Vielfalt der generierten Inhalte zu erhöhen.

Beispiel

Zwei Prompts wie „Was sind die Vorteile von Geschäftsprozessmanagement?" und „Welche Vorteile bietet das Geschäftsprozessmanagement?" führen zu nahezu identischen Antworten und könnten zu einem einzigen, präzisen Prompt zusammengeführt werden. ◄

Unterschiedliche Cluster für verschiedene Aufgaben: Unterschiedliche Cluster können spezifischen Aufgaben oder Themen zugeordnet werden. Zum Beispiel könnte ein Cluster Prompts enthalten, die für kreative Schreibaufgaben geeignet sind, während ein anderes Cluster technisch präzise Antworten bevorzugt.

Beispiel

Ein Cluster für strategische Aufgaben könnte Prompts wie „Wie kann Geschäftsprozessmanagement die Wettbewerbsfähigkeit eines Unternehmens steigern?" enthalten, während ein Cluster für Prozessoptimierung Prompts wie „Welche Methoden eignen sich zur Reduzierung der Durchlaufzeit in einem Geschäftsprozess?" umfasst. ◄

Erkennung ineffektiver Prompts: Prompts, die in isolierten Regionen des latenten Raums liegen, könnten suboptimal sein, da sie möglicherweise nicht klar genug formuliert sind, um eine robuste Modellreaktion hervorzurufen.

Beispiel

Ein Prompt wie „Warum ist Prozess?" ist vage und schwer zu interpretieren, was zu unklaren oder unzureichenden Antworten führt, beispielsweise „Was ist der Prozess?" ◄

Erweiterung und Exploration: Die Analyse ermöglicht, Lücken im Prompt-Spektrum zu identifizieren. Wenn ein Bereich des latenten Raums wenig abgedeckt ist, könnten neue Prompts entwickelt werden, um diesen Bereich zu erkunden und das Modell breiter anzusprechen.

Wenn technische Fragen zum Geschäftsprozessmanagement gut abgedeckt
sind, aber soziale oder kulturelle Aspekte fehlen, könnte ein neuer Prompt „Wie
beeinflusst eine Unternehmenskultur das Geschäftsprozessmanagement?" entwickelt werden, um diesen Bereich zu erschließen. ◄

2.3.5   Zentrale Herausforderungen und Lösungen

Große Sprachmodelle wie ChatGPT können oft gut mit Fehlern umgehen, da sie
auf große Mengen unterschiedlichster Textdaten trainiert sind. In diesen Trainingsdaten kommen beispielsweise auch Rechtschreibfehler oder alternative Schreibweisen vor, sodass die Modelle gelernt haben, deren Bedeutung zu erkennen oder
passende Wörter zu erraten. LLMs nutzen dafür verschiedene Strategien und
Mechanismen.

Wahrscheinlichkeitsbewertung
LLMs können durch den Kontext eines Satzes oder eines Wortes oft ableiten, welches Wort ursprünglich gemeint war, auch wenn es falsch geschrieben ist. Zum
Beispiel wird ein Satz wie „Konnen Sie mir bei deiser Aufgabe helfen?" von einem
LLM als Anfrage nach Hilfe erkannt, auch wenn „Konnen" und „deiser" falsch geschrieben sind. Das Modell erkennt durch den Kontext, dass „Konnen" wahrscheinlich „Können" und „deiser" wahrscheinlich „dieser" bedeutet.

Große Datensätze, wie die Trainingsdaten, enthalten oft echte Rechtschreibfehler oder Varianten gängiger Wörter. Das Modell lernt also implizit auch falsche
Schreibweisen als Varianten zu erkennen und häufige Fehler zu interpretieren. So
kann das Modell viele gebräuchliche Tippfehler (z. B. „Tschuldigung" für „Ent-
schuldigung") direkt „verstehen" und korrigieren. In einem perfekten Modell erhalten Wortvarianten, die definitiv auf Tippfehler zurückzuführen sind, denselben
Embedding-Vektor. Einige Rechtschreibfehler entstehen, weil Wörter so geschrieben werden, wie sie klingen, z. B. „Foonetik" statt „Phonetik". Da LLMs oft phonetische Muster erkennen, können sie durch lautähnliche Zuordnungen Wörter erraten. Dies hilft besonders bei Wörtern, die aufgrund von Dialekten oder unterschiedlichen Sprachen falsch geschrieben sind.

LLMs arbeiten probabilistisch, das heißt, sie berechnen, wie wahrscheinlich ein
bestimmtes Wort oder eine bestimmte Wortfolge ist. Wenn ein Wort falsch geschrieben ist, schätzt das Modell, welches Wort mit einer ähnlichen Schreibweise
und höherer Wahrscheinlichkeit im Kontext stehen könnte. Diese statistische Basis

hilft, viele Fehler zu korrigieren, insbesondere solche, die durch einen Buchstaben-
dreher entstehen und nicht korrekt in der Embedding-Phase verarbeitet werden können.

LLMs berechnen die Wahrscheinlichkeit, dass eine bestimmte Folge von Wörtern auftritt, basierend auf dem Kontext. In der Praxis beschränken Modelle die
Länge des Kontexts auf die letzten k-Wörter, sodass die Berechnung vereinfacht
wird. Wenn ein Wort falsch geschrieben ist, wird seine Wahrscheinlichkeit geringer
sein, aber das Modell wird häufig ein Wort mit ähnlicher Struktur und höherer
Wahrscheinlichkeit im Kontext wählen.

LLMs verwenden Wort- oder Token-Embeddings, um Wörter in einem
kontinuierlichen Raum darzustellen, in dem ähnliche Wörter (z. B. fehlerhafte und
korrekte Schreibweisen) nah beieinanderliegen. Die Ähnlichkeit zweier Wörter
kann dann durch den Kosinus ihrer Winkel berechnet werden. Falls ein Wort falsch
geschrieben ist, kann das Modell ein anderes Wort in der Nähe dieses Vektors vorschlagen, das aufgrund der ähnlichen Embeddings als wahrscheinlich gilt.

Durch Tokenisierung können Wörter in kleinere, bedeutungsvolle Einheiten
(Tokens) zerlegt werden. Dies hilft LLMs, die Bedeutung eines Wortes besser zu
erfassen, auch wenn es unvollständig oder fehlerhaft geschrieben ist. Ein LLM
könnte zum Beispiel ein unbekanntes oder teilfehlerhaftes Wort wie „definision" in
die Tokens „defin" und „ision" zerlegen und so mögliche Bedeutungen ableiten.
Auf diese Weise können LLMs auch Wortneubildungen (z. B. aus Internetjargon)
korrekt interpretieren. Gelichzeitig wird das Wort-Vokabular reduziert, da nicht
jedes Wort gespeichert werden muss und häufig verwendete Wortfragmente mehrfach genutzt werden.

Eine weitere Möglichkeit, Rechtschreibfehler frühzeitig zu erkennen, ist die
Berechnung der Levenshtein-Distanz zwischen Wörtern. Die Levenshtein-Distanz
gibt die minimale Anzahl von Operationen (Einfügen, Löschen, Ersetzen) an, die
erforderlich sind, um ein Wort in ein anderes umzuwandeln. Die Levenshtein-
Distanz zwischen „besserung" und „Besserung" beträgt 1, da nur der erste Buch-
stabe (das „b") durch ein großes „B" ersetzt werden muss. Wenn ein Wort im Kontext selten auftritt oder eine niedrige Wahrscheinlichkeit hat, kann das Modell nach
Wörtern suchen, die eine geringe Levenshtein-Distanz zu diesem fehlerhaften Wort
haben, und dann prüfen, ob eines dieser Wörter besser passt.

Trotz bemerkenswerter Fähigkeiten zur Erkennung und Korrektur von Fehlern
stoßen moderne Modelle an Grenzen. Besonders problematisch sind seltene oder
ungewöhnliche Fehler, da diese außerhalb des typischen Trainingskorpus liegen
und somit schwer zu identifizieren sind. Eine hohe Fehlerdichte in einem Text ver-
schärft die Problematik, da der ursprüngliche Sinn des Textes oft nur bruchstück-
haft rekonstruierbar ist. Zudem besteht bei ähnlichen Wörtern eine Verwechslungs-

gefahr. LLMs sind gut darauf trainiert, viele Rechtschreibfehler zu erkennen und den Sinn dahinter zu verstehen, indem sie auf Kontext, Wahrscheinlichkeiten und phonetische Ähnlichkeiten zurückgreifen.

Sprache

LLMs verwenden multilinguale Embeddings, um Wörter aus verschiedenen Sprachen in einen gemeinsamen Raum zu projizieren. Dadurch können ähnliche Konzepte in verschiedenen Sprachen ähnliche Vektorrepräsentationen haben. „cat" (Englisch), „Katze" (Deutsch) und „gato" (Spanisch) könnten ähnliche Vektoren haben, weil sie alle das gleiche Konzept repräsentieren (eine Katze). Dennoch erzielen die meisten LLMs im Englischen die höchste Präzision. Eine Prompt Chain, die den Text eingangs und ausgangs auf Englisch übersetzt, kann die Qualität der Ausgabe steigern, indem sie die Stärken des Modells in der gut trainierten Sprache Englisch nutzt. Dies verbessert die Präzision des Outputs, insbesondere bei Sprachen, für die das Modell weniger gut optimiert ist.

Durch die Übersetzung der Eingabe in Englisch vor der Verarbeitung durch das LLM wird sichergestellt, dass das Modell in seiner besten Trainingssprache arbeitet. Während der Verarbeitung in Englisch nutzt das Modell seine gut trainierten Mechanismen, wie semantische Beziehungen zwischen Wörtern und Kontextverständnis. Dies verbessert die Qualität der Verarbeitung und der generierten Texte, da die Self-Attention-Mechanismen und Wahrscheinlichkeitsverteilungen präzise funktionieren. Dies führt zu einer präzisen Berechnung der Query, Key und Value-Vektoren, wodurch relevante Informationen aus dem gesamten Kontext besser extrahiert werden können.

Nach der Verarbeitung in Englisch kann der erzeugte Output wieder in die Zielsprache zurückübersetzt werden. Diese Nachbearbeitung sorgt dafür, dass die inhaltliche Präzision, die das Modell auf Englisch erreicht hat, beibehalten wird, während der Text in die gewünschte Sprache zurückgeführt wird.

Menschliche Herausforderungen

Zu den häufigsten menschlichen Herausforderungen gehören Mehrdeutigkeit, Kontextverlust und Bias. Verschiedene Best Practices können helfen, diese Probleme zu umgehen. Eine der häufigsten Herausforderungen bei der Erstellung von Prompts ist die Mehrdeutigkeit. Ein Prompt kann mehrdeutig formuliert sein, was dazu führt, dass das Modell mehrere mögliche Antworten oder Interpretationen liefert. Diese Unklarheiten können dazu führen, dass das Modell nicht die erwartete Antwort generiert oder in eine unerwünschte Richtung geht.

Prompt: „Beschreibe den Prozess der Analyse."
Das Modell könnte entweder den Prozess der Analyse im Kontext von Geschäftsprozessen, Datenanalyse oder einem wissenschaftlichen Forschungsprozess beschreiben, da der Begriff „Analyse" ohne weiteren Kontext verschiedene Bedeutungen hat. Um Mehrdeutigkeit zu vermeiden, sollte der Prompt klar und präzise formuliert werden. Der Kontext sollte genau definiert sein, um sicherzustellen, dass das Modell die Anfrage korrekt versteht. Hierbei hilft es, spezifische Details einzufügen, die dem Modell den genauen Kontext vermitteln.

Optimierter Prompt: „Beschreibe den Prozess der Analyse von Geschäftsprozessen im Rahmen des Geschäftsprozessmanagements, einschließlich der Schritte der Identifikation, Bewertung und Verbesserung von Prozessen."
Durch diese präzisere Formulierung wird die Interpretation des Prompts deutlich eingeschränkt, und das Modell erhält klare Anhaltspunkte, um eine relevante und zielgerichtete Antwort zu liefern. ◄

Ein weiteres häufiges Problem in der Arbeit mit LLMs ist der Kontextverlust, insbesondere bei längeren oder komplexeren Aufgaben. LLMs arbeiten oft mit einer begrenzten Menge an Kontext, der während der Verarbeitung von langen Texten oder komplexen Anfragen verloren gehen kann. Dies kann dazu führen, dass das Modell nicht alle Informationen berücksichtigt, die zur Beantwortung einer Frage notwendig sind, oder dass es nicht in der Lage ist, eine kohärente und konsistente Antwort zu liefern.

Langer Prompt: „Erkläre den gesamten Prozess des Geschäftsprozessmanagements, beginnend mit der Identifikation von Prozessen, über die Analyse und das Design von Prozessen bis hin zur Implementierung und Optimierung der Prozesse."
In diesem Fall könnte das Modell Schwierigkeiten haben, den gesamten Prozess kohärent und detailliert zu erklären, da der Kontext zu weit gefasst ist. Eine bewährte Lösung für das Problem des Kontextverlustes besteht darin, den Prompt in kürzere, zusammenhängende Segmente zu unterteilen. Statt eines langen, komplexen Prompts sollte der Nutzer mehrere kleinere Anfragen stellen, die jeweils einen klaren Teil des Prozesses abdecken. Dies hilft dem Modell, den jeweiligen Kontext besser zu erfassen und qualitativ hochwertigere Antworten zu liefern.

Optimierter Ansatz: „Beschreibe den ersten Schritt des Geschäftsprozessmanagements: die Identifikation von Prozessen.", „Erkläre den zweiten Schritt des Geschäftsprozessmanagements: die Analyse von Prozessen.", „Erkläre den dritten Schritt des Geschäftsprozessmanagements: das Design von Prozessen."

Indem der Prompt in kleinere, fokussierte Abschnitte unterteilt wird, bleibt der Kontext für das Modell klarer und besser verständlich. Falls in einer Anfrage wichtige Fachbegriffe oder Namen enthalten sind, können diese Schlüsselbegriffe gezielt am Anfang der Prompts wiederholt oder klargestellt werden. ◄

Ein weiteres wichtiges Thema im Zusammenhang mit LLMs ist der Bias. Da LLMs auf großen, realen Textdatensätzen trainiert werden, die auch vorurteilsbeladene oder unangemessene Inhalte enthalten können, besteht die Gefahr, dass diese Modelle voreingenommene oder unethische Antworten liefern. Diese Vorurteile können sich in verschiedenen Bereichen manifestieren, etwa in der Geschlechterdiskriminierung, rassistischen Tendenzen oder kulturellen Vorurteilen.

Beispiel

Prompt: „Beschreibe die Rolle von Führungskräften in der Geschäftswelt."

Das Modell könnte voreingenommene Rollenbilder von Führungskräften reproduzieren, z. B. die Vorstellung, dass Führungskräfte immer Männer oder aus bestimmten ethnischen Gruppen stammen.

Die ethische Verantwortung beim Prompt Engineering erfordert eine Prüfung und Anpassung der Prompts, um sicherzustellen, dass keine voreingenommenen oder unangemessenen Antworten hervorgerufen werden. Dazu gehört, geschlechtsneutrale, kulturell inklusivere Formulierungen zu verwenden und darauf zu achten, dass keine Diskriminierung oder Stereotypisierung in den Antworten erfolgt. Möglich ist auch das Modell regelmäßig auf potenziellen Bias zu überprüfen und diese in den Prompts zu adressieren.

Optimierter Prompt: „Beschreibe die Rolle von Führungskräften in der Geschäftswelt, wobei du eine Vielfalt an Führungspersönlichkeiten aus unterschiedlichen Geschlechtern und kulturellen Hintergründen berücksichtigst."

Durch diese bewusste und respektvolle Formulierung wird das Risiko von Bias und ethischen Problemen verringert, und das Modell wird ermutigt, differenzierte Antworten zu liefern. ◄

Literatur

1. Becker, J., Kugeler, M., & Rosemann, M. (2012). Prozessmanagement: Ein Leitfaden zur prozessorientierten Organisationsgestaltung. Springer-Verlag Berlin Heidelberg
2. Chinosi, M., & Trombetta, A. (2012). BPMN: An Introduction to the Standard. Computer Standards & Interfaces, 34(1), 124–134.
3. Weske, M. (2024). Business Process Management: Concepts, Languages, Architectures. Springer Berlin, Heidelberg
4. Dumas, M., La Rosa, M., Mendling, J., & Reijers, H. A. (2018). Fundamentals of Business Process Management. Springer-Verlag
5. Schmelzer, H., & Sesselmann, W. (2020). Geschäftsprozessmanagement in der Praxis: Kunden zufriedenstellen, Produktivität steigern, Wert erhöhen. Carl Hanser Verlag
6. van der Aalst, W. (2016). Process Mining: Data Science in Action. Springer Berlin, Heidelberg
7. Langmann, C., Turi, D. (2022). Robotic Process Automation (RPA) – Digitization and Automation of Processes. Springer Gabler, Wiesbaden
8. Ferguson, D.F., Stockton, M. (2006). Enterprise Business Process Management – Architecture, Technology and Standards. In: Dustdar, S., Fiadeiro, J.L., Sheth, A.P. (eds) Business Process Management. BPM 2006. Lecture Notes in Computer Science, vol 4102. Springer, Berlin, Heidelberg
9. Abramowicz, W., Fensel, D. & Frank, U. Semantik und Web 2.0 zur Unterstützung eines leistungsfähigen Geschäftsprozessmanagements. WIRTSCHAFTSINFORMATIK 52, 1–2 (2010)
10. Hammer, M., & Champy, J. (2003). Reengineering the Corporation: A Manifesto for Business Revolution. HarperBusiness
11. Imai, M. (1986). Kaizen: The Key to Japan's Competitive Success. McGraw-Hill
12. Object Management Group (2014). Business Process Model and Notation (BPMN), Version 2.0.2. https://www.omg.org/spec/BPMN/2.0.2
13. Brocke, J., & Rosemann, M. (2015). Handbook on Business Process Management 1. Springer-Verlag Berlin Heidelberg.
14. vom Brocke, J., & Mendling, J. (2018). Business Process Management Cases: Digital Innovation and Business Transformation in Practice. Springer Cham
15. Weske, M. (2024). Business Process Management: Concepts, Languages, Architectures. Springer Berlin, Heidelberg
16. Chalmers, D. J. (1996). The Conscious Mind: In Search of a Fundamental Theory. Oxford University Press
17. Chalmers, D. J. (2016). The Age of Em: Work, Love, and Life when Robots Rule the Earth. Oxford University Press
18. Dreyfus, H. L. (1992). What Computers Still Can't Do: A Critique of Artificial Reason. MIT Press
19. Esteva, A., Kuprel, B., Novoa, R. A., Ko, J., Swetter, S. M., Blau, H. M., & Thrun, S. (2017). Dermatologist-level classification of skin cancer with deep neural networks. Nature, 542(7639), 115–118
20. Hassabis, D., Silver, D., & Legg, S. (2017). Artificial intelligence: The future of intelligence and the mind. Science, 356(6339), 175–184
21. Kurzweil, R. (1993). KI – Das Zeitalter der künstlichen Intelligenz. Carl Hanser

22. LeCun, Y., Bengio, Y., & Hinton, G. (2015). Deep learning. Nature, 521(7553), 436–444
23. Newell, A., & Simon, H. A. (1956). The Logic Theorist. IRE Transactions on Information Theory, 2(3), 61–79
24. Russell, S., & Norvig, P. (2021). Artificial Intelligence: A Modern Approach (4th ed.). Pearson
25. Rumelhart, D. E., Hinton, G. E., & Williams, R. J. (1986). Learning representations by back-propagating errors. Nature, 323(6088), 533–536
26. Searle, J. R. (1980). Minds, brains, and programs. The Behavioral and Brain Sciences, 3(3), 417–457
27. Turing, A. M. (1950). Computing Machinery and Intelligence. Mind, 59(236), 433–460
28. Turing, A. M. (1951). Checking a Large Scale Computing System. Journal of the Institution of Electrical Engineers, 98(1), 10–16
29. Weizenbaum, J. (1966). ELIZA – a computer program for the study of natural language communication between man and machine. Communications of the ACM, 9(1), 36–45
30. Bishop, C. M. (2006). Pattern recognition and machine learning. Springer New York, NY
31. Google. (2019). Coral AI: Edge TPU. Retrieved from https://coral.ai
32. Goodfellow, I., Bengio, Y., & Courville, A. (2016). Deep Learning. MIT Press
33. Goodfellow, I., Pouget-Abadie, J., Mirza, M., Xu, B., Warde-Farley, D., Ozair, S., … & Bengio, Y. (2014). Generative adversarial nets. NeurIPS, 27, 2672–2680
34. Hochreiter, S., & Schmidhuber, J. (1997). Long short-term memory. Neural Computation, 9(8), 1735–1780
35. Jouppi, N. P., Young, C., Patil, N., Agrawal, G., Kamil, S., Gopalakrishnan, G., … & Patterson, D. A. (2017). In-datacenter performance analysis of a tensor processing unit. Proceedings of the 44th Annual International Symposium on Computer Architecture, 1–12
36. Kingma, D. P., & Welling, M. (2014). Auto-Encoding Variational Bayes. ICLR
37. LeCun, Y., Bengio, Y., & Hinton, G. (2015). Deep learning. Nature, 521(7553), 436–444
38. NVIDIA. (2020). Jetson Nano. Retrieved from https://developer.nvidia.com/embedded/jetson-nan
39. Schölkopf, B., & Smola, A. J. (2002). Learning with kernels. MIT Press
40. Sutton, R. S., & Barto, A. G. (2018). Reinforcement Learning: An Introduction (2nd ed.). MIT Press
41. Vaswani, A., Shazeer, N., Parmar, N., Uszkoreit, J., Jones, L., Gomez, A. A., … & Polosukhin, I. (2017). Attention is all you need. NeurIPS, 30, 5998–6008
42. Brown, T., Mann, B., Ryder, N., Subbiah, M., Kaplan, J., Dhariwal, P., … & Amodei, D. (2020). Language Models are Few-Shot Learners. arXiv:2005.14165
43. Hochreiter, S., & Schmidhuber, J. (1997). Long Short-Term Memory. Neural Computation, 9(8), 1735–1780
44. Polte, G., Anding, K., Liu, K., Garten, D., Wunsch, L., Notni, G. (2023). Intelligente Qualitätssicherung im industriellen Produktionsprozess unter Verwendung von KI-Algorithmen. In: Gröger, S. (eds) Nachhaltiges Qualitätsdatenmanagement. GQWT2 2022. Springer Vieweg, Wiesbaden
45. Pius Finkel, Peter Wurster und Robin Radler. Large Language Models (LLM) im Produktionsumfeld. Industry 4.0 Science, 2024, 40. Jg.,Nr. 6, S. 48–55
46. Sebastian Ruder, Matthew E. Peters, Swabha Swayamdipta, and Thomas Wolf. 2019. Transfer Learning in Natural Language Processing. In Proceedings of the 2019 Conference of the North American Chapter of the Association for Computational Linguistics: Tutorials, 15–18

47. Seger, C. (2024). KI in der Unternehmenspraxis. Schäffer-Poeschel
48. Steinmann, N., Piazza, A. KI-basierte Textkreation im Content Marketing: Design und Evaluation eines effektiven Prompts. HMD 61, 402–417 (2024)
49. Ehsan Fathi, Babak Maleki Shoja. (2018). Chapter 9 – Deep Neural Networks for Natural Language Processing. Handbook of Statistics. 229–316
50. Kahnt, I. (2020). Künstliche Intelligenz im Content Marketing. In: Wesselmann, M. (eds) Content gekonnt. Springer Gabler, Wiesbaden
51. Mader, I. (2023). Wissen als zentraler Wettbewerbsfaktor. In: Wissensmanagement erfolgreich umsetzen. Beratung im Fokus. Springer Gabler, Berlin, Heidelberg
52. Joulin, A., Grave, E., Mikolov, T., Bojanowski, P., & Mikolov, P. (2016). Bag of Tricks for Efficient Text Classification. Proceedings of the 15th Conference of the European Chapter of the Association for Computational Linguistics
53. Junyi Li, Tianyi Tang, Jian-Yun Nie, Ji-Rong Wen, Wayne Xin Zhao (2022). Learning to Prompt for Text-to-Text Transfer. Proceedings of the 37th International Conference on Machine Learning
54. Wei, J., Zhao, S., & Ma, J. (2022). Chain of Thought Prompting Elicits Reasoning in Large Language Models. Proceedings of the 2022 Conference on Neural Information Processing Systems (NeurIPS 2022)

LLMs im GPM

3

Zusammenfassung

Wie können LLMs dazu beitragen, Geschäftsprozesse präzise zu analysieren und zu verbessern? Dieses Kapitel geht auf die konkrete Anwendung von LLMs im GPM ein. Anhand praktischer Beispiele wird aufgezeigt, wie LLMs Prozesse identifizieren, modellieren, analysieren und kontinuierlich verbessern können. Dabei werden Herausforderungen wie Mehrsprachigkeit, unterschiedliche Sprachstile und Prozessvarianten behandelt.

Zentrale Fragen
- Wie können LLMs bei der Prozessidentifikation helfen?
- Welche Rolle spielen LLMs bei der Modellierung und Analyse von Geschäftsprozessen?
- Was sind die größten Herausforderungen bei der Nutzung von LLMs im GPM und wie können sie gemeistert werden?

3.1 Dokumente analysieren

3.1.1 Texttypen

Im Geschäftsprozessmanagement stehen LLMs einer Vielzahl unterschiedlicher Texttypen gegenüber, die jeweils spezifische Anforderungen an die Verarbeitung stellen. Zu diesen Textarten gehören unter anderem Verträge, Berichte, Richtlinien

oder Protokolle, die alle unterschiedliche Strukturen und Inhalte aufweisen. Um
ein LLM erfolgreich in der Dokumentenverarbeitung einzusetzen, muss der Prompt
so optimiert sein, dass das Modell in der Lage ist, diese unterschiedlichen Anforderungen zu erkennen und korrekt zu bearbeiten.

Das LLM muss in der Lage sein, den Text eines Dokuments korrekt zu klassifi-
zieren, bevor es mit der eigentlichen Verarbeitung beginnt. Diese Erkennung bildet
die Grundlage für alle weiteren Schritte, da jeder Texttyp eigene Merkmale und
Anforderungen aufweist. So ist ein Vertrag beispielsweise durch formale Klauseln
und spezifische rechtliche Bedingungen gekennzeichnet, die das Modell extrahieren muss. Im Gegensatz dazu weist ein technischer Bericht eine narrativere Struktur auf, bei der die Hauptaufgabe des LLMs darin besteht, Schlussfolgerungen und
Empfehlungen zu extrahieren. Ein Meeting-Protokoll wiederum enthält häufig Beschlüsse und Verantwortlichkeiten, die in einer bestimmten Form zusammengefasst
und extrahiert werden müssen. Das LLM muss den Texttyp erkennen und diese
Einsicht als Grundlage für die Verarbeitung der relevanten Informationen nutzen.

Zusätzlich zur Identifikation des Texttyps muss das LLM die Verarbeitung an
die spezifischen Anforderungen des jeweiligen Texttyps anpassen. Die Variabilität
der Textarten ist dabei ein wesentlicher Aspekt: Ein Vertrag verlangt nach der
strukturierten Extraktion von formalen Klauseln und Bedingungen, die in einem
bestimmten Format vorliegen. Ein Bericht hingegen verlangt eine detaillierte Analyse von Narrativen und Schlussfolgerungen, die oft in einem fließenden Text eingebettet sind. Ein Protokoll wiederum erfordert eine prägnante und schnelle Extraktion von Entscheidungen und Aufgaben, die in der Regel actionorientiert formuliert sind.

Ein weiterer entscheidender Faktor bei der Verarbeitung von Texten durch ein
LLM ist die Berücksichtigung des Sprachstils und des Fachvokabulars. Verschiedene Texttypen zeichnen sich durch unterschiedliche sprachliche Merkmale
aus, die das LLM verstehen muss. Ein Vertrag ist in der Regel durch eine formale,
rechtlich präzise Sprache gekennzeichnet, während Berichte häufig eine allgemein
verständlichere und beschreibende Sprache verwenden. Ein Meeting-Protokoll
hingegen wird in der Regel in einer prägnanten und actionorientierten Sprache verfasst, die schnell umsetzbare Aufgaben und Verantwortlichkeiten beschreibt.

Die Optimierung des Prompts stellt einen wichtigen Schritt dar, um die Leistung eines LLMs optimal zu nutzen. Ein präzise formulierter Prompt ermöglicht
dem Modell, klare Anweisungen zu erhalten, welche Informationen aus einem Dokument extrahiert werden sollen und in welchem Format diese dargestellt werden
müssen. Nur durch eine exakte Anpassung des Prompts an die spezifischen Anforderungen des jeweiligen Texttyps kann die Leistungsfähigkeit des LLMs voll
ausgeschöpft und fehlerfreie Extraktion von Informationen gewährleistet werden.

Beispiel

Vertrag: Ein Vertrag erfordert die Extraktion von Klauseln, Bedingungen und Fristen in einer strukturierten Form. Der Text ist formal und juristisch präzise, was eine genaue und detaillierte Verarbeitung erfordert. **Optimierter Prompt**: „Dies ist ein Vertrag zwischen zwei Parteien. Extrahiere bitte alle relevanten Klauseln, Bedingungen und Fristen. Stelle die extrahierten Informationen in einer strukturierten Liste dar, in der jede Klausel, Bedingung und Frist klar benannt und beschrieben wird." ◄

Der optimierte Prompt gibt dem Modell klare Anweisungen, welche Elemente des Vertrags zu extrahieren sind und in welchem Format sie präsentiert werden sollen. Das Modell wird dazu angeregt, die formalen, präzisen Informationen des Vertrags in einer strukturierten Form zu präsentieren.

Beispiel

Meeting-Protokoll: Ein Meeting-Protokoll erfordert die Extraktion von Beschlüssen, Verantwortlichkeiten und Aktionen. Die Sprache ist häufig prägnant und actionorientiert. **Optimierter Prompt**: „Hier ist das Protokoll eines Meetings. Extrahiere die wichtigsten Beschlüsse, Verantwortlichkeiten und Aktionen und stelle sie in einer übersichtlichen Tabelle dar, die klar die Verantwortlichen und Fristen angibt." ◄

Der optimierte Prompt stellt sicher, dass das Modell nicht nur die relevanten Informationen (Beschlüsse, Verantwortlichkeiten und Aktionen) extrahiert, sondern diese auch in einer strukturierten und leicht verständlichen Form präsentiert. Das LLM wird dadurch in die Lage versetzt, die wichtigsten Elemente des Protokolls effizient zu extrahieren und die daraus resultierenden Informationen nutzbar zu machen.

Die Optimierung des Prompts und die genaue Anpassung an die Anforderungen des jeweiligen Texttyps sind entscheidend, um die Stärken eines LLMs auch im Geschäftsprozessmanagement zu nutzen. Durch eine präzise Texterkennung und die Anpassung der Verarbeitung an den jeweiligen Texttyp kann das Modell relevante Informationen effizient extrahieren und in einer strukturierten Form präsentieren, die für die Analyse, Dokumentation und Optimierung von Geschäftsprozessen notwendig ist. Dies erhöht die Genauigkeit der Geschäftsprozessanalyse und -dokumentation mit LLMs.

3.1.2 Strukturierungsgrad

Ein wesentliches Merkmal für den erfolgreichen Einsatz von LLMs im GPM ist die
Fähigkeit, den Strukturierungsgrad eines Dokuments zu erkennen und die
Extraktion und Verarbeitung der darin enthaltenen Informationen entsprechend anzupassen. Bei stark strukturierten Dokumenten, wie Formularen oder Tabellen,
sind die relevanten Datenpunkte explizit definiert, sodass sie einfach extrahiert und
verarbeitet werden können. In solchen Fällen kann das Modell gezielt die benötigten Felder oder Werte auslesen und übersichtlich darstellen. Anders verhält es
sich bei unstrukturierten oder semi-strukturierten Dokumenten, wie Essays oder
Berichten, in denen wichtige Informationen oft implizit und nicht direkt aus der
Struktur des Textes ablesbar sind.

Darüber hinaus ist das Verständnis von expliziten und impliziten Informationen
eine entscheidende Fähigkeit für LLMs. In stark strukturierten Dokumenten sind
die Informationen klar und eindeutig, während in unstrukturierten Texten viele
Daten nur indirekt oder gar nicht explizit benannt werden. Ein Beispiel hierfür sind
Abweichungen in einem Bericht, die nicht direkt als solche bezeichnet werden,
aber dennoch erkannt und berücksichtigt werden müssen, um ein vollständiges
Bild zu erhalten. Diese Fähigkeit zur Interpretation von impliziten Informationen
ist besonders wertvoll im GPM, da sie hilft, Prozesse zu optimieren und potenzielle
Probleme frühzeitig zu identifizieren.

Die Optimierung des Prompts spielt eine entscheidende Rolle, um das LLM in
die Lage zu versetzen, den Strukturierungsgrad eines Dokuments korrekt zu erkennen und die richtigen Informationen zu extrahieren. Ein gut formulierter Prompt
hilft dem Modell, flexibel auf verschiedene Dokumenttypen zu reagieren und sowohl explizite als auch implizite Informationen zu erfassen. Im Fall von stark
strukturierten Dokumenten sollte der Prompt klare Anweisungen zur Extraktion
spezifischer Datenpunkte enthalten. Ein Beispiel könnte lauten: „Extrahiere die
Felder ‚Name‘, ‚Adresse‘, ‚Telefonnummer‘ und ‚E-Mail-Adresse‘ aus dem Formular." Bei unstrukturierten oder semi-strukturierten Texten hingegen ist wichtig,
das Modell zu ermutigen, den Kontext zu verstehen und implizite Informationen zu
erkennen. Ein Beispiel hierfür wäre: „Analysiere die Trends im Verkaufsbericht
und identifiziere alle relevanten Empfehlungen oder Abweichungen, auch wenn
diese nicht explizit genannt sind." Wenn Informationen zwischen den Zeilen stehen, sollte der Prompt darauf abzielen, das Modell dazu zu bewegen, subtile Hinweise und implizite Zusammenhänge zu erkennen und in die Gesamtanalyse einzufügen. Ein solcher Prompt könnte lauten: „Lese das Meeting-Protokoll und
identifiziere nicht explizit genannte, aber implizite Entscheidungen und Aktionen."

Durch eine gezielte und kontextualisierte Textextraktion kann das LLM seine volle Leistungsfähigkeit im Geschäftsprozessmanagement entfalten und einen echten Mehrwert bei der Analyse und Verarbeitung von Dokumenten liefern.

Stark strukturiertes Dokument (Formular)

Prompt: „Hier ist ein Formular mit Kundeninformationen. Extrahiere bitte die Felder ‚Name', ‚Adresse', ‚Telefonnummer' und ‚E-Mail-Adresse' und liste sie auf." ◄

Da das Formular eine klare Struktur aufweist, können spezifische Datenpunkte gezielt extrahiert und in einem übersichtlichen Format dargestellt werden. Das Modell wird direkt angewiesen, relevante Felder zu erkennen und auszugeben.

Unstrukturierter Text (Bericht)

Prompt: „Hier ist ein Bericht zu den Verkaufszahlen des letzten Quartals. Analysiere die Trends und identifiziere alle relevanten Empfehlungen oder Abweichungen." ◄

Der Bericht hat keine feste Struktur, sodass das Modell aufgefordert wird, den Text im Kontext zu analysieren und unstrukturierte Informationen wie Trends oder Abweichungen zu extrahieren. Diese Flexibilität erlaubt es dem Modell, auch subtile oder implizite Hinweise zu erkennen, die für die Geschäftsprozessoptimierung von Bedeutung sind.

Die Fähigkeit, den Strukturierungsgrad von Dokumenten zu erkennen und flexibel darauf zu reagieren, ist eine der zentralen Stärken von LLMs im Geschäftsprozessmanagement. Durch die richtige Anpassung des Prompts können LLMs sowohl stark strukturierte als auch unstrukturierte Dokumente effizient verarbeiten, explizite Daten extrahieren und auch implizite Informationen identifizieren. Diese Flexibilität ist besonders wichtig, um Prozesse präzise zu dokumentieren, Abweichungen zu erkennen und wertvolle Handlungsempfehlungen zu liefern.

3.1.3 Zielgruppe

Texte werden oft an eine klar definierte Zielgruppe verfasst, sei es für Führungskräfte, Mitarbeiter, Kunden oder externe Prüfer. Jede dieser Zielgruppen hat unterschiedliche Anforderungen und Erwartungen an den Informationsgehalt, den Sprachstil und den Detailgrad des Textes. In einem geschäftsprozessbezogenen

Kontext müssen LLMs daher in der Lage sein, Texte so anzupassen, dass sie den Bedürfnissen der jeweiligen Zielgruppe gerecht werden. Eine solche Anpassung ermöglicht eine effiziente und zielgerichtete Kommunikation, bei der die relevanten Informationen auf eine Art und Weise präsentiert werden, die für die jeweilige Zielgruppe handlungsrelevant ist.

Führungskräfte benötigen oft eine prägnante Zusammenfassung der wichtigsten Erkenntnisse, die schnell verständliche Handlungsoptionen aufzeigt. In einem solchen Fall würde das LLM den Text so umformulieren, dass er die essenziellen Punkte aufgreift, ohne sich in technischen Details zu verlieren. Fachabteilungen hingegen erfordern detailliertere technische Informationen und konkrete Daten. Ein Bericht für eine breitere Öffentlichkeit sollte so formuliert sein, dass er verständlich ist und ohne Fachjargon auskommt, während ein Bericht für Experten tiefere Einblicke und detaillierte Analysen bieten muss.

Ein weiterer zentraler Punkt ist die Erkennung des Sprachstils und der Terminologie, die je nach Zielgruppe variieren. Für technisch versierte Zielgruppen ist die Verwendung von Fachterminologie notwendig und sinnvoll, um präzise und spezifische Informationen zu vermitteln. Hingegen ist für eine breitere Zielgruppe der Verzicht auf komplexe Begriffe und die Verwendung einfacherer, verständlicherer Sprache wichtig. In solchen Fällen müssen technische Begriffe entweder ganz vermieden oder, wenn ihre Verwendung unvermeidlich ist, auf eine Weise erklärt werden, die die Verständlichkeit des Textes gewährleistet. LLMs müssen in der Lage sein, den Sprachstil flexibel anzupassen, ohne dabei die Kerninformationen zu verfälschen.

Die Stärken von LLMs im Umgang mit unterschiedlichen Zielgruppen liegen in ihrer Fähigkeit, zielgruppenspezifische Zusammenfassungen zu erstellen. Ein LLM kann komplexe Texte analysieren und daraus Zusammenfassungen oder Berichte generieren, die auf die Bedürfnisse der jeweiligen Zielgruppe abgestimmt sind. Ein präzise formulierter Prompt hilft dem Modell, die Anforderungen des Textes an die Zielgruppe zu erkennen und die relevanten Informationen effizient zu extrahieren. Der Prompt sollte dabei klar die Zielgruppe angeben und spezifische Anforderungen an die Präsentation des Textes formulieren, um das Modell auf die jeweilige Aufgabe vorzubereiten. Bestimmte Regeln sollten bei der Anpassung des Textes an unterschiedliche Zielgruppen beachtet werden:

- Wenn der Text für eine **Führungskraft** gedacht ist, sollte das Modell eine prägnante, zusammenfassende Darstellung der wichtigsten Punkte liefern, wobei der Fokus auf Handlungsoptionen und strategischen Empfehlungen liegt. Technische Details werden in diesem Fall weitestgehend weggelassen, um die Verständlichkeit und die schnelle Entscheidungsfindung zu fördern.

- Wenn der Text hingegen für eine **technische Zielgruppe** gedacht ist, sollte das Modell detaillierte technische Informationen und spezifische Fachterminologie verwenden, um tiefere Einblicke und eine präzise Analyse zu bieten, die der Expertise der Zielgruppe gerecht wird.
- Für eine **breite Öffentlichkeit** ist wichtig, dass der Text in einer klaren, einfachen Sprache verfasst wird, wobei komplexe Fachbegriffe entweder vermieden oder verständlich erklärt werden, sodass die Informationen für Leser ohne spezielles Fachwissen zugänglich bleiben.

Die Fähigkeit von LLMs, Texte an die Bedürfnisse der Zielgruppen anzupassen, stellt sicher, dass Informationen zielgerichtet vermittelt werden.

Für Führungskräfte

Prompt: „Fasse bitte diesen technischen Bericht so zusammen, dass er für die Geschäftsführung verständlich ist. Konzentriere dich auf die wichtigsten Ergebnisse und Empfehlungen und vermeide technische Details." ◄

Der Prompt fordert das Modell auf, den Bericht so aufzubereiten, dass die Kernergebnisse und strategischen Empfehlungen für eine nicht-technische Zielgruppe (wie Führungskräfte) klar und prägnant dargestellt werden. Unnötige technische Details werden vermieden, um die Übersichtlichkeit zu fördern.

Für Fachabteilungen

Prompt: „Hier ist ein technischer Bericht. Erstelle bitte eine detaillierte Analyse der verwendeten Methoden, Ergebnisse und spezifischen Datenpunkte, die für die IT-Abteilung relevant sind." ◄

Der Bericht wird für eine technische Zielgruppe angepasst. Der Prompt fordert das Modell zu einer tiefgehenden Analyse auf, wobei die relevanten technischen Details und Fachterminologie berücksichtigt werden. Dies sorgt dafür, dass die IT-Abteilung die für sie wichtigen Informationen in der benötigten Tiefe erhält.

3.1.4 Mehrsprachigkeit

In global tätigen Unternehmen oder internationalen Institutionen ist die Verwaltung und Verarbeitung von Dokumenten in mehreren Sprachen eine häufige Notwendigkeit. Die Fähigkeit, mehrsprachige Dokumente zu verstehen, zu analysieren und miteinander zu vergleichen, ist daher eine zentrale Anforderung im Geschäftsprozessmanagement. Diese Fähigkeit stellt insbesondere dann eine Herausforderung dar, wenn dasselbe Dokument oder die gleichen Informationen in verschiedenen Sprachen vorliegen und dabei unterschiedliche kulturelle, rechtliche oder sprachliche Feinheiten berücksichtigt werden müssen. LLMs bieten entscheidende Vorteile, indem sie Dokumente in verschiedenen Sprachen analysieren und die notwendigen Anpassungen vornehmen, um die korrekte Interpretation und Anwendung der Inhalte sicherzustellen.

Die erste wichtige Anforderung an ein LLM in diesem Zusammenhang ist die Spracherkennung und -verarbeitung. Das Modell muss in der Lage sein, Dokumente in mehreren Sprachen zu erkennen und zu verarbeiten. Dabei ist es nicht ausreichend, nur die grammatikalische Korrektheit der Texte zu gewährleisten – vielmehr muss das LLM auch kulturelle und sprachliche Unterschiede verstehen und in die Analyse einfließen lassen. Verschiedene Sprachen weisen unterschiedliche Sprachstrukturen und idiomatische Ausdrücke auf, die präzise übersetzt und interpretiert werden müssen, um den Inhalt korrekt zu übertragen. Ein LLM muss diese feinen Unterschiede erkennen und sicherstellen, dass die Bedeutung des Textes auch über Sprachbarrieren hinweg klar bleibt.

Ein weiteres wichtiges Kriterium ist die mehrsprachige Analyse und Zusammenführung von Informationen. In vielen Fällen werden identische Prozessschritte oder Inhalte in mehreren Sprachen dokumentiert, sei es in Verträgen, Richtlinien oder Handbüchern. Das LLM muss in der Lage sein, diese verschiedenen Sprachversionen miteinander in Beziehung zu setzen, Unterschiede zu erkennen und gegebenenfalls Anpassungen vorzunehmen, um eine einheitliche und konsistente Kommunikation sicherzustellen. Besonders relevant ist dies in Szenarien, in denen rechtlich oder geschäftlich wichtige Dokumente übersetzt oder in mehreren Sprachversionen vorliegen und die Übereinstimmung der Inhalte entscheidend ist.

Eine besonders wertvolle Fähigkeit von LLMs ist die Übersetzung und der Vergleich von Dokumenten. Ein LLM kann nicht nur Texte übersetzen, sondern auch verschiedene Versionen desselben Dokuments miteinander vergleichen, um Diskrepanzen zwischen den Sprachversionen zu identifizieren. Diese Funktion ist besonders nützlich, um sicherzustellen, dass alle Versionen eines Dokuments – sei es ein Vertrag, eine Unternehmensrichtlinie oder ein Bericht – konsistent sind und dieselben Informationen vermitteln. Auf diese Weise können potenzielle Missverständnisse oder fehlerhafte Übersetzungen frühzeitig erkannt und korrigiert werden.

Die Optimierung des Prompts spielt eine zentrale Rolle, um die Stärken von LLMs im Umgang mit mehrsprachigen Dokumenten zu nutzen. Der Prompt sollte klare Anforderungen an die Übersetzung, Analyse und den Vergleich der Dokumente formulieren. Insbesondere sollten sprachliche und kulturelle Aspekte berücksichtigt werden, um sicherzustellen, dass die Verarbeitung präzise und kontextgerecht erfolgt. Ein gut formulierter Prompt kann das LLM dabei unterstützen, die relevanten Informationen aus den verschiedenen Sprachversionen zu extrahieren und gegebenenfalls notwendige Anpassungen vorzunehmen. Für den Umgang mit mehrsprachigen Dokumenten sollten folgende Regeln beachtet werden:

- Wenn ein Dokument in **mehreren Sprachen** vorliegt, sollte das Modell in der Lage sein, den Text in allen relevanten Sprachen zu erkennen und zu verarbeiten. Der Vergleich der Versionen muss sicherstellen, dass alle Versionen dieselben Informationen enthalten, ohne dass wesentliche Details verändert oder ausgelassen werden.
- Sollte der Text **kulturelle Nuancen oder sprachliche Unterschiede** aufweisen, muss das Modell in der Lage sein, diese zu berücksichtigen und eine kontextualisierte Analyse zu liefern.

Mehrsprachige Analyse

Prompt: „Hier sind zwei Versionen eines Dokuments: eine in Deutsch und eine in Englisch. Vergleiche bitte beide Versionen und stelle sicher, dass die Informationen in beiden identisch sind. Wenn Unterschiede bestehen, nenne diese explizit." ◄

Das Modell wird angewiesen, die beiden Sprachversionen miteinander zu vergleichen und Diskrepanzen zu identifizieren. Es erkennt die Unterschiede zwischen den beiden Versionen und stellt sicher, dass keine wichtigen Informationen fehlen oder falsch übersetzt wurden. So wird sichergestellt, dass der Inhalt in beiden Sprachen konsistent bleibt.

Übersetzung und kulturelle Nuancen

Prompt: „Übersetze bitte diesen Vertrag aus dem Französischen ins Deutsche und achte darauf, dass kulturelle Unterschiede, die den rechtlichen Kontext betreffen, berücksichtigt werden." ◄

Der Prompt fordert das Modell auf, nicht nur eine mechanische Übersetzung zu liefern, sondern auch den kulturellen Kontext zu berücksichtigen, insbesondere in rechtlichen Aspekten. Dies stellt sicher, dass bei der Übersetzung keine missverständlichen oder unangemessenen Formulierungen auftreten, die in einer anderen Kultur oder Sprache problematisch sein könnten.

Die Fähigkeit von LLMs, mehrsprachige Dokumente zu verstehen, zu verarbeiten und zu vergleichen, ist im Geschäftsprozessmanagement von großer Bedeutung. Durch die Berücksichtigung sprachlicher, kultureller und kontextueller Unterschiede können LLMs sicherstellen, dass mehrsprachige Dokumente korrekt und konsistent analysiert werden. Durch gezielte Anpassung der Prompts an die jeweiligen Anforderungen können Unternehmen von der leistungsstarken Mehrsprachigkeit von LLMs profitieren, um internationale Geschäftsprozesse effizient und fehlerfrei zu steuern.

3.1.5 Sprachstile

In verschiedenen organisatorischen Kontexten werden Texte in unterschiedlichen Sprachstilen verfasst – von formeller Geschäftssprache in Berichten und Verträgen bis hin zu informeller Kommunikation in internen Memos, E-Mails oder Besprechungsnotizen. LLMs müssen in der Lage sein, sich flexibel an diese unterschiedlichen Stile anzupassen, um sowohl präzise und detaillierte Analysen als auch informelle oder kontextuelle Interpretationen liefern zu können.

Die Anforderung an das LLM ist die Erkennung des formalen oder informellen Sprachstils. LLMs müssen in der Lage sein, den Sprachstil eines Textes zu identifizieren, da dieser die Art der Analyse und Präsentation der Informationen maßgeblich beeinflusst. Formelle Texte, wie sie in Berichten oder Verträgen vorkommen, erfordern eine präzise, sachliche und detaillierte Auseinandersetzung mit den Inhalten. Diese Art von Text verlangt nach einer strukturierten und objektiven Analyse, die keine emotionalen oder subjektiven Nuancen berücksichtigt. Im Gegensatz dazu erfordern informelle Texte, wie etwa interne Memos, E-Mails oder Besprechungsnotizen, eine weniger strukturierte Herangehensweise. Diese Texte können oft Meinungen, Stimmungen oder Anliegen des Absenders enthalten, die für die Analyse von Geschäftsprozessen von Bedeutung sind. Ein Beispiel hierfür ist eine E-Mail, die möglicherweise Meinungen oder persönliche Anliegen enthält, die nicht direkt als Fakten formuliert sind, aber dennoch von Bedeutung für die Prozessanalyse oder die Identifikation von Problemen und Chancen sein können.

Ein Vorteil von LLMs gegenüber herkömmlichen Algorithmen ist ihre Fähigkeit, implizite Informationen und Meinungen zu erkennen. In informellen Texten, wie etwa E-Mails oder internen Memos, werden subtile Hinweise auf die Meinungen oder Anliegen der beteiligten Personen kommuniziert, die möglicherweise nicht explizit als Fakten ausgedrückt werden. Diese Informationen sind jedoch für das Verständnis von Geschäftsprozessen oder die Identifikation von Problemen und Chancen von Bedeutung.

Um die Stärken von LLMs im Umgang mit verschiedenen Sprachstilen optimal zu nutzen, muss der Prompt entsprechend formuliert werden. Der Prompt sollte klar definieren, welche Art der Analyse und Präsentation gewünscht ist. Für formelle Sprachstile sollte das Modell eine präzise, sachliche Antwort liefern, während für informelle Stile eine lockerere und subjektivere Herangehensweise erforderlich sein kann. Der Prompt muss also die spezifischen Anforderungen des jeweiligen Sprachstils berücksichtigen, um sicherzustellen, dass das Modell die relevanten Informationen in der gewünschten Form liefert.

- Wenn der Text einen **formalen Sprachstil** aufweist, sollte das Modell eine präzise, detaillierte und sachliche Analyse vornehmen. Formale Texte verlangen eine strukturierte und faktengestützte Darstellung, wobei emotionale Untertöne oder subjektive Interpretationen vermieden werden. Der Fokus liegt auf klarer, objektiver Kommunikation.
- Wenn der Text **informell oder für interne Kommunikation** gedacht ist, sollte das Modell den informellen Ton erkennen und sich an einem weniger formellen, eher persönlichen Stil orientieren. Hier können auch Meinungen, Anliegen oder Stimmungen der beteiligten Personen eine Rolle spielen, die das Modell in seiner Analyse berücksichtigen sollte.
- Wenn der Text eine **persönliche Note** enthält, wie es bei vielen E-Mails der Fall ist, sollte das Modell auch potenzielle emotionale oder tonale Untertöne erkennen und diese in die Analyse einbeziehen. Auf diese Weise wird eine differenzierte Interpretation von Anliegen und Vorschlägen ermöglicht, die über die bloße Faktendarstellung hinausgeht.

Formeller Sprachstil

Prompt: „Bitte analysiere diesen formellen Geschäftsbericht und fasse die wichtigsten Ergebnisse und Empfehlungen in einer präzisen und sachlichen Weise zusammen." ◄

Der formelle Sprachstil wird explizit genannt, was dem Modell hilft, den Text entsprechend seiner formellen Struktur zu verarbeiten. Es wird eine präzise und sachliche Zusammenfassung verlangt, was den Anforderungen eines formalen Schreibens entspricht.

Informeller Sprachstil

Prompt: „Hier ist eine interne E-Mail. Identifiziere bitte die wichtigsten Anliegen und Vorschläge und fasse sie in einem informellen Ton zusammen." ◄

Der informelle Sprachstil wird erkannt, und das Modell wird aufgefordert, die Anliegen und Vorschläge in einem lockeren und weniger formellen Ton zusammenzufassen. Hierbei wird auch die Möglichkeit gegeben, subtile emotionale oder tonale
Nuancen zu erfassen, die für die interne Kommunikation von Bedeutung
sein können.

Die Fähigkeit von LLMs, sich an unterschiedliche Sprachstile anzupassen, ist
im Geschäftsprozessmanagement von großer Bedeutung, da sie es ermöglicht, Dokumente und Kommunikation in den jeweils passenden Kontext zu setzen. Unternehmen können durch die gezielte Anpassung der Prompts an die jeweiligen
Sprachstile die Stärken von LLMs nutzen, um Geschäftsprozesse besser zu verstehen und zu steuern.

3.2   Prozessidentifikation

3.2.1 Prozessstrategie entwickeln

Die Entwicklung einer effektiven Prozessstrategie ist eine grundlegende Aufgabe
im GPM, da sie den Weg für die Optimierung und kontinuierliche Verbesserung der
Prozesse eines Unternehmens vorgibt. Eine Prozessstrategie beschreibt, wie Geschäftsprozesse so ausgerichtet und organisiert werden, dass sie die Unternehmensziele optimal unterstützen. Sie geht über die bloße Modellierung und Dokumentation von Prozessen hinaus und betrachtet vielmehr, wie diese Prozesse strategisch
gestaltet werden, um die Wettbewerbsfähigkeit des Unternehmens zu erhöhen und
die Kundenzufriedenheit zu steigern. Im Rahmen einer Prozessstrategie werden
die Prozessarchitektur, die Auswahl von Kernprozessen, die Festlegung von
Prozesszielen und -kennzahlen sowie die Identifikation von Prozessverbesserungs-
möglichkeiten berücksichtigt. Zudem wird analysiert, welche Technologien und
Methoden am besten eingesetzt werden können, um diese strategischen Ziele zu erreichen. Eine gut formulierte Prozessstrategie ist flexibel und anpassungsfähig, um
neben der optimierung aktueller Leistung auch zukünftige Herausforderungen und
Chancen zu adressieren [5].

LLMs bieten wertvolle Unterstützung bei der Entwicklung von Prozessstrategien, indem sie durch Datenanalyse und semantische Verarbeitung relevante
Informationen extrahieren und zu strategischen Empfehlungen führen. LLMs können insbesondere bei der Formulierung strategischer Ziele im GPM eine Schlüsselrolle spielen, indem sie historische Daten und die aktuelle Situation des Unternehmens analysieren und daraus sinnvolle, auf die Unternehmensziele aus-
gerichtete Strategien ableiten. Ein LLM kann beispielsweise helfen, strategische

Ziele zu formulieren, indem es aus Unternehmensdokumenten, Prozessberichten, finanziellen Kennzahlen und externen Quellen wie Marktanalysen oder branchenspezifischen Trends und Best Practice relevante Informationen extrahiert und diese in klare, umsetzbare strategische Ziele übersetzt. Dies spart Zeit und stellt sicher, dass die entwickelten Strategien auf den besten verfügbaren Daten basieren. Ein weiteres Beispiel ist die Analyse von Erfolgsfaktoren und Leistungskennzahlen aus bestehenden Prozessen. LLMs können durch ihre Stärke in der Mustererkennung und Textanalyse wichtige Elemente und Schlüsselfaktoren herausfiltern, die in die strategische Planung einfließen sollten.

Ein LLM kann nicht nur bestehende Daten analysieren, sondern auch in Echtzeit neue Informationen integrieren, um adaptive und dynamische Empfehlungen zu geben. Diese Empfehlungen können sich auf verschiedene strategische Aspekte beziehen, wie z. B. die Optimierung von Prozessen, die Implementierung neuer Technologien, die Einführung von Automatisierungsmaßnahmen oder die Verbesserung von Zusammenarbeit und Kommunikation innerhalb der Organisation. Beispielhafte Anwendungen sind die Identifikation von Redundanzen in der Prozessstruktur oder die Vorhersage von möglichen Engpässen. Ein LLM könnte auf Basis dieser Analysen Empfehlungen aussprechen, die konkretisieren, wie die Prozessstrategie angepasst werden sollte, um die Unternehmensziele weiter zu erreichen.

Beispiel

Die Prompts im Rahmen der Strategieentwicklung sollten das Modell anleiten konkrete und unternehmensspezifische strategische Empfehlungen zu entwickeln:

Prompt 1: „Basierend auf den folgenden Unternehmenszielen und den aktuellen Leistungskennzahlen, formuliere strategische Ziele für die Prozessoptimierung, die die Effizienz steigern und gleichzeitig die Kundenzufriedenheit erhöhen."

Dieser Prompt kann verwendet werden, um das LLM dazu anzuleiten, strategische Ziele zu entwickeln, die die Effizienz und Qualität der Geschäftsprozesse auf der Grundlage von Unternehmenszielen und vorhandenen Leistungskennzahlen verbessern.

Prompt 2: „Analysiere die Prozessdokumentation des Unternehmens und identifiziere die häufigsten Engpässe. Formuliere eine Strategie, um diese Engpässe in den nächsten 12 Monaten zu beheben."

Mit diesem Prompt wird das LLM dazu angeregt, Prozessdokumentationen zu durchsuchen, Engpässe zu erkennen und eine Strategie zu empfehlen, um diese zu überwinden.

Prompt 3: „Unter Berücksichtigung der aktuellen Marktbedingungen und der Wettbewerbssituation, empfehle Prozessverbesserungsmaßnahmen, die das Unternehmen in den nächsten fünf Jahren wettbewerbsfähiger machen."

Dieser Prompt fordert das LLM auf, externe Markt- und Wettbewerbsdaten zu integrieren und daraufhin Empfehlungen für die Prozessstrategie zu generieren, die das Unternehmen langfristig stärken.

Prompt 4: „Basierend auf den Prozessberichten der letzten drei Jahre, identifiziere Trends und Muster, die die Leistung der Geschäftsprozesse beeinflussen, und erstelle eine Strategie zur kontinuierlichen Verbesserung der Prozessqualität."

Hierbei wird das LLM aufgefordert, historische Daten zu analysieren und daraus strategische Empfehlungen für eine kontinuierliche Verbesserung abzuleiten.

Prompt 5: „Erstelle eine Strategie zur Einführung neuer Technologien zur Automatisierung der wichtigsten Geschäftsprozesse. Berücksichtige dabei die spezifischen Anforderungen des Unternehmens und mögliche Herausforderungen bei der Implementierung."

Dieser Prompt fokussiert die Nutzung von LLMs, um eine Technologieeinführungsstrategie zu entwickeln, die sowohl die technologischen als auch die betrieblichen Gegebenheiten im Unternehmen berücksichtigt. ◄

Die Entwicklung einer erfolgreichen Prozessstrategie erfordert eine Analyse der bestehenden Geschäftsprozesse, der Unternehmensziele sowie der externen Marktbedingungen. LLMs bieten eine wertvolle Unterstützung, indem sie analysebasiert strategische Ziele formulieren. Die automatische Generierung von Strategieempfehlungen durch LLMs ermöglicht, sowohl kurzfristige Optimierungen als auch langfristige, anpassungsfähige Strategien zu entwickeln. Die Nutzung von LLMs im Rahmen der Prozessstrategieentwicklung sorgt somit für eine datengetriebene Herangehensweise an die Prozessoptimierung. Eine kritische Reflektion der Ergebnisse ist dennoch durch Strategieexperten notwendig.

3.2.2   Prozessgovernance vorbereiten

Der Aufbau einer effektiven Prozessgovernance ist ein wichtiger Schritt, um sicherzustellen, dass Prozesse die gewünschten Ergebnisse liefern und gleichzeitig flexibel genug sind, um sich an neue Anforderungen und Bedingungen anzupassen. Eine gut implementierte Prozessgovernance ermöglicht eine klare Kommunikation zwischen den verschiedenen Stakeholdern und sorgt für eine effiziente Nutzung von Ressourcen. Die Identifikation von Verantwortlichkeiten und Rollen innerhalb der Prozessgovernance ist ein wichtiger Schritt, um die Erwartungshaltung gegenüber allen Beteiligten transparent und mit den übergeordneten Zielen des Unternehmens zu definieren. Diese Identifikation kann durch eine systematische Analyse von Textdokumenten erfolgen, die in einem Unternehmen zur Prozessdokumentation, zu Rollenbeschreibungen und zu Governance-Vorgaben vorliegen [6].

Eine leistungsstarke Methode, die hier zum Einsatz kommen kann, ist das Textmining, die durch moderne Technologien wie LLMs unterstützt wird. LLMs sind in der Lage, große Mengen an unstrukturierten Textdaten zu durchsuchen und automatisch Informationen zu extrahieren, die für die Identifikation von Verantwortlichkeiten und Rollen relevant sind. Hierzu zählen Prozessbeschreibungen, Unternehmensrichtlinien, Organigramme, Stellenbeschreibungen sowie interne Kommunikation, die Aufschluss darüber geben, welche Personen oder Abteilungen für bestimmte Prozesse oder Aufgaben tatsächlich verantwortlich sind. So kann z. B. ein Prozesshandbuch Antwort liefern, welcher Abteilung oder welchem Team die Verantwortung für einen bestimmten Prozessschritt zugewiesen ist. Diese automatisierte Extraktion spart nicht nur Zeit, sondern hilft auch, eine konsistente und fehlerfreie Übersicht über die Governance-Strukturen zu gewährleisten.

Nachdem die Verantwortlichkeiten und Rollen identifiziert wurden, ist der nächste Schritt die Optimierung der Governance-Strukturen. Eine klare und effektive Governance-Struktur sorgt für die reibungslose Ausführung von Prozessen, vermeidet Konflikte, Klärt Verantwortlichkeiten eindeutig und steigert die Effizienz. LLMs sind in der Lage, bestehende Governance-Dokumente zu analysieren und Schwachstellen in der Struktur zu identifizieren, etwa in Form von unklaren Zuständigkeiten, Doppelarbeit oder unzureichender Kommunikation zwischen den Stakeholdern. Darüber hinaus können sie basierend auf ihrer Analyse von Best Practices aus der Industrie und wissenschaftlichen Literatur Empfehlungen zur Verbesserung der Governance-Struktur generieren. Eine mögliche Optimierung könnte die klare Definition von Schnittstellen zwischen Abteilungen sein oder die Einführung von regelmäßigen Governance-Reviews, die sicherstellen, dass die Prozessgovernance aktuell bleibt. Auch die Einführung von Feedback-Mechanismen oder die Anpassung der Rollenverteilung zur Förderung von agilen Arbeitsweisen könnte als Optimierung vorgeschlagen werden.

Beispiel

Hier sind einige konkrete Beispiele für Prompts, die Texte im Hinblick auf die Governance Strukturen analysieren und diese schließlich optimieren:

Prompt 1: „Analysiere die folgenden Prozessdokumente und extrahiere alle relevanten Informationen zu den Verantwortlichkeiten und Rollen innerhalb der Prozessgovernance. Ordne diese Informationen nach Abteilungen und Prozessen." Dieser Prompt hilft dabei, alle wichtigen Verantwortlichkeiten aus Prozessdokumentationen zu extrahieren und sie in eine strukturierte Form zu bringen, die eine klare Zuweisung der Verantwortlichkeiten ermöglicht.

Prompt 2: „Überprüfe die aktuellen Governance-Dokumente und identifiziere Unklarheiten oder Inkonsistenzen in den Rollen und Zuständigkeiten. Mache Vorschläge zur Verbesserung der Verantwortlichkeitsverteilung und zur Optimierung der Kommunikationsprozesse."

Dieser Prompt fordert das LLM auf, bestehende Governance-Dokumente zu überprüfen und Verbesserungspotenziale in Bezug auf die Klarheit der Rollen und Zuständigkeiten aufzuzeigen.

Prompt 3: „Basierend auf den Ergebnissen der letzten Prozessoptimierung und den festgelegten Unternehmenszielen, generiere eine neue Governance-Struktur, die die Effizienz der Zusammenarbeit zwischen den Abteilungen steigert und Doppelarbeit vermeidet."

Mit diesem Prompt wird das LLM gebeten, eine neue Governance-Struktur zu entwickeln, die auf den aktuellen Unternehmenszielen und den Erkenntnissen aus der Prozessoptimierung basiert.

Prompt 4: „Erstelle eine Übersicht der wichtigsten Governance-Regeln, die die Verantwortlichkeiten und die Überwachung von Geschäftsprozessen regeln. Nutze dabei Best Practices aus der Industrie und wissenschaftliche Literatur."

Dieser Prompt lenkt das LLM dazu, eine Sammlung von Best Practices und Governance-Regeln zu erstellen, die auf bewährten Methoden aus der Praxis basieren und auf das Unternehmen zugeschnitten sind.

Prompt 5: „Analysiere das Organigramm des Unternehmens und ordne die jeweiligen Prozesse den verantwortlichen Abteilungen zu. Erstelle ein Diagramm, das diese Zuordnungen visualisiert und stelle sicher, dass es keine Überschneidungen oder Verantwortlichkeitslücken gibt."

Dieser Prompt hilft dabei, das Organigramm des Unternehmens in Verbindung mit den identifizierten Prozessen zu analysieren und visuell darzustellen, um etwaige Schwachstellen in der Governance-Struktur zu erkennen. ◄

3.2.3   Prozesslandkarte erstellen

Die Erstellung einer Prozesslandkarte ist ein zentraler Schritt in der Prozessidentifikation und bildet die Grundlage für ein erfolgreiches Management des gesamten Geschäftsprozesslebenszyklus. Sie erfolgt in mehreren systematischen Schritten, um sicherzustellen, dass alle relevanten Unternehmensbereiche und deren Wechselwirkungen ganzheitlich erfasst werden. Zunächst werden die Kern-, Management- und Unterstützungsprozesse des Unternehmens identifiziert und in ihrer strategischen Bedeutung eingeordnet. Anschließend werden diese Prozesse in einer hierarchischen Struktur dargestellt, die von übergeordneten Prozessgruppen bis hin zu detaillierten Teilprozessen reicht. Dabei ist entscheidend, die Schnittstellen zwischen den Prozessen sowie ihre Abhängigkeiten zu dokumentieren, um eine klare Orientierung zu schaffen. Dabei sollte in folgenden Schritten vorgegangen werden: [1]

Der erste Schritt ist die Prozessidentifikation. Hierbei werden alle relevanten Geschäftsprozesse erfasst, die für das Unternehmen von Bedeutung sind. Dieser Schritt erfolgt in der Regel durch die Analyse bestehender Prozessdokumentationen, Interviews mit Schlüsselpersonen im Unternehmen oder durch Workshops, in denen Mitarbeiter aus verschiedenen Bereichen ihre Prozesse beschreiben. Dabei werden die Hauptprozesse, die das Kerngeschäft betreffen und unterstützende und untergeordnete Prozesse erfasst. Diese umfasse Identifikation stellt sicher, dass kein wichtiger Prozess übersehen wird [4].

LLMs können bei der Sammlung und Strukturierung von Informationen unterstützen, indem sie große Mengen an Prozessdokumentationen analysieren, Interviews zusammenfassen und Input aus Workshops organisieren. Sie helfen, wiederkehrende Muster oder bisher unentdeckte Prozesse zu identifizieren. Durch gezielte Prompting-Techniken können LLMs auch Vorschläge für die Formulierung von Prozessen oder Fragen für Workshops generieren.

Beispiel

Prompt: „Analysiere die folgende Beschreibung eines Unternehmensbereichs und identifiziere alle potenziellen Geschäftsprozesse. Formuliere diese in kurzen, präzisen Sätzen und kategorisiere sie in Kern-, Unterstützungs- und Managementprozesse: [Beschreibung einfügen]." ◄

Im nächsten Schritt, der Prozessklassifikation, werden die identifizierten Prozesse in verschiedene Kategorien oder Gruppen eingeordnet. Hierbei entsteht eine hierarchische Struktur, in der zentrale Prozesse auf oberster Ebene und detaillierte Unterprozesse auf tieferer Ebene eingeordnet werden. Diese Kategorisierung ermöglicht, die Prozesse in ihrer Komplexität zu verstehen und eine klare Struktur zu schaffen, die eine einfache Nachvollziehbarkeit und Übersichtlichkeit gewährleistet. Die Prozessklassifikation ermöglicht die Gesamtübersicht zu bewahren und zu verhindern, dass die Landkarte zu überladen wird, indem die Landkarte auf verschiedenen Ebenen dargestellt wird [4].

In dieser Phase können LLMs helfen, die identifizierten Prozesse in Kategorien einzuordnen, eine logische Hierarchie aufzubauen und Redundanzen oder Lücken zu erkennen. Sie können Vorschläge für eine sinnvolle Strukturierung machen und Best Practices aus anderen Branchen einbringen.

Beispiel

Prompt: „Ordne die folgenden Prozesse in eine hierarchische Struktur ein, indem du sie in Hauptprozesse, Teilprozesse und Unterprozesse gliederst. Beachte dabei typische Kategorisierungen wie Kern-, Unterstützungs- und Managementprozesse: [Liste der Prozesse einfügen]." ◄

Die dritte Phase betrifft die Abbildung der Prozessbeziehungen. In dieser Phase wird deutlich, wie die verschiedenen Prozesse miteinander interagieren, welche Ressourcen sie benötigen und welche Ergebnisse sie erzeugen. Zentral ist die Visualisierung, wie die Prozesse miteinander verknüpft sind, welche Abhängigkeiten bestehen und in welcher Reihenfolge sie ausgeführt werden müssen. Diese Beziehungen werden häufig durch Pfeile, Linien oder andere grafische Symbole dargestellt, die den Fluss und die Interaktionen zwischen den Prozessen verdeutlichen. Diese Phase deckt bereits erste Optimierungspotenziale auf [4].

LLMs können dabei helfen, die Interaktionen zwischen den Prozessen zu analysieren und Abhängigkeiten herauszuarbeiten. Sie können Textbeschreibungen der Beziehungen in grafische Darstellungen übersetzen, die dann in Prozessmodellierungssoftware importiert werden können. Außerdem können sie Optimierungspotenziale durch Analysen vorschlagen.

Beispiel

Prompt: „Analysiere die folgende Liste von Prozessen und beschreibe, wie sie miteinander interagieren, welche Ressourcen sie teilen und welche Ergebnisse sie erzeugen. Stelle die Abhängigkeiten und Sequenzen in einer übersichtlichen Textbeschreibung dar: [Prozesse und Beziehungen einfügen]." ◄

Abschließend erfolgt die Erstellung der Prozesslandkarte. In dieser Phase wird die tatsächliche visuelle Darstellung der Prozesslandschaft umgesetzt. Das kann von einfachen Flussdiagrammen bis hin zu komplexeren Modellierungen reichen. Die Prozesslandkarte wird grafisch mit allen relevanten Prozessinteraktionen und -beziehungen abgebildet. Ziel ist eine klar und intuitiv verständliche Landkarte, sodass

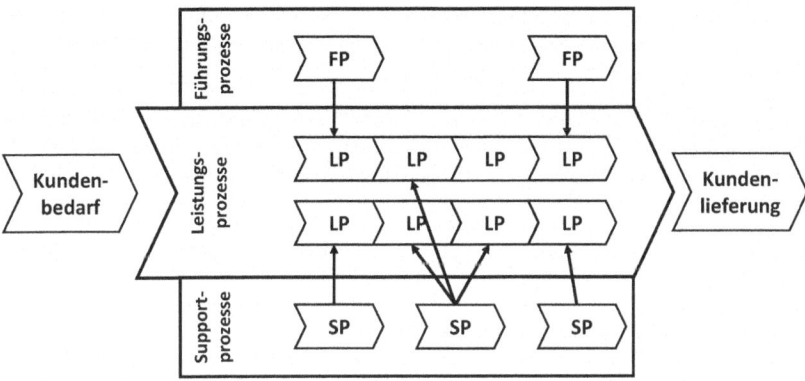

Abb. 3.1 Generische Prozesslandkarte

sie von allen Stakeholdern, einschließlich Führungskräften, Mitarbeitern und externen Partnern, problemlos genutzt werden kann. Viele Softwarelösungen bieten heute die Möglichkeit, diese Diagramme dynamisch zu erstellen. Abb. 3.1 verdeutlicht diesen Bedarf durch Berücksichtigung von Abhängigkeiten der einzelnen Prozesse.

In der letzten Phase unterstützen LLMs durch die Generierung von visuellen Designvorschlägen und klar formulierten Legenden oder Beschreibungen für die Prozesslandkarte. Sie können sicherstellen, dass die Darstellung verständlich und konsistent ist, indem sie Feedback zu Entwürfen geben und alternative Ansätze vorschlagen.

Beispiel

Prompt: „Erstelle eine Beschreibung für eine Prozesslandkarte, die die folgenden Prozesse und ihre Beziehungen abbildet. Verwende klare und präzise Formulierungen für die Legende und biete Vorschläge für die visuelle Darstellung in Flussdiagramm-Form: [Liste der Prozesse und Beziehungen einfügen]." ◄

Der Einsatz von LLMs in der Erstellung einer Prozesslandkarte bietet zahlreiche Vorteile, die den gesamten Geschäftsprozesslebenszyklus zugänglicher gestalten. Sie ermöglichen eine erhebliche Zeitersparnis, da große Mengen an Prozessdokumentationen, Interviews und Workshop-Ergebnissen automatisiert analysiert und strukturiert werden können. Dabei sorgen LLMs für eine einheitliche Kategorisierung und Formulierung von Prozessen, was die Konsistenz der Ergebnisse erhöht und Missverständnisse zwischen Beteiligten reduziert. Zudem eröffnen sie neue Möglichkeiten zur Identifikation von Optimierungspotenzialen, indem sie fehlende Prozesse, redundante Schritte oder unklare Abhängigkeiten aufdecken. Durch ihre Fähigkeit, große Datenmengen zu analysieren und branchenspezifische Best Practices einzubringen, unterstützen sie eine umfassende Strukturierung der Prozesslandschaft. Darüber hinaus fördern LLMs die interdisziplinäre Zusammenarbeit, indem sie klare, verständliche und strukturierte Vorschläge liefern, die von Fachabteilungen und Prozessverantwortlichen gleichermaßen genutzt werden können.

3.3 Prozessmodellierung

3.3.1 Prozessschritte identifizieren

Die Identifikation von Prozessschritten stellt den ersten und grundlegenden Schritt im GPM dar. Eine präzise Erfassung und Dokumentation der Prozessschritte ist die Grundlage für eine detaillierte Prozessanalyse und -optimierung. Unternehmen verfügen über eine Vielzahl von Dokumenten, die wesentliche Informationen zu ihren Geschäftsprozessen enthalten. Diese Dokumente können unter anderem interne Richtlinien, Handbücher, Berichte oder auch externe Vorgaben umfassen, die detaillierte Beschreibungen der verschiedenen Arbeitsabläufe und Prozessabläufe bieten. Die Identifikation von Prozessschritten in diesen Dokumenten ist oft eine anspruchsvolle Aufgabe, da sie in einer Vielzahl von Formaten vorliegen können – von unstrukturierten Texten im PDF-Format bis hin zu formalen Prozessbeschreibungen in Tabellen oder Diagrammen. Diese Herausforderung lässt sich durch den Einsatz von LLMs lösen. Das reduziert den manuellen Aufwand erheblich und ermöglicht die frequente Identifikation von Prozessschritten [8].

Beispiel

Eine beispielhafte Anwendung wird nachfolgend in einem Dialog zwischen Prozessanalyst und dem LLM demonstriert:

Kontext: Der Prozessanalyst ist dabei, die ersten Schritte der Prozessidentifikation durchzuführen. Dabei geht es darum, Prozessschritte aus verschiedenen Quellen zu extrahieren, darunter ein internes Handbuch, ein Bericht über die Qualitätssicherung und eine externe Vorgabe eines Lieferanten. Diese Dokumente enthalten unterschiedliche Formate: unstrukturierte Textpassagen, Tabellen mit Prozessbeschreibungen und diagrammatische Darstellungen. Der Analyst möchte mithilfe von einem für GPM modifizierten ChatGPT die Prozessschritte identifizieren und dokumentieren.

Prozessanalyst: „Ich muss mit der Identifikation der Prozessschritte beginnen, aber ich habe mehrere unterschiedliche Dokumente vorliegen. Ein internes Handbuch zur Qualitätskontrolle, einen monatlichen Bericht über Prozessqualität und eine externe Vorgabe, die von unserem Lieferanten bereitgestellt wurde. Das Handbuch enthält allgemeine Prozessbeschreibungen und Richtlinien in unstrukturiertem Text, der Bericht ist als Tabelle formatiert und die Vorgabe besteht größtenteils aus Flussdiagrammen. Wie können wir diese Dokumente effizient durchgehen und die relevanten Prozessschritte extrahieren?"

ChatGPT: „Ich kann dir helfen, jedes Dokument auf seine Weise zu analysieren. Lass uns mit dem internen Handbuch zur Qualitätskontrolle beginnen. Ich werde die unstrukturierten Textpassagen durchsuchen und nach Prozessschritten suchen, die in den Abschnitten über die Qualitätsstandards und -kontrollen erwähnt werden. Ich kann dann die relevanten Abschnitte extrahieren und zusammenfassen. Für den monatlichen Bericht, der in Tabellenformat vorliegt, kann ich die Spalten und Zeilen durchsehen und die darin enthaltenen Prozessbeschreibungen und Qualitätskennzahlen in eine strukturierte Liste umwandeln. Was das Flussdiagramm der externen Vorgabe betrifft, kann ich die Textbeschreibung oder die Legende des Diagramms analysieren, um daraus die dargestellten Prozessschritte abzuleiten. Möchtest du, dass ich mit einem dieser Dokumente anfange?"

Prozessanalyst: „Lass uns mit dem internen Handbuch zur Qualitätskontrolle beginnen. Ich werde es dir hochladen. Die meisten Prozessbeschreibungen in diesem Handbuch sind textbasiert, aber die Prozesse werden oft nicht direkt als Schritte benannt, sondern in erklärenden Absätzen. Es wird häufig von ‚Verantwortlichkeiten' und ‚Kontrollmechanismen' gesprochen. Kannst du diese Informationen extrahieren und zu Prozessschritten umformulieren?"

ChatGPT: „Ich werde nach Schlüsselwörtern wie ‚verantwortlich für', ‚durchzuführen', ‚sicherzustellen' oder ‚Kontrollpunkt' suchen, da diese oft auf spezifische Prozessschritte hinweisen. Ich kann die Absätze analysieren, die diese Schlüsselbegriffe enthalten, und die darin beschriebenen Handlungen in präzise Prozessschritte umwandeln. Sobald ich das gemacht habe, gebe ich dir eine strukturierte Liste der Prozessschritte. Lade das Dokument hoch, und ich starte die Analyse."

Prozessanalyst: „Ich lade das Handbuch hoch. Hier ist es."

ChatGPT: „Ich beginne jetzt mit der Analyse. Ich werde nach relevanten Passagen suchen, die die Prozessschritte beschreiben, und diese extrahieren."

[Einige Sekunden später]

ChatGPT: „Ich habe die relevanten Abschnitte extrahiert. Hier sind die identifizierten Prozessschritte:

1. Prozess der Qualitätskontrolle: Überprüfung der Produktqualität nach der Produktion.
   a. Verantwortlich: Qualitätsmanager
   b. Aufgabe: Überprüfung von Produktspezifikationen
   c. Kontrollpunkt: Prüfung von mindestens 10 % der produzierten Einheiten pro Tag.
2. Fehlererfassung: Dokumentation von Qualitätsfehlern.
   a. Verantwortlich: Qualitätsprüfer
   b. Aufgabe: Fehlerprotokollierung und Klassifikation.
   c. Kontrollpunkt: Fehler innerhalb von 24 h dokumentieren.
3. Berichterstattung der Qualitätsprüfung: Erstellen eines wöchentlichen Berichts.
   a. Verantwortlich: Qualitätsbeauftragter
   b. Aufgabe: Zusammenstellung der Fehlerdaten und Report-Erstellung.
   c. Kontrollpunkt: Berichterstellung bis spätestens Freitag jeder Woche.

Wie du siehst, habe ich die Informationen, die ursprünglich als erklärende Absätze dargestellt wurden, in konkrete Schritte umgewandelt. Möchtest du jetzt, dass ich mit dem nächsten Dokument, dem monatlichen Bericht, fortfahre?"

Prozessanalyst: „Ja, das klingt sehr gut. Der Bericht ist in Tabellenform und enthält detaillierte Informationen zu den überprüften Prozessen, allerdings auch viele wiederholende Elemente. Die Spalten sind wie folgt: Prozessname, Verantwortlicher, Überprüfungshäufigkeit, ergriffene Maßnahmen. Ich werde dir den Bericht hochladen, damit du ihn durchsehen kannst."

ChatGPT: „Ich werde die Tabelle durchgehen und die relevanten Prozessschritte extrahieren. Ich achte darauf, Wiederholungen zu vermeiden und die Schritte klar und übersichtlich zu dokumentieren. Lade das Dokument hoch, und ich mache mich an die Arbeit."

[Der Analyst lädt das Dokument hoch.]

ChatGPT: „Ich habe die Tabelle analysiert und hier die identifizierten Prozessschritte:

1. Prozessüberprüfung der Produktionslinie
   a. Verantwortlicher: Produktionsleiter
   b. Häufigkeit: Täglich
   c. Maßnahme: Überprüfung der Maschinenleistung und Anpassungen bei Bedarf.

2. Prozessüberprüfung der Materiallagerung
   a. Verantwortlicher: Lagerverwalter
   b. Häufigkeit: Wöchentlich
   c. Maßnahme: Kontrolle der Lagerbestände und Bestellungen gemäß Mindestanforderungen.
3. Prozessüberprüfung der Qualitätssicherung
   a. Verantwortlicher: Qualitätssicherungsteam
   b. Häufigkeit: Monatlich
   c. Maßnahme: Erstellung eines Berichts zur Überprüfung der Qualitätsfehler und der Fehlerbehebung.

Ich habe die Spalten aus der Tabelle extrahiert und die relevanten Maßnahmen mit den dazugehörigen Verantwortlichkeiten und Häufigkeiten verknüpft. Möchtest du nun zum letzten Dokument übergehen, den externen Vorgaben?"

Prozessanalyst: „Ja, gerne. Das Flussdiagramm des Lieferanten beschreibt die Schritte der Materialbeschaffung. Es enthält verschiedene Diagramme für den Bestellprozess, aber ich kann die Legenden und Beschreibungen der Schritte oft schwer verstehen. Könntest du mir dabei helfen, diese Prozesse aus der Legende zu extrahieren und die Schritte zu identifizieren?"

ChatGPT: „Ich werde die Legende des Diagramms durchsehen und anhand der Beschreibungen der Prozessschritte die relevanten Informationen extrahieren. Dabei kann ich die Schritte klar formulieren, sodass sie in deine Prozessübersicht aufgenommen werden können. Lade die Beschreibung oder die Legende des Diagramms hoch, und ich beginne mit der Analyse."

[Der Analyst lädt die Legende des Flussdiagramms hoch.]

ChatGPT: „Ich habe die Legende des Diagramms durchgesehen. Hier sind die identifizierten Prozessschritte:

1. Materialbestellung
   a. Verantwortlicher: Einkauf
   b. Aktion: Bestellung des Materials bei Lieferant A
   c. Kontrollpunkt: Bestellung innerhalb von 48 h nach Bedarfsmeldung.
2. Bestellbestätigung erhalten
   a. Verantwortlicher: Einkauf
   b. Aktion: Überprüfung und Bestätigung der Bestellung durch den Lieferanten
   c. Kontrollpunkt: Bestätigung innerhalb von 24 h nach Bestellung.
3. Warenempfang und Prüfung
   a. Verantwortlicher: Logistik

b. Aktion: Prüfung des Wareneingangs und der Qualität

c. Kontrollpunkt: Prüfung auf Vollständigkeit und Beschädigungen innerhalb von 48 h nach Lieferung.

Die Schritte aus dem Flussdiagramm sind jetzt klar formuliert. Ich hoffe, das
hilft dir weiter. Möchtest du noch etwas anpassen oder weiter ausarbeiten?" ◄

Der Prozessanalyst hat bei der Verwendung von ChatGPT zur Identifikation der
Prozessschritte aus verschiedenen Dokumenten eine strukturierte Herangehensweise gewählt, die dem Modell ermöglichte, schrittweise zu arbeiten. Klare und
präzise Anweisungen zu den unterschiedlichen Formaten der Dokumente er-
möglichten ChatGPT, jeweils die geeignete Methode zur Extraktion der relevanten Prozessinformationen auszuwählen. So wurde zum Beispiel beim internen
Handbuch zur Qualitätskontrolle gezielt nach Schlüsselbegriffen wie „verantwortlich für" und „Kontrollpunkt" gesucht. Ähnlich haben auch die Spalten-
Beschreibungen der Tabelle geholfen. Typisch seitens des Analysten ist der
menschliche Grundton, während ChatGPT aufgabenorientiert ohne Emotionen
arbeitet. Die Nachfrage der präzisierten Arbeitsanweisung lässt methodische
Best Pracice vom Sprachmodell einfließen und der Nutzer erhält die Möglichkeit das Modell bei Bedarf in eine andere Richtung zu leiten, um Missverständnisse zu vermeiden.

Verbessert werden hätte der Dialog durch konkretere Fragen des Analysten
beim Flussdiagramm des Lieferanten, insbesondere zu den typischen Schwierigkeiten bei der Interpretation der Legenden und Diagramme. Eine detailliertere Beschreibung der häufigen Unklarheiten oder wiederkehrenden Muster im Diagramm
hätte die Analyse präzisiert. Auch bei der Analyse des monatlichen Berichts hätte
der Analyst stärker auf die Wiederholungen in den Tabellen hinweisen können, um
eine noch gezieltere und effizientere Extraktion der relevanten Prozessschritte zu
ermöglichen. Eine genauere Instruktion, wie mit diesen Wiederholungen umzugehen ist, hätte redundante Informationen besser konsolidiert. Allgemein wäre
mehr Kontextualisierung der Informationen notwendig gewesen. Besonders beim
unstrukturierten Text hätte eine detailliertere Beschreibung der Tiefe der Analyse –
also ob auch Hintergrundinformationen oder weiterführende Erklärungen zu den
Prozessschritten relevant sind – dazu beigetragen, dass keine wichtigen Details
übersehen werden.

Die Identifikation von Prozessschritten mithilfe von LLMs wie ChatGPT erfordert eine systematische Vorgehensweise, um relevante Informationen aus unterschiedlichen Quellen zu extrahieren und in strukturierte Prozesse umzuwandeln.
Hier sind einige allgemeine Regeln und bewährte Praktiken:

1. **Dokumentenstruktur und -format berücksichtigen**
   - **Unstrukturierte Texte**: Bei unstrukturierten Texten, wie sie oft in Handbüchern oder Berichten vorkommen, sollten gezielte Schlüsselwörter oder Phrasen gesucht werden, die auf Prozessschritte hinweisen, z. B. „verantwortlich für", „durchzuführen", „sicherzustellen" oder „Kontrollpunkt".
   - **Tabellenformate**: Bei Tabellen sollten die Spaltenüberschriften und die darin enthaltenen Daten gezielt analysiert werden. Hierbei sollten Wiederholungen vermieden und redundante Daten gefiltert werden.
   - **Diagramme und Flussdiagramme**: Bei diagrammatischen Darstellungen müssen Textbeschreibungen, Legenden oder erklärende Absätze im Diagramm analysiert werden. Das Modell kann auf diese zusätzlichen Erklärungen zurückgreifen, um die im Diagramm dargestellten Schritte anhand der Form zu identifizieren.

2. **Kontext verstehen und Prozesse extrahieren**
   - **Prozesskontext erfassen**: Bevor der Prozess analysiert wird, sollte ein grundlegendes Verständnis des gesamten Prozesses und seines Kontexts vorhanden sein. Das bedeutet, zu wissen, welche Art von Prozessen in den Dokumenten behandelt werden (z. B. Produktionsprozesse, Qualitätskontrollen, Einkaufsprozesse). Bei Unklarheit kann das bereits mit dem LLM im Dialog durchgeführt werden.
   - **Aufgaben und Verantwortlichkeiten klären**: Um aus allgemeinen Beschreibungen konkrete Prozessschritte zu extrahieren, sollte das Modell auf Aufgaben und Verantwortlichkeiten fokussiert werden. Prozessschritte bestehen oft aus einer Aktion und einer Person oder Gruppe, die diese ausführt.

3. **Vermeidung von Redundanzen**
   - **Wiederholungen erkennen**: Wenn mehrere Dokumente oder Abschnitte ähnliche Prozessschritte oder Informationen enthalten, sollte das Modell redundante Informationen erkennen und vermeiden. Anstelle der sequenziellen Einzelanalyse aller vorliegenden Dokumente, kann das LLM gebeten werden die Informationen aus den Dokumenten fortlaufend in die bestehende Prozessstruktur einzupflegen.

4. **Schlüsselwörter und Handlungen identifizieren**
   - **Aktionsorientierte Formulierungen**: Die Identifikation von Prozessschritten erfolgt häufig durch das Erkennen von Handlungen und deren Zuordnung zu spezifischen Verantwortlichen. Schlüsselwörter wie „prüfen", „überwachen", „bestellen", „durchführen", „bewerten" oder „melden" helfen dabei, konkrete Aktivitäten zu identifizieren.
   - **Kontrollmechanismen und Überprüfungen**: Kontrollpunkte sind relevant für die vollständig Prozessdokumentation. Diese beinhalten häufig Vorgaben

wie „täglich", „wöchentlich", „innerhalb von 24 h" und sollten als konkrete
Zeitrahmen oder Kriterien für die Überprüfung und Validierung von Prozessen in den identifizierten Schritten aufgenommen werden.

5. **Vollständigkeit und Präzision sicherstellen**

  • **Überprüfung der Vollständigkeit**: Alle relevanten Prozessschritte müssen
    vollständig identifiziert werden. Das Modell sollte darauf achten, keine rele-
    vanten Schritte auszulassen, auch wenn sie in unklarer oder indirekter Form
    präsentiert werden. Eine Analyse jedes Dokuments durch den Analysten ist
    daher wichtig.

  • **Präzise Formulierung**: Nachdem die Prozessschritte extrahiert wurden,
    sollten sie präzise und in einer klaren, strukturierten Form formuliert wer-
    den. Jede Beschreibung sollte verständlich und handlungsorientiert sein, so-
    dass sie für die Dokumentation und spätere Auswertungen nutzbar ist.

6. **Interaktive Rückmeldung und Anpassung**

  • **Feedback und Iteration**: Der Prozess der Identifikation sollte kleinschrittig
    sein, sodass der Prozessanalyst während der Extraktion Rückmeldungen
    geben und Anpassungen vornehmen kann. Das Modell kann dann frühzeitig
    auf Änderungswünsche oder Unsicherheiten eingehen und die Identifikation
    weiter präzisieren.

  • **Fehlererkennung und -korrektur**: Es ist wichtig, dass das Modell Fehler
    in den extrahierten Prozessschritten erkennen kann, wie z. B. Unklarheiten
    oder Widersprüche zwischen den Quellen. Durch die kontinuierliche Rück-
    meldung können diese Fehler korrigiert und die Prozessschritte weiter ver-
    feinert werden.

Durch den Einsatz von LLMs wie ChatGPT wird der Prozess der Identifikation von
Prozessschritten beschleunigt. Zusätzlich können die extrahierten Prozessschritte in
einem strukturierten Format (wie z. B. einer Liste oder Tabelle) präsentiert werden,
sodass eine effiziente Weiterverarbeitung und Analyse möglich sind. Ein Merkmal
von LLMs ist dabei ihre Skalierbarkeit. Sie können problemlos mit einer Vielzahl von
Dokumenten umgehen, unabhängig von ihrer Größe oder Komplexität. Ob es sich um
kurze Berichte oder umfangreiche Handbücher handelt – LLMs können große Datenmengen verarbeiten und die relevanten Prozessinformationen extrahieren.

3.3.2   BPMN-Kollaborationsdiagramme modellieren

BPMN-Kollaborationsdiagramme bieten eine strukturierte Möglichkeit, die Interaktionen zwischen verschiedenen Akteuren oder Prozessen innerhalb einer Organi-

sation darzustellen. Sie sind besonders nützlich, um die Kommunikation und Zusammenarbeit zwischen verschiedenen Abteilungen oder externen Partnern zu visualisieren. Wenn diese Diagramme im standardisierten XML-Format erstellt werden, wird ihre Struktur maschinell lesbar und kann effizient in verschiedenen Softwareanwendungen verarbeitet und genutzt werden. Auch LLMs können dieses Format lesen und generieren, wenn ihnen eine Python Enginge zur Verfügung steht [3].

Die Genauigkeit der BPMN-Symbole ist ein Schlüsselfaktor für den Erfolg der Optimierung. Der Prompt muss sicherstellen, dass die entsprechenden BPMN-Elemente, wie Pools, Lanes, Tasks, Gateways und Events, korrekt verwendet werden. Ein präzise formulierter Prompt stellt sicher, dass das Modell die richtigen Symbole in der richtigen Weise anordnet, um die Prozessdynamik und die Interaktionen zwischen den Akteuren korrekt darzustellen. Wenn das Modell beispielsweise ein Gateway verwenden soll, um Entscheidungen oder Verzweigungen darzustellen, muss dies im Prompt explizit abgeleitet werden können, um sicherzustellen, dass der richtige Typ von Gateway (z. B. exklusiv, parallel) verwendet wird [2].

Neben der Genauigkeit der Symbole muss das generierte XML auch syntaktische korrekt sein. Das Modell muss in der Lage sein, eine wohlgeformte und validierbare XML-Datei zu erzeugen, die alle Tags ordnungsgemäß öffnet und schließt. Ein syntaktisch korrektes XML-Dokument gewährleistet, dass die BPMN-Diagramme maschinenlesbar und in BPMN-Softwarelösungen wie Process Modelling Tools oder Workflow-Engines verwendet werden können. Der Prompt sollte daher auch Anweisungen enthalten, um sicherzustellen, dass das Modell den XML-Standard für BPMN-Diagramme einhält. Dafür kann das regelgebende XSD-Dokument der OMG dem Modell bereitgestellt werden, das anerkannte Standards beinhaltet. Im Zusammenhang mit BPMN-Diagrammen wird XSD (XML Schema Definition) verwendet, um sicherzustellen, dass die generierte XML-Datei den strukturellen und semantischen Anforderungen des BPMN-Standards entspricht. XSD legt die erlaubten Elemente, ihre Reihenfolge sowie der Attributtypen und Wertebereich fest.

Zusätzlich zur syntaktischen Korrektheit ist die semantische Korrektheit bedeutend. Hierbei geht es darum, dass das Modell nicht nur die richtigen Symbole verwendet, sondern auch die Beziehungen zwischen den Symbolen korrekt versteht und modelliert. Das bedeutet, dass das Modell die Interaktionen und Abhängigkeiten zwischen verschiedenen Prozessen, Akteuren und Aufgaben verstehen muss. Der Prompt kann dem Modell spezifische Anweisungen zu den Prozessbeziehungen und den gewünschten Interaktionen zwischen den beteiligten Akteuren geben, damit das Modell die Diagramme sinnvoll und kontextgerecht erstellt.

Eine semantisch korrekte Darstellung könnte beispielsweise sicherstellen, dass eine Aufgabe in einem Prozess erst dann ausgeführt wird, wenn eine vorherige Entscheidung durch ein Gateway getroffen wurde.

Bei der Arbeit mit LLMs ist besonders wirkungsvoll, die Generierung in kleinere, überschaubare Prozessteile aufzuteilen. Anschließend können diese Teile auf der technischen ebene zusammengeführt werden. Dieser Ansatz reduziert die Komplexität und minimiert das Risiko von Fehlern, die durch unklare oder zu umfangreiche Anweisungen entstehen könnten. Anstatt das Modell anzuweisen, verschiedene Prozessteile zu generieren, diese selbstständig zu einem Gesamtprozess zusammenzuführen und den fertigen Prozess zurück in XML zu übersetzen, sollte der Fokus auf der direkten Verarbeitung der XML-Dateien liegen. Das Modell kann dann gezielt Anweisungen erhalten.

1. **Individuelle XML-Code-Snippets erstellen**: Jeder Code-Snippet repräsentiert vollständig einen klar abgegrenzten Teilprozess.
2. **XML-Module verbinden**: Das Modell wird explizit darauf ausgerichtet, die fertigen Code-Snippets zu einem Gesamtprozess zusammenzuführen, ohne dabei inhaltliche Veränderungen vorzunehmen.

Dieser Ansatz vermeidet einen potenziell riskanten Umweg, bei dem das Modell zunächst XML-Daten in ein Prozessverständnis überführt, dieses Verständnis verarbeitet und schließlich wieder in XML übersetzt. Solche Rundwege bergen das Risiko von Detailverlusten, Missverständnissen oder strukturellen Fehlern. Durch die separate Fokussierung auf den Prozess und die XML-Dateien wird die technische Integrität gewahrt und die Qualität der Generierung gesteigert.

Beispiel

Ein Beispielprompt für diese Herangehensweise könnte lauten:

„Erstelle eine XML-Datei, die den Prozess für [Teilprozess A] beschreibt, und halte dich dabei an die angegebene Schema-Definition. Anschließend verbinde diese Datei mit [Teilprozess B], indem du die korrekten XML-Knoten verknüpfst."

Die Prompts für den Teilprozess könnten folgendermaßen strukturiert werden:

„Erstelle ein BPMN Kollaborations-Diagramm im XML-Format, das die Interaktion zwischen einem Kunden und einem Bestellprozess zeigt. Der Kunde sendet eine Bestellung, die vom System validiert wird. Wenn die Validierung erfolgreich ist, wird die Bestellung bearbeitet, andernfalls erhält der Kunde eine Fehlermeldung. Nutze Pools und Lanes für die Darstellung von Kunde und System."

Dieser Prompt sorgt dafür, dass das Modell die relevanten Elemente und Prozesse korrekt identifiziert und in die BPMN-Struktur umwandelt. Möglich sind auch die Verarbeitung von Ergebnissen aus der Identifizierungsphase in strukturierter Form, z. B. tabellarisch.

Abschließend gewährleistet das aktive Einbeziehen des XSD, dass die generierten BPMN-Diagramme nicht nur strukturell korrekt sind, sondern auch semantisch den BPMN-Standards entsprechen. Das kann mit folgendem Prompt realisiert werden:

„Überprüfe und validiere das XML-File eines BPMN-Kollaborationsdiagramms anhand der BPMN-XSD-Spezifikation. Stelle sicher, dass alle Elemente den BPMN-Spezifikationen entsprechen und korrekt strukturiert sind. Korrigiere eventuelle Fehler oder Ungenauigkeiten, ohne die logische Abfolge des Diagramms zu verändern. Der Hauptprozess sollte den beschriebenen Ablauf widerspiegeln: Ein vom Kunden initiierter Bestellvorgang, gefolgt von einer Systemvalidierung und der anschließenden Bestellbearbeitung. Nutze Pools für den Kunden und das System, um die Kollaboration zwischen den Akteuren korrekt abzubilden. Gib das korrigierte und validierte XML-File aus."

Das XSD fungiert wie eine Regelmenge, die bestimmte mathematische Constraints auf die Struktur des generierten Outputs legt. Diese Constraints können formal als Mengenbedingungen formuliert werden, die nur bestimmte zulässige Sequenzen und Strukturen von XML-Tags erlauben. Beispielsweise: Ein <task>-Element ist nur dann gültig, wenn es innerhalb eines <process>-Elements steht. ◄

Um prozessrelevante Informationen in einem Prompt für die Geschäftsprozessmodellierung bereitzustellen und die Qualität der Ausgaben von LLMs zu optimieren, sollte eine strukturierte Reihenfolge der Informationen beachtet werden. Diese Reihenfolge ermöglicht dem Modell, den Kontext besser zu verstehen und relevante Antworten zu generieren:

1. Ziel des Prozesses
Das Ziel eines Geschäftsprozesses stellt die angestrebte Veränderung oder das Ergebnis dar, das durch den Ablauf des Prozesses erreicht werden soll. Eine klare Zieldefinition steuert zielgerichtet die Aktivitäten und die Ressourcen des Prozesses. Die Zielsetzung umfasst beispielsweise die Erhöhung der Rentabilität.

2. Beteiligte Akteure
Die Akteure eines Prozesses umfassen alle Personen, Gruppen oder Organisationseinheiten, die direkt oder indirekt an der Durchführung des Prozesses beteiligt

sind. Diese Stakeholder nehmen unterschiedliche Rollen ein, die je nach Prozess unterschiedlich definiert werden. Die Identifikation aller relevanten Akteure ist notwendig, um ihnen Bedürfnisse, Aufgaben und Verantwortlichkeiten klar zuzuordnen. In einem Verkaufsprozess wären beispielsweise die beteiligten Akteure Vertriebsmitarbeiter, Kunden, das Marketingteam sowie das Management.

3. Eingabedaten und -ressourcen
Die Eingabedaten und Ressourcen umfassen sämtliche Informationen und Materialien, die erforderlich sind, um den Prozess zu initiieren und durchzuführen. Sie stellen die Grundlage dar, auf der die verschiedenen Aktivitäten des Prozesses basieren. Zu den Eingabedaten gehören spezifische Daten wie Kundendaten, Produktinformationen oder Marktanalysen, die für den Ablauf des Prozesses notwendig sind. Die Ressourcenzuordnung stellt sicher, dass alle benötigten Inputs für die Prozessdurchführung rechtzeitig und in der erforderlichen Form zur Verfügung stehen.

4. Schritte des Prozesses
Die Schritte eines Prozesses sind die konkreten Aktivitäten, die in einer festgelegten Reihenfolge ausgeführt werden müssen, um das Prozessziel zu erreichen. Sie beschreiben die spezifischen Handlungen und Maßnahmen, die im Rahmen des Prozesses unternommen werden, und strukturieren den Ablauf von Beginn bis Ende. Ein Verkaufsprozess könnte folgende Schritte umfassen, deren Aktivitäten möglichst detailliert erfasst werden sollten:

1. Bedarfsermittlung – Kundenbedürfnisse analysieren
2. Produktpräsentation – Produkt beim Kunden vorstellen
3. Verhandlung – Preis und Vertragsbedingungen diskutieren
4. Abschluss – Verkaufsvertrag unterzeichnen

5. Entscheidungspunkte
Entscheidungspunkte sind Stellen im Prozess, an denen eine Entscheidung getroffen werden muss, die den weiteren Verlauf des Prozesses beeinflusst. Diese Punkte erfordern die Bewertung von Alternativen und die Wahl zwischen verschiedenen Handlungsoptionen. Beispiel für einen Entscheidungspunkt könnte die Frage sein, ob das Angebot aufgrund von Kundenfeedback angepasst werden soll.

6. Ergebnisse und Outputs
Die Ergebnisse und Outputs eines Prozesses stellen die resultierenden Produkte oder Ergebnisse dar, die am Ende des Prozesses erreicht werden sollen. Diese Out-

puts repräsentieren das, was der Prozess zu liefern beabsichtigt, und spiegeln die Erreichung der ursprünglichen Ziele wider. In einem Verkaufsprozess könnte der Output ein abgeschlossener Verkaufsvertrag sein.

7. Risiken und Herausforderungen
Risiken und Herausforderungen sind potenzielle Gefahren oder Schwierigkeiten, die während der Durchführung des Prozesses auftreten können und die Zielerreichung gefährden. Die Identifikation dieser Risiken ermöglicht eine proaktive Risikomanagementstrategie, die hilft, den Prozess optimal zu steuern. Im Verkaufsprozess könnten beispielsweise unklare Kundenanforderungen oder Konkurrenzangebote als Risiken identifiziert werden.

8. Metriken zur Erfolgsmessung
Metriken zur Erfolgsmessung sind Kriterien, die verwendet werden, um Qualität und Effizienz eines Prozesses zu bewerten. Diese Metriken sind messbare Größen, die helfen, den Fortschritt und die Leistung des Prozesses zu quantifizieren. Typische Erfolgsmetriken im Verkaufsprozess wären beispielsweise die Abschlussquote, die Kundenzufriedenheit und die Zeit bis zum Verkaufsabschluss (Durchlaufzeit).

9. Zusätzliche Informationen oder Einschränkungen
Zusätzliche Informationen oder Einschränkungen beziehen sich auf externe Faktoren oder Vorgaben, die den Ablauf und die Durchführung des Prozesses beeinflussen können. Diese können organisatorische, rechtliche oder technische Rahmenbedingungen umfassen, die bei der Planung und Umsetzung berücksichtigt werden müssen. Ein Verkaufsprozess könnte zum Beispiel der Einschränkung unterliegen, dass er innerhalb des vorgegebenen Budgets und unter Einhaltung gesetzlicher Vorschriften durchgeführt werden muss.

Beispiel

Beispiel für einen vollständigen Prompt, der alle notwendigen Informationen beinhaltet:
„Ich benötige Hilfe bei der Erstellung eines BPMN-Diagramms für den Prozess der Antragstellung und Genehmigung von Sozialleistungen gemäß dem folgenden Gesetzestext:
Gesetzestext: „Der Antragsteller hat das Recht, einen Antrag auf Sozialleistungen einzureichen, indem er ein entsprechendes Formular ausfüllt und bei der zuständigen Behörde einreicht. Die Behörde prüft den Antrag innerhalb von

30 Tagen und informiert den Antragsteller über die Entscheidung. Bei positiver Entscheidung wird die Sozialleistung innerhalb von 14 Tagen überwiesen. Bei negativer Entscheidung kann der Antragsteller innerhalb von 14 Tagen Widerspruch einlegen."

Bitte beachte folgende Punkte:

Ziel des Prozesses: Das Ziel ist es, den Antrag auf Sozialleistungen effizient zu bearbeiten und die Antragsteller zeitnah zu informieren.

Beteiligte Akteure: Antragsteller, zuständige Behörde.

Schritte des Prozesses: Antragsteller füllt das Formular aus und reicht es ein, Behörde prüft den Antrag, Behörde informiert den Antragsteller über die Entscheidung, positiver Entscheidung: Auszahlung der Sozialleistung, Bei negativer Entscheidung: Möglichkeit des Widerspruchs.

Entscheidungspunkte: Entscheidung: Genehmigung oder Ablehnung des Antrags, Entscheidung: Wird ein Widerspruch eingelegt?

Zusätzliche Informationen: Beachten Sie die Fristen für die Prüfung und die Entscheidung.

Bitte erstelle ein BPMN-Diagramm, das die oben genannten Schritte, Entscheidungspunkte und die beteiligten Akteure darstellt. Erläutere auch, wie die einzelnen Elemente im Diagramm miteinander verbunden sind." ◄

3.3.3 Organigramm modellieren

Die Modellierung von Organigrammen ist ein wesentlicher Bestandteil des Geschäftsprozessmanagements, da sie die hierarchische Struktur eines Unternehmens visuell darstellt und die Beziehung zwischen verschiedenen Abteilungen, Teams und Rollen verdeutlicht. Organigramme sind nicht nur eine nützliche Darstellung der internen Organisation, sondern auch ein unverzichtbares Werkzeug für die Identifikation von Verantwortlichkeiten, Schnittstellen und Entscheidungsprozessen. Sie ermöglichen den Beteiligten, die Struktur des Unternehmens schnell zu erfassen und die Verantwortlichkeiten klar abzugrenzen. Ein Organigramm stellt in der Regel die verschiedenen Ebenen einer Organisation dar, beginnend bei der obersten Führungsebene bis hinunter zu den einzelnen Mitarbeitenden. Die Modellierung eines Organigramms macht mögliche Engpässe, Redundanzen oder Kommunikationsbarrieren innerhalb des Unternehmens sichtbar. Die Entwicklung eines solchen Diagramms ist daher eine wichtige Voraussetzung für die effiziente Steuerung und Optimierung von Geschäftsprozessen. Dabei hängt die Visualisierung von dem eingesetzten Tool ab. Abb. 3.2 zeigt eine einfache Darstellung, die auch ohne explizite Tools möglich ist.

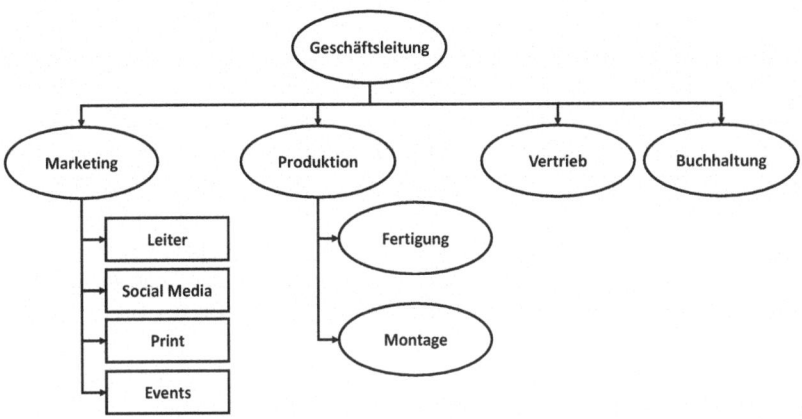

Abb. 3.2 Generisches Organigramm

Die Analyse organisatorischer Strukturen bildet die Grundlage für die Erstellung eines Organigramms. Sie umfasst die Untersuchung der aktuellen Hierarchie, der Verantwortlichkeiten und der internen Beziehungen zwischen Abteilungen und Personen im Unternehmen. Ein wesentlicher Aspekt dieser Analyse betrifft die hierarchischen Ebenen, die die Führungsstruktur des Unternehmens widerspiegeln. Die Frage, wie viele Führungsebenen existieren und welche Positionen zu welchen Ebenen gehören, ist grundlegend, um die Entscheidungsprozesse und Verantwortlichkeiten im Unternehmen nachzuvollziehen. Ein weiterer zentraler Punkt der Analyse betrifft die Abteilungs- und Teamstrukturen. Hier wird untersucht, welche Abteilungen und Teams im Unternehmen existieren und wie diese miteinander verbunden sind. Diese Untersuchung identifiziert Schnittstellen zwischen verschiedenen Bereichen, sowie etwaige Überschneidungen oder Lücken in den Zuständigkeiten. Die Verantwortlichkeiten innerhalb der Organisation sind ein weiterer wichtiger Aspekt der strukturellen Analyse. Konkret wird untersucht, welche Rollen für welche Aufgaben und Entscheidungen verantwortlich sind. Hierbei ist es wichtig, auch die Entscheidungsbefugnisse zu betrachten, um Überschneidungen zu vermeiden und eine klare Führungslinie zu gewährleisten. Schließlich werden Kommunikations- und Entscheidungsflüsse betrachtet. Eine effiziente Kommunikation und ein transparenter Entscheidungsfluss gewährleisten schnelle Reaktionen und kohärente Ausführung der Unternehmensstrategien. Mangelhafte oder undurchsichtige Kommunikationswege können zu Verzögerungen führen, was wiederum die Gesamtleistung des Unternehmens beeinträchtigt.

LLMs bieten enorme Potenziale, wenn es darum geht, Organigramme automatisch zu erstellen. Mithilfe von Textanalyse und semantischer Verarbeitung können LLMs aus einer Vielzahl von Quellen, wie z. B. internen Dokumenten, Stellenbeschreibungen, E-Mail-Korrespondenz oder Prozessberichten, die für die Modellierung eines Organigramms erforderlichen Informationen extrahieren. Dabei analysiert das Modell nicht nur die organisatorischen Hierarchien, sondern auch die Verbindungen zwischen den einzelnen Abteilungen und Teams. Ein LLM kann zum Beispiel aus einem internen Bericht, der die Unternehmensstruktur beschreibt, die relevanten Daten herausfiltern und dann automatisch die Beziehungen zwischen den verschiedenen Positionen und Abteilungen visualisieren. Diese Visualisierung kann in verschiedenen Formaten erfolgen, etwa als klassisches Organigramm oder als Netzwerkdiagramm, das zusätzlich die Interaktionen und Kommunikationsströme zwischen den Abteilungen zeigt.

Beispiel

Um den Einsatz von LLMs bei der Erstellung und Modellierung von Organigrammen zu maximieren, können gezielte Prompts verwendet werden. Nachfolgend einige konkrete Beispiele:

Prompt 1: „Analysiere die internen Dokumente, die die Struktur des Unternehmens beschreiben, und extrahiere alle relevanten Informationen zu den Abteilungen, Führungsebenen und Verantwortlichkeiten. Erstelle basierend auf diesen Informationen ein Organigramm, das die hierarchischen Beziehungen und die Verantwortlichkeiten der verschiedenen Abteilungen visualisiert."

Dieser Prompt führt das LLM dazu, strukturierte Daten aus unstrukturierten Quellen wie internen Dokumenten oder Berichten zu extrahieren und ein visuelles Organigramm zu erstellen.

Prompt 2: „Durchsuche die internen Stellenbeschreibungen und identifiziere die Hauptabteilungen und ihre Leitungspositionen. Visualisiere die hierarchische Struktur des Unternehmens unter Berücksichtigung dieser Positionen und ihrer Verantwortlichkeiten."

Dieser Prompt nutzt spezifische Informationen aus Stellenbeschreibungen und hilft dem LLM, die relevanten Verantwortlichkeiten für das Organigramm zu extrahieren.

Prompt 3: „Erstelle ein Organigramm für das Unternehmen, das die Führungsebene, die Abteilungen sowie die Schnittstellen zwischen den Teams abbildet. Berücksichtige dabei alle internen Kommunikationsflüsse und Entscheidungsprozesse, die zwischen den Abteilungen bestehen."

Dieser Prompt geht über die klassische hierarchische Struktur hinaus und fordert das LLM auf, auch Kommunikations- und Entscheidungsflüsse zwischen den Abteilungen zu berücksichtigen, um ein dynamischeres und interaktiveres Organigramm zu erstellen.

Prompt 4: „Generiere ein Organigramm, das die Beziehungen zwischen den verschiedenen Abteilungen visualisiert. Nenne dabei die spezifischen Aufgaben und Verantwortlichkeiten der einzelnen Abteilungen sowie die Kommunikation zwischen den Abteilungen, wenn vorhanden."

Mit diesem Prompt wird das LLM dazu angeregt, die strukturellen Verbindungen und Verantwortlichkeiten zwischen den Abteilungen zu visualisieren und in einem Organigramm darzustellen. ◄

3.3.4 IT-Architektur modellieren

Die Modellierung der IT-Architektur ergänzt das GPM, da sie die technische Grundlage für die Unterstützung und Durchführung von Geschäftsprozessen darstellt. Eine gut durchdachte IT-Architektur sorgt dafür, dass die technischen Systeme und Anwendungen optimal miteinander integriert sind, die Geschäftsprozesse reibungslos ablaufen und dynamisch angepasst werden können. IT-Architekturen umfassen Komponenten, wie Server, Datenbanken, Netzwerke, Softwareapplikationen und Schnittstellen, die miteinander interagieren, um die Geschäftsprozesse zu unterstützen. Die Modellierung dieser Architektur stellt sicher, dass Redundanzen vermieden werden und dass eine skalierbare Lösung für zukünftige Anforderungen existiert. Eine visuelle Darstellung der IT-Architektur hilft, die Interdependenzen zwischen den verschiedenen Systemen und Prozessen zu verstehen und dient als wertvolles Werkzeug für das Management und die technische Wartung. Im Kontext von Geschäftsprozessen werden IT-Architekturen häufig verwendet, um den Grad der Automatisierung und die IT-Unterstützung für bestimmte Prozesse zu visualisieren, die Integration von Systemen zu planen und eine klare Übersicht über die IT-Ressourcen zu bieten. Notationen für IT-Architekturen sind stark Tool-Abhängig. Die generische IT-Architektur in Abb. 3.3 orientiert sich an ArchiMate.

Die Beschreibung und Visualisierung einer IT-Architektur erfordert eine präzise Erfassung der verschiedenen IT-Komponenten, ihrer Beziehungen zueinander und ihrer Verbindungen zu den Geschäftsprozessen. Hierbei hilft die Verwendung von Visualisierungstechniken, die gleichzeitig mehrere Stakeholder adressieren. LLMs sind in der Lage, anhand von Prozessdokumentationen und IT-Systembeschreibungen relevante IT-Komponenten zu identifizieren und zu verbinden, sodass eine

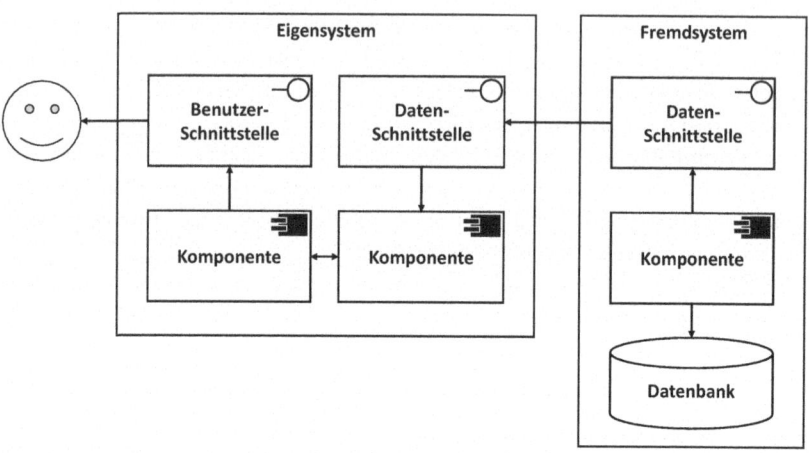

Abb. 3.3 Generische IT-Architektur

konsistente und vollständige Visualisierung der IT-Architektur entsteht, die flexibel den Zielgruppen angepasst werden kann. Die Zuordnung der IT-Komponenten zum Geschäftsprozess kann in Form von Diagrammen, Tabellen oder interaktiven Visualisierungen erfolgen. Ein Vorteil der Zuordnung ist die Möglichkeit, Handlungsbedarfe in der IT nach einer Prozessoptimierung direkt abzuleiten.

Beispiel

Hier sind einige konkrete Beispiele zum Einsatz von LLMs:

Prompt 1: „Analysiere die folgenden technischen Dokumente und erstelle eine visuelle Darstellung der IT-Architektur des Unternehmens. Zeige alle relevanten IT-Komponenten, wie Softwareapplikationen, Server und Datenbanken, sowie deren Interaktionen und Beziehungen zueinander."

Dieser Prompt fordert das LLM auf, aus den technischen Dokumentationen eine strukturierte Darstellung der IT-Architektur zu erstellen, die alle wesentlichen Komponenten und deren Beziehungen umfasst.

Prompt 2: „Überprüfe die Geschäftsprozessdokumentation und ordne die relevanten IT-Systeme und -Komponenten den jeweiligen Geschäftsprozessen zu. Erstelle ein Diagramm, das zeigt, welche IT-Ressourcen für die Automatisierung und Unterstützung jedes Geschäftsprozesses benötigt werden."

Mit diesem Prompt wird das LLM aufgefordert, die Geschäftsprozesse und die dazugehörigen IT-Systeme zu analysieren und zu visualisieren, wie diese Systeme die jeweiligen Prozesse unterstützen.

Prompt 3: „Erstelle ein interaktives Diagramm der IT-Architektur, das die Beziehungen zwischen den verschiedenen IT-Komponenten und den unterstützten Geschäftsprozessen zeigt. Füge Links hinzu, die zusätzliche Informationen zu den einzelnen Komponenten und deren Funktionsweise bieten."

Hier wird das LLM gebeten, ein interaktives Diagramm zu erstellen, das sowohl die IT-Architektur visualisiert als auch zusätzliche Informationen zu den einzelnen Komponenten bereitstellt.

Prompt 4: „Untersuche die folgenden technischen Berichte und identifiziere alle relevanten IT-Komponenten, die zur Unterstützung von Geschäftsprozessen benötigt werden. Erstelle eine Tabelle, die jede IT-Komponente den spezifischen Geschäftsprozessen zuordnet, die sie unterstützen."

Dieser Prompt führt das LLM an, eine detaillierte Tabelle zu erstellen, die alle relevanten IT-Komponenten und deren Zuordnung zu den Geschäftsprozessen enthält.

Prompt 5: „Analysiere die bestehende IT-Infrastruktur und ermittle, welche Systeme für die Optimierung der Geschäftsprozesse erforderlich sind. Erstelle ein Diagramm, das zeigt, wie die IT-Infrastruktur zur Effizienzsteigerung der Geschäftsprozesse beiträgt."

Dieser Prompt fordert das LLM auf, eine Analyse der bestehenden IT-Infrastruktur durchzuführen und darzustellen, wie diese Infrastruktur die Effizienz von Geschäftsprozessen beeinflusst. ◄

3.4   Analyse bestehender Geschäftsprozesse

3.4.1   Prozessqualität bestimmen

Die Analyse bestehender Geschäftsprozesse ermöglicht, ihre aktuellen Abläufe zu bewerten und potenzielle Schwachstellen sowie Verbesserungspotenziale zu identifizieren. Eine effiziente und präzise Analyse kann durch den Einsatz von LLMs erheblich verbessert werden. LLMs sind in der Lage, Prozessdaten, die in verschiedenen Formaten vorliegen, zu durchsuchen und zu bewerten, wie z. B. in Berichten, Protokollen oder Checklisten. Darüber hinaus können die Modelle auf spezifische Anfragen hin direkt Prozessbewertungen durchführen und Muster erkennen [7].

Angenommen ein Vertriebsleiter eines Unternehmens möchte die Effizienz des bestehenden Vertriebsprozesses bewerten, insbesondere in Bezug auf Qualität und potenzielle Engpässe. Der Vertriebsprozess umfasst Schritte, von der Kundengewinnung über die Angebotserstellung bis hin zur Auftragsabwicklung. Um die-

sen Prozess zu analysieren, könnte der Vertriebsleiter ChatGPT einen spezifischen
Prompt geben, um Schwachstellen zu identifizieren und Verbesserungspotenziale
zu erkennen.

Beispiel

Prompt: „Bewerte die Qualität des Vertriebsprozesses anhand der Durchlaufzeiten und identifiziere Engpässe, die den Prozess verzögern."

Das LLM durchsucht dann die bestehenden Dokumente und Daten, die den
Vertriebsprozess beschreiben, und analysiert, wie lange einzelne Schritte dauern, wo sich Verzögerungen häufen und welche Prozessschritte potenzielle
Flaschenhälse darstellen. Dabei kann das Modell ohne weitere Hinweise Muster in den Daten erkennen, die für menschliche Analysten möglicherweise
schwer zu identifizieren wären.

Ergebnis: Die Analyse durch das LLM könnte aufzeigen, dass bestimmte
Schritte im Vertriebsprozess – beispielsweise die Angebotserstellung oder die
Genehmigung von Aufträgen – ungewöhnlich lange dauern, was auf ineffiziente
Arbeitsabläufe oder vermeidbare Wartezeiten hinweist. Ebenso könnte das Mo-
dell darauf hinweisen, dass die Kommunikation zwischen den Abteilungen oder
die Datenübertragung zwischen den Systemen die Hauptursachen für die Ver-
zögerungen sind. Diese Informationen liefern wertvolle Erkenntnisse, die als
Grundlage für Optimierungsmaßnahmen dienen. ◄

Einer der größten Vorteile der Unterstützung von LLMs für die Analyse von Geschäftsprozessen ist die Schnelligkeit. LLMs sind in der Lage, große Mengen an
Daten in kürzester Zeit zu verarbeiten, was die Analysephase erheblich beschleunigt. Analysten benötigen für eine gründliche Untersuchung möglicherweise Tage
oder Wochen. LLMs ermöglichen dem Unternehmen, schneller auf Herausforderungen zu reagieren und Handlungsbedarfe in Echtzeit zu analysieren. Ein
weiterer Vorteil der Analyse durch LLMs ist die Präzision. Die Modelle sind darauf
trainiert, komplexe Zusammenhänge zu erkennen und präzise Muster in den
Prozessdaten zu identifizieren. LLMs können so die genaue Ursache von Engpässen, Ineffizienzen oder anderen Problemen im Geschäftsprozess bestimmen.
Ihre Fähigkeit, feinste Details zu extrahieren, sorgt für eine hohe Genauigkeit der
Analyse, die mit herkömmlichen Methoden nur schwer erreichbar ist. Dabei bleibt
das methodische Vorgehen für die Nutzer unsichtbar. Ein Unternehmen mit globa-
ler Präsenz und Millionen von Transaktionen kann genauso von den Vorteilen der
LLM-gestützten Analyse profitieren wie ein kleines Unternehmen mit überschaubaren Prozessen. Diese Skalierbarkeit ist besonders wertvoll, wenn Unternehmen

wachsen oder ihre Prozesse auf neue Märkte ausweiten, da die Modelle mit den steigenden Anforderungen mitwachsen. LLMs bieten zudem, abhängig von den Trainingsdaten, eine hohe Objektivität. Während menschliche Analysten von subjektiven Einschätzungen oder Vorurteilen beeinflusst werden könnten, sind LLMs in ihrer Analyse völlig frei von persönlichen Meinungen und Vorannahmen. Dies gewährleistet, dass die Analyseergebnisse neutral und auf Fakten basierend sind.

Neben der grundlegenden Analyse von Durchlaufzeiten und Engpässen können LLMs auch weiterführende Analysen unterstützen, wie die Kostenanalyse: LLMs können die Kosten einzelner Prozessschritte bewerten und ineffiziente Ausgaben identifizieren, wodurch Unternehmen Potenziale für Kostensenkungen aufdecken können. Ebenso können sie Fehlerquellen im Prozess erkennen und Vorschläge zur Eliminierung oder Reduzierung dieser Fehler machen, was die Prozessqualität und -stabilität erhöht. Ein ebenso wertvolles Werkzeug ist die Bewertung der Kundenzufriedenheit. LLMs können Feedback-Daten oder Umfragen analysieren, um die Kundenzufriedenheit in den verschiedenen Phasen des Prozesses zu messen. Auf diese Weise lassen sich Verbesserungspotenziale in der Kundeninteraktion erkennen, die zu einer besseren Kundenbindung und höheren Zufriedenheit führen. Die Ergebnisse einer solchen umfassenden Prozessanalyse gehen weit über die reine Identifikation von Schwachstellen hinaus. Mit diesen tiefen Einblicken können Unternehmen gezielte Optimierungsstrategien entwickeln und ihre Prozesse fortlaufend weiterentwickeln [9].

Beispiel

Prompt 1: „Untersuche die Auswirkungen der Kommunikation zwischen Abteilungen auf den Vertriebsprozess und identifiziere, ob und wie die Kommunikation zu Verzögerungen führt."

Dieser Prompt fokussiert sich auf die Qualität der internen Kommunikation und deren Einfluss auf den Vertriebsprozess. Eine schlechte Kommunikation zwischen Abteilungen kann zu Missverständnissen oder Verzögerungen führen, die den gesamten Prozess verzögern. Das LLM könnte hier Informationen aus E-Mails, Protokollen oder Feedback-Daten analysieren, um festzustellen, ob und wo Kommunikationsprobleme auftreten.

Prompt 2: „Identifiziere die größten Fehlerquellen im Vertriebsprozess und mache Vorschläge zur Fehlerreduzierung."

Dieser Prompt lenkt das Augenmerk auf die Fehleranalyse innerhalb des Vertriebsprozesses. Das LLM kann historische Daten und Rückmeldungen zu fehlerhaften Prozessen, wie falsche Auftragsdaten oder Fehler in der Angebotserstellung, durchsehen und daraus Verbesserungsvorschläge ableiten.

Prompt 3: „Bewerte die Kundenzufriedenheit in den verschiedenen Phasen des Vertriebsprozesses und identifiziere Verbesserungspotenziale." Dieser Prompt fordert das LLM dazu auf, Feedback-Daten von Kunden oder Umfragen zu analysieren, um zu bewerten, wie zufrieden Kunden in den verschiedenen Phasen des Vertriebsprozesses sind.

Prompt 4: „Analysiere die Kostenstruktur des Vertriebsprozesses und identifiziere Bereiche, in denen Kosten eingespart werden könnten." Dieser Prompt konzentriert sich auf die finanzielle Effizienz des Vertriebsprozesses. Das LLM durchsucht Daten zu Kosten, die mit einzelnen Prozessschritten verbunden sind, und prüft, ob es Bereiche gibt, in denen Ausgaben reduziert werden können. ◀

3.4.2 Prozesskennzahlen ermitteln

Die Ermittlung von Prozesskennzahlen, auch bekannt als Key Performance Indicators (KPIs), ist eine zentrale Aktivität im GPM, um den Erfolg und die Effizienz von Geschäftsprozessen zu messen. KPIs bieten einen objektiven Maßstab, der Organisationen ermöglicht, ihre Prozesse kontinuierlich zu überwachen und zu optimieren. Diese Kennzahlen ermöglichen Leistungsabweichungen frühzeitig zu erkennen und Maßnahmen zur Verbesserung der Effizienz und Effektivität zu ergreifen.

Prozesskennzahlen können dabei verschiedene Dimensionen eines Prozesses abdecken, wie etwa Geschwindigkeit, Qualität, Kosten, Kundenzufriedenheit. Sie helfen dabei, die Leistung von Geschäftsprozessen zu bewerten und zu steuern, indem sie sowohl kurzfristige als auch langfristige Ziele unterstützen. Die Ermittlung der richtigen KPIs ist jedoch eine komplexe Aufgabe, die eine detaillierte Analyse der Prozessdaten und ihrer relevanten Einflussfaktoren erfordert. Insbesondere gegenseitige Abhängigkeiten müssen mit einem Wirkungsmodell identifiziert werden [10].

Das Wirkungsmodell ist ein zentrales Instrument zur Identifikation und Analyse von Abhängigkeiten innerhalb von Geschäftsprozessen. Durch die Visualisierung der Zusammenhänge zwischen verschiedenen Einflussfaktoren und deren Wirkung auf definierte KPIs schafft das Modell eine transparente Grundlage für die Prozessanalyse. Unternehmen können mithilfe des Wirkungsmodells gezielt untersuchen, wie Veränderungen an bestimmten Variablen die Leistung der gesamten Prozesskette beeinflussen. Ein typisches Beispiel wird in Abb. 3.4 aufgeführt: Eine gute Durchlaufzeit und Erfolgsquote wirkt sich positiv auf die Kundenzufriedenheit aus. Die visualisierung ermöglicht die frühzeitige Erkennung von Engpässen oder Schwachstellen sowie die Ableitung spezifischer Optimierungsmaßnahmen. Die

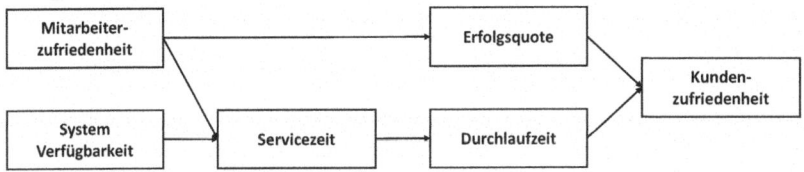

Abb. 3.4 Wirkungsmodell Prozesskennzahlen

strukturierte Darstellung der kausalen Bezichungen hilft zudem bei der Priorisierung von Maßnahmen, indem deren potenzielle Auswirkungen auf übergeordnete Geschäftsziele sichtbar gemacht werden. Die Entwicklung eines Wirkungsmodells erfordert eine umfangreiche Datenerhebung und die Einbindung interdisziplinärer Expertise, um sowohl quantitative als auch qualitative Einflussfaktoren umfassend zu berücksichtigen.

Die manuelle Extraktion und Berechnung von KPIs aus großen Mengen von Prozessdaten ist eine langwierige und fehleranfällige Aufgabe. LLMs können eine Vielzahl von Datenquellen analysieren – von Geschäftsprozessdokumentationen über Berichte bis hin zu Prozesslog-Daten – und automatisiert die relevanten Daten extrahieren und strukturieren. Die Berechnung der KPIs erfolgt basierend auf den extrahierten Daten und kann mit vorgegebenen Formeln durchgeführt werden, die in die Automatisierung integriert sind. Darüber hinaus können neue KPIs basierend auf den Daten vom Modell vorgeschlagen werden, sodass vorher unbeachtete Aspekte, für die jedoch Daten vorliegen, ausgewertet werden können.

LLMs erweitern ihre Funktionalität zudem durch die Fähigkeit, tiefer gehende Analysen der Prozessleistung zu unterstützen. Neben der automatischen Berechnung grundlegender KPIs können auch weiterführende Analysen, wie die Identifikation von Abweichungen von Sollwerten, die Erkennung und Visualisierung von Trends in der Prozessleistung oder die Untersuchung kausaler Zusammenhänge für Abweichungen, durchgeführt werden. Modelle dieser Art ermöglichen zudem die Analyse großer Datenmengen in Echtzeit, wodurch Unternehmen auf plötzliche Veränderungen oder potenzielle Probleme frühzeitig reagieren können. Ergänzend dazu können LLMs Simulationen basierend auf historischen Daten und Prozessmodellen durchführen, um die Auswirkungen spezifischer Änderungen vorherzusagen. Diese proaktive Unterstützung bei der Entscheidungsfindung erlaubt neben der Optimierung bestehender Prozesse, auch die Identifikation von Innovationspotenzialen. Durch die nahtlose Integration solcher Modelle in bestehende Systeme wird eine kontinuierliche Prozessüberwachung und -verbesserung gewährleistet, wodurch sowohl die Effizienz als auch die Wettbewerbsfähigkeit gesteigert werden können.

Die Ermittlung von KPIs bildet nur die Grundlage für die Verbesserung der Prozessleistung. Entscheidend ist, auf Basis dieser Kennzahlen gezielte Maßnahmen zur Optimierung abzuleiten. LLMs spielen dabei eine zentrale Rolle, indem sie die analysierten KPIs mit historischen Prozessdaten und Best-Practice-Ansätzen verknüpfen. Auf dieser Basis können die Modelle konkrete Vorschläge zur Steigerung der Effizienz und Effektivität entwickeln, die auf den individuellen Gegebenheiten des Prozesses abgestimmt sind. LLMs können beispielsweise erkennen, dass ein Prozess in einem bestimmten Bereich nicht die gewünschten KPIs erreicht. Das Modell könnte dann automatisch die Ursachen für diese Leistungsabweichungen ermitteln und Vorschläge zur Optimierung unterbreiten, wie etwa die Automatisierung von bestimmten Prozessschritten, die Schulung von Mitarbeitenden oder die Anpassung von Schnittstellen.

Indem LLMs die Leistungsdaten eines Unternehmens in Relation zu Benchmarks und Best Practices setzen, können sie darauf basierend Empfehlungen zur Prozessverbesserung aussprechen, die nicht nur auf den erreichten KPIs basieren, sondern auch auf das langfristige Ziel des Unternehmens abgestimmt sind. Um die automatisierte Extraktion und Berechnung von KPIs sowie die Ermittlung von Verbesserungsvorschlägen zu unterstützen, können Prompts verwendet werden, die das LLM dazu anleiten, relevante Prozessdaten zu analysieren und zu verarbeiten.

Beispiel

Prompt 1: „Analysiere die folgenden Prozessdaten und extrahiere die wichtigsten KPIs für den Geschäftsprozess Kreditorenbuchhaltung, wie etwa Durchlaufzeiten, Kosten, Fehlerquoten und Kundenzufriedenheit. Berechne die KPIs basierend auf den gegebenen Formeln und stelle sicher, dass sie den definierten Zielwerten entsprechen."

Dieser Prompt fordert das LLM auf, die relevanten KPIs zu extrahieren und anhand von vorgegebenen Formeln zu berechnen.

Prompt 2: „Überprüfe die Performance des Geschäftsprozesses Kreditorenbuchhaltung anhand der KPIs aus den letzten 6 Monaten. Identifiziere etwaige Abweichungen von den Sollwerten und leite Verbesserungsvorschläge ab, um die Prozesseffizienz zu steigern."

Mit diesem Prompt wird das LLM angewiesen, Abweichungen in den KPIs zu analysieren und Verbesserungsvorschläge zur Effizienzsteigerung zu generieren.

Prompt 3: „Berechne die KPIs für den Geschäftsprozess Kreditorenbuchhaltung, darunter die durchschnittliche Bearbeitungszeit und die Fehlerquote. Vergleiche diese mit den Branchendurchschnittswerten und gib Empfehlungen, wie der Prozess effizienter gestaltet werden kann."

Dieser Prompt fordert das LLM auf, die KPIs mit Branchendurchschnittswerten zu vergleichen und Verbesserungsvorschläge zu machen.

Prompt 4: „Führe eine Analyse der KPIs für den Geschäftsprozess Kreditorenbuchhaltung durch, insbesondere der Kennzahlen zu den Bearbeitungszeiten und den Kosten. Berechne die KPIs und gib Vorschläge, wie dieser Prozess hinsichtlich der Ressourcennutzung und Effizienz verbessert werden kann."

Dieser Prompt fokussiert sich auf eine detaillierte Analyse der KPIs und gibt das Ziel vor, Verbesserungsvorschläge hinsichtlich der Ressourcennutzung und Effizienz zu entwickeln.

Prompt 5: „Ermittle die KPIs für den Geschäftsprozess Kreditorenbuchhaltung und analysiere, welche Faktoren die Kundenzufriedenheit negativ beeinflussen. Schlage konkrete Maßnahmen vor, um diese KPIs zu verbessern und die Kundenzufriedenheit zu steigern."

Hierbei wird das LLM angewiesen, die KPIs zu ermitteln, spezifische Probleme zu identifizieren und Verbesserungsvorschläge zur Optimierung der Kundenzufriedenheit zu machen.

Prompt 6: „Berechne und analysiere die Prozesskennzahlen für den Geschäftsprozess Kreditorenbuchhaltung, insbesondere die Produktivität und Fehlerquote. Gib konkrete Verbesserungsvorschläge, wie diese Kennzahlen durch Prozessoptimierungen verbessert werden können."

Dieser Prompt führt das LLM zu einer detaillierten Berechnung und Analyse von Produktivitäts- und Fehlerkennzahlen, mit dem Ziel, Maßnahmen zur Verbesserung vorzuschlagen. ◄

3.5 Prozessgestaltung

3.5.1 Maßnahmen definieren

Die Definition von Maßnahmen zur Prozessverbesserung fokussiert unmittelbar auf die Optimierung von Geschäftsprozessen. Nach der Analyse der aktuellen Abläufe und der Identifikation von Verbesserungspotenzialen müssen spezifische Maßnahmen entwickelt werden, die Effizienz, Qualität und Kosten positiv beeinflussen. Dabei ist eine Untersuchung der bestehenden Schwächen und Engpässe erforderlich, um gezielte Eingriffe vorzunehmen. Gleichzeitig müssen die geplanten Maßnahmen mit den strategischen Zielen des Unternehmens vereinbar sein und unter Berücksichtigung verfügbarer Ressourcen sowie zeitlicher Rahmenbedingungen gestaltet werden [9].

LLMs leisten hierbei einen wesentlichen Beitrag. Sie analysieren umfangreiche unstrukturierte Daten, darunter Berichte, Protokolle, Prozessdokumentationen oder Mitarbeiterfeedback, um Optimierungspotenziale aufzudecken. Durch die Verknüpfung dieser Informationen mit historischen Prozessdaten und branchenspezifischen Best Practices generieren LLMs konkrete Vorschläge zur Prozessverbesserung, die tiefgehende Optimierungen ermöglichen. Diese Vorschläge umfassen nicht nur die Automatisierung einzelner Aufgaben oder die Eliminierung redundanter Schritte, sondern erstrecken sich auf die Effizienzsteigerung ganzer Prozessketten.

Die Mustererkennung in historischen Daten erlaubt LLMs, Maßnahmen zur Minimierung von Risiken und zur Anpassung der Prozesse an veränderte Marktbedingungen zu identifizieren. So entsteht eine datengestützte Grundlage, die Entscheidungen ermöglicht. Darüber hinaus priorisieren LLMs die Maßnahmen basierend auf deren potenziellen Auswirkungen auf den Gesamtprozess und bieten eine strukturierte Reihenfolge der Umsetzung an. Dabei haben sie die gesamte Prozesslandschaft im Blick und erkennen Abhängigkeiten, die der menschliche Analyst nicht direkt erkennt.

Eine weitere Stärke von LLMs liegt in ihrer Fähigkeit, Wissen aus vielfältigen Quellen zu integrieren. Indem sie branchenspezifische Best Practices, wissenschaftliche Erkenntnisse und innovative Ansätze aus der Unternehmenshistorie einbeziehen, entstehen vielseitige und anwendbare Handlungsempfehlungen. Dies fördert eine umfassende Prozessoptimierung und erleichtert die Umsetzung nachhaltiger Verbesserungen. Die Identifikation relevanter Maßnahmen zur Prozessverbesserung erfolgt durch eine systematische Analyse der Prozesskennzahlen und -daten. LLMs können auf Basis dieser Daten Muster und Schwächen identifizieren, die auf Optimierungspotenziale hinweisen. So können etwa ineffiziente Prozessschritte, hohe Fehlerquoten oder lange Durchlaufzeiten erkannt und gezielte Maßnahmen zur Verbesserung vorgeschlagen werden.

Um den LLMs zu helfen, relevante Maßnahmen zur Prozessverbesserung zu generieren, können spezifische Prompts formuliert werden, die die gewünschte Analyse und Handlungsempfehlung anstoßen.

Beispiel

Prompt 1: „Überprüfe die Prozesskennzahlen für den Geschäftsprozess Kreditorenbuchhaltung und identifiziere die Bereiche mit den größten Optimierungspotenzialen. Gib anschließend eine Liste von Maßnahmen zur Verbesserung der Performance, insbesondere in den Bereichen Durchlaufzeit und Fehlerquote."

Mit diesem Prompt wird das LLM aufgefordert, auf Basis der Prozesskennzahlen Verbesserungspotenziale zu erkennen und zu priorisieren.

Prompt 2: „Basierend auf den Daten aus den letzten sechs Monaten für den Geschäftsprozess Kreditorenbuchhaltung, entwickle konkrete Vorschläge zur Automatisierung von Aufgaben, die zu langen Bearbeitungszeiten führen. Beschreibe, wie der Prozess durch Automatisierung optimiert werden kann."

Hier wird das LLM gebeten, Vorschläge für die Automatisierung von Aufgaben zu entwickeln, die den Prozess ineffizient machen.

Prompt 3: „Erstelle eine Liste von Maßnahmen zur Verbesserung des Geschäftsprozess Kreditorenbuchhaltung unter Berücksichtigung von Best Practices aus der Branche. Fokussiere dich auf die Reduzierung von Fehlern und die Verbesserung der Kundenzufriedenheit."

Dieser Prompt fordert das LLM auf, Best Practices in die Verbesserungsvorschläge einzubeziehen und konkrete Maßnahmen zu entwickeln.

Prompt 4: „Analysiere die Prozessdokumentation und identifiziere alle Engpässe im Geschäftsprozess Kreditorenbuchhaltung, die zu Verzögerungen führen. Schlage spezifische Maßnahmen vor, wie diese Engpässe beseitigt werden können, um die Prozessgeschwindigkeit zu erhöhen."

Dieser Prompt zielt darauf ab, Engpässe im Prozess zu identifizieren und daraufhin konkrete Maßnahmen zur Beseitigung dieser Engpässe zu generieren.

Prompt 5: „Überprüfe die Prozessdaten für den Geschäftsprozess Kreditorenbuchhaltung und identifiziere Maßnahmen, um die Ressourcennutzung zu optimieren. Schlage vor, wie Maschinen und Personal effizienter eingesetzt werden können."

Hier wird das LLM gebeten, Verbesserungsvorschläge zu machen, die sich auf eine effizientere Ressourcennutzung konzentrieren. ◀

3.5.2 Maßnahmen priorisieren

Die Priorisierung von Maßnahmen zur Prozessverbesserung konzentriert die Ressourcen des Unternehmens auf die relevantesten und machbarsten Verbesserungsinitiativen. Bei der Vielzahl möglicher Verbesserungsmaßnahmen, die aus der Prozessanalyse hervorgehen, ist entscheidend, die richtigen Maßnahmen zuerst anzugehen, um eine maximale Wirkung zu erzielen. Dafür werden verschiedene Kriterien eingesetzt, darunter die Relevanz der Maßnahme im Hinblick auf die strategischen Ziele des Unternehmens, die Machbarkeit der Umsetzung, die benötigten Ressourcen sowie die erwarteten Auswirkungen auf die Prozessleistung. Nur durch eine Priorisierung lässt sich vermeiden, dass Ressourcen ineffizient eingesetzt werden oder Maßnahmen in Angriff genommen werden, die wenig Mehrwert für das Unternehmen bieten [9].

Algorithmen übernehmen heute eine zentrale Funktion bei der Priorisierung von Prozessverbesserungsmaßnahmen, indem sie Daten systematisch analysieren und objektive Entscheidungshilfen liefern. Maßnahmen werden anhand definierter Kriterien wie Effizienzsteigerung, Ressourcenbedarf, strategischer Relevanz und potenzieller Risiken bewertet. Dabei können Gewichtungen gesetzt werden, um die Auswahl präzise an unternehmensspezifische Ziele anzupassen. Zusätzlich analysieren Algorithmen Abhängigkeiten und Wechselwirkungen zwischen Maßnahmen. Dadurch lassen sich Synergien identifizieren, während Maßnahmen, die sich gegenseitig behindern, vermieden werden. Automatisierte Kosten-Nutzen-Analysen und ROI-Berechnungen geben Einblick in das Verhältnis von Aufwand und Nutzen einzelner Maßnahmen und priorisieren diese entsprechend ihrer Wirtschaftlichkeit. Durch komplexe Simulationen und Szenarienanalysen können die Auswirkungen der vorgeschlagenen Maßnahmen auf den Gesamtprozess überprüft werden. Diese Modelle zeigen auf, welche Optimierungen langfristig die besten Ergebnisse liefern, ohne bestehende Abläufe negativ zu beeinflussen.

Bei der Priorisierung von Maßnahmen im Rahmen von Geschäftsprozessen oder strategischen Initiativen sind zwei Dimensionen zentral:

- **Relevanz** bezieht sich darauf, wie gut eine Maßnahme mit den übergeordneten Unternehmenszielen und der langfristigen Strategie übereinstimmt. Eine Maßnahme, die direkt zu den wesentlichen Geschäftszielen beiträgt oder einen positiven Einfluss auf wichtige Leistungskennzahlen (KPIs) hat, wird als besonders relevant angesehen.
- **Machbarkeit** hingegen bezieht sich auf die Umsetzbarkeit einer Maßnahme. Diese Dimension berücksichtigt praktische Aspekte wie den finanziellen Aufwand, den Ressourcenbedarf, den erforderlichen Zeitrahmen und mögliche technische Anforderungen. Eine Maßnahme, die mit wenig Aufwand, geringen Kosten und innerhalb eines kurzen Zeitrahmens implementiert werden kann, hat oft eine höhere Priorität. Dies gilt insbesondere dann, wenn die Maßnahme sofortige Ergebnisse liefert oder schnell positive Auswirkungen haben kann. Im Gegensatz dazu können Maßnahmen, die einen hohen Ressourcenaufwand erfordern oder längere Vorlaufzeiten benötigen, möglicherweise erst dann priorisiert werden, wenn sie eine besonders hohe Relevanz für die Unternehmensziele haben.

Die Priorisierung von Maßnahmen durch die Berücksichtigung sowohl der Relevanz als auch der Machbarkeit ermöglicht eine ausgewogene Entscheidungsfindung. Während Unternehmen sicherstellen müssen, dass ihre Maßnahmen in Einklang mit den strategischen Zielen stehen, dürfen sie dabei nicht die praktischen und operativen Hürden außer Acht lassen, die mit der Umsetzung verbunden sind. Die richtige Balance zwischen diesen beiden Dimensionen trägt dazu bei, dass Maßnahmen sowohl wirkungsvoll als auch effizient umgesetzt werden und somit den größtmöglichen Nutzen für das Unternehmen erzielen.

Das Eisenhower-Prinzip ist ein etabliertes Modell zur Priorisierung von Aufgaben und Maßnahmen, das besonders durch seine einfache Struktur und klare Entscheidungsregeln überzeugt. Es basiert auf der systematischen Unterteilung von Aufgaben in vier Kategorien, die durch die Dimensionen „Dringlichkeit" und „Wichtigkeit" definiert werden. Jede Aufgabe wird dabei einem von vier Quadranten zugeordnet, die unterschiedliche Handlungsstrategien vorgeben.

Dringend und wichtig – Sofort umsetzen
Aufgaben in diesem Quadranten sind sowohl zeitkritisch als auch essenziell für den Erfolg von Prozessen oder Zielen. Hierzu zählen Maßnahmen, die bei Verzögerung erhebliche negative Konsequenzen haben, wie die Behebung schwerwiegender Fehler oder die Erfüllung von Fristen für wichtige Projekte. Da solche Aufgaben höchste Priorität besitzen, sollten sie unmittelbar und mit allen notwendigen Ressourcen bearbeitet werden.

Wichtig, aber nicht dringend – Planen und langfristig umsetzen
Maßnahmen in dieser Kategorie haben eine hohe strategische Bedeutung, jedoch keinen unmittelbaren Zeitdruck. Diese Aufgaben erfordern eine gründliche Planung und strukturierte Umsetzung, da sie langfristige Verbesserungen bewirken. Der Fokus liegt darauf, diese Maßnahmen in einem Zeitplan zu verankern, bevor sie durch dringliche, aber weniger wichtige Aufgaben verdrängt werden.

Dringend, aber nicht wichtig – Delegieren oder automatisieren
Dringende, aber weniger bedeutende Aufgaben betreffen häufig operative Tätigkeiten, die zwar zeitnah erledigt werden müssen, jedoch keinen direkten Einfluss auf strategische Ziele haben. Dazu gehören beispielsweise Routineanfragen oder administrative Arbeiten, wie die Bereitstellung von Prozessdokumentationen für Audits. Solche Aufgaben sollten delegiert werden, etwa an spezialisierte Teams oder durch Tools automatisiert werden. Ziel ist, Kapazitäten für wichtigere Maßnahmen freizuhalten.

Weder dringend noch wichtig – Überprüfen, ob sie überhaupt notwendig sind

Aufgaben in diesem Quadranten haben weder Dringlichkeit noch strategische Relevanz. Sie binden unnötig Ressourcen und sollten kritisch hinterfragt werden. Viele dieser Tätigkeiten können entweder reduziert oder vollständig eliminiert werden.

Um eine Priorisierung vorzunehmen, können LLMs eingesetzt werden, die automatisch Maßnahmen nach verschiedenen Kriterien bewerten und eine Rangfolge erstellen. Die zugrunde liegenden Algorithmen basieren auf gewichteten Entscheidungsmatrizen, in denen verschiedene Kriterien (z. B. Kosten, Zeitaufwand, Auswirkungen) nach ihrer Bedeutung gewichtet und mit den jeweiligen Maßnahmen bewertet werden. Anders als bisherige Algorithmen erlauben LLMs dabei auch die Berücksichtigung unstrukturierter Daten und qualitativer Bewertungen.

Beispiel

Prompt 1: „Bewerte die folgenden vorgeschlagenen Maßnahmen zur Prozessverbesserung anhand ihrer Relevanz für die Unternehmensstrategie und ihrer Machbarkeit. Berücksichtige dabei Faktoren wie Kosten, Zeitaufwand, technische Anforderungen und erwarteten Nutzen. Erstelle eine Rangfolge der Maßnahmen."

Dieser Prompt fordert das LLM auf, eine Bewertung der Maßnahmen vorzunehmen, die sowohl die Relevanz als auch die Machbarkeit berücksichtigt.

Prompt 2: „Analysiere die folgenden Verbesserungsvorschläge und ordne sie in vier Kategorien gemäß dem Eisenhower-Prinzip: Dringend und wichtig, wichtig aber nicht dringend, dringend aber nicht wichtig, und weder dringend noch wichtig. Gib für jede Maßnahme eine kurze Begründung für ihre Einordnung."

Dieser Prompt hilft dabei, die Maßnahmen nach ihrer Dringlichkeit und Wichtigkeit zu kategorisieren und gibt eine Begründung für die Priorisierung. Durch das vorgegebene Framework wird das Ergebnis in der Darstellung präzisiert.

Prompt 3: „Analysiere die folgenden Prozessoptimierungsmaßnahmen und bewerte, wie sie sich auf die wichtigsten KPIs des Unternehmens auswirken würden. Berücksichtige dabei sowohl kurzfristige als auch langfristige Effekte und priorisiere die Maßnahmen entsprechend ihrer Wirkung auf die Unternehmensziele."

Dieser Prompt fordert das LLM auf, die Maßnahmen in Bezug auf ihre Auswirkungen auf die KPIs des Unternehmens zu bewerten und priorisiert diese nach ihrer Bedeutung.

Prompt 4: „Erstelle eine Prioritätenliste für die folgenden Maßnahmen zur Prozessverbesserung, basierend auf einer Gewichtung der Faktoren Relevanz für die Unternehmensstrategie, Machbarkeit, Zeitaufwand und benötigte Ressourcen. Welche Maßnahme hat den größten Einfluss auf die Prozessleistung bei gleichzeitig minimalem Aufwand?"

Dieser Prompt fordert das LLM auf, eine detaillierte Analyse der Maßnahmen vorzunehmen und diese entsprechend ihrer Gewichtung zu priorisieren.

Prompt 5: „Bewerte die vorgeschlagenen Maßnahmen zur Reduzierung von Durchlaufzeiten und Fehlerquoten im Geschäftsprozess Kreditorenbuchhaltung. Berücksichtige dabei den erforderlichen Ressourceneinsatz, die technische Umsetzung und die erwarteten Zeitgewinne. Priorisiere die Maßnahmen nach dem erwarteten Return on Investment (ROI)."

Dieser Prompt fokussiert sich auf die Priorisierung der Maßnahmen in Bezug auf den zu erwartenden ROI, indem er sowohl technische als auch betriebswirtschaftliche Aspekte berücksichtigt. ◀

3.5.3 Prozess-Roadmap gestalten

Die Erstellung einer Prozess-Roadmap ist ein unverzichtbarer Schritt im Geschäftsprozessmanagement, um sicherzustellen, dass die definierten Prozessverbesserungsmaßnahmen in einer strukturierten und strategisch sinnvollen Reihenfolge umgesetzt werden. Eine Roadmap ist eine visuelle Darstellung der geplanten Schritte und Meilensteine, die notwendig sind, um die übergeordneten Geschäftsziele zu erreichen. Sie bildet eine klare Zeitachse für die Durchführung der Prozessverbesserungen und hilft dabei, Prioritäten festzulegen, Ressourcen zuzuweisen und den Fortschritt zu überwachen.

Eine gut gestaltete Prozess-Roadmap zeigt nicht nur, welche Maßnahmen ergriffen werden müssen, sondern auch, in welchem zeitlichen Rahmen sie umgesetzt werden sollen. Dabei werden Meilensteine und Zwischenziele gesetzt, die als Orientierungspunkte für die Umsetzung dienen. Sie stellt sicher, dass alle beteiligten Akteure ein gemeinsames Verständnis der Ziele und Zeitvorgaben haben und koordiniert an der Verbesserung der Prozesse arbeiten. Meilensteine ermöglichen, den Fortschritt zu messen und die Richtung bei Bedarf anzupassen.

Die Gestaltung einer Roadmap erfordert präzise Planung und Analyse der vorhandenen Daten sowie eine Priorisierung der zu ergreifenden Maßnahmen. LLMs können nicht nur Zeitpläne und Meilensteine automatisch erstellen, sondern auch auf Basis der definierten Prozessziele Vorschläge für eine realistische Roadmap unterbreiten. Dabei sind sie in der Lage komplexe Zusammenhänge zu berücksichtigen, die nicht direkt ersichtlich sind.

Zur Erzeugung von Zeitplänen und Meilensteinen kann LLM-Technologie verwendet werden, um auf Grundlage historischer Daten, spezifischer Prozessziele und Ressourcenverfügbarkeit eine realistische Einschätzung zu treffen. Hierbei können durch die Analyse ähnlicher Projekte und bestehender Prozesse präzise Zeitvorgaben und Meilensteine vorgeschlagen werden. Durch die Verwendung von Algorithmen zur Vorhersage von Dauer und Ressourcenbedarf können LLMs auch mögliche Engpässe und Verzögerungen in der Umsetzung von Maßnahmen erkennen und frühzeitig Lösungen anbieten. Dies stellt sicher, dass die Roadmap nicht nur theoretisch machbar ist, sondern auch in der Praxis umgesetzt werden kann.

Die automatische Erstellung einer Roadmap ist besonders nützlich, wenn mehrere Prozessverbesserungsinitiativen gleichzeitig verfolgt werden sollen. LLMs sind in der Lage, aus einer Vielzahl von Prozesszielen und Maßnahmen automatisch eine strukturierte Roadmap zu generieren. Dabei berücksichtigen sie sowohl die Dringlichkeit und Wichtigkeit der einzelnen Maßnahmen als auch deren Abhängigkeiten und Ressourcenerfordernisse.

Beispiel

Prompt 1: „Erstelle eine Roadmap für die Verbesserung des Geschäftsprozesses Kreditorenbuchhaltung, basierend auf den folgenden definierten Prozesszielen: (1) Reduzierung der Durchlaufzeit um 20 %, (2) Steigerung der Kundenzufriedenheit um 15 %, (3) Senkung der Fehlerquote um 10 %. Setze Meilensteine für jedes Ziel und gib eine realistische Zeitrahmenabschätzung für die Umsetzung."

Dieser Prompt fordert das LLM auf, eine detaillierte Roadmap mit Zeitrahmen und Meilensteinen zu erstellen, basierend auf spezifischen Prozesszielen.

Prompt 2: „Generiere einen Zeitplan für die Umsetzung der folgenden Prozessverbesserungsmaßnahmen: Automatisierung der Aufgaben A, Reduzierung der manuellen Arbeit in Schritt B, und Verbesserung der Kommunikation zwischen Abteilung X und Abteilung Y. Berücksichtige die Abhängigkeiten zwischen den Maßnahmen und schlage Meilensteine zur Erfolgskontrolle vor."

In diesem Beispiel wird das LLM angewiesen, eine Roadmap unter Berücksichtigung von Abhängigkeiten zwischen verschiedenen Maßnahmen zu erstellen und Meilensteine festzulegen.

Prompt 3: „Analysiere die folgenden Prozessziele und entwickle eine Roadmap für die nächsten 12 Monate: (1) Einführung einer neuen Software zur Prozessautomatisierung, (2) Schulung der Mitarbeiter zur neuen Software, (3) Integration der Software in bestehende IT-Infrastrukturen. Berücksichtige die notwendigen Schritte und gib realistische Zeitrahmen und Meilensteine an."

Dieser Prompt fordert das LLM auf, eine Roadmap mit Meilensteinen zu erstellen, die den gesamten Umsetzungsprozess von Softwareeinführung und -integration abdeckt.

Prompt 4: „Generiere eine Roadmap zur Verbesserung der Lieferkettenprozesse, die folgende Maßnahmen umfasst: Implementierung eines neuen Lagerverwaltungssystems, Optimierung der Lieferantenauswahl und Automatisierung von Bestellprozessen. Gib für jede Maßnahme einen Zeitrahmen an und setze messbare Meilensteine zur Erfolgskontrolle."

Hier wird das LLM gebeten, eine Roadmap zu erstellen, die mehrere Maßnahmen zur Prozessverbesserung in der Lieferkette umfasst und klare Meilensteine und Zeitrahmen setzt. ◄

3.6 Implementierung neuer Prozessmodelle

3.6.1 Maßnahmen umsetzen

Die Implementierung neuer Prozessmodelle ist ein kritischer Schritt im GPM. Sie stellt sicher, dass die neu designten oder optimierten Prozesse erfolgreich in die bestehende Infrastruktur eines Unternehmens integriert werden. Diese Phase erfordert strategische Planung und ein hohes Maß an Koordination zwischen verschiedenen Abteilungen und Stakeholdern. Der Erfolg der Implementierung hängt maßgeblich davon ab, wie gut die neuen Prozesse auf die bestehende Unternehmensstruktur abgestimmt werden und wie effektiv mögliche Risiken gemanagt werden.

Eine der zentralen Herausforderungen bei der Implementierung neuer Prozesse ist die Planung. Dabei müssen alle notwendigen Schritte bedacht werden, von der technischen Integration über die Schulung der Mitarbeiter bis hin zur Anpassung der IT-Infrastruktur. Hierbei können LLMs eine neuartige Rolle übernehmen und den Prozess erheblich vereinfachen. Anders als bisherige algorithmische Ansätze, die oft auf starren, regelbasierten Systemen basieren, sind LLMs in der Lage, kontextabhängig zu lernen, Muster zu erkennen und menschenähnliche Problemlösungen anzubieten.

Durch den Einsatz von LLMs können Unternehmen detaillierte Implementierungspläne erstellen, die auf ihre spezifischen Anforderungen zugeschnitten

sind. Diese Modelle analysieren große Mengen unstrukturierter Daten, beispielsweise aus historischen Projekten, um Empfehlungen abzuleiten. Darüber hinaus
sind sie in der Lage, potenzielle Risiken frühzeitig zu identifizieren und präventive
Maßnahmen vorzuschlagen, was den gesamten Implementierungsprozess sicherer
und effizienter gestaltet.

Ein entscheidender Vorteil von LLMs liegt in ihrer Adaptivität und kontinuierlichen Lernfähigkeit. Während traditionelle Algorithmen explizit programmiert
werden müssen, können LLMs sich an neue Herausforderungen anpassen, indem
sie aus vergangenen Implementierungen lernen und ihre Strategien dynamisch optimieren. Zudem ermöglichen sie eine Echtzeit-Integration von Feedback aus verschiedenen Unternehmensbereichen, wodurch sie als intelligente Assistenzsysteme
für Projektteams fungieren.

Über die reine Planungsunterstützung hinaus bieten LLMs eine erhebliche
Effizienzsteigerung durch Automatisierung und intelligente Entscheidungs-
findung. Sie können nicht nur Dokumentationen und Schulungsmaterialien auto-
matisch generieren, sondern auch als interaktive Assistenten agieren, die Change-
Management-Teams mit Best Practices und überzeugenden Antworten unter-
stützen. Unternehmen profitieren so von einer erheblichen Reduktion des
Aufwands bei der Implementierung neuer Prozesse und einer Minimierung von
Fehlerquellen.

Das disruptive Potenzial von LLMs zeigt sich insbesondere in der Transformation von reaktiver Planung hin zu proaktiver Prozessgestaltung. Indem sie mögliche Herausforderungen im Voraus identifizieren, verschiedene Implementierungs-
szenarien simulieren und optimierte Lösungen vorschlagen, ermöglichen sie eine
strategische Umsetzung neuer Prozesse. Sie integrieren sich nahtlos in bestehende
Unternehmensarchitekturen, analysieren bestehende IT-Systeme und schlagen gezielte Verbesserungsmöglichkeiten vor.

Stellen Sie sich vor, ein Unternehmen plant die Einführung eines neuen Kunden-
managementsystems, um die Kundenzufriedenheit zu steigern und die Effizienz in
der Kommunikation zu erhöhen. Die Implementierung eines solchen Systems erfordert umfassende Planung, da sie sowohl technische als auch organisatorische
Änderungen mit sich bringt. Das Unternehmen beauftragt ein Team ChatGPT zu
nutzen, um einen Implementierungsplan zu erstellen.

Initialer Prompt „Erstelle einen detaillierten Implementierungsplan für ein
neues Kundenmanagementsystem. Der Plan sollte alle relevanten Schritte umfassen, darunter technische Integration, Mitarbeiterschulungen, Anpassung der IT-
Infrastruktur und Risikomanagement. Beschreibe präventive Maßnahmen gegen
mögliche Herausforderungen wie Datenverluste oder Systemausfälle."

Nach der Eingabe dieses Prompts analysiert ChatGPT die Anforderungen des Unternehmens basierend auf den Dokumentationen von bisherigen Projekten und erstellt einen strukturierten Plan. Der Plan umfasst folgende Elemente:

Schulung der Mitarbeiter Ein Abschnitt des Plans ist der Mitarbeiterschulung gewidmet. ChatGPT schlägt vor, Schulungsmodule zu erstellen, die sowohl die grundlegenden Funktionen des neuen Systems als auch die spezifischen Anforderungen des Unternehmens berücksichtigen. Es empfiehlt die Durchführung von Workshops und E-Learning-Kursen, um sicherzustellen, dass alle Mitarbeiter das System effizient nutzen können.

Integration mit bestehenden Systemen ChatGPT schlägt vor, einen detaillierten Plan zur Integration des neuen Systems mit den bestehenden Datenbanken, CRM-Systemen und ERP-Systemen zu erstellen. Dies stellt sicher, dass der Übergang reibungslos verläuft und keine wertvollen Daten verloren gehen.

Technische Umsetzung und Infrastruktur Der Plan enthält eine Roadmap, die den Zeitrahmen und die Ressourcen für die Implementierung des Systems festlegt. Hier wird beschrieben, wie die Serverinfrastruktur angepasst oder neue Cloud-Dienste integriert werden müssen, um die Leistungsanforderungen des neuen Systems zu erfüllen.

Risikoanalyse und Risikominderung ChatGPT identifiziert mögliche Risiken, die bei der Implementierung auftreten könnten, wie z. B. Systemausfälle, Dateninkonsistenzen oder Mitarbeiterwiderstand. Für jedes Risiko schlägt das Modell präventive Maßnahmen vor, wie etwa Backups, Testläufe und die Einführung eines Change Managements, um den Widerstand gegen Veränderungen zu minimieren.

Evaluation und Feedback Der Plan umfasst auch eine Strategie zur Evaluation der Systemleistung nach der Implementierung. Dazu gehören Performance-Tests, Benutzerrückmeldungen und kontinuierliche Fehlerbehebungsmechanismen.

Der von ChatGPT generierte Implementierungsplan stellt sicher, dass das Unternehmen auf alle potenziellen Herausforderungen vorbereitet ist. Er umfasst klare und detaillierte Anweisungen, die sicherstellen, dass der Übergang zum neuen Kundenmanagementsystem reibungslos verläuft und keine wichtigen Details übersehen werden. Weiterführende spezifische Prompts helfen bei der Ausgestaltung einzelner Aspekte der Planung.

Beispiel

Prompt 1: „Erstelle eine Präsentation für das Management, die die Vorteile und Herausforderungen der Implementierung eines neuen Prozessmodells erläutert. Die Präsentation sollte einen Überblick über die strategischen Ziele, erwartete Effizienzsteigerungen und den Return on Investment (ROI) enthalten. Verwende eine überzeugende, datenbasierte Argumentation."

Mit diesem Prompt kann eine Präsentation erstellt werden, die das Management von der Notwendigkeit und den Vorteilen eines neuen Prozessmodells überzeugt.

Prompt 2: „Schreibe einen internen Leitfaden zur Einführung neuer Geschäftsprozesse. Der Leitfaden sollte klare Anweisungen für verschiedene Abteilungen enthalten, Best Practices für die Umsetzung erläutern und häufige Fehler sowie deren Vermeidung aufzeigen. Achte auf eine sachliche und leicht verständliche Sprache."

Dieser Prompt unterstützt die Erstellung eines umfassenden Leitfadens, der den Mitarbeitern eine klare Orientierung bei der Umsetzung neuer Prozesse bietet.

Prompt 3: „Verfasse eine E-Mail an die Mitarbeiter zur Ankündigung der Einführung eines neuen Prozessmodells. Die E-Mail sollte den Hintergrund der Veränderung, die Vorteile für den Arbeitsalltag und die nächsten Schritte enthalten. Formuliere die Nachricht motivierend und verständlich, um die Akzeptanz der Mitarbeiter zu fördern."

Dieser Prompt stellt sicher, dass die Kommunikation zur Prozessänderung klar und motivierend gestaltet ist, um eine positive Einstellung der Mitarbeiter zur Neuerung zu fördern.

Prompt 4: „Erstelle eine Risikoanalyse für die Implementierung eines neuen digitalen Workflows im Unternehmen. Identifiziere potenzielle Risiken wie technische Ausfälle, Widerstand der Mitarbeiter oder Integrationsprobleme mit bestehenden Systemen. Schlage präventive Maßnahmen und Lösungen zur Risikominimierung vor."

Mit diesem Prompt kann eine detaillierte Risikoanalyse erstellt werden, die Unternehmen dabei hilft, mögliche Probleme frühzeitig zu erkennen und gezielt zu adressieren.

Prompt 5: „Erstelle ein FAQ-Dokument zur Einführung eines neuen Prozessmodells. Die FAQs sollten typische Fragen von Mitarbeitern zu den Auswirkungen der Prozessänderung, Schulungsmöglichkeiten und dem Zeitrahmen der Implementierung beantworten. Formuliere die Antworten einfach und präzise."

Dieser Prompt sorgt dafür, dass ein informatives FAQ-Dokument erstellt wird, das Unsicherheiten reduziert und den Mitarbeitern bei der Umstellung hilft. ◄

3.6.2 Maßnahmen kommunizieren

Die Kommunikation von Maßnahmen zur Prozessverbesserung ist ein Bestandteil des erfolgreichen Change Managements im GPM. Auch die beste Prozessopti mierung wird nur dann nachhaltig wirksam, wenn alle relevanten Stakeholder die notwendigen Informationen rechtzeitig erhalten, ihre Rolle verstehen und motiviert sind, die Veränderung zu unterstützen. Daher ist eine zielgerichtete und klare Kommunikation unerlässlich, um die Akzeptanz und das Engagement der Beteiligten zu sichern.

Die Kommunikation von Maßnahmen umfasst die Erstellung und Verbreitung von Informationsmaterialien, die sowohl die Ziele als auch die erwarteten Auswirkungen der Prozessverbesserungen aufzeigen. Je nach Zielgruppe (z. B. Führungskräfte, Mitarbeiter, externe Partner) müssen die Inhalte und die Form der Kommunikation angepasst werden, um die richtigen Personen auf die effektivste Weise zu erreichen. Eine gute Kommunikation sorgt für Klarheit und Transparenz und trägt auch zur Minimierung von Widerständen und Missverständnissen bei [3].

In der heutigen digitalen Welt kann diese Kommunikationsarbeit durch den Einsatz von LLMs unterstützt werden. LLMs sind in der Lage, personalisierte Kommunikationsmaterialien zu erstellen und diese auf unterschiedliche Zielgruppen zuzuschneiden. Sie können dabei auch Inhalte generieren, die für verschiedene Kommunikationskanäle und -formate optimiert sind, sei es für Präsentationen, E-Mails, Intranet-Posts oder Berichte. Werden LLMs bereits von einigen Mitarbeitenden im Unternehmen genutzt ist über die übliche gruppierte Ansprache auch eine individualisierte Kommunikation möglich. Das war bisher aufgrund von begrenzten Ressourcen in großen Projekten nicht möglich. Die richtigen Kommunikationskanäle und -mittel tragen maßgeblich dazu bei, die Akzeptanz und das Verständnis für die neuen Maßnahmen zu fördern und die Umsetzung reibungslos zu gestalten.

- **Präsentationen und Berichte** sind besonders wichtig für die Vermittlung von detaillierten Analysen der vorgeschlagenen Maßnahmen sowie ihrer potenziellen Auswirkungen. Diese Dokumente bieten die Möglichkeit, tiefgehende Einblicke in die Gründe für die Prozessverbesserungen und die zu erwartenden Ergebnisse zu geben. Sie sind häufig das primäre Kommunikationsmittel für

Führungskräfte und Entscheidungsträger, die eine faktische Basis benötigen, um Entscheidungen zu treffen und die notwendigen Ressourcen zuzuweisen. Präsentationen können visuelle Hilfsmittel wie Diagramme und Grafiken enthalten, die komplexe Zusammenhänge auf verständliche Weise darstellen, während Berichte detaillierte, schriftliche Analysen bieten.

- **E-Mails und interne Mitteilungen** hingegen sind für die schnelle, tägliche Kommunikation von Bedeutung. Diese Kommunikationsmittel sind oft kürzer und konzentrieren sich auf die Zusammenfassung der wichtigsten Informationen. Sie sind in der Regel darauf ausgelegt, Mitarbeiter zeitnah über wichtige Änderungen oder Entwicklungen zu informieren. Eine gut formulierte E-Mail oder Mitteilung stellt sicher, dass die relevanten Personen schnell verstehen, welche Maßnahmen zu ergreifen sind und warum diese notwendig sind. Besonders wichtig ist dabei, dass die Nachricht prägnant und verständlich ist, um Missverständnisse zu vermeiden und die nötige Klarheit zu schaffen.
- **Schulungsunterlagen** bringen den Mitarbeitenden die neuen Prozesse und Tools näher. Sie bieten die detaillierten Informationen und Anleitungen, die notwendig sind, damit die Mitarbeitenden die Veränderungen problemlos umsetzen können. Schulungsunterlagen sollten praxisnah gestaltet sein und Schritt-für-Schritt-Anleitungen bieten, die den Lernenden helfen, sich sicher im Umgang mit den neuen Prozessen zurechtzufinden. Je nach Komplexität der Veränderung können diese Materialien in Form von Handbüchern, Video-Tutorials oder interaktiven Trainingsmodulen bereitgestellt werden. Wichtig ist, dass sie verständlich und anwenderfreundlich sind, um mögliche Frustration zu vermeiden.

LLMs können bei der Erstellung dieser Materialien enorm helfen, indem sie Texte automatisiert generieren, die sowohl informativ als auch überzeugend sind. Sie können dabei auf umfangreiche Datenquellen zugreifen und sicherstellen, dass die Inhalte vollständig und korrekt sind. Die Kommunikation von Prozessverbesserungen muss differenziert und zielgruppenspezifisch erfolgen, um die verschiedenen Interessen und Bedürfnisse der unterschiedlichen Stakeholder angemessen zu adressieren. Da jede Gruppe unterschiedliche Perspektiven und Informationsanforderungen hat, ist entscheidend, die Inhalte entsprechend anzupassen, um ihre Relevanz und Wirksamkeit zu maximieren. Die sprachliche und formale Anpassung von Daten stellt die Kernkompetenz von LLMs dar. Daher lassen sie sich in dieser Phase besonders wirkungsvoll einsetzen.

Insgesamt erfordert die Kommunikation von Prozessverbesserungen ein tiefes Verständnis der verschiedenen Bedürfnisse und Perspektiven der beteiligten Stakeholder. Durch eine maßgeschneiderte und zielgerichtete Ansprache lassen sich nicht nur Informationen effizient vermitteln, sondern auch die Akzeptanz und Unterstützung der verschiedenen Gruppen für die Veränderungsprozesse gewinnen.

- **Führungskräfte** benötigen vor allem eine strategische Sichtweise auf die geplanten Maßnahmen. Sie sind in erster Linie an den Auswirkungen der Prozessverbesserung auf das gesamte Unternehmen interessiert. Die Präsentation für diese Zielgruppe sollte daher den Fokus auf den ROI (Return on Investment) legen und klar darstellen, wie die Maßnahme zur Erreichung der Unternehmensziele beiträgt. Weitere wichtige Informationen betreffen die langfristigen Auswirkungen auf die Unternehmensstrategie und die wesentlichen Kennzahlen, wie etwa die Effizienzsteigerung, Kostensenkungen oder die Verbesserung der Kundenzufriedenheit. Da Führungskräfte Entscheidungen auf einer breiten und langfristigen Basis treffen, sind präzise, zahlenbasierte Argumente und eine klare Darstellung des geschätzten Mehrwerts entscheidend.
- **Mitarbeiter** hingegen sind primär an den praktischen Aspekten der Prozessverbesserungen interessiert. Sie möchten wissen, wie die Veränderungen ihren Arbeitsalltag betreffen und welche konkreten Anpassungen in ihren täglichen Aufgaben notwendig sind. In der Kommunikation mit dieser Zielgruppe liegt der Schwerpunkt auf der Schaffung von Verständnis und Akzeptanz für die neuen Prozesse. Wichtig ist, dass klare Anweisungen und konkrete Schritte aufgezeigt werden, um den Übergang zu den neuen Arbeitsabläufen zu erleichtern. Unterstützung durch Schulungsangebote, Tutorials oder Workshops kann dazu beitragen, die Mitarbeiter sicher durch die Veränderungen zu führen und Gefühle des Alleingelassen werden zu reduzieren. Darüber hinaus sollte auch die Bedeutung der Veränderung für die persönliche Arbeitserfahrung und mögliche Verbesserungen im Arbeitsumfeld betont werden, um die Motivation zur Mitwirkung zu fördern.
- **Externe Partner** wie Lieferanten, Berater oder Geschäftspartner müssen über die Änderungen informiert werden, die direkt die Zusammenarbeit und die gemeinsamen Prozesse betreffen. Die Kommunikation sollte klar und zielgerichtet auf die Aspekte eingehen, die für die externe Zusammenarbeit von Bedeutung sind. Hierzu gehören insbesondere Änderungen in den Prozessen, die die Interaktionen zwischen den Unternehmen betreffen, etwa bei der Auftragsabwicklung, den Kommunikationswegen oder den Lieferketten. Potenzielle Auswirkungen auf die Effizienz und die Qualität der Partnerschaft können dabei aufgezeigt werden, um die Kooperationsbereitschaft zu fördern. Transparente und regelmäßige Kommunikation mit externen Partnern trägt dazu bei, mögliche Missverständnisse zu vermeiden und das Vertrauen in die Prozessverbesserungen zu stärken.

LLMs können Inhalte basierend auf diesen unterschiedlichen Anforderungen automatisch generieren und den Stil sowie die Tonalität an die jeweilige Zielgruppe anpassen. Sie können auch die Sprache an den Wissensstand und die Vorkenntnisse der Zielgruppe anpassen, sodass eine verständliche Kommunikation gewährleistet wird.

Beispiel

Prompt 1: „Erstelle eine E-Mail zur Kommunikation einer neuen Prozessverbesserung für die Führungskräfte des Unternehmens. Die E-Mail sollte die Ziele der Prozessverbesserung, den erwarteten ROI, die langfristigen Vorteile für das Unternehmen und die wichtigsten KPIs enthalten. Formuliere die Nachricht kurz und prägnant, um das Interesse der Führungskräfte zu wecken."

Dieser Prompt hilft dabei, eine E-Mail zu erstellen, die auf die Bedürfnisse der Führungskräfte ausgerichtet ist und die die für sie relevanten Informationen hervorhebt.

Prompt 2: „Erstelle eine Präsentation zur Einführung eines neuen Prozessmodells für die Mitarbeiter. Die Präsentation sollte die Änderungen im Arbeitsablauf klar erklären, die Vorteile der neuen Prozesse hervorheben und konkrete Anweisungen zur Implementierung enthalten. Vermeide zu technische oder komplexe Begriffe und gestalte die Präsentation verständlich."

Dieser Prompt richtet sich an die Kommunikation mit den Mitarbeitern und sorgt dafür, dass die Informationen verständlich und praxisorientiert präsentiert werden.

Prompt 3: „Schreibe einen internen Bericht, der die Einführung einer neuen Prozessautomatisierung erklärt. Der Bericht sollte die relevanten Abteilungen und deren Verantwortlichkeiten nennen, den zeitlichen Ablauf der Implementierung darlegen und die notwendigen Ressourcen sowie den Nutzen für das Unternehmen hervorheben. Achte auf eine sachliche, professionelle Sprache."

Dieser Prompt fordert das LLM auf, einen formellen und informativen Bericht zu erstellen, der die Mitarbeiter und Führungskräfte über den Implementierungsprozess informiert.

Prompt 4: „Erstelle ein Intranet-Post, um eine neue Prozessänderung innerhalb des Unternehmens anzukündigen. Der Post sollte den Zweck der Änderung, die Vorteile für die tägliche Arbeit der Mitarbeiter und die nächsten Schritte zur Umsetzung erklären. Verwende eine freundliche, motivierende Sprache, um das Engagement der Mitarbeiter zu fördern."

Mit diesem Prompt kann das LLM einen informellen, aber klaren und motivierenden Intranet-Post generieren, der die Mitarbeiter zur Akzeptanz der neuen Prozesse anregt.

Prompt 5: „Erstelle ein Kommunikationsdokument für externe Partner, das die geplante Prozessverbesserung erklärt und die Auswirkungen auf die Zusammenarbeit mit dem Unternehmen darlegt. Gib an, welche Anpassungen erforderlich sind und wie die externe Partnerschaft von den Änderungen profitieren kann."

Dieser Prompt richtet sich an die Kommunikation mit externen Partnern und stellt sicher, dass alle relevanten Informationen für die Zusammenarbeit berücksichtigt werden. ◄

3.7 Überwachung und kontinuierliche Verbesserung

3.7.1 Compliance prüfen

Die Sicherstellung der Compliance von Geschäftsprozessen bedeutet für Unternehmen den rechtlichen und regulatorischen Anforderungen zu entsprechen. Compliance bezeichnet die Einhaltung gesetzlicher Vorschriften, interner Richtlinien sowie branchen- oder länderspezifischer Standards, die für die Geschäftsprozesse und deren Durchführung relevant sind. Eine Nichtbeachtung dieser Anforderungen kann zu erheblichen rechtlichen, finanziellen und reputativen Schäden führen. Die Überprüfung der Compliance in Geschäftsprozessen umfasst eine detaillierte Analyse der Unternehmensaktivitäten im Hinblick auf spezifische regulatorische Anforderungen und internen Vorschriften. Diese Überprüfung kann sowohl für einzelne Prozesse als auch für komplexe Geschäftsabläufe erforderlich sein. Hierbei sind unter anderem Aspekte wie Datenschutz (z. B. DSGVO), Arbeitsrecht, Umweltvorschriften und branchenspezifische Standards zu berücksichtigen.

Die manuelle Überprüfung von Compliance ist aufwendig und fehleranfällig, insbesondere bei großen Datenmengen oder komplexen regulatorischen Anforderungen. Aus diesem Grund bietet der Einsatz von LLMs eine effiziente Möglichkeit, die Compliance-Prüfung zu automatisieren und zu verbessern. LLMs können Dokumente, Prozesse und Textdaten analysieren und auf potenzielle Compliance-Risiken hinweisen. Sie ersetzen keine Juristen, können ihre Arbeit jedoch erheblich effizienter gestalten, sodass die Qualität steigt und der langfristige Aufwand sinkt. Zudem können LLMs kontinuierlich aktualisierte regulatorische Anforderungen einbeziehen und so sicherstellen, dass Unternehmen auf dem neuesten Stand der Compliance bleiben. Besonders dynamische Risiken können etwa in Bereichen wie dem Datenschutz (z. B. unzureichende Datensicherheit), Arbeitsrecht (z. B. nicht konforme Arbeitsverträge) oder in der Lieferkette (z. B. Verstöße gegen internationale Standards) liegen.

LLMs sind besonders leistungsfähig, da sie nicht nur einfache Textvergleiche durchführen, sondern auch die zugrunde liegende Bedeutung komplexer Regelwerke erfassen können. Sie ordnen Vorschriften in ihren Kontext ein, berücksichtigen Ausnahmen und verstehen Wechselwirkungen zwischen verschiedenen Regularien. Dies ermöglicht eine tiefere und präzisere Analyse von Compliance-Risiken, selbst wenn unterschiedliche Formulierungen oder mehrdeutige Anforderungen vorliegen. Unternehmen profitieren davon, dass LLMs Zusammenhänge erkennen und Interpretationen vorschlagen können, die über eine rein syntaktische Prüfung hinausgehen. Rahmenwerke gerecht wird.

Beispiel

Prompt 1: „Überprüfe die folgenden Unternehmensrichtlinien auf Übereinstimmung mit der Datenschutz-Grundverordnung (DSGVO). Identifiziere alle Abschnitte, die potenziell nicht konform mit den Anforderungen an den Datenschutz und die Datensicherheit sind."

Dieser Prompt fordert das LLM auf, spezifische Dokumente zu prüfen und auf mögliche Verstöße gegen die DSGVO hinzuweisen.

Prompt 2: „Vergleiche die Prozessbeschreibung für die Auftragsabwicklung mit den regulatorischen Anforderungen im Bereich Arbeitsrecht. Identifiziere alle Schritte, die möglicherweise gegen gesetzliche Bestimmungen zur Arbeitszeit, Entlohnung oder Arbeitsverträgen verstoßen könnten."

Hiermit wird das LLM gebeten, eine Prozessbeschreibung auf Arbeitsrechtsvorschriften zu überprüfen und potenzielle Verstöße aufzuzeigen.

Prompt 3: „Analysiere den Prozess mit unserem externen Lieferanten und überprüfe ihn auf Übereinstimmungen mit internationalen Handelsvorschriften und Compliance-Richtlinien. Achte besonders auf Klauseln, die Risiken im Hinblick auf die Einhaltung von Umweltstandards und Exportbestimmungen darstellen könnten."

Dieser Prompt fordert das LLM auf, Verträge auf Compliance mit internationalen Vorschriften und Standards zu prüfen und Risiken zu identifizieren.

Prompt 4: „Überprüfe die internen Prozesse zur Aufbewahrung und Verarbeitung von Kundendaten und stelle sicher, dass sie allen Anforderungen der DSGVO entsprechen. Markiere alle Bereiche, in denen Änderungen oder zusätzliche Sicherheitsmaßnahmen erforderlich sind."

Mit diesem Prompt wird das LLM angewiesen, die internen Prozesse in Bezug auf Datenschutz zu überprüfen und Schwachstellen zu identifizieren.

Prompt 5: „Scanne die folgenden internen Audits und Compliance-Berichte auf mögliche Unstimmigkeiten oder nicht eingehaltene Vorschriften. Führe eine Zusammenfassung der gefundenen Risiken und Verstöße an."

Dieser Prompt ermöglicht es dem LLM, Audits und Berichte zu durchforsten, um Verstöße gegen gesetzliche Vorschriften zu finden und zusammenzufassen.

Prompt 6: „Erstelle eine Liste aller regulatorischen Anforderungen, die für den Geschäftsprozess zur Lieferantenauswahl relevant sind, und überprüfe den aktuellen Prozess auf Übereinstimmungen mit diesen Vorgaben. Achte darauf, ob alle relevanten Compliance-Vorgaben berücksichtigt wurden."

Hiermit wird das LLM gebeten, einen spezifischen Geschäftsprozess auf die Einhaltung von Compliance-Vorgaben zu überprüfen. ◀

3.7.2 Prozessgovernance prüfen

Prozessgovernance bezeichnet die übergeordnete Steuerung, Überwachung und kontinuierliche Verbesserung von Geschäftsprozessen innerhalb eines Unternehmens. Sie stellt sicher, dass Prozesse effizient, konsistent und strategiekonform gestaltet sowie nachhaltig optimiert werden. Prozessgovernance umfasst dabei Aspekte wie Rollen- und Verantwortlichkeitsdefinitionen, Prozessstandards, Messgrößen zur Leistungsbewertung (KPIs) und Mechanismen zur Prozessanpassung. Ziel ist, eine klare Struktur für die Prozesssteuerung zu schaffen, um Unternehmensziele bestmöglich zu unterstützen. Während Compliance darauf abzielt, gesetzliche, regulatorische und interne Vorgaben einzuhalten, fokussiert sich Prozessgovernance auf das Management und die Steuerung von Prozessen mit Blick auf Effizienz, Qualität und Zielerreichung. Compliance stellt sicher, dass Prozesse regelkonform sind, wohingegen Prozessgovernance sicherstellt, dass sie optimal im regulatorischen Rahmen definiert, ausgeführt und weiterentwickelt werden. Beide Konzepte sind eng miteinander verknüpft, da eine wirksame Prozessgovernance auch dazu beiträgt, Compliance-Risiken zu minimieren, indem sie transparente und gut dokumentierte Abläufe schafft.

Traditionelle Ansätze zur Prozessgovernance sind oft langsam, bürokratisch und schwerfällig. Dokumentationen sind umfangreich, unübersichtlich und mitunter widersprüchlich, während regulatorische Anforderungen stetig wachsen. In diesem Kontext bieten LLMs eine radikale Transformation der Prozessgovernance: Sie ermöglichen nicht nur eine effizientere Analyse und Steuerung, sondern revolutionieren auch die Art und Weise, wie Unternehmen ihre Prozesse verstehen, bewerten und anpassen.

Compliance-Kontrollen zielen auf die Einhaltung von Vorschriften ab. Prozessgovernance beschäftigt sich hingegen mit der effizienten Gestaltung und Steuerung von Abläufen. Unternehmen müssen sicherstellen, dass ihre Prozesse mit internen

Richtlinien und strategischen Zielen übereinstimmen. Diese Dokumente enthalten
jedoch oft mehrdeutige Formulierungen, widersprüchliche Vorgaben oder schwer
verständliche fachliche Texte. LLMs können solche Dokumente in kürzester Zeit
analysieren, strukturieren und bewerten. Sie erkennen Unstimmigkeiten, fehlende
Verknüpfungen zwischen Prozessen oder unklare Verantwortlichkeitszuweisungen.
Zudem können sie automatisch Best Practices vorschlagen, indem sie bestehende
Dokumente mit externen Standards oder vergleichbaren Governance-Strukturen
abgleichen.

In vielen Unternehmen existieren unterschiedliche Governance-Dokumente für
verschiedene Geschäftsbereiche. Diese wachsen oft über Jahre hinweg und werden
von verschiedenen Abteilungen erstellt, was zu Inkonsistenzen und widersprüch-
lichen Regelungen führen kann. Während Compliance lediglich sicherstellen muss,
dass keine Gesetze verletzt werden, erfordert Prozessgovernance eine konsistente
Strukturierung aller Abläufe. LLMs können widersprüchliche Regelungen automatisch erkennen und auflösen. Sie analysieren verschiedene Dokumente simultan,
identifizieren Abweichungen und schlagen einheitliche Formulierungen vor.
Zudem können sie nachvollziehen, ob Änderungen in einem Dokument Auswirkungen auf andere Prozesse haben und diese Informationen automatisch
bereitstellen.

Während Compliance sich auf die Reaktion auf gesetzliche Änderungen
konzentriert, geht Prozessgovernance weiter und betrachtet auch strategische Anpassungen aufgrund neuer Marktbedingungen oder interner Veränderungen. Unternehmen müssen ihre Prozesse kontinuierlich optimieren, um wettbewerbsfähig zu
bleiben. LLMs können sowohl regulatorische Updates als auch strategische Veränderungen verarbeiten und deren Auswirkungen auf bestehende Prozesse bewerten. Sie durchsuchen automatisch interne und externe Dokumente, identifizieren
relevante Neuerungen und empfehlen Anpassungen an bestehenden Prozess-
richtlinien.

Eine klare Definition von Verantwortlichkeiten ist essenziell für eine funktionierende Prozessgovernance. Compliance konzentriert sich darauf, dass festgelegte
Verantwortlichkeiten eingehalten werden, während Prozessgovernance aktiv an
der Gestaltung von Rollen und Entscheidungswegen arbeitet. LLMs helfen, Verantwortlichkeiten präziser zu definieren und überwachen die Einhaltung von
Governance-Vorgaben. Sie können Abweichungen von definierten Workflows erkennen, unklare Zuständigkeitsbereiche identifizieren und Empfehlungen für eine
optimierte Rollenverteilung aussprechen.

Die Dokumentationspflichten aus Compliance-Perspektive werden von Prozessgovernance um die Anforderungen transparenter Entscheidungsfindung und
Steuerung von Abläufen erweitert. Fehlende Transparenz kann dazu führen, dass

Prozesse ineffizient oder inkonsistent umgesetzt werden. LLMs können Governance-Dokumentationen in leicht verständliche Berichte umwandeln und gezielt relevante Informationen für verschiedene Zielgruppen bereitstellen. Sie ermöglichen zudem eine interaktive Abfrage von Governance-Regelungen, sodass Führungskräfte und Mitarbeiter schnell und unkompliziert auf relevante Informationen zugreifen können.

Beispiel

Prompt 1: „Analysiere die folgenden Governance-Dokumente und identifiziere alle Inkonsistenzen in Bezug auf Verantwortlichkeitszuweisungen. Gib an, welche Rollen und Verantwortlichkeiten unklar oder widersprüchlich sind."

Mit diesem Prompt wird das LLM angewiesen, Governance-Dokumente auf inkonsistente oder unklare Verantwortlichkeitszuweisungen zu überprüfen.

Prompt 2: „Überprüfe das Prozessgovernance-Dokument auf Übereinstimmung mit den aktuellen Best Practices im Bereich Risikomanagement und Compliance. Markiere Abschnitte, die veraltet oder unvollständig sind, und schlag vor, wie diese verbessert werden können."

Dieser Prompt fordert das LLM auf, das Governance-Dokument mit aktuellen Best Practices zu vergleichen und mögliche Verbesserungsvorschläge zu unterbreiten.

Prompt 3: „Scanne die Governance-Dokumentation und identifiziere alle Prozesse, bei denen eine klare Überwachung und Kontrolle fehlen. Gib Empfehlungen, wie diese Prozesse besser überwacht und kontrolliert werden können."

Dieser Prompt hilft dabei, Governance-Dokumente auf fehlende Überwachungsmechanismen zu überprüfen und entsprechende Verbesserungsvorschläge zu machen.

Prompt 4: „Analysiere das Governance-Modell des Unternehmens und stelle fest, ob die Zuständigkeiten in der Prozessdokumentation eindeutig definiert sind. Gib Empfehlungen zur besseren Zuweisung von Verantwortlichkeiten."

Hier wird das LLM aufgefordert, das Governance-Modell zu überprüfen und Vorschläge zur Verbesserung der Verantwortlichkeitsverteilung zu machen.

Prompt 5: „Überprüfe das Governance-Dokument auf Transparenz und Kommunikation. Identifiziere alle Lücken, die dazu führen könnten, dass wichtige Stakeholder nicht ausreichend informiert werden. Gib Empfehlungen zur Verbesserung der Kommunikationsstrategie."

Dieser Prompt fordert das LLM auf, Governance-Dokumente in Bezug auf Transparenz und Kommunikation zu analysieren und Lücken aufzuzeigen. ◀

3.7.3   Wirtschaftlichkeit prüfen

Die Wirtschaftlichkeitsprüfung im GPM ist ein kontinuierlicher Prozess, bei dem die Rentabilität von Geschäftsabläufen analysiert und bewertet werden. Durch den Einsatz von LLMs werden diese Prüfungen um eine wichtige Dimension erweitert, die auf rationaler Datenanalyse basiert.

Im Rahmen der Kosteneffizienz wird geprüft, ob die eingesetzten Ressourcen – sei es Personal, Maschinen oder Rohstoffe – optimal genutzt werden. Dabei wird regelmäßig der Ressourcenverbrauch mit den Ergebnissen und Outputs eines Prozesses verglichen, um sicherzustellen, dass keine unnötigen Ausgaben anfallen. Hierzu werden Prozesskennzahlen wie Produktivität, Durchlaufzeiten und Materialverbrauch herangezogen. Ziel ist, die Kosten zu senken und die Ressourcenbestände zu optimieren. LLMs können die gesamte Datenmenge schnell und präzise analysieren, um ineffiziente Ressourcennutzung zu identifizieren, etwa durch die Analyse von Variationen im Materialverbrauch oder unerwarteten Arbeitszeitüberschreitungen. Dies ermöglicht eine schnellere Entscheidung darüber, wo Optimierungen vorgenommen werden müssen, ohne auf manuelle Berechnungen angewiesen zu sein. Ihre Rationalität und Fähigkeit zur Mustererkennung sorgen dafür, dass keine wichtigen Details übersehen werden.

Die Leistungskennzahlen (KPIs) sind wesentliche Indikatoren, die eine Überwachung der Prozessleistung ermöglichen. KPIs wie die Produktionsgeschwindigkeit, Fehlerquote und Auslastung werden regelmäßig überprüft, um die Effizienz zu messen und Verbesserungspotenziale zu identifizieren. Benchmarking hilft dabei, diese KPIs im Vergleich zu Branchendurchschnitt oder Best Practices zu bewerten, sodass Unternehmen sehen, wie ihre Prozesse im Vergleich zu anderen Marktteilnehmern abschneiden. LLMs können eine Vielzahl von Daten aus internen und externen Quellen aggregieren und in einem größeren Kontext analysieren. Sie können nicht nur historische KPIs innerhalb des Unternehmens vergleichen, sondern auch Branchendaten und externe Benchmarks heranziehen. Ihre Fähigkeit zur Mustererkennung und ihr Zugang zu breiten Datenquellen macht sie zu einem unschätzbaren Werkzeug für die kontinuierliche Leistungsbewertung und den Vergleich von Prozessen. Außerdem erlauben sie die Automatisierung von Benchmarking-Prozessen, was den Aufwand erheblich reduziert.

Die Echtzeit-Datenanalyse ermöglicht eine sofortige Reaktion auf Prozessänderungen und ineffiziente Abläufe. Aus laufenden Prozessen werden kontinuierlich Daten gesammelt, um Probleme sofort zu erkennen und Optimierungsmaßnahmen zu ergreifen. Besonders wichtig ist, Schwankungen oder Anomalien sofort zu erkennen, um schnell Anpassungen vorzunehmen, die die Wirtschaftlichkeit des

Prozesses verbessern. In großen Unternehmen sind hier schon Sekunden entscheidend. LLMs sind in der Lage, Daten in Echtzeit zu verarbeiten und sofortige, datengestützte Empfehlungen abzugeben. Wenn ein LLM eine Unregelmäßigkeit in den Leistungsdaten feststellt (z. B. eine plötzliche Erhöhung der Produktionskosten oder eine Verzögerung in der Lieferkette), kann es schnell Vorschläge zur Prozessoptimierung machen, basierend auf historischen Daten und vergleichbaren Szenarien. Diese proaktive Handlung spart Zeit und vermeidet ineffiziente Prozesse.

Angenommen, ein Unternehmen möchte die Leistung seines Produktionsprozesses überwachen und kontinuierlich verbessern. In diesem Fall könnte das Unternehmen ChatGPT verwenden, um regelmäßig detaillierte Berichte zu erstellen, die auf den neuesten Leistungsdaten basieren.

Initialer Prompt „Erstelle einen monatlichen Bericht zur Leistung des Produktionsprozesses und schlage Verbesserungen vor."

Nach der Eingabe dieses Prompts analysiert ChatGPT verschiedene Quellen und Daten, die mit dem Produktionsprozess zusammenhängen, wie zum Beispiel Produktionskennzahlen, Fehlerquoten, Durchlaufzeiten und Maschinenverfügbarkeit. Das Modell verarbeitet diese Daten in Echtzeit durch direkte Anbindung an die Steuerungs-Systeme und generiert einen umfassenden Bericht, der folgende Elemente umfasst:

Leistungsübersicht Der Bericht gibt eine detaillierte Übersicht über die aktuellen Leistungskennzahlen des Produktionsprozesses, einschließlich der Produktionsraten, der Durchlaufzeiten und der Fehlerquoten. Hier werden auch Trends und Veränderungen im Vergleich zu vorherigen Zeiträumen hervorgehoben.

Engpässe und Schwachstellen ChatGPT analysiert die Daten und identifiziert Engpässe oder Bereiche mit niedriger Leistung. Zum Beispiel könnte das Modell feststellen, dass bestimmte Maschinen regelmäßig ausfallen oder dass die Durchlaufzeiten für bestimmte Arbeitsschritte über dem Branchendurchschnitt liegen.

Optimierungsvorschläge Basierend auf den identifizierten Engpässen und Schwachstellen schlägt das Modell konkrete Maßnahmen zur Prozessverbesserung vor. Zum Beispiel könnte ChatGPT vorschlagen, regelmäßige Wartungsintervalle für die Maschinen zu erhöhen oder den Produktionsablauf in bestimmten Bereichen zu ändern, um die Durchlaufzeiten zu verkürzen.

Risikomanagement Der Bericht enthält außerdem eine Risikoanalyse, die mögliche Risiken bei der Implementierung der vorgeschlagenen Änderungen berücksichtigt. Dies könnte beispielsweise das Risiko von Produktionsverzögerungen oder Kostenüberschreitungen umfassen.

Die regelmäßigen Leistungsberichte und Optimierungsvorschläge, die von ChatGPT generiert werden, ermöglichen dem Unternehmen, proaktiv Maßnahmen zur Verbesserung des Produktionsprozesses zu ergreifen. Durch den kontinuierlichen Zugang zu datengestützten Erkenntnissen kann das Unternehmen schnell auf Veränderungen reagieren und Maßnahmen zur Steigerung der Effizienz und Reduzierung der Kosten ergreifen.

Beispiel

Prompt 1: „Analysiere den aktuellen Produktionsprozess und identifiziere alle ineffizienten Ressourcennutzungen in Bezug auf Materialverbrauch, Personalaufwand und Maschinenleistung. Markiere Bereiche, in denen die Ressourcennutzung nicht optimal ist, und schlag vor, wie diese verbessert werden können."

Dieser Prompt fordert das LLM auf, den Produktionsprozess zu analysieren und Vorschläge zur Optimierung der Ressourcennutzung zu machen.

Prompt 2: „Überprüfe die aktuellen Produktionskennzahlen auf Übereinstimmung mit den branchenüblichen Best Practices in Bezug auf Produktivität, Fehlerquote und Auslastung. Markiere Abweichungen und schlag vor, wie die Leistung an den Branchendurchschnitt angepasst werden kann."

Dieser Prompt fordert das LLM auf, die Produktionskennzahlen mit den Best Practices der Branche zu vergleichen und Verbesserungsvorschläge zu unterbreiten.

Prompt 3: „Scanne die Produktionsdaten und identifiziere alle Anomalien oder Schwankungen, die auf ineffiziente Abläufe oder Probleme in der Produktion hinweisen. Gib Empfehlungen, wie diese Probleme in Echtzeit erkannt und sofortige Optimierungen vorgenommen werden können."

Dieser Prompt hilft dabei, Schwankungen in den Produktionsdaten zu identifizieren und proaktive Maßnahmen zur Verbesserung vorzuschlagen.

Prompt 4: „Überprüfe die aktuellen Prozesskennzahlen und analysiere, ob es Bereiche gibt, in denen die Leistungsbewertung unzureichend ist. Identifiziere diese Lücken und gib Vorschläge, wie die Prozesskennzahlen verbessert oder angepasst werden können, um eine präzisere Leistungskontrolle zu ermöglichen."

Dieser Prompt fordert das LLM auf, mögliche Lücken in der Leistungsbewertung zu identifizieren und Optimierungen vorzuschlagen.

Prompt 5: „Analysiere die aktuellen Echtzeit-Daten des Produktionsprozesses und identifiziere alle Abweichungen von den gewünschten Leistungskennzahlen. Gib konkrete Empfehlungen, wie die erkannten Anomalien umgehend behoben werden können, um die Effizienz des gesamten Prozesses zu steigern."

Dieser Prompt hilft dabei, Anomalien in Echtzeit-Daten zu erkennen und proaktive Handlungsempfehlungen zur sofortigen Prozessoptimierung zu geben. ◄

3.8 Optimierung von Prozessen

3.8.1 Prozesse automatisieren

Die Automatisierung von Prozessen ist ein zentraler Bestandteil der Optimierung betrieblicher Abläufe. Sie zielt darauf ab, wiederkehrende, regelbasierte Aufgaben durch technische Systeme zu ersetzen. Während klassische Automatisierungslösungen meist auf festen Regeln und Skripten basieren, eröffnen moderne Ansätze, insbesondere durch den Einsatz von LLMs, neue Möglichkeiten für flexible und adaptive Automatisierung.

Ein wesentliches Anwendungsfeld ist die Datenverarbeitung, bei der große Mengen an Informationen effizient und fehlerfrei verarbeitet werden müssen. Automatisierte Systeme können beispielsweise Finanzdaten konsolidieren, Rechnungen erfassen oder Kundendaten analysieren, wodurch menschliche Fehler minimiert und Prozesse beschleunigt werden. Auch in der Kommunikation und Dokumentation bringt Automatisierung erhebliche Vorteile: E-Mail-Antworten lassen sich generieren, Terminvereinbarungen automatisch organisieren und standardisierte Berichte effizient erstellen. Darüber hinaus spielt die Automatisierung in der Produktion und Logistik eine entscheidende Rolle, etwa wenn Roboter repetitive Arbeiten übernehmen oder intelligente Systeme Lagerbestände und Bestellungen verwalten. Nicht zuletzt profitieren auch IT- und Softwareprozesse, beispielsweise durch automatisierte Tests, Sicherheitsscans oder DevOps-Pipelines, die Entwicklungs- und Wartungsprozesse beschleunigen.

Mit dem Aufkommen von LLMs erweitert sich das Spektrum der Automatisierung erheblich, da sie über klassische regelbasierte Systeme hinausgehen. Insbesondere ihre Fähigkeit zur dynamischen Entscheidungsfindung ermöglicht, auf unvorhergesehene Abweichungen flexibel zu reagieren. Während traditionelle Automatisierungssysteme klare, vordefinierte Abläufe benötigen, können LLMs anhand von Mustern und Kontext selbstständig Lösungswege generieren. Dies ist besonders vorteilhaft in Bereichen, in denen die Verarbeitung natürlicher Sprache eine Rolle spielt, etwa beim Beantworten von Kundenanfragen, der automatisierten Erstellung von Vertragsdokumenten oder der Analyse unstrukturierter Texte.

Im Vergleich mit bisherigen Methoden zeigt LLM-gestützte Automatisierung mehrere Stärken. Während klassische Automatisierungssysteme oft starr und regelbasiert sind, bieten LLMs eine höhere Flexibilität und Anpassungsfähigkeit. Zudem können sie unterschiedlichste Aufgaben innerhalb eines Systems bewältigen, ohne für jede neue Anforderung eine separate Lösung zu benötigen. Dies führt nicht nur zu einer besseren Skalierbarkeit, sondern auch zu einer geringeren Abhängigkeit von spezialisierten Programmierkenntnissen, da natürliche Sprache als Schnittstelle genutzt werden kann. Dies vereinfacht den Zugang zu Automatisierungslösungen erheblich und reduziert den Entwicklungsaufwand. Darüber hinaus ergibt sich ein wirtschaftlicher Vorteil: Anstatt komplexe Regelwerke zu pflegen oder individuelle Softwarelösungen zu entwickeln, können Unternehmen LLMs nutzen, um Prozesse schnell und kosteneffizient zu automatisieren.

Durch den gezielten Einsatz von LLMs können Prozessschritte identifiziert werden, die sich für eine Automatisierung eignen, selbst wenn bisherige Methoden dazu nicht in der Lage waren. Besonders wirkungsvoll ist dies in Bereichen, in denen unstrukturierte Daten verarbeitet, komplexe Entscheidungen getroffen oder natürliche Sprache genutzt werden muss.

Beispiel

Prompt 1: „Analysiere eingehende Kundenanfragen aus den letzten sechs Monaten und identifiziere Muster in wiederkehrenden Fragen und Problemen. Erstelle eine Liste mit standardisierten Antwortvorschlägen und kategorisiere die Anfragen nach Automatisierungspotenzial."

Dieser Prompt hilft, typische Kundenanfragen zu erkennen und eine Grundlage für automatisierte Antworten oder Chatbots zu schaffen.

Prompt 2: „Analysiere historische Lieferketten-Daten und erkenne Muster, die auf wiederkehrende Verzögerungen oder Störungen hinweisen. Markiere kritische Punkte und schlage konkrete Maßnahmen zur Prozessautomatisierung vor, um Engpässe zu minimieren."

Das LLM unterstützt dabei, ineffiziente Stellen in der Lieferkette zu identifizieren und Automatisierungsmöglichkeiten aufzuzeigen.

Prompt 3: „Überprüfe eine Sammlung von Unternehmensdokumenten und klassifiziere sie nach Typ, Relevanz und Bearbeitungsaufwand. Identifiziere

Dokumente, die sich durch Texterkennung und automatische Weiterleitung effizienter verarbeiten lassen."

Dieser Prompt hilft, Automatisierungspotenzjale in der Dokumentenverwaltung zu erkennen, beispielsweise durch OCR-gestützte Verarbeitung oder automatisierte Workflows.

Prompt 4: „Analysiere eine Sammlung von internen Compliance-Berichten und identifiziere wiederkehrende Regelverstöße oder Abweichungen von gesetzlichen Vorgaben. Entwickle eine Regelbasis für ein automatisiertes Monitoring-System, das potenzielle Verstöße frühzeitig meldet."

LLMs ermöglichen hier eine automatisierte Erkennung von Compliance-Risiken, was bisher oft manuelle Prüfungen erforderte.

Prompt 5: „Analysiere historische Wartungsdaten und identifiziere Muster, die auf bevorstehende Ausfälle oder übermäßigen Verschleiß hinweisen. Schlage ein Modell für eine automatisierte Wartungsplanung vor, um ungeplante Stillstände zu minimieren."

Durch datenbasierte Analyse kann das LLM Wartungsintervalle optimieren und Predictive Maintenance unterstützen.

Prompt 6: „Untersuche Produktionsdaten und erkenne Anomalien, die auf fehlerhafte Prozesse oder Qualitätsprobleme hinweisen. Erstelle Regeln für eine automatische Erkennung solcher Abweichungen, um eine frühzeitige Fehlerkorrektur zu ermöglichen."

Das LLM hilft, Qualitätsmängel zu erkennen und durch automatisierte Kontrollen frühzeitig gegenzusteuern. ◄

3.8.2 Kontinuierlich verbessern (CPI)

Kontinuierliche Prozessverbesserung (Continuous Process Improvement, CPI) ist eine langfristige Strategie, um Geschäftsprozesse stetig zu optimieren. Der Prozess der kontinuierlichen Verbesserung ist iterativ und basiert auf der Annahme, dass immer Raum für Optimierungen existiert. Ziel von CPI ist, Schwächen in bestehenden Prozessen zu identifizieren, Verbesserungsmaßnahmen umzusetzen und diese kontinuierlich zu überwachen, um die langfristige Leistungsfähigkeit des Unternehmens zu sichern. CPI erfolgt typischerweise in Zyklen, bei denen nach jeder Verbesserung eine Analyse der Ergebnisse durchgeführt wird, um zu entscheiden, ob weitere Anpassungen notwendig sind. Zu den populären Methoden der kontinuierlichen Prozessverbesserung gehören Konzepte wie Kaizen, Six Sigma und Lean Management, die alle darauf ausgerichtet sind, Ineffizienzen zu beseitigen und den Wertstrom zu maximieren [9].

In der Praxis werden im CPI oft nur kleinere Verbesserungen avisiert. Der Einfluss der Optimierungen auf Anpassungen und Effizienzsteigerungen ist daher begrenzt. Dies liegt daran, dass CPI auf schrittweise Veränderungen setzt, um kontinuierliche, aber nachhaltige Fortschritte zu erzielen. Ein zu großer Aufwand beim Aufspüren von Verbesserungspotenzialen und ihrer Implementierung muss daher vermieden werden, da der Nutzen der Optimierungen in keinem sinnvollen Verhältnis zu den investierten Ressourcen stehen könnte. Unternehmen müssen daher einen pragmatischen Ansatz wählen, bei dem der Aufwand für die Identifikation und Umsetzung von Verbesserungen in einem angemessenen Verhältnis zum erwarteten Nutzen steht.

Der Einsatz von Technologie, insbesondere von LLMs, spielt eine zunehmend wichtige Rolle in der Unterstützung des CPI. LLMs können dazu beitragen, Optimierungspotenziale zu identifizieren, Vorschläge für Verbesserungsmaßnahmen zu generieren und Prozesse in Echtzeit zu überwachen, um frühzeitig auf Abweichungen oder Ineffizienzen reagieren zu können. Zum Beispiel kann ein LLM aus Kundenfeedback und Reklamationen ableiten, dass ein bestimmter Prozessabschnitt häufig zu Verzögerungen führt, was die Kundenzufriedenheit beeinträchtigt. Ein weiteres Beispiel wäre die Analyse von Prozesskennzahlen, bei der LLMs schnell Abweichungen vom Sollwert erkennen und spezifische Schwächen im Prozess aufzeigen können, die einer Anpassung bedürfen. Bisherige Systeme konnten lediglich die Abweichung melden.

Der Erfolg von CPI hängt nicht allein von technologischen Hilfsmitteln ab, sondern auch von der Bereitschaft der Organisation, die identifizierten Verbesserungen tatsächlich umzusetzen. Die Implementierung neuer Maßnahmen sollte daher unter Berücksichtigung der Wirtschaftlichkeit und der praktischen Machbarkeit erfolgen. Die Herausforderung liegt darin, ein Gleichgewicht zwischen dem Streben nach kontinuierlicher Verbesserung und der Vermeidung von übermäßigem Ressourcenaufwand zu finden.

Beispiel

Prompt 1: „Analysiere die folgenden Prozessdaten und identifiziere alle wiederkehrenden Engpässe, die zu Verzögerungen führen. Gib Empfehlungen zur Beseitigung dieser Engpässe, um die Durchlaufzeiten zu verkürzen."

Mit diesem Prompt wird das LLM gebeten, Prozessdaten auf ineffiziente Abschnitte zu untersuchen und Verbesserungsvorschläge zu machen, die den Prozess beschleunigen.

Prompt 2: „Überprüfe die letzten Kundenfeedback-Berichte und identifiziere Prozesse, die häufig zu Unzufriedenheit führen. Was sind die Hauptursachen dieser Probleme, und welche Maßnahmen sollten ergriffen werden, um diese zu beheben?" Dieser Prompt richtet sich darauf, das LLM auf die Analyse von Kundenfeedback zu fokussieren, um häufige Probleme in den Prozessen zu identifizieren und konkrete Lösungsvorschläge zu erhalten.

Prompt 3: „Untersuche die KPI-Daten des letzten Quartals und finde Abweichungen vom Sollwert. Welche Prozesse oder Schritte im Workflow haben die größte negative Auswirkung auf die Effizienz? Gib konkrete Vorschläge zur Prozessoptimierung."

Das LLM wird mit der Aufgabe betraut, KPI-Daten zu analysieren, Abweichungen zu identifizieren und gezielte Verbesserungsmaßnahmen vorzuschlagen.

Prompt 4: „Überwache die Echtzeit-Prozessdaten für den Bereich Lieferkettenmanagement und identifiziere Abweichungen von den geplanten Kennzahlen. Welche Anpassungen sind erforderlich, um die Effizienz zu steigern?"

Hier wird das LLM in Echtzeit mit der Überwachung von Prozessdaten beauftragt und gleichzeitig aufgefordert, sofortige Anpassungsmaßnahmen zu identifizieren, um die Effizienz zu steigern.

Prompt 5: „Vergleiche die letzten Auditergebnisse der Finanzabteilung mit den internen Zielvorgaben. Welche Prozesse sind für die Budgetabweichungen verantwortlich, und welche kurzfristigen Änderungen sollten vorgenommen werden?"

Dieses Beispiel nutzt das LLM, um Abweichungen zwischen Audit-Ergebnissen und Zielvorgaben zu erkennen und spezifische Verbesserungsmaßnahmen vorzuschlagen. ◀

3.8.3 Radikal verbessern (BPR)

Business Process Reengineering (BPR) ist eine methodische Herangehensweise zur grundlegenden Neugestaltung von Geschäftsprozessen. Im Gegensatz zur kontinuierlichen Prozessverbesserung (CPI), die inkrementelle Optimierungen verfolgt, überdenkt BPR Prozesse von Grund auf neu, um signifikante Verbesserungen zu erzielen. Die Grundidee von BPR ist, Prozesse so zu gestalten, dass sie die gesamte Wertschöpfungskette besser unterstützen und moderne technologische Möglichkeiten sowie innovative Arbeitsweisen nutzen. BPR wird oft dann angewendet, wenn bestehende Prozesse die Unternehmensziele nicht mehr ausreichend unterstützen oder wenn Unternehmen durch digitale Transformation oder Marktveränderungen unter Druck geraten [4].

Das Neudenken und Umgestalten von Prozessen erfordert tiefgehende Analysen und die Identifikation disruptiver Verbesserungspotenziale. Dies ist eine komplexe Aufgabe, die durch den Einsatz von modernen Technologien, wie LLMs, erheblich erleichtert werden kann. LLMs können in diesem Kontext Forschungsergebnisse analysieren und sind in der Lage, diese auf den unternehmerischen Kontext zu übertragen, ohne dass ein Verständnis der zugrunde liegenden Forschung von einem Menschen notwendig ist. Dies hilft Unternehmen dabei, disruptive Technologien, neue Arbeitsmethoden oder Geschäftsmodelle zu identifizieren, die für eine radikale Prozessverbesserung in Frage kommen.

Darüber hinaus können LLMs die automatische Generierung von Prozessmodellen übernehmen. Auf Basis der vorgeschlagenen Prozessstrukturen sind LLMs in der Lage, diese in konkrete Modelle umzuwandeln, beispielsweise in Form von BPMN-Diagrammen. Diese Modelle dienen als visuelle Blaupause für die Umgestaltung der Prozesse und bieten eine klare, strukturierte Darstellung, die sowohl für die technische als auch für die betriebliche Implementierung genutzt werden kann. Sie ermöglichen eine effiziente Kommunikation und einen reibungslosen Übergang von der Theorie in die praktische Umsetzung.

Ein weiterer wertvoller Beitrag von LLMs im Rahmen der Neugestaltung ist die Simulation und Szenarioanalyse. In Zusammenarbeit mit anderen Technologien können LLMs verschiedene Szenarien simulieren und die Auswirkungen von Prozessänderungen auf das Unternehmen analysieren. So können Unternehmen bereits im Vorfeld erkennen, wie sich Änderungen auf die Effizienz, Mitarbeiterzufriedenheit, Kundenerfahrung und andere zentrale Erfolgsfaktoren auswirken werden. Dies hilft dabei, informierte Entscheidungen zu treffen und mögliche Risiken frühzeitig zu identifizieren.

Beispiel

Prompt 1: „Analysiere die aktuellen Geschäftsprozesse im Bereich Kundenservice und identifiziere alle Schritte, die durch Automatisierung oder Künstliche Intelligenz ersetzt werden können. Welche Technologien könnten eingesetzt werden, um die Effizienz des Prozesses zu steigern und die Kundenzufriedenheit zu verbessern?"

Hier fordert der Prompt das LLM auf, den aktuellen Prozess zu überprüfen und innovative Technologien wie KI oder Automatisierung vorzuschlagen, um eine grundlegende Veränderung im Prozessablauf herbeizuführen.

Prompt 2: „Untersuche die bestehenden Vertriebsprozesse und schlage vor, wie diese durch den Einsatz von digitalen Tools oder neuen Geschäftsmodellen radikal verbessert werden können. Welche disruptiven Technologien könnten eingeführt werden, um den Prozess grundlegend zu transformieren?"

Dieser Prompt richtet sich darauf, disruptive Technologien zu identifizieren, die im Vertrieb eingesetzt werden können, um Prozesse vollständig zu transformieren und eine verbesserte Performance zu erreichen.

Prompt 3: „Erstelle einen Vorschlag für die Neugestaltung des Rechnungsprüfungsprozesses. Berücksichtige dabei aktuelle Best Practices in der Finanztechnologie sowie neue Automatisierungslösungen, die den Prozess effizienter gestalten könnten."

Mit diesem Prompt wird das LLM beauftragt, bestehende Prozesse zu überprüfen und eine innovative Lösung zu entwickeln, die den Rechnungsprüfungsprozess durch neue Technologien oder Methoden optimiert.

Prompt 4: „Analysiere die bestehenden Logistikprozesse und finde Prozesse, die überdenken oder radikal verändert werden sollten. Welche neuen Modelle oder Technologien könnten angewendet werden, um den Logistikfluss drastisch zu verbessern?"

Dieser Prompt hilft dabei, Logistikprozesse zu identifizieren, die einer grundlegenden Neugestaltung bedürfen, und fordert das LLM auf, neue Technologien zu ermitteln, die den gesamten Prozess disruptiv verändern könnten.

Prompt 5: „Erstelle ein neues Prozessdesign für den Onboarding-Prozess von Mitarbeitern unter Berücksichtigung von aktuellen Trends in der HR-Technologie. Wie können digitale Plattformen und Automatisierungstechniken den Onboarding-Prozess radikal verbessern?"

Mit diesem Prompt wird das LLM aufgefordert, innovative Ansätze für den Onboarding-Prozess zu entwickeln, die digitale Tools und Automatisierung beinhalten, um eine effizientere und schnellere Einarbeitung zu ermöglichen. ◄

Literatur[1]

1. Weske M. (2024). Business Process Management: Concepts, Languages, Architectures. Springer Berlin, Heidelberg
2. Arsanjani, Ali & Borgenstrand, Magnus & Schume, Phillipp & Bharade, Nakul & Wood, J & Zheltonogov, Vyacheslav. (2018). Business Process Management Design Guide
3. Dumas, M., La Rosa, M., Mendling, J., & Reijers, H. A. (2018). Fundamentals of Business Process Management. Springer Berlin, Heidelberg

---

[1] Die im Folgenden aufgelistete Literatur wurde genutzt, um die theoretischen Konzepte zu erarbeiten. Die Ergebnisse der Beispiele basieren auf Experimenten und praktischen Erfahrungen des Autors und wurden mit ChatGPT generiert.

4. vom Brocke, J., & Rosemann, M. (2014). Handbook on Business Process Management 1 & 2. Springer Berlin, Heidelberg
5. Weske M. (2024). Business Process Management: Concepts, Languages, Architectures. Springer Berlin, Heidelberg
6. M. Weske, W.M.P. van der Aalst, H.M.W. Verbeek. (2004). Advances in business process management. Data & Knowledge Engineering, Volume 50. 1–8
7. Reinkemeyer, L. (2020). Process Mining in Action: Principles, Use Cases and Outlook. Springer Cham
8. Hammer, M. (2007). The Process Audit. Harvard Business Review, 85(5), 111–118
9. Hammer, R. E. (2015). Continuous Process Improvement in Organizations Large and Small: A Guide for Leaders. Momentum Press
10. van der Aalst, W. (2016). Process Mining: Data Science in Action. Springer, Berlin, Heidelberg

Prompt Engineering im GPM

4

Zusammenfassung

Wie wird die immense Leistungsfähigkeit von LLMs gesteuert? Dieses Kapitel vertieft das Thema Prompt Engineering, das entscheidend dafür ist, wie LLMs ihre Aufgaben effizient erfüllen können. Es zeigt, wie mit gezielten Anfragen (Prompts) optimale Ergebnisse erzielt werden und welche Bedeutung die Formulierung dieser Anfragen für den Erfolg im GPM hat. Der Leser lernt, wie die Techniken für spezifische GPM-Aufgaben genutzt und weiterentwickelt werden.

Zentrale Fragen
- Wie werden effektive Prompts erstellt, die LLMs zu präzisen Ergebnissen führen?
- Welche Best Practices gibt es für die Optimierung von Prompts im GPM?
- Welche Rolle spielt der Prozessanalyst als Prompt Engineer und welche Fähigkeiten sind hierfür notwendig?

4.1 Schritt-für-Schritt Prompt-Erstellung

4.1.1 Problemidentifikation

Die Problemidentifikation stellt den ersten und entscheidenden Schritt bei der Entwicklung eines effektiven Prompts dar. Sie bildet die Grundlage für den gesamten Prompt-Engineering-Prozess und sichert, dass LLMs präzise und nützliche Antworten liefern. Dabei werden spezifische Probleme oder Aufgaben definiert, die

© Der/die Autor(en), exklusiv lizenziert an Springer Fachmedien
Wiesbaden GmbH, ein Teil von Springer Nature 2025
T. Keuthen, *Prompt Engineering im Geschäftsprozessmanagement*,
https://doi.org/10.1007/978-3-658-48676-1_4

durch den Einsatz von LLMs gelöst oder unterstützt werden sollen. Eine unklare Problemstellung erschwert die Generierung relevanter und zielgerichteter Ergebnisse. Eine gut formulierte Problemstellung ermöglicht dem Modell, das Problem korrekt zu verstehen und innerhalb des richtigen Kontextes zu interpretieren [1].

Im GPM umfasst die Problemidentifikation eine detaillierte Analyse der geschäftlichen Anforderungen, die mit der Anwendung eines LLMs adressiert werden sollen. Die Problemstellungen können vielfältig sein und reichen von der Optimierung von Prozessabläufen über die Identifikation von Engpässen bis hin zur Automatisierung bestimmter Abläufe oder der Steigerung der Ressourceneffizienz. Eine präzise Problemstellung ermöglicht die strukturierte und zielgerichtete Erstellung eines Prompts, der als Eingabe für das Modell dient [6].

Der erste Schritt in der Problemidentifikation besteht darin, die übergeordneten Unternehmensziele und geschäftlichen Anforderungen zu erfassen. Eine klare Zieldefinition hilft, die strategische Richtung der Prompt-Erstellung festzulegen. Beispielsweise kann eine Organisation anstreben, die Effizienz eines bestimmten Prozesses zu steigern oder bestimmte Abläufe zu automatisieren. Anschließend erfolgt die Präzisierung der spezifischen Herausforderung, die das LLM adressieren soll. Dies beinhaltet die Analyse von Prozessabschnitten, die unklar sind oder Optimierungspotenziale bieten. Die Frage, wie sich ein Prozess verbessern lässt, um Effizienz und Effektivität zu steigern, steht dabei im Mittelpunkt.

Ein weiterer zentraler Aspekt der Problemidentifikation ist die Definition von Erfolgsmetriken. Nur wenn klar festgelegt ist, anhand welcher Kennzahlen der Erfolg eines LLM-Einsatzes gemessen wird, lassen sich umsetzbare Lösungen entwickeln. Erfolgsmetriken können beispielsweise eine erhöhte Conversion-Rate, eine verkürzte Prozessdauer oder eine Reduktion des Ressourcenverbrauchs umfassen. Diese Metriken schaffen eine objektive Basis für die Bewertung der Ergebnisse und dienen als Richtschnur für die Entwicklung von Lösungsvorschlägen.

Darüber hinaus spielt die Berücksichtigung von Eingabedaten und Kontextinformationen eine wesentliche Rolle. Dazu gehören unter anderem Prozessdokumentationen, historische Daten und bestehende technologische Lösungen. Ein tiefgehendes Verständnis des relevanten Kontexts ermöglicht dem LLM, zielführende Lösungen zu entwickeln, die an die spezifischen Gegebenheiten des Unternehmens angepasst sind. Neben technischen und organisatorischen Aspekten müssen auch praktische Einschränkungen wie Budgetrestriktionen, zeitliche Vorgaben oder personelle Kapazitäten in die Problemstellung integriert werden. Dies gewährleistet, dass die vorgeschlagenen Lösungen realistisch implementierbar bleiben [1].

Ein praxisnahes Beispiel illustriert diesen Prozess: Ein mittelständisches Softwareunternehmen strebt eine Optimierung des Verkaufsprozesses an, um mehr

Leads in kürzerer Zeit zu konvertieren. Die spezifische Herausforderung liegt in der ressourcenintensiven Bearbeitung von Leads, die den Verkaufszyklus verzögert. Erfolgsmetriken könnten eine Steigerung der Abschlussrate um 15 % und eine Verkürzung des Verkaufszyklus um 20 % umfassen. Eingabedaten können Prozessdokumentationen, aktuelle Verkaufszahlen und verwendete Tools sein. Restriktionen wie ein begrenztes Budget für neue Softwarelösungen erfordern pragmatische Lösungsansätze. Der ergänzende Prompt zu diesen Informationen könnte lauten: „Welche Möglichkeiten bestehen zur Optimierung der Lead-Generierung und des Follow-up-Prozesses, um die Abschlussrate zu erhöhen, unter Berücksichtigung begrenzter finanzieller Ressourcen?". Dieser spezifizierte Prompt stellt sicher, dass das LLM gezielt nach relevanten Lösungen sucht, die Effizienzsteigerungen mit wirtschaftlichen Rahmenbedingungen in Einklang bringen.

Zusammenfassend bildet die Problemidentifikation eine essenzielle Grundlage für den Prompt-Engineering-Prozess. Eine präzise und durchdachte Problemformulierung gewährleistet, dass das LLM relevante Antworten generiert, die den geschäftlichen Anforderungen entsprechen. Nur wenn die Problemstellung klar strukturiert ist, können die weiteren Schritte im Prompt-Engineering-Prozess zielführend durchgeführt und eine maximale Effizienz erzielt werden.

4.1.2 Zielsetzung

Nachdem das Problem identifiziert wurde, ist der nächste Schritt die Zielsetzung für den Prompt. Eine klare und präzise Zieldefinition ist essenziell, um den Fokus des Prompts zu bestimmen und sicherzustellen, dass die Antworten des LLMs den spezifischen Anforderungen entsprechen. Sie legt genau fest, welche Informationen die Antwort des Modells enthalten soll und welches Ergebnis angestrebt wird. Ohne eine klar formulierte Zielsetzung besteht die Gefahr, dass die generierten Antworten zu allgemein oder ungenau sind.

Die Zielsetzung eines Prompts kann je nach Bedarf und Kontext unterschiedliche Ausprägungen annehmen. Häufig steht eine konkrete Fragestellung im Mittelpunkt, etwa wenn eine spezifische Lösung für ein identifiziertes Problem oder eine Handlungsempfehlung angestrebt wird. Alternativ kann das Ziel auch eine tiefer gehende Analyse eines Prozesses oder eine detaillierte Evaluierung von Verbesserungspotenzialen umfassen. Dabei kann das Ziel entweder weit gefasst oder sehr spezifisch sein, je nachdem, wie detailliert oder fokussiert die Antwort des Modells ausfallen soll.

Um den Fokus des Prompts zu konkretisieren, müssen klare Fragestellungen oder Anforderungen formuliert werden. Soll das Modell lediglich eine oberflächliche Einschätzung liefern, oder wird eine umfassendere, detaillierte Analyse erwartet? In einem breit gefassten Ziel könnte ein allgemeiner Überblick verlangt werden, während bei einem spezifischen Ziel konkrete und umsetzbare Empfehlungen oder Lösungen gefragt sind. Die Zielsetzung sollte die Anforderungen des Unternehmens und den Kontext immer berücksichtigen, um sicherzustellen, dass die Antwort auf die konkrete Herausforderung ausgerichtet ist [3].

Beispiel

Ein exemplarisches Ziel im Zusammenhang mit der Optimierung des Kundengewinnungsprozesses könnte lauten: „Schlage konkrete Maßnahmen vor, um den Prozess zur Kundengewinnung zu optimieren und die Conversion-Rate zu steigern." In diesem Fall ist das Ziel eindeutig: Das Modell soll konkrete, umsetzbare Maßnahmen identifizieren, die zu einer höheren Conversion-Rate führen. Eine derartige Zielsetzung gibt dem Modell eine klare Richtung und sorgt dafür, dass die Antwort auf das übergeordnete Ziel der Prozessoptimierung fokussiert ist. ◄

Je nach Problemstellung können Ziele differenzierter formuliert werden. Ein alternatives Ziel für dieselbe Herausforderung könnte lauten: „Analysiere die bestehenden Akquisitionskanäle und identifiziere mögliche Engpässe im Prozess." Hier liegt der Fokus weniger auf konkreten Maßnahmen als auf der detaillierten Analyse der aktuellen Situation, um potenzielle Schwachstellen oder ineffiziente Schritte zu identifizieren.

Wichtig ist, dass die Zielsetzung des Prompts dem LLM eine klare Richtung vorgibt und sicherstellt, dass die Antwort die für das Unternehmen relevanten und nützlichen Informationen enthält. Ein unscharf formuliertes Ziel könnte dazu führen, dass das Modell eine allgemeine oder wenig hilfreiche Antwort gibt, die nicht die spezifischen Anforderungen des Unternehmens adressiert.

Zusammenfassend lässt sich sagen, dass eine präzise Zielsetzung für den Prompt die Grundlage für eine effektive Nutzung des LLMs bildet. Sie sorgt dafür, dass die generierten Antworten fokussiert, relevant und hilfreich sind und dass die gewünschten Ergebnisse erreicht werden. Eine klare Zielsetzung hilft dabei, den gesamten Prozess der Problemidentifikation und -lösung effizient und zielgerichtet zu gestalten.

4.1.3 Kontext bereitstellen

Ein entscheidender Faktor bei der Erstellung eines erfolgreichen Prompts ist die Bereitstellung von ausreichendem Kontext. Damit ein LLM die Anfrage präzise versteht und relevante Antworten liefern kann, müssen genügend Informationen zu der Ausgangssituation und den relevanten Details zu Verfügung gestellt werden. Ohne diesen Kontext besteht die Gefahr, dass das Modell die Anfrage falsch interpretiert. Der Kontext stellt sicher, dass das Modell in der Lage ist, die spezifischen Gegebenheiten und Anforderungen des Problems richtig einzuordnen und seine Antworten entsprechend anzupassen.

Im GPM kann der Kontext Elemente umfassen wie beispielsweise Informationen über die bestehenden Geschäftsprozesse, relevante Dokumentationen, bereits durchgeführte Analysen oder aktuelle Herausforderungen im Unternehmen. Der Kontext ermöglicht dem Modell, die Situation aus der Perspektive des Unternehmens zu betrachten und eine auf die spezifischen Umstände abgestimmte Lösung zu entwickeln. Je mehr Kontext das Modell erhält, desto genauer und relevanter kann die Anfrage bearbeitet werden. Das Modell muss die Ausgangslage verstehen, um Verbesserungsvorschläge, Analysen oder Lösungen zu generieren, die im realen Kontext des Unternehmens umsetzbar und nützlich sind [4].

Im Fall des Beispiels zur Optimierung des Prozesses zur Kundengewinnung könnte der Kontext wie folgt aussehen: „Der aktuelle Prozess zur Kundengewinnung umfasst die Schritte: 1) Identifikation potenzieller Kunden durch Marketingkampagnen, 2) Ansprache durch das Vertriebsteam und 3) Abschluss von Verträgen. Der Prozess weist Schwächen bei der Konversion von Interessenten zu Kunden auf." Diese Kontextinformation liefert dem LLM einen klaren Überblick über die einzelnen Phasen des Prozesses und zeigt, dass speziell die Schwächen bei der Umwandlung von Interessenten in zahlende Kunden eine Herausforderung sind. Das Modell kann nun gezielt auf diesen Teil des Prozesses eingehen und konkrete Vorschläge zur Verbesserung der Konversionsrate machen.

Je detaillierter der Kontext bereitgestellt wird, desto präziser kann das Modell die Anfrage beantworten. In unserem Beispiel könnte der Kontext auch weitere Informationen beinhalten, wie etwa spezifische Marketingkanäle, die derzeit verwendet werden, oder technische Hindernisse, die den Verkaufsprozess behindern. Wenn zum Beispiel bekannt ist, dass das Unternehmen primär auf Social-Media-Marketing setzt, könnte der Kontext auch Informationen zu den genauen Kampagnenstrategien und deren Erfolgskennzahlen umfassen, was dem Modell helfen würde, Lösungen für spezifische Marketingkanäle zu entwickeln.

Dem Modell sollten auch Informationen zu den vorhandenen Ressourcen und Einschränkungen gegeben werden, etwa zum Budget, zu personellen Kapazitäten oder zu bestehenden Technologien, die im Prozess verwendet werden. So könnte der Kontext im Beispiel um eine weitere Einschränkung erweitert werden: „Das Unternehmen hat ein begrenztes Budget für die Erweiterung der Marketingmaßnahmen und setzt auf eine Kombination aus Inhouse-Marketing und externen Dienstleistern."

Die Bereitstellung von ausreichend Kontext ist ein wesentlicher Bestandteil der erfolgreichen Prompt-Erstellung ist. Sie sorgt dafür, dass das LLM die Anfrage im richtigen Rahmen versteht und gezielt Lösungen oder Analysen liefert, die den spezifischen Anforderungen und Gegebenheiten des Unternehmens gerecht werden. Kontext ist der Schlüssel, um sicherzustellen, dass die Antwort des Modells sowohl relevant als auch umsetzbar ist.

4.1.4 Prompt-Formulierung

Nach der Identifikation des Problems, der Festlegung des Ziels und der Bereitstellung des Kontextes folgt die entscheidende Phase der Prompt-Formulierung. In diesem Schritt wird der Prompt präzise und zielgerichtet formuliert, wobei die zu erwartenden Ergebnisse klar kommuniziert werden, um Missverständnisse zu vermeiden. Eine exakte Ausdrucksweise ist essenziell, um dem LLM eindeutig zu vermitteln, welche Informationen benötigt werden und welches Ergebnis angestrebt wird. So wird die Grundlage für eine zielgerichtete und effektive Antwortgestaltung geschaffen.

Ein erfolgreicher Prompt muss in der Lage sein, die relevanten Informationen effizient zu extrahieren, wobei eine Balance zwischen Generalität und Detailtreue gefunden werden muss. Zu vage formulierte Prompts führen häufig zu breiten und wenig spezifischen Antworten, die das gewünschte Ergebnis nicht präzise abdecken. Umgekehrt kann ein zu detaillierter Prompt das Modell mit überflüssigen Informationen überfrachten, wodurch die Fokussierung auf das Wesentliche beeinträchtigt wird. Ein optimaler Prompt bietet dem Modell eine klare Ausrichtung und lässt gleichzeitig ausreichend Raum, um auf die spezifischen Anforderungen zugeschnittene, aber differenzierte Antworten zu generieren.

Die Formulierung des Prompts besteht im Wesentlichen aus zwei Schlüsselelementen: einer klaren Struktur und einer ausgewogenen Balance zwischen Präzision und Offenheit. Eine gut strukturierte Formulierung stellt sicher, dass der Prompt schnell und eindeutig vom Modell verarbeitet werden kann, wodurch die Wahrscheinlichkeit erhöht wird, dass die Antwort auf die relevanten Fragestellungen fokussiert ist. Gleichzeitig sorgt die richtige Balance dafür, dass der Prompt genügend Flexibilität bietet, um eine tiefer gehende Analyse oder kreative Lösungsansätze zu ermöglichen, ohne den Rahmen des Ziels zu verlassen.

Beispiel

Ein Beispiel für die Formulierung eines Optimierungsprozesses zur Kundengewinnung könnte wie folgt lauten: „Welche Schritte sollten in einem optimierten Kundengewinnungsprozess implementiert werden, um die Conversion-Rate von Interessenten zu zahlenden Kunden zu steigern?"

Dieser Prompt ist sowohl präzise als auch offen formuliert. Er zielt direkt auf die Verbesserung der Conversion-Rate ab und fokussiert sich auf Maßnahmen zur Optimierung des Kundengewinnungsprozesses. Dabei bleibt er jedoch bewusst offen, sodass das Modell auf verschiedene Strategien oder Ansätze eingehen kann, ohne sich auf unnötige Details zu verstricken. Diese Offenheit ermöglicht, vielfältige, aber gleichzeitig fokussierte Antworten zu erhalten, die konkrete Handlungsansätze zur Prozessverbesserung bieten. ◀

Ein effektiver Prompt sollte nicht nur die zentrale Frage stellen, sondern auch die relevanten Handlungsfelder oder Ziele ansprechen, damit das Modell zielgerichtete, präzise und umsetzbare Vorschläge liefern kann. In diesem Fall könnte das die Identifikation von Schlüsselbereichen wie Zielgruppenanalyse, Marketingstrategien oder Prozessautomatisierung umfassen. Ein solcher Prompt führt das Modell zu relevanten Ergebnissen und trägt gleichzeitig dazu bei, dass der Fokus auf den wesentlichen Optimierungspotenzialen liegt.

4.1.5 Testen und Validieren

Der nächste Schritt im Prozess des Prompt Engineerings ist das Testen und Validieren des Prompts. Auch wenn der Prompt zuvor gut formuliert wurde, ist wichtig, ihn in der Praxis zu testen, um zu überprüfen, ob er tatsächlich die beabsichtigten Antworten erzeugt. Das Testen dient dazu, die Relevanz und Präzision der Antworten zu bewerten und eventuelle Schwächen im Prompt zu identifizieren.

Im Testprozess sollte der Prompt mit verschiedenen Eingaben und Szenarien verwendet werden. Das LLM wird mit unterschiedlichen Daten oder Fragestellungen konfrontiert, um zu sehen, ob konsequent und korrekt auf die Anforderungen reagiert wird. Dies hilft, mögliche Unklarheiten oder Fehler in der Formulierung des Prompts zu erkennen. Beispielsweise könnte der Prompt zu

allgemein formuliert sein und das Modell daher keine spezifischen oder umsetzbaren Vorschläge liefern. In einem solchen Fall zeigt der Test in unabhängigen Szenarien auch sehr unterschiedliche Antworten, die selbst sehr allgemein und vage
bleiben [3].

Die Analyse der Ausgaben des LLM ist ein zentraler Teil des Testprozesses.
Hierbei sollten Sie genau bewerten, ob die generierten Antworten den festgelegten
Zielen und Erwartungen entsprechen. Entsprechen die Vorschläge den An-
forderungen des Unternehmens? Sind sie relevant und konkret genug, um in die
Praxis umgesetzt zu werden? Die Antworten sollten nicht nur theoretisch sein, son-
dern praktische, spezifische und umsetzbare Maßnahmen oder Lösungen enthalten.
Wenn das Modell auf die Anfrage mit vagen oder irrelevanten Ergebnissen re-
agiert, ist dies ein Hinweis darauf, dass der Prompt weiter angepasst werden muss.

Beispiel

Ein Beispiel für das Testen eines Prompts könnte wie folgt aussehen:

Stellen wir uns vor, der ursprüngliche Prompt lautet: „Welche Schritte sollten in einem optimierten Kundengewinnungsprozess implementiert werden, um
die Conversion-Rate von Interessenten zu zahlenden Kunden zu steigern?"

Nun könnten Sie den Prompt mit verschiedenen Szenarien testen:

Test 1: Generelle Anfrage zur Prozessverbesserung

Prompt: „Welche Schritte sollten in einem optimierten Kundengewinnungsprozess implementiert werden?"

Erwartete Antwort: Eine detaillierte Liste von allgemeinen Maßnahmen,
ohne spezifische Bezugnahme auf die Conversion-Rate.

Wenn die Antwort zu allgemein bleibt und keine spezifischen, umsetzbaren
Maßnahmen für die Steigerung der Conversion-Rate enthält, könnte der Prompt
präzisiert werden, indem der Fokus stärker auf die Conversion-Rate ge-
richtet wird.

Test 2: Fokussierung auf bestimmte Engpässe

Prompt: „Welche Schritte können unternommen werden, um die Conversion-Rate von Interessenten zu zahlenden Kunden zu erhöhen, speziell im Bereich der Lead-Nurturing-Phase?"

Erwartete Antwort: Konkrete Vorschläge, die sich auf die Lead-Nurturing-
Phase konzentrieren und Maßnahmen zur Verbesserung dieser spezifischen
Phase bieten.

Sollte die Antwort breiter ausfallen oder sich nicht auf die Lead-Nurturing-
Phase konzentrieren, könnte der Prompt so angepasst werden, dass er die spezifischen Phasen des Prozesses noch klarer abgrenzt.

Test 3: Analyse der aktuellen Marketingkanäle

Prompt: „Welche Änderungen an den aktuellen Marketingkanälen könnten dazu beitragen, die Conversion-Rate im Kundengewinnungsprozess zu steigern?"

Erwartete Antwort: Eine detaillierte Analyse der bestehenden Kanäle und konkrete Vorschläge zur Verbesserung der Konversion.

Wenn die Antwort auf die Marketingkanäle zu allgemein oder vage bleibt, könnte der Prompt präziser auf die aktuellen Kanäle oder spezifische Kampagnen ausgerichtet werden.

Das Testen und Validieren des Prompts ist ein fortlaufender Prozess, der sicherstellt, dass der Prompt sowohl präzise als auch hilfreich ist. Nur durch kontinuierliches Testen und Anpassen können die gewünschten Ergebnisse erzielt werden. ◄

4.1.6 Iteration und Optimierung

Der Prozess der Erstellung von Prompts ist in hohem Maße iterativ. Nachdem ein erster Entwurf eines Prompts getestet und validiert wurde, ist entscheidend, im nächsten Schritt eine kontinuierliche Optimierung und Verfeinerung vorzunehmen. Dieser Schritt dient der Sicherstellung, dass der Prompt fortlaufend verbessert wird, um die gewünschten und präzisen Ergebnisse zu liefern. Das der initiale Entwurf eines Prompts sofort die bestmöglichen Resultate erzielt ist unwahrscheinlich, weshalb eine wiederholte Überarbeitung auf Basis von Testergebnissen und Feedback notwendig ist. Hierfür ist insbesondere die Komplexität großer Sprachmodelle verantwortlich, die sich trotz Beschreibung mit Parametern nicht abschließend erklären und verstehen lassen.

Folgend ein iteratives Beispiel, das zeigt, wie der Kreditorenprozess eines Unternehmens modelliert werden kann:

1. Erster Entwurf (Unklarer Prompt)

Der erste Entwurf eines Prompts bildet die Ausgangsbasis für die Modellierung eines Geschäftsprozesses. Diese Anweisung ist noch sehr allgemein gehalten und lässt dem Modell viel Interpretationsspielraum. Es fehlen konkrete Informationen wie etwa zum gewünschten Ausgabeformat oder dem Kontext.

Initialer Prompt: „Modelliere den Kreditorenprozess des Unternehmens ABC."

Begründung: Dieser erste Versuch ist sehr allgemein gehalten und gibt dem Modell wenig Kontext. Es fehlt an Details, die für eine präzisere und relevantere Antwort erforderlich sind.

Verbesserungspotenzial: Der Prompt ist vage und unklar. Es fehlen wichtige Informationen wie spezifische Schritte im Kreditorenprozess, Anforderungen des Unternehmens und Zielstruktur.

2. Präzision und Klarheit (Detaillierte Anforderungen)

Die zweite Version definiert sowohl das gewünschte Zielformat als auch den Kontext und enthält wichtige Einschränkungen. Dadurch werden potenzielle Fehlinterpretationen vermieden und die Generierung eines relevanten, anwendungsnahen Ergebnisses gefördert.

Optimierter Prompt: „Erstelle ein BPMN-Diagramm, das den Kreditorenprozess für das Unternehmen ABC abbildet. Der Prozess beginnt mit dem Eingang einer Rechnung und endet mit der Zahlung an den Lieferanten. Bitte berücksichtige, dass das Unternehmen ABC nur elektronische Rechnungen akzeptiert und der Zahlungsvorgang alle Schritte der Genehmigung und Überprüfung umfasst."

Begründung: Dieser Prompt ist präziser und stellt sicher, dass das Modell den gewünschten Ausgang (BPMN-Diagramm) und den Start- und Endpunkt des Prozesses kennt. Zudem wird auf eine wichtige Einschränkung (elektronische Rechnungen) hingewiesen.

Verbesserungspotenzial: Weitere Details und Klarstellungen sind nötig, um Missverständnisse zu vermeiden und den Prozess korrekt zu modellieren.

3. Vermeidung von Missverständnissen (Explizite Prozessschritte)

Missverständnisse entstehen, wenn Anweisungen zu allgemein oder mehrdeutig formuliert sind. Notwendige Aspekte, die berücksichtigt werden sollen und das Modell weiter in die richtige Richtung lenken müssen berücksichtigt werden. Aus dem vorherigen Prompt kann abgelesen werden, in welchen Bereichen weitere Informationen erforderlich sind. Eine klare Struktur reduziert die Wahrscheinlichkeit von fehlerhaften oder unvollständigen Ergebnissen und ermöglicht eine konsistente Reproduktion der gewünschten Inhalte.

Optimierter Prompt: „Erstelle ein BPMN-Diagramm für den Kreditorenprozess des Unternehmens ABC, das die folgenden Schritte umfasst: Eingang einer elektronischen Rechnung, Überprüfung der Rechnungsdaten, Genehmigung durch die Buchhaltung, Zahlungsauslösung durch die Finanzabteilung und Benachrichtigung des Lieferanten über die Zahlung. Der Prozess endet, wenn der Lieferant bestätigt, dass die Zahlung eingegangen ist."

Begründung: Die explizite Auflistung der Prozessschritte stellt sicher, dass das Modell den gesamten Prozess korrekt berücksichtigt und Missverständnisse in der Ausführung des BPMN-Diagramms vermieden werden.

Verbesserungspotenzial: Der Kontext des Unternehmens und mögliche spezifische Anforderungen des Prozesses könnten noch weiter ausgearbeitet werden.

4. Anpassung an den Kontext (Unternehmensspezifische Details)

Die vierte Iteration umfasst die Integration von branchenspezifischen Begriffen, technischen Einschränkungen oder bestimmten bevorzugten Methoden. Ein gut kontextualisierter Prompt führt zu einer relevanteren und nützlicheren Antwort. Weitere Verfeinerungen können vorgenommen werden, indem zusätzlich spezifische Erwartungen an die Detaillierungsebene definiert werden.

Optimierter Prompt: „Erstelle ein BPMN-Diagramm für den Kreditorenprozess des Unternehmens ABC. Der Prozess beginnt mit dem Eingang einer elektronischen Rechnung. Die Buchhaltung überprüft die Rechnung auf Richtigkeit und vergleicht sie mit dem Bestellbeleg. Bei Übereinstimmung wird die Zahlung von der Finanzabteilung innerhalb von 10 Tagen ausgelöst. Das Unternehmen arbeitet mit einem 3-Tage-Rückmeldesystem und bevorzugt SEPA-Überweisungen. Der Prozess endet, wenn der Lieferant die Zahlung innerhalb von 7 Tagen bestätigt."

Begründung: Hier wurden wichtige spezifische Informationen zum Unternehmen und zum Prozess (z. B. Zahlungsauslösung innerhalb von 10 Tagen, SEPA-Überweisung und Rückmeldesystem) hinzugefügt, die den Modellierungsprozess verfeinern.

Verbesserungspotenzial: Weitere Anforderungen und Details können den Prozess noch weiter verfeinern.

5. Verfeinerung der gewünschten Antwortstruktur (Detaillierte Schritte und Zwischenaufgaben)

Die gewünschte Struktur einer Antwort kann erheblichen Einfluss auf ihre Nützlichkeit haben. Eine explizite Definition der Antwortstruktur, beispielsweise durch eine klare Schritt-für-Schritt-Anweisung oder eine genaue Formatvorgabe, führt zu konsistenteren und besser nutzbaren Ergebnissen. Die Spezifikation kann inhaltliche und formale Vorgaben umfassen. Da das Modell den Input sinnvoll fortzusetzen versucht, bestimmt das Input-Format und der Stil auch den Output.

Optimierter Prompt: „Erstelle ein detailliertes BPMN-Diagramm für den Kreditorenprozess des Unternehmens ABC. Der Prozess beginnt mit dem Eingang einer elektronischen Rechnung und wird in folgende Schritte unterteilt:

1. Rechnungseingang und erste Validierung
2. Prüfung der Übereinstimmung mit Bestellbeleg und Budget
3. Genehmigung der Zahlung durch die Buchhaltung

4. Auszahlung durch die Finanzabteilung innerhalb von 10 Tagen
5. Benachrichtigung des Lieferanten über die Zahlung
6. Bestätigung des Eingangs der Zahlung durch den Lieferanten innerhalb von 7 Tagen.

Berücksichtige, dass alle Schritte automatisiert sind und dass der Lieferant benachrichtigt wird, sobald die Zahlung freigegeben wurde."

Begründung: Durch die explizite Aufteilung in einzelne Schritte wird der Prozess klarer strukturiert. Der Fokus auf Automatisierung stellt sicher, dass der Prozess effizient modelliert wird.

Verbesserungspotenzial: Der Fokus könnte noch stärker auf spezifische Tools und Softwarelösungen gelegt werden.

6. Fehlerbehebung und Identifikation von Schwächen (Optimierung für vollständige Abdeckung)
Ein vollständig optimierter Prompt berücksichtigt nicht nur die Standardanforderungen, sondern auch mögliche Fehlerquellen und Sonderfälle. Dies stellt sicher, dass in Situationen mit fehlerhaften oder unvollständigen Eingaben robuste Ergebnisse erzeugt werden. Eine detaillierte Fehlerbehandlung kann beispielsweise durch spezifische Anweisungen zur Erkennung und Korrektur von Unstimmigkeiten im generierten Output integriert werden. Ab dieser Iteration sollte das Modell mit abwechselnder Kommunikation fortlaufend gesteuert werden. In ChatGPT entspricht das einem Chat.

Optimierter Prompt: „Erstelle ein vollständiges BPMN-Diagramm für den Kreditorenprozess des Unternehmens ABC, das alle Schritte im Detail abbildet:

• Elektronischer Rechnungseingang
• Automatisierte Überprüfung der Rechnung auf Richtigkeit
• Abgleich mit Bestellbeleg und Budget
• Genehmigung der Zahlung durch die Buchhaltung
• Prüfung auf offene Verbindlichkeiten
• Zahlungsauslösung durch die Finanzabteilung (SEPA-Überweisung innerhalb von 10 Tagen)
• Benachrichtigung des Lieferanten über die erfolgte Zahlung
• Bestätigung des Zahlungseingangs durch den Lieferanten innerhalb von 7 Tagen.

Berücksichtige, dass alle Schritte durch ein ERP-System automatisiert werden und dass der Prozess mit einer Fehlerbehandlung für nicht korrekte Rechnungen versehen ist."

Begründung: Der Prozess wird detaillierter und deckt nun alle relevanten Aspekte ab, einschließlich der Fehlerbehandlung für falsche Rechnungen.

Verbesserungspotenzial: Noch tiefere Einblicke in die verwendete Software und deren genaue Integration können hilfreich sein.

Durch diese Iteration wurde der Prompt zunehmend präziser, klarer und besser angepasst, um die Anforderungen zu erfüllen und den gewünschten Output zu optimieren.

4.2 Prompt-Optimierung

4.2.1 Grundregeln

Beim Einsatz KI-gestützter Modelle zur Prozessanalyse oder -optimierung hängt die Qualität der Ergebnisse maßgeblich von der Klarheit der Eingaben ab. Unstrukturierte oder vage Prompts können dazu führen, dass Zusammenhänge übersehen oder fehlerhaft interpretiert werden. Unabhängig von dem Einsatz sind bei der Prompt Optimierung fünf Grundregeln zu beachten:

Klare Definition von Abhängigkeiten
Komplexe Geschäftsprozesse beinhalten oft zahlreiche Abhängigkeiten zwischen Prozessschritten oder Abteilungen. Eine unpräzise Formulierung eines Prompts kann dazu führen, dass das Modell wichtige Beziehungen nicht korrekt erkennt.

Beispiel

Ein unzureichender Prompt wäre beispielsweise: „Beschreibe den Geschäftsprozess der Kundenauftragserfüllung." Dieser Prompt gibt keine klaren Hinweise auf die Reihenfolge oder die beteiligten Abteilungen, wodurch das Modell Schwierigkeiten hat, die relevanten Abhängigkeiten zu erfassen. Ein optimierter Prompt könnte folgendermaßen lauten: „Beschreibe den Geschäftsprozess der Kundenauftragserfüllung. Beginne mit dem Eingang der Bestellung, dann der Prüfung der Verfügbarkeit durch die Lagerabteilung, gefolgt von der Erstellung des Lieferscheins durch den Vertrieb und der abschließenden Auslieferung durch die Logistik." ◄

Durch die explizite Nennung der Abteilungen (Lager, Vertrieb, Logistik) sowie der Prozessschritte in der richtigen Reihenfolge werden die Quer-Verbindungen klar definiert und vom Modell entsprechend interpretiert.

Fokussierung auf kritische Teile des Prozesses
Um sicherzustellen, dass das Modell bestimmten Aspekten eines Geschäftsprozesses besondere Aufmerksamkeit schenkt, sollten Prompts gezielt auf kritische Schritte fokussieren.

Beispiel

Ein allgemeiner Prompt wie: „Erkläre den Prozess der Budgetplanung in einem
Unternehmen." liefert eine breiten, aber oberflächliche Antwort. Ein fokussier-
ter Prompt wäre: „Erkläre den Prozess der Budgetplanung in einem Unternehmen. Konzentriere dich dabei besonders auf die Rolle der Genehmigung
durch die Finanzabteilung und deren Auswirkungen auf die weiteren
Schritte." ◄

Hier wird der kritische Schritt der Genehmigung betont, wodurch das Modell diesen Aspekt als besonders relevant mit der Query-Funktion einstuft und detaillierter
ausführt.

Berücksichtigung mehrerer Elemente im Geschäftsprozess
Geschäftsprozesse umfassen mehrere Abteilungen oder Rollen, die miteinander
interagieren. Mit einem unpräzisen Prompt werden diese Beziehungen nicht ausreichend berücksichtigt.

Beispiel

Ein wenig effektiver Prompt wäre: „Beschreibe, wie ein neuer Geschäftsprozess
im Unternehmen eingeführt wird." Ein optimierter Prompt sollte klar die beteiligten Rollen und deren Interaktionen darstellen: „Beschreibe den Ein-
führungsprozess eines neuen Geschäftsprozesses. Die IT-Abteilung implementiert das System, das Management genehmigt den Prozess, und die Mitarbeiter
werden geschult, um den neuen Prozess zu nutzen. Wie arbeiten diese Abteilungen zusammen, um den Erfolg des Prozesses sicherzustellen?" ◄

Durch das explizite Nennen der Keys (IT-Abteilung, Management, Mitarbeiter)
und deren Aufgaben wird sichergestellt, dass das Modell die Interaktionen und Beziehungen zwischen diesen Tokens (Querys und Values) erkennt.

Vermeidung von Missverständnissen bei ähnlichen Begriffen
Viele Begriffe in Geschäftsprozessen sind mehrdeutig und missverständlich. Daher
muss sensibel auf einzelne Begrifflichkeiten geachtet werden.

Beispiel

Ein potenziell missverständlicher Prompt: „Erkläre den Prozess der Auftragsfreigabe und Bestellung." Hier bleibt unklar, ob sich „Auftragsfreigabe" auf die interne Genehmigung oder die endgültige Bestellung bezieht. Ein optimierter Prompt wäre: „Erkläre den Prozess der Auftragsfreigabe durch das Management und wie dieser Schritt den Einkaufsprozess beeinflusst, insbesondere die Erstellung einer Bestellung durch die Einkaufsabteilung." ◄

Durch die explizite Zuordnung der Begriffe zu spezifischen Abteilungen wird sichergestellt, dass das Modell die korrekte Bedeutung erfasst.

Fokussierung auf Ergebnisse oder Einflussfaktoren
Ein gut formulierter Prompt sollte sich auf gewünschte Ergebnisse oder Einflussfaktoren konzentrieren, um gezielte und relevante Antworten zu erhalten.

Beispiel

Ein allgemeiner Prompt wie: „Beschreibe den Prozess der Lieferantenbewertung." führt möglicherweise zu einer oberflächlichen Darstellung. Ein gezielterer Prompt könnte lauten: „Beschreibe den Prozess der Lieferantenbewertung und erkläre, wie die Bewertung die Auswahl der Lieferanten beeinflusst und welche Kriterien besonders wichtig für die Bewertung sind." ◄

Durch die explizite Fokussierung auf Auswahlkriterien und deren Einfluss auf Entscheidungen wird das Modell dazu angehalten, sich mit diesen Aspekten detaillierter auseinanderzusetzen. Die Token erhalten ein höheres Gewicht, wodurch ihre Wechselwirkungen in den Ebenen des neuronalen Netzes fokussiert werden.

4.2.2 Top-Down

Der Top-Down-Ansatz für die Prozessmodellierung ist besonders im Kontext der Identifikation und Analyse von Geschäftsprozessen bedeutend. Bei diesem Vorgehen werden Komplexe Geschäftsprozesse systematisch und hierarchisch in einzelne, voneinander getrennte Einheiten unterteilt, um eine klare Struktur und tiefere Detailgenauigkeit in den Modellen zu erreichen. Das Top-Down-Vorgehen beginnt mit der Identifikation und dem Verständnis des gesamten Geschäftsprozesses einer Organisation und bricht diesen in immer detailliertere Phasen her-

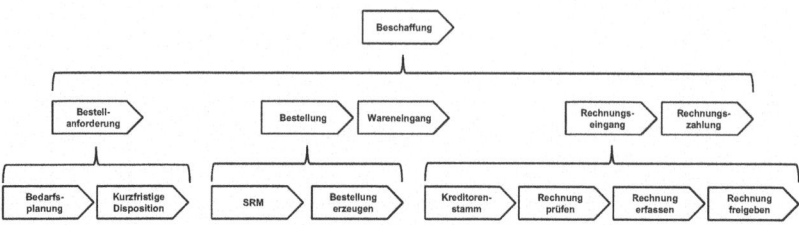

Abb. 4.1 Beispiel Top-Down-Prozessidentifikation

unter. Im spezifischen Fall der Prozessmodellierung mithilfe von LLMs kann diese Methodik verwendet werden, um BPMN-Kollaborationsdiagramme möglichst detailliert zu erstellen. Am Beispiel des Beschaffungsprozesses (Abb. 4.1) kann gut gezeigt werden, wie der Prozess in den unteren Ebenen zunehmend detailliert wird [7].

Ein wesentlicher Grund für den Einsatz des Top-Down-Ansatzes in der Prozessmodellierung ist die Notwendigkeit, Überschneidungen zwischen verschiedenen Prozessdiagrammen zu vermeiden. Wenn LLMs zunächst das gesamte Prozessumfeld analysieren, können sie erkennen, welche Teilprozesse voneinander getrennt sind und in separate BPMN-Diagramme überführt werden müssen. Ohne diese Trennung könnten komplexe Prozesse ungenau oder unsauber dargestellt werden, da sich Ereignisse und Aufgaben in mehreren Diagrammen überschneiden könnten.

Der Top-Down-Ansatz ermöglicht, zunächst eine breite Übersicht über die wichtigsten Prozessstrukturen zu gewinnen und diese dann in den unteren Ebenen weiter zu differenzieren. Dabei bleibt der Überblick über die Hauptprozesse erhalten, während gleichzeitig die tiefer liegenden Subprozesse in den Fokus genommen werden. Dies führt zu einer besseren und präziseren Modellierung von Geschäftsprozessen, da die LLMs schrittweise mit immer spezifischeren Informationen versorgt werden, um detaillierte und kohärente Prozessmodelle zu erstellen.

Die Transformer-Technologie ermöglicht Verarbeitung von Textdaten durch Selbstaufmerksamkeit, die relevante Informationen aus verschiedenen Teilen des Inputs in Abhängigkeit voneinander zu bewertet. Diese Eigenschaft macht den Top-Down-Ansatz besonders effektiv, da das Modell durch die schrittweise Analyse von Informationen in einer hierarchischen Struktur effizient Beziehungen und Abhängigkeiten zwischen verschiedenen Prozessen erkennen und korrekt abbilden kann. So kann die KI problemlos zwischen unterschiedlichen Teilprozessen und deren Verknüpfungen unterscheiden und sie in getrennte BPMN-Diagramme übertragen. Dies reduziert die Wahrscheinlichkeit von Fehlern und stellt sicher, dass jeder Prozessbereich mit angemessenem Detaillierungsgrad berücksichtigt wird.

Angenommen, das Ziel ist, den Prozess eines Kundenauftrags in einer Firma zu modellieren. Der Top-Down-Ansatz beginnt mit der Analyse des gesamten Kundenauftragsprozesses und unterteilt ihn dann schrittweise in einzelne, spezifische Teilprozesse.

Beispiel Prompt: „Analysiere den gesamten Kundenbestellprozess von der Bestellung bis zur Lieferung. Unterteile den Prozess in mehrere Teilprozesse und erstelle für jeden Teilprozess ein eigenes BPMN-Diagramm. Die Teilprozesse sollen die folgenden Schritte umfassen: Bestelleingang, Bestellbestätigung, Zahlungsprüfung, Warenlagerung, Versandvorbereitung und Auslieferung. Achte darauf, dass keine Überschneidungen zwischen den Teilprozessen bestehen und jedes BPMN-Diagramm spezifische Aufgaben, Ereignisse und Entscheidungsflüsse für diesen Teilprozess detailliert darstellt."

Der Prompt beginnt mit einer breiten, übergeordneten Anfrage und fordert das Modell auf, den gesamten Prozess in separate Teilprozesse zu unterteilen. Dies entspricht dem Top-Down-Ansatz, bei dem zunächst die hohe Ebene des gesamten Prozesses betrachtet wird, um dann in spezifische Details einzutauchen. Diese Vorgehensweise vermeidet Überschneidungen und sorgt dafür, dass der gesamte Prozess klar strukturiert modelliert wird. Der Fokus auf die Aufteilung in Teilprozesse, wie „Bestelleingang" und „Warenlagerung", stellt sicher, dass das Modell jedes dieser Prozesse separat analysiert und darstellt. Der Prompt gibt explizit vor, dass keine Überschneidungen entstehen dürfen und dass jedes BPMN-Diagramm detaillierte Aufgaben und Ereignisse enthalten muss. Diese klaren Anweisungen sorgen dafür, dass das Modell präzise und zielgerichtet arbeitet, ohne Informationen zu verlieren oder zu verwechseln.

4.2.3 Grammatik

In der Prozessmodellierung und speziell bei der Anwendung von LLMs zur Erstellung von BPMN-Diagrammen stellt sich die Frage, welche sprachliche Grammatik und Struktur für den Input und Output am besten geeignet sind. Ein zentrales Thema dabei ist, ob die Verwendung von Artikeln, Präpositionen und anderen grammatikalischen Elementen in den Texten die Effizienz und Präzision der Modelle beeinflusst. Zudem ist entscheidend, zu verstehen, wie die gewählte sprachliche Form den Transformationsprozess im Modell beeinflusst, besonders im Hinblick auf den Einfluss von Eingabesprache und Grammatik auf das Output des Modells.

Die Frage, ob Artikel und andere grammatische Strukturen in den Eingabetexten ablenkend oder ressourcenintensiv sind, hängt stark von der spezifischen

Anwendung ab. In der Prozessmodellierung, insbesondere bei der Erstellung von BPMN-Diagrammen, sind viele grammatische Elemente, wie Artikel (z. B. „der", „die", „das"), möglicherweise nicht erforderlich und können in der Verarbeitung durch das Modell als redundant betrachtet werden.

BPMN-Diagramme konzentrieren sich primär auf die Darstellung von Prozessen, Ereignissen, Aufgaben und Verbindungen zwischen diesen. Da die wichtigsten Elemente der Prozessmodellierung meist als Nomen (z. B. „Prozess", „Aufgabe", „Ereignis") oder Verben (z. B. „starten", „abschließen") auftreten, sind vollständige Sätze mit Artikeln nicht zwingend notwendig. Eine minimalistische Sprache ohne Artikel und überflüssige grammatische Strukturen kann dazu beitragen, die Präzision und Effizienz des Modells zu steigern, da das LLM sich direkt auf die Kernelemente des Prozesses konzentrieren kann. In diesem Fall könnte die Entfernung von Artikeln die Performance sogar verbessern, da das Modell weniger Ressourcen für die Verarbeitung unnötiger Elemente aufwenden muss.

Im Gegensatz dazu erfordern komplexere Aufgaben wie die Strategieentwicklung oder das Verfassen von Texten, die auf menschlicher Interpretation und abstrakten Konzepten beruhen, eine vollständigere grammatische Struktur. Artikel und andere grammatische Elemente tragen dazu bei, die Bedeutung und den Kontext von Informationen zu klären und eine kohärente, verständliche Sprache zu gewährleisten. In solchen Kontexten sind Artikel und eine umfassendere grammatikalische Struktur entscheidend, um dem Modell eine präzise und nuancierte Ausdruckskraft zu ermöglichen.

Die Wahl der Eingabesprache und deren Grammatik hat einen Einfluss auf die Leistung und Genauigkeit von Transformermodellen. Durch die Transformer-Architektur wird jedes Wort in einer Eingabe im Hinblick auf seine Position und seine Beziehung zu anderen Wörtern im Satz bewertet.

Die Struktur des Inputs – sei es formal oder informell, komplex oder vereinfacht – beeinflusst die Qualität und Präzision des Outputs. Ein präziser, gut strukturierter Input führt in der Regel zu einem klareren und relevanteren Output. Wenn die Eingabesprache jedoch unnötig komplex ist oder grammatikalische Elemente enthält, die nicht direkt zur Aufgabe beitragen (wie übermäßige Artikel, redundante Adjektive oder unnötige Nebensätze), kann dies das Modell verwirren und die Genauigkeit des Outputs verringern.

In Szenarien wie der Prozessmodellierung mit BPMN-Diagrammen kann die Verwendung einer vereinfachten und direkten Sprachform ohne übermäßige grammatikalische Strukturen zu einer ressourcenschonenderen und präziseren Ausgabe führen. Dabei konzentriert sich das Modell auf die relevanten Entitäten und deren Beziehungen, anstatt sich mit komplexen Satzstrukturen auseinanderzusetzen.

Dies hat den Vorteil, dass das Modell schneller und effizienter arbeitet und dabei weniger „verfälschte" Daten verarbeitet.

Die Frage, ob die Verwendung von Artikeln und anderen grammatikalischen Strukturen in der Eingabesprache ablenkend oder ressourcenintensiv ist, lässt sich nicht pauschal beantworten. Für die BPMN-Prozessmodellierung ist eine vereinfachte Sprache ohne Artikel meist effektiver, da das Modell so schneller und präziser arbeitet.

Angenommen, wir möchten ein einfaches BPMN-Diagramm für den Bestellprozess eines Produkts aus dem Lager erstellen. Das Ziel ist, den Prozess so effizient wie möglich zu modellieren, ohne unnötige grammatikalische Strukturen wie Artikel oder komplizierte Satzkonstruktionen.

Beispiel Prompt: „Erstelle ein BPMN-Diagramm für den Bestellprozess. Prozess beginnt mit der Bestellung. Nach der Bestellung erfolgt die Zahlungskontrolle. Nach Zahlungskontrolle wird die Bestellung überprüft. Wenn die Bestellung bestätigt ist, erfolgt die Lieferung. Diagramm soll alle relevanten Aufgaben, Ereignisse und Verzweigungen der Prozesse darstellen."

Der Prompt verwendet eine klare, prägnante Sprache ohne Artikel oder komplexe Satzstrukturen. Dies reduziert die Rechenressourcen, die das Modell aufwenden muss, um den Input zu verarbeiten, und fokussiert es auf die wesentlichen Schritte des Prozesses. In einem BPMN-Diagramm sind Details wie „die Bestellung" oder „die Zahlungskontrolle" oft nicht erforderlich, da der Prozess durch die wichtigsten Akteure und Aktionen klar dargestellt werden kann.

Anstatt den Prozess in vollständigen Sätzen zu beschreiben, werden nur die Kernaktionen und -ereignisse aufgelistet: Bestellung, Zahlungskontrolle, Bestellung überprüfen, Lieferung. Diese Klarheit stellt sicher, dass das Modell direkt auf die relevanten Prozessschritte fokussiert wird, ohne unnötige Informationen zu berücksichtigen, die den Modellierungsprozess verlangsamen könnten.

4.3   Der Prozessanalyst als Prompt Engineer

4.3.1   Hard- und Soft-Skills

Die Rolle des Prozessanalysten im GPM ist von einer komplexen und vielfältigen Kombination aus fachlichen und sozialen Kompetenzen geprägt. Diese Kompetenzbereiche sind auch entscheidend, um das Potenzial von LLMs im GPM zu maximieren und gleichzeitig eine erfolgreiche Zusammenarbeit innerhalb interdisziplinärer Teams zu fördern. Nachfolgend werden die beiden großen Kompetenzbereiche –

Hard Skills und Soft Skills – ausführlich zusammengefasst und argumentiert, warum sie für den Erfolg des Prompt Engineers im GPM unverzichtbar sind [6].

Die fachlichen Kompetenzen eines Prozessanalysten sind die technischen Grundlagen, auf denen die Prozessmodellierung und -optimierung basieren. Zu den wichtigsten Bereichen gehören die Prozessmodellierung, der Umgang mit Modellierungs-Tools, die Anwendung von Analysemethoden sowie Kenntnisse in IT, Automatisierung, Datenanalyse, Compliance und Projektmanagement.

Zunächst ist die Fähigkeit, Geschäftsprozesse mit standardisierten Notationen wie BPMN 2.0, UML oder EPC zu modellieren, von Bedeutung. Diese Notationen sind branchenübergreifend Standard, um Prozesse klar und nachvollziehbar darzustellen. Der Prozessanalyst muss die präzise Anwendung dieser Modellierungsstandards sicherstellen, da sie die Grundlage für die spätere Optimierung und Automatisierung bilden.

Des Weiteren ist der Umgang mit Modellierungs-Tools wie ARIS, Signavio, Camunda, Visio oder Bizagi notwendig, um die Prozesse visuell darzustellen und zu analysieren. Diese Softwarelösungen ermöglichen, komplexe Geschäftsprozesse übersichtlich und verständlich zu machen, was für die Zusammenarbeit mit verschiedenen Stakeholdern und die Implementierung von Automatisierungsprozessen relevant ist.

Ein weiteres Schlüsselelement ist die Anwendung von Analysemethoden wie Prozesskostenrechnung und Wertstromanalyse, um die Effizienz von Prozessen zu bewerten. Diese Methoden helfen, Schwachstellen zu identifizieren und die richtigen Optimierungsmaßnahmen zu ergreifen. Der Prompt Engineer muss diese Verfahren beherrschen, um zielgerichtete Entscheidungen in der Prozessverbesserung zu treffen.

Darüber hinaus sind grundlegende IT-Kenntnisse von großer Bedeutung, da Geschäftsprozesse häufig von verschiedenen IT-Systemen unterstützt werden. Ein solides Verständnis von Datenbanken (SQL), Schnittstellen (z. B. REST, SOAP) und ERP-Systemen (z. B. SAP) ermöglicht dem Prozessanalyst, Prozesse so zu modellieren, dass sie in die bestehende IT-Infrastruktur integriert werden können. Die Kenntnis der Automatisierungsmöglichkeiten, insbesondere durch Robotic Process Automation (RPA) und Workflow-Engines, ist ebenfalls unverzichtbar. Diese Technologien können helfen, Prozesse zu automatisieren und dadurch die Effizienz und Fehlerfreiheit zu erhöhen [2].

Neben der Modellierung und Automatisierung müssen Prozessanalysten auch in der Lage sein, Daten zu analysieren und zu visualisieren. Tools wie Power BI, Tableau oder Excel werden genutzt, um relevante Prozessdaten zu extrahieren, zu analysieren und in einer verständlichen Form darzustellen. Die Fähigkeit, diese

Daten korrekt zu interpretieren, unterstützt die Entscheidungsfindung und trägt zur Optimierung der Prozesse bei.

Ein weiterer wichtiger Aspekt der fachlichen Kompetenz ist das Verständnis von Compliance-Vorgaben, insbesondere in Bezug auf Datenschutzgesetze wie die DSGVO. Der Prozessanalyst muss sicherstellen, dass alle modellierten Prozesse den rechtlichen Anforderungen entsprechen, um potenzielle rechtliche Risiken zu vermeiden.

Abschließend spielt auch Projektmanagement eine Rolle. Ein solides Wissen über Projektmanagementmethoden wie PMI, PRINCE2 oder agile Vorgehensweisen wie SCRUM ermöglicht dem Prozessanalyst, den gesamten Prozessmodellierungszyklus zu koordinieren und sicherzustellen, dass alle Projektbeteiligten effizient zusammenarbeiten.

Neben den fachlichen Kompetenzen sind soziale Fähigkeiten im GPM gleichermaßen wichtig. Diese sozialen Kompetenzen fördern das Zusammenarbeiten verschiedener Teams, komplexe Anforderungen zu kommunizieren und Veränderungsprozesse erfolgreich zu moderieren.

Ein wichtiger sozialer Skill ist das analytische Denken. Der Prozessanalyst muss in der Lage sein, komplexe Geschäftsprozesse zu durchdringen und sie in kleinere, handhabbare Teile zu zerlegen. Diese Fähigkeit hilft dabei, die Prozesse besser zu verstehen und gezielt zu optimieren. Ein weiteres wesentliches Element ist die Kommunikation. Der Prozessanalyst muss in der Lage sein, technische Informationen so zu vermitteln, dass sie auch für Fachfremde verständlich sind. Häufig ist er dafür verantwortlich, technische Konzepte zu erklären, um Missverständnisse zu vermeiden und eine effektive Zusammenarbeit zu fördern.

Die Moderationsfähigkeit ist ebenfalls von Bedeutung, da regelmäßig Workshops oder Prozess-Reviews geleitet werden müssen. In solchen Sitzungen müssen die verschiedenen Stakeholder und Teams zusammengebracht werden, um alle relevanten Perspektiven zu berücksichtigen. Dabei ist wichtig, dass konstruktive Lösungen gefördert werden und alle Teammitglieder aktiv in den Prozess einzubinden.

Kreativität ist ein weiterer wichtiger Soft Skill, da der Prozessanalyst oft neue Lösungsansätze entwickeln muss, um bestehende Prozesse zu optimieren. Kreativität ermöglicht ihm, unkonventionelle Ideen zu entwickeln, die die Effizienz der Prozesse steigern können. Ebenso wichtig ist Empathie – die Fähigkeit, sich in die Perspektive anderer Stakeholder hineinzuversetzen. Diese Fähigkeit hilft, die Bedürfnisse der verschiedenen Beteiligten zu verstehen und sicherzustellen, dass die modellierten Prozesse deren Anforderungen gerecht werden.

Die Kombination aus fachlichen und sozialen Kompetenzen macht den Prozessanalyst zu einer Schlüsselperson im Geschäftsprozessmanagement. Die fachlichen Kompetenzen ermöglichen ihm, Geschäftsprozesse technisch korrekt zu modellieren, zu analysieren und zu optimieren. Sie bilden das technische Fundament für die Anwendung von LLMs im GPM. Gleichzeitig sind die sozialen Kompetenzen unerlässlich, um eine erfolgreiche Zusammenarbeit mit verschiedenen Stakeholdern zu gewährleisten, Veränderungsprozesse zu moderieren und innovative Lösungen zu entwickeln. Nur durch die Balance dieser beiden Kompetenzbereiche kann der Prozessanalyst seinen Beitrag zum Erfolg von Prozessmodellierungsprojekten und zur Optimierung von Geschäftsprozessen leisten.

4.3.2 Informationsverarbeitungskompetenzen

Die Informationsverarbeitungskompetenz ist eine der wichtigsten Fähigkeiten eines Prozessanalysten, da sie Grundlage für die effiziente Nutzung und Weiterverarbeitung von Daten bildet. In einer Welt, in der Unternehmen auf Daten angewiesen sind, um objektive Entscheidungen zu treffen, ist korrekte, transparente und verständliche Verarbeitung der Daten wichtig. Diese Kompetenz umfasst eine Vielzahl von Fähigkeiten, die dem Prozessanalysten ermöglichen, mit großen Datenmengen zu arbeiten, Informationen zu integrieren, sie für alle Beteiligten zugänglich zu machen und sicherzustellen, dass sie den höchsten Standards der Qualität und Sicherheit entsprechen [5].

Die Datenanalyse ist eine der grundlegenden Fähigkeiten im Bereich der Informationsverarbeitungskompetenz. Der Prozessanalyst muss in der Lage sein, große Datenmengen zu analysieren, Muster zu erkennen und relevante Informationen abzuleiten, die für die Prozessmodellierung und -optimierung von Bedeutung sind. Datenanalyse ermöglicht, die Performance von Geschäftsprozessen zu messen, Schwachstellen zu identifizieren und Optimierungsentscheidungen zu treffen. Diese Fähigkeit ist unerlässlich, um aus den gewonnenen Daten konkrete Handlungsempfehlungen ableiten zu können [8].

Die Datenintegration stellt eine weitere Schlüsselkompetenz dar. Häufig müssen Daten aus unterschiedlichen Quellen wie ERP-Systemen, CRM-Datenbanken oder Excel-Tabellen zusammengeführt werden. Der Prozessanalyst muss in der Lage sein, diese heterogenen Datenquellen zu verarbeiten und zu integrieren, um ein vollständiges Bild des Geschäftsprozesses zu erhalten. Eine effiziente Datenintegration ermöglicht, Daten aus verschiedenen Systemen zu kombinieren und diese für die Analyse und Optimierung von Prozessen nutzbar zu machen.

Ein ebenso wichtiger Aspekt der Informationsverarbeitung ist die Informationstransparenz. Daten zu sammeln und zu verarbeiten ist nicht ausreichend; sie müssen auch den relevanten Prozessbeteiligten zugänglich und verständlich gemacht werden. Der Prozessanalyst sorgt dafür, dass alle Beteiligten die richtigen Informationen zur richtigen Zeit erhalten, sodass diese Entscheidungen treffen können. Informationstransparenz fördert die Zusammenarbeit und ermöglicht den Teams, sich auf dieselben Fakten und Analysen zu stützen.

Zur effizienten Verarbeitung und Präsentation von Daten setzt der Prozessanalyst Informationsverarbeitungstools wie Excel, SQL-Datenbanken oder spezialisierte Datenvisualisierungstools wie Power BI oder Tableau ein. Mit diesen Tools kann er Daten analysieren, visualisieren und in verständlicher Form darstellen. Besonders die Visualisierung von Daten ist eine zentrale Fähigkeit, da komplexe Informationen oft durch einfache Diagramme und Dashboards besser zugänglich gemacht werden können.

Ein weiterer essenzieller Bestandteil der Informationsverarbeitung ist die Dokumentation. Diese Dokumentation dient nicht nur als Nachvollziehbarkeit für alle Beteiligten, sondern ermöglicht auch, Prozesse später zu überprüfen und zu optimieren. Eine gute Dokumentation stellt sicher, dass alle Entscheidungen und Schritte transparent sind und auch für zukünftige Projekte genutzt werden können. Die Informationsmodellierung bezieht sich auf die strukturierte Darstellung von Informationen durch Diagramme, Prozesskarten oder Datenmodelle. Diese Technik hilft, Informationen zu ordnen und verständlich zu machen. Der Prompt Engineer verwendet Informationsmodelle, um Prozesse und Daten in einer übersichtlichen Form darzustellen, die allen Beteiligten ermöglicht, schnell und einfach zu erkennen, wie verschiedene Teile des Systems miteinander verbunden sind.

Ein nicht zu unterschätzender Bereich der Informationsverarbeitungskompetenz ist der Datenschutz und die Compliance. Bei der Verarbeitung von Informationen, insbesondere im Hinblick auf personenbezogene Daten, müssen die Datenschutzvorgaben wie die DSGVO strikt eingehalten werden. Der Prozessanalyst sorgt dafür, dass alle Daten korrekt und sicher verarbeitet werden, um rechtlichen und sicherheitsrelevanten Risiken vorzubeugen.

Neben den technischen Fähigkeiten sind auch die sozialen Kompetenzen von Bedeutung, für die Informationsverarbeitung. Eine ausgeprägte Präsentationsfähigkeit ist erforderlich. Eine gute Präsentation ermöglicht den Stakeholdern, die analysierten Informationen schnell zu verstehen und die richtigen Entscheidungen zu treffen. Strukturiertes Arbeiten ist dafür unerlässlich. Der Prozessanalyst muss in der Lage sein, Informationen logisch und nachvollziehbar zu ordnen, sodass die Verarbeitung und Interpretation der Daten effizient und fehlerfrei erfolgen kann. Eine strukturierte Arbeitsweise sorgt dafür, dass alle Schritte der Informationsverarbeitung nachvollziehbar sind und keine wichtigen Details übersehen werden.

Abstraktionsfähigkeit ist eine weitere wichtige soziale Kompetenz. Der Prozessanalyst muss komplexe und umfangreiche Informationsmengen reduzieren und essenziellen Inhalte extrahieren. Diese Fähigkeit hilft dabei, die wichtigen Daten aus einer Vielzahl von Informationen herauszufiltern und auf die relevanten Aspekte zu konzentrieren, die für das GPM notwendig sind. Die Informationsverarbeitungskompetenz ist eine Schlüsselqualifikation für den Erfolg eines Prozessanalysten. Sie ermöglicht ihm, mit großen und komplexen Datenmengen effizient umzugehen, diese zu integrieren und für alle Beteiligten verständlich aufzubereiten. Ein tiefes Verständnis der verschiedenen Techniken und Tools der Informationsverarbeitung – von der Datenanalyse und -integration bis hin zur Informationsvisualisierung und Systemintegration – ist für eine erfolgreiche Prozessoptimierung erfolgsentscheidend. Ebenso wichtig ist, die sozialen Kompetenzen wie analytisches Denken, Präsentationsfähigkeit und eine strukturierte Arbeitsweise zu beherrschen, um sicherzustellen, dass die verarbeiteten Informationen klar kommuniziert und genutzt werden können. Nur durch die Kombination dieser Fähigkeiten kann der Prompt Engineer die Informationsverarbeitung im GPM erfolgreich gestalten und so einen wesentlichen Beitrag zur Optimierung von Geschäftsprozessen leisten.

4.3.3   Sprachkompetenzen für Arbeitsanweisungen

Arbeitsanweisungen, die klar, präzise und effektiv gestaltet sind, tragen entscheidend zur effizienten Umsetzung von Aufgaben bei. Die Prinzipien dieser Gestaltung können nicht nur auf menschliche Kommunikation, sondern auch auf Interaktionen mit LLMs angewendet werden. Die folgenden Abschnitte vertiefen die Best Practices unter Berücksichtigung linguistischer Aspekte, Anforderungen an das Prompt Engineering und technische Erklärungen auf Basis des Transformer-Modells.

Klarheit und Präzision in der Sprache
Klarheit und Präzision in der Sprache sind fundamentale Prinzipien, um Informationen effektiv zu vermitteln und Missverständnisse zu minimieren. Aus linguistischer Perspektive ist der Einsatz klarer Sprache der Schlüssel zur Verständlichkeit, da sie die kognitive Verarbeitung erleichtert und die Wahrscheinlichkeit von Fehlern reduziert. Studien wie der Plain Language Approach zeigen, dass einfache und direkte Formulierungen die Aufnahme und Verarbeitung von Informationen erheblich verbessern. Besonders im Kontext von Arbeitsanweisungen erweist sich eine klare und präzise Sprache als unverzichtbar. Indem aktive Formulierungen genutzt werden, wie beispielsweise „Scannen Sie das Dokument" anstelle von „Das Dokument wird gescannt", wird der Handlungsträger eindeutig benannt, was die Umsetzung der Anweisungen erleichtert. Gleichzeitig ist wichtig, Mehrdeutigkeiten zu

vermeiden, die durch unpräzise Verben oder vage Zeitangaben entstehen könnten. Konkrete Formulierungen wie „Führen Sie die Prüfung bis 15:00 Uhr durch" gewährleisten Klarheit und verhindern Interpretationsspielraum. Der Verzicht auf Fachjargon ist ebenfalls zu beachten, wenn die Zielgruppe nicht mit der spezifischen Terminologie vertraut ist. Dies sichert eine möglichst breite Verständlichkeit, selbst bei heterogenen Adressatengruppen.

Auch im Bereich des Prompt Engineerings, also der Interaktion mit LLMs, sind diese Prinzipien bedeutend. Das Erstellen effektiver Prompts, die präzise formuliert und auf das gewünschte Ziel abgestimmt sind, folgt denselben Regeln wie die Formulierung klarer Arbeitsanweisungen. Ein Prompt wie „Erkläre die Ursache von X" ist wesentlich effektiver als eine vage Formulierung wie „X könnte erklärt werden". Dies liegt daran, dass LLMs explizite und klare Anweisungen besser interpretieren können, während ungenaue oder unvollständige Prompts die Wahrscheinlichkeit unerwünschter Ergebnisse erhöhen. Die Präzision eines Prompts sorgt dafür, dass das Modell sich auf die gewünschten Aspekte konzentriert und irrelevante Informationen ausblendet. Ambiguitäten hingegen führen zu einer inkonsistenten Interpretation, da das Modell verschiedene mögliche Bedeutungen berücksichtigen muss.

Aus technischer und mathematischer Sicht wird die Bedeutung von Klarheit und Präzision durch die Funktionsweise von Transformer-Modellen verdeutlicht, die in den modernen LLMs verwendet werden. Diese Modelle nutzen Self-Attention-Mechanismen, um den Kontext und die Bedeutung jedes einzelnen Tokens in einer Eingabe zu analysieren. Wenn ein Prompt unklar oder mehrdeutig ist, konkurrieren ähnliche Begriffe um die Aufmerksamkeit des Modells. Dies führt zu einer diffusen Verteilung der Attention Scores, wodurch dem Modell schwerer fällt, relevante semantische Beziehungen zu identifizieren. Klare und präzise Formulierungen minimieren diese Konkurrenz und erlauben dem Modell, sich stärker auf die bedeutungstragenden Teile des Prompts zu konzentrieren. Technisch gesprochen reduziert sich dadurch die Komplexität der Self-Attention-Matrix, da weniger konkurrierende Interpretationen entstehen. Die Präzision der Ergebnisse wird gesteigert, da das Modell die relevanten semantischen Verknüpfungen mit höherer Genauigkeit identifizieren kann.

Klarheit und Präzision in der Sprache sowohl aus linguistischer als auch aus technischer Perspektive sind entscheidend für die Verständlichkeit und Effektivität von Anweisungen. Während sie im menschlichen Kontext die Verarbeitung und Umsetzung erleichtern, verbessern sie in der KI-Interaktion die Effizienz und Präzision der Modellergebnisse. Die Prinzipien der einfachen, direkten Sprache, der Vermeidung von Mehrdeutigkeiten und der Verwendung präziser Formulierungen bilden somit die Grundlage für die erfolgreiche Kommunikation mit Menschen und Maschinen gleichermaßen.

Schrittweise und logische Struktur
Eine schrittweise und logische Struktur bildet den Rahmen für effektive Anweisungen und fördert die reibungslose Umsetzung komplexer Aufgaben. Aus linguistischer Perspektive erleichtert eine gut strukturierte Anweisung nicht nur das Verständnis, sondern auch die korrekte Abfolge der ausgeführten Schritte. Sequenzielle Nummerierungen sind hierbei hilfreich, da sie dem Adressaten ermöglichen, die einzelnen Schritte in der vorgesehenen Reihenfolge nachzuvollziehen. Ohne diese Klarheit besteht die Gefahr, dass Anweisungen missinterpretiert oder ausgelassen werden. Ebenso wichtig sind Teilziele, die die kognitive Belastung reduzieren und den Fokus auf einzelne Arbeitsschritte lenken. Sie erlauben, komplexe Vorhaben in klar definierte Etappen zu gliedern, die einzeln leichter zu bewältigen sind. Komplexe Aufgaben profitieren zusätzlich von der Zerlegung in Zwischenschritte, da diese die einzelnen Handlungsschritte auf ein konsumierbares Maß reduzieren und somit die Fehleranfälligkeit minimieren.

Auch im Bereich des Prompt Engineerings spielt die schrittweise Struktur eine wesentliche Rolle, wenn es darum geht, LLMs effizient anzuleiten. Komplexe Aufgabenstellungen lassen sich durch modular aufgebaute Prompts besser handhaben, da diese die Komplexität der Aufgabe auf mehrere klar definierte Anweisungen verteilen. Statt etwa einen KI-gestützten Aufsatz in einem einzigen Schritt zu fordern, kann der Prozess in logisch aufeinanderfolgende Teile gegliedert werden. Zunächst könnte ein Prompt wie „Erstelle eine Einleitung für einen Aufsatz über X" die Grundlage schaffen. Anschließend könnte die KI mit „Liste drei Beispiele für Y" angeleitet werden, bevor sie im letzten Schritt mit „Verbinde die Beispiele mit einem Fazit" die Aufgabe abschließt. Eine solche modulare Struktur bietet nicht nur eine höhere Kontrolle über die Ergebnisse, sondern verhindert auch, dass das LLM wichtige Aspekte der Aufgabe vernachlässigt oder verwässert. Jeder Schritt baut auf dem vorherigen auf, wodurch die Kohärenz im Endergebnis gewahrt bleibt.

Die Bedeutung einer schrittweisen und logischen Struktur lässt sich auch aus technischer Sicht erklären. Das Transformer-Modell nutzt Positional Encodings, um die Reihenfolge von Wörtern und Phrasen zu erfassen und zu verarbeiten. Eine klar strukturierte Eingabe stellt sicher, dass die Positional-Encoding-Matrix die Sequenz korrekt darstellt, was wiederum entscheidend für die Verarbeitung der Informationen ist. Logische Abfolgen fördern zudem die kohärente Verknüpfung der Layer im Modell, da frühere Informationen in einer sinnvollen Weise mit späteren verbunden werden. Dies verbessert nicht nur die Kohärenz, sondern auch die Präzision der Ergebnisse, da das Modell eine konsistente semantische Beziehung zwischen den einzelnen Elementen der Eingabe herstellen kann.

Insgesamt zeigt sich, dass schrittweise und logisch strukturierte Anweisungen sowohl im menschlichen als auch im technischen Kontext das Verständnis fördern und die Umsetzung erleichtern. Während sie bei Menschen die kognitive Belastung verringern und das Arbeiten erleichtern, sorgen sie in der Interaktion mit LLMs für eine präzise Verarbeitung und konsistente Ergebnisse. Die Fähigkeit, Aufgaben in kleinere, klar definierte Einheiten zu zerlegen, ist somit ein universelles Prinzip in verschiedenen Disziplinen.

Verständliche Syntax und konsistente Terminologie

Kurze und prägnante Sätze sowie eine konsistente Terminologie sind essenziell, um die Verständlichkeit und Lesbarkeit von Texten zu gewährleisten. Aus linguistischer Perspektive gilt, dass die Länge eines Satzes maßgeblich die kognitive Verarbeitung beeinflusst. Sätze mit einer Länge von 15 bis 20 Wörtern bieten eine optimale Balance zwischen Informationsgehalt und Lesefreundlichkeit. Längere Sätze neigen dazu, die Aufmerksamkeit zu überfordern und das Verständnis zu erschweren, während zu kurze Sätze fragmentarisch wirken und den Textfluss stören können. Ebenso zentral ist die Konsistenz in der Terminologie. Ein Konzept sollte stets mit denselben Begriffen bezeichnet werden, da dies Verwirrung vermeidet und den Lernaufwand für den Leser reduziert. Wenn ein Text beispielsweise den Begriff „Prozess" einführt, sollte dieser nicht ohne Not durch Synonyme wie „Vorgang" oder „Ablauf" ersetzt werden. Solche Wechsel in der Bezeichnung erschweren die Verknüpfung von Informationen und führen zu einer erhöhten kognitiven Belastung, da der Leser gezwungen ist, zwischen den Begriffen zu übersetzen und ihre Gleichwertigkeit zu erkennen.

Bei der Interaktion mit KI-Systemen sorgt eine einheitliche Verwendung von Begriffen dafür, dass die Antworten kohärent und zielgerichtet bleiben. Wird in einem Prompt beispielsweise der Begriff „Thema" eingeführt, sollte dieser in nachfolgenden Anweisungen nicht durch Begriffe wie „Inhalt" oder „Aspekt" ersetzt werden. Solche Variationen können dazu führen, dass das Modell die Beziehung zwischen den Begriffen nicht korrekt erfasst. Konsistente Terminologie gibt dem Modell eine klare Grundlage, um semantische Verbindungen herzustellen und die Informationen aufeinander abzustimmen. Sie minimiert somit das Risiko von Missverständnissen oder der Generierung irrelevanter Inhalte.

Transformer-Modelle basieren auf stabilen Wort-Embeddings. Jedes Wort wird in ein mathematisches Vektorformat umgewandelt, das seine semantische Bedeutung repräsentiert. Synonyme oder unterschiedliche Begriffe mit ähnlicher Bedeutung erzeugen jedoch leicht variierende Embedding-Dimensionen. Diese Variation kann dazu führen, dass die semantische Verarbeitung weniger präzise wird, da das Modell die Verbindung zwischen den Begriffen nicht eindeutig herstellt. Konsistente Begriffe hingegen erzeugen stabilere Embeddings, was dem Modell ermöglicht, klare und kohärente Beziehungen zwischen den Elementen einer Eingabe herzustellen. Dies verbessert nicht nur die Genauigkeit der Antwort, sondern auch die Fähigkeit des Modells, semantisch relevante Informationen zu priorisieren.

Insgesamt zeigt sich, dass kurze, prägnante Sätze und eine einheitliche Terminologie sowohl aus sprachlicher als auch aus technischer Sicht die Grundlage für effektive Kommunikation bilden. Sie verbessern die Verständlichkeit, erleichtern die Verarbeitung von Informationen und tragen dazu bei, dass die Interaktion mit LLMs präziser und effizienter wird. Ob im menschlichen oder im maschinellen Kontext: Konsistenz und Klarheit sind unverzichtbare Prinzipien, um Inhalte verständlich und wirkungsvoll zu vermitteln.

Visuelle Unterstützung und Hervorhebung
Visuelle Elemente beeinflussen wie Informationen wahrgenommen, verarbeitet und verstanden werden. Aus linguistischer Perspektive tragen sie wesentlich dazu bei, die Lesbarkeit eines Textes zu verbessern und den kognitiven Aufwand zu minimieren. Elemente wie Bilder, Fettschrift, Absätze oder andere Hervorhebungen lenken die Aufmerksamkeit des Lesers gezielt auf zentrale Informationen. Sie fungieren als visuelle Ankerpunkte, die helfen, wichtige Inhalte schneller zu identifizieren und im Gedächtnis zu behalten. Wenn beispielsweise ein kritischer Begriff fett gedruckt wird, wird er als besonders relevant wahrgenommen, was die Informationsverarbeitung erleichtert. Ähnlich schaffen gut strukturierte Absätze thematische Einheiten, die den Textfluss ordnen und den Leser schrittweise durch den Inhalt führen. Diese visuelle Gliederung reduziert die kognitive Belastung, da der Leser nicht gezwungen ist, aus einem unstrukturierten Text eigenständig thematische Schwerpunkte herauszufiltern.

Im Bereich des Prompt Engineerings ist die Strukturierung von Eingaben ebenfalls von großer Bedeutung. Längere Prompts profitieren enorm von klaren visuellen Trennungen, wie Absätzen oder Leerzeilen, die verschiedene Teile des Prompts logisch voneinander abgrenzen. Dadurch wird der KI-gestützten Verarbeitung signalisiert, welche Informationen thematisch zusammengehören und welche eine eigenständige Bedeutung haben. Darüber hinaus können wichtige Anweisungen durch besondere Hervorhebungen wie Großbuchstaben oder Anführungszeichen zusätzlich betont werden. Ein Beispiel hierfür wäre der Einsatz von Formulierungen wie „ANTWORT KURZ UND PRÄZISE." Solche Markierungen wirken nicht nur für den Leser, sondern auch für das LLM als Verstärker der Relevanz, da sie eindeutige semantische Signale setzen. Durch diese gezielten Hervorhebungen wird das Risiko verringert, dass wichtige Informationen übersehen oder missinterpretiert werden.

Auch technisch-mathematisch lassen sich die Vorteile visuell strukturierter Eingaben erklären. Transformer-Modelle neigen dazu, ihren Fokus auf markante Wörter oder Textstellen zu legen. Hervorgehobene Begriffe, etwa durch Großbuchstaben oder durch ihre Position am Anfang oder Ende eines Satzes, werden von den Attention-Heads besonders berücksichtigt. Diese Funktion ist entscheidend, da hervorgehobene Elemente nicht nur die Wahrscheinlichkeit erhöhen, dass ein Modell ihre Bedeutung korrekt einordnet, sondern auch, dass es die semantischen Beziehungen zwischen diesen und anderen Wörtern gezielt analysiert. Ebenso tragen Absätze und Leerzeilen dazu bei, die Textstruktur für das Modell klarer zu machen. Sie schaffen diskrete, logisch verbundene Abschnitte, die der Attention-Mechanismus effizient verarbeiten kann. Dies führt zu einer verbesserten Kohärenz der generierten Antworten, da das Modell die inhaltliche Trennung zwischen verschiedenen Themenbereichen besser versteht.

Visuelle Elemente und eine klare Textstruktur erleichtern nicht nur die menschliche Verarbeitung, sondern steigern auch die Leistungsfähigkeit von LLMs erheblich. Ob durch Fettschrift, Absätze oder hervorgehobene Anweisungen: Die visuelle Strukturierung schafft eine Brücke zwischen der effektiven Kommunikation von Inhalten und deren präziser Interpretation durch Mensch und Maschine.

Reduktion der kognitiven Last
Die Fähigkeit, Informationen effizient zu verarbeiten, ist sowohl für Menschen als auch für KI-Systeme entscheidend. Aus linguistischer Perspektive wird deutlich, dass eine Überforderung der Verarbeitungskapazität durch eine zu große Informationsdichte vermieden werden sollte. Menschen können nur eine begrenzte Menge an Informationen gleichzeitig aufnehmen und verstehen. Hier kommt die sogenannte Chunking-Methode zum Einsatz, bei der größere Informationsmengen in kleinere, überschaubare Einheiten zerlegt werden. Diese Methode erleichtert dem Leser oder Zuhörer, die Inhalte Schritt für Schritt aufzunehmen und in einen sinnvollen Zusammenhang zu bringen. Anstatt einen komplexen Sachverhalt in einem einzigen, langen Absatz zu erklären, sollte der Text in kleinere Abschnitte mit klar definierten Teilthemen unterteilt werden. Dadurch wird die kognitive Belastung reduziert, und der Leser kann sich auf einzelne Informationsbausteine konzentrieren, bevor er zum nächsten übergeht.

Im Bereich des Prompt Engineerings hat sich gezeigt, dass die Modularisierung von Anweisungen essenziell ist. Komplexe Prompts, die viele Anforderungen in einer einzigen Eingabe bündeln, führen häufig zu unpräzisen oder unvollständigen

Antworten. Eine Serie von einfacheren, klar definierten Prompts ist weitaus effektiver. Zum Beispiel könnte ein komplexer Prompt wie „Definiere X, erkläre seine Anwendung in Y und gib Beispiele" in mehrere Einheiten zerlegt werden: Zunächst „Definiere X", anschließend „Erkläre, wie X in Y verwendet wird", und schließlich „Gib drei Beispiele für die Anwendung von X in Y". Diese schrittweise Herangehensweise gibt dem LLM die Möglichkeit, jede Teilaufgabe isoliert zu bearbeiten und sich auf die jeweilige Fragestellung zu konzentrieren. Dadurch wird die Qualität und Präzision der generierten Antworten signifikant erhöht.

Bei Transformer-Modellen basiert die Verarbeitung von Eingaben auf der Self-Attention-Matrix, die die Beziehungen zwischen den Wörtern eines Prompts analysiert. Jede zusätzliche Information in einem Prompt erhöht die Dimensionen dieser Matrix und damit auch die Komplexität der Berechnungen. Wenn ein Prompt überladen ist, kann dies dazu führen, dass die Aufmerksamkeit des Modells auf irrelevante oder weniger wichtige Aspekte verteilt wird. Modularisierte Eingaben hingegen halten die Dimensionen der Self-Attention-Matrix überschaubar. Dies ermöglicht dem Modell, sich gezielt auf relevante semantische Beziehungen zu konzentrieren, wodurch sowohl die Effizienz als auch die Präzision der Verarbeitung steigt. Gleichzeitig werden die Rechenressourcen geschont, da die Verarbeitung weniger Rechenleistung erfordert. Zusätzlich ist die maximale Länge der generierbaren Antwort durch die Architektur des Modells begrenzt. Da Transformer-Modelle eine feste Kontextlänge haben, kann eine zu lange Antwort dazu führen, dass frühere relevante Informationen aus dem Kontext verdrängt werden. Dies beeinträchtigt die Vollständigkeit der generierten Inhalte. Eine bewusste Aufteilung in mehrere Prompts ermöglicht umfangreichere Antworten.

Durch das Aufteilen von Informationen – sei es für Menschen oder für KI-Systeme – wird nicht nur die Verständlichkeit verbessert, sondern auch die Verarbeitungseffizienz erheblich gesteigert. Während die Chunking-Methode bei der Kommunikation mit Menschen den kognitiven Aufwand reduziert, sorgt sie im Bereich der KI-Interaktion dafür, dass Modelle Informationen strukturierter und präziser verarbeiten können. Diese Strategie ist somit ein zentraler Faktor für effektive Informationsvermittlung und Problemlösung.

Berücksichtigung kultureller und sprachlicher Nuancen
Die Bedeutung einer standardisierten, einfachen Sprache wird besonders in internationalen Teams deutlich. Sprachliche Barrieren und kulturelle Unterschiede können die Kommunikation erheblich erschweren. Der Einsatz einer klaren, neutralen Sprache erleichtert die Zusammenarbeit. Durch die Verwendung leicht verständlicher Ausdrücke wird sichergestellt, dass alle Teammitglieder unabhängig von

ihrem sprachlichen Hintergrund die gleichen Informationen erhalten und verstehen. Dabei sind Übersetzungen in die jeweilige Muttersprache ein nützliches Werkzeug, insbesondere für komplexe oder technische Inhalte. Ergänzend können visuelle Hilfen wie Diagramme, Symbole oder Infografiken das Verständnis fördern, da sie universeller wahrgenommen werden als textbasierte Informationen. Der Verzicht auf Idiome oder kulturell spezifische Redewendungen ist in diesem Zusammenhang empfehlenswert, da solche sprachlichen Elemente häufig schwer zu übersetzen sind und Missverständnisse hervorrufen können.

Im Bereich des Prompt Engineerings ist die Verwendung universeller und klar definierter Begriffe ebenfalls bedeutend. LLMs reagieren empfindlich auf komplexe oder kulturell geprägte Begriffe, da diese oft mehrdeutig sind und zu Fehlinterpretationen führen können. Ein Prompt sollte daher so formuliert sein, dass er auf universelle Sprachprinzipien zurückgreift. Anstatt idiomatische Wendungen oder regionale Fachbegriffe zu verwenden, sind klare Beschreibungen und präzise Formulierungen zu bevorzugen. Beispielsweise könnte ein Prompt wie „Erkläre den Elefanten im Raum" für die KI problematisch sein, da dies ein kulturelles Idiom ist. Stattdessen sollte die Anfrage direkt lauten: „Erkläre eine offensichtliche, aber ignorierte Wahrheit." Solche universellen Formulierungen minimieren das Risiko von Fehlinterpretationen und erhöhen die Zuverlässigkeit der generierten Antworten.

Die Wort-Embeddings von LLMs basieren auf umfangreiche Trainingsdaten. Häufig enthalten diese Daten kulturelle und sprachliche Vorurteile, die die semantische Verarbeitung beeinflussen können. Komplexe oder seltene Begriffe führen in der Regel zu weniger stabilen Embeddings, da sie in den Trainingsdaten weniger häufig oder uneinheitlich vertreten sind. Dies kann dazu führen, dass das Modell Schwierigkeiten hat, deren Bedeutung korrekt zu interpretieren. Im Gegensatz dazu erzeugen universelle Begriffe stabilere Embeddings, da sie mit größerer Konsistenz im semantischen Vektorraum abgebildet werden. Diese Stabilität ermöglicht dem Modell, präzisere Ergebnisse zu liefern und die Rechenressourcen effizienter zu nutzen.

Die Verwendung standardisierter steigert die Effektivität der Interaktion mit LLMs. Durch den Verzicht auf kulturelle oder idiomatische Besonderheiten und die Förderung universeller Begriffe wird die Wahrscheinlichkeit von Missverständnissen reduziert. Gleichzeitig profitiert die semantische Verarbeitung in Transformer-Modellen von stabileren und konsistenteren Embeddings, wodurch die Präzision der Antworten erhöht wird.

Effektive Arbeitsanweisungen und Prompts zeichnen sich durch klare Sprache, logische Struktur und visuelle Unterstützung aus. Die Prinzipien dieser Gestaltung beruhen auf linguistischer Forschung, praktischen Anforderungen im Prompt Engineering und mathematisch-technischen Eigenschaften moderner LLMs. Durch die Beachtung dieser Best Practices werden sowohl menschliche Mitarbeiter als auch KI-Systeme effizienter und zielgerichteter arbeiten.

4.4   Praktische Beispiele

4.4.1   Prozessmodellierung in Hochschulen

Hochschulen sind in vielen Ländern staatlich geführte Institutionen, die sowohl eigenständig agieren als auch in einem starken regulatorischen Rahmen eingebunden sind. Sie unterliegen einer Vielzahl von Gesetzen, Satzungen und Ordnungen, die den Betrieb und die Organisation dieser Institutionen beeinflussen. In Deutschland beispielsweise müssen Hochschulen nicht nur den allgemeinen Verwaltungsstandards folgen, sondern auch spezifische gesetzliche Vorgaben einhalten, die sich aus dem Hochschulgesetz, dem Universitätsrecht sowie aus zahlreichen landes- und bundesweiten Regelungen ergeben.

Die Aufgabe der Prozessmodellierung in Hochschulen unterscheidet sich aufgrund dieser spezifischen Anforderungen erheblich von der in privaten oder weniger regulierten Organisationen. In Hochschulen müssen nicht nur die internen Abläufe optimiert werden, sondern es gilt, Optimierungen immer mit den bestehenden gesetzlichen und institutionellen Vorgaben in Einklang zu halten. Dies führt dazu, dass der Prozessmodellierer hier eine besondere Rolle übernimmt, indem er sowohl die organisatorischen Anforderungen als auch die gesetzlichen Rahmenbedingungen berücksichtigt.

Die Modellierung dieser Prozesse erfordert neben Fachwissen über die inneren Abläufe der Hochschule auch ein tiefes Verständnis für die zugrunde liegenden gesetzlichen Grundlagen. Der Prozessmodellierer muss die Interaktion zwischen den operativen Prozessen der Hochschule und den relevanten regulatorischen Vorschriften genau verstehen und sicherstellen, dass die Modellierung alle regulatorischen Anforderungen abdeckt. Diese Gesetze, Satzungen und Ordnungen können als eine zentrale Grundlage für die Modellierung genutzt werden, da sie die Rahmenbedingungen für nahezu alle operativen Abläufe definieren.

In Deutschland bilden Hochschulgesetze auf Landesebene einen wesentlichen Bestandteil der regulatorischen Vorgaben für Hochschulen. Diese Gesetze regeln nicht nur die Organisation und den Betrieb der Hochschule, sondern auch die Studienbedingungen, die Anforderungen an Prüfungen und die Rechte und Pflichten von Studierenden sowie Lehrenden. Wenn ein Prozess, wie etwa die Zulassung von Studierenden zu einem Studiengang, modelliert wird, ist es notwendig, dass dieser Prozess den spezifischen Vorgaben des Hochschulgesetzes entspricht.

Neben den allgemeinen gesetzlichen Regelungen existieren Satzungen und Ordnungen, die auf der Ebene der einzelnen Hochschule oder noch kleinteiliger den Fachbereichen und Sudiengängen bestehen. Dazu gehören unter anderem die Studienordnung, Prüfungsordnung, die Ordnung zur Vergabe von Fördermitteln oder auch die Dienstvereinbarungen. Diese Ordnungen sind sehr detailliert und betreffen die verschiedenen Prozesse des Hochschulbetriebs. Sie legen fest, wie beispielsweise Prüfungen abzunehmen sind, wie Studienleistungen anerkannt werden oder wie die Promotionsverfahren durchzuführen sind.

Für die Prozessmodellierung in Hochschulen müssen diese Satzungen und Ordnungen verstanden und in die Modellierung der Prozesse einbezogen werden. Oftmals werden diese Dokumente als Grundlage für die Definition von Regeln und Bedingungen innerhalb eines Prozesses genutzt. So könnte der Prozess der Antragsbearbeitung für eine Studienzulassung beispielsweise die spezifischen Kriterien aus der Zulassungsordnung berücksichtigen, oder der Prüfungsprozess muss gemäß der Prüfungsordnung erfolgen.

Ein gutes Beispiel für die Prozessmodellierung in einer Hochschule unter Berücksichtigung der regulatorischen Anforderungen ist der Prüfungsprozess. Dieser Prozess umfasst mehrere Phasen: die Anmeldung zur Prüfung, die Durchführung der Prüfung, die Benotung und schließlich die Bekanntgabe der Ergebnisse. Jede dieser Phasen muss präzise und unter Einhaltung der relevanten Vorschriften erfolgen.

- **Zulassung zur Prüfung**: Hier wird geprüft, ob die Studierenden alle notwendigen Voraussetzungen gemäß der Prüfungsordnung erfüllen, z. B. ausreichende Teilnahme an Lehrveranstaltungen oder das Vorliegen bestimmter Vorkenntnisse.
- **Durchführung der Prüfung**: Die Prüfungsordnung gibt vor, wie die Prüfung abzunehmen ist, welche Modalitäten gelten (schriftlich, mündlich) und wie die Prüfungsaufgaben gestaltet werden dürfen.
- **Benotung und Ergebnisbekanntgabe**: Die Ergebnisse müssen gemäß den Vorgaben der Prüfungsordnung ermittelt und innerhalb eines festgelegten Zeitraums bekannt gegeben werden.

Ein Prozessmodell, das diesen Ablauf abbildet, muss sicherstellen, dass alle Schritte korrekt eingehalten werden, um den gesetzlichen und satzungsmäßigen Anforderungen gerecht zu werden.

Die Prozessmodellierung in Hochschulen stellt aufgrund der Vielzahl an gesetzlichen Regelungen, Satzungen und Ordnungen eine besondere Herausforderung dar. Im Vergleich zu anderen Organisationen müssen Hochschulen ihre internen Prozesse eng an diese regulatorischen Vorgaben anpassen. Dies erfordert nicht nur technisches Wissen über die Abläufe, sondern auch ein tiefes Verständnis der relevanten Gesetze und Ordnungen. Die Vorteile des Einsatzes von LLMs hierbei sind:

1. **Automatisierte Analyse regulatorischer Vorgaben:** LLMs können große Mengen an Gesetzen, Satzungen und Ordnungen automatisiert analysieren und relevante Regelungen extrahieren. Dies erleichtert die Identifikation von Anforderungen, die in die Prozessmodellierung einfließen müssen.

2. **Unterstützung bei der Prozesskonformität:** Durch den Abgleich von Prozessmodellen mit den regulatorischen Vorgaben können LLMs sicherstellen, dass Prozesse gesetzeskonform gestaltet werden. Sie erkennen mögliche Regelverstöße frühzeitig und schlagen Anpassungen vor.

3. **Erhöhung der Effizienz in der Modellierung:** LLMs können bestehende Prozessmodelle automatisch optimieren, indem sie redundante Schritte identifizieren oder Best Practices vorschlagen. Dadurch wird die Modellierung beschleunigt und der Aufwand für Prozessmodellierer reduziert.

4. **Automatisierte Generierung von Regelwerken und Dokumentationen:** LLMs können aus Prozessmodellen automatisch rechtskonforme Verfahrensbeschreibungen und Arbeitsanweisungen ableiten, die den regulatorischen Anforderungen entsprechen. Dies erleichtert die Dokumentation und reduziert Fehlerquellen.

5. **Verbesserung der Interoperabilität und Integration:** LLMs können Prozesse in verschiedene Modellierungsstandards (z. B. BPMN) überführen und eine einheitliche Sprache für die Prozessmodellierung sicherstellen. Zudem ermöglichen sie eine bessere Integration mit bestehenden IT-Systemen und Workflows.

6. **Erhöhte Transparenz und Nachvollziehbarkeit:** Durch die Analyse und Verknüpfung von Regelwerken mit konkreten Prozessschritten ermöglichen LLMs eine verbesserte Nachvollziehbarkeit der Prozesse. Änderungen in den gesetzlichen Rahmenbedingungen können automatisch in bestehende Modelle eingearbeitet und deren Einfluss auf die Prozesse analysiert werden.

7. **Anpassungsfähigkeit an neue gesetzliche Vorgaben:** LLMs können kontinuierlich neue Gesetze und Verordnungen auswerten und auf Basis dieser Änderungen bestehende Prozesse anpassen. Dies erleichtert es Hochschulen, auf neue regulatorische Anforderungen flexibel zu reagieren.

8. **Erleichterung der Kommunikation zwischen Stakeholdern:** LLMs können komplexe regulatorische Anforderungen in verständliche Sprache übersetzen und somit die Kommunikation zwischen Prozessmodellierern, Verwaltungsmitarbeitern und Entscheidungsträgern verbessern.

4.4.2 Prozessmodellierung in SAP-Projekten

In großen Unternehmen, die SAP als ihre zentrale ERP-Plattform verwenden, sind Prozessmodellierung und -optimierung unerlässlich, um Effizienz zu steigern und den maximalen Nutzen aus den SAP-Anwendungen zu ziehen. SAP bietet komplexe Software, die eine Vielzahl von Geschäftsprozessen abbildet – von der Finanzbuchhaltung über das Supply Chain Management bis hin zur Personalwirtschaft. Damit die Implementierung von SAP und die anschließende Nutzung tatsächlich einen Mehrwert für das Unternehmen bringen, wird eine kontinuierliche Optimierung der Prozesse beginnend bei der Implementierung empfohlen. SAP selbst stellt dafür Tools und Dokumentationen zur Verfügung.

SAP Best Practices sind vordefinierte Lösungen, die auf der Erfahrung und dem Wissen von SAP und dessen Kunden basieren. Sie bieten bewährte Methoden und Workflows für verschiedene Geschäftsprozesse und werden häufig als Grundlage für die Implementierung von SAP in Unternehmen genutzt. Doch jede Organisation hat ihre eigenen spezifischen Anforderungen, und oft reicht nicht aus, die SAP Best Practices einfach zu übernehmen. Anpassungen sind notwendig, um den individuellen Geschäftsanforderungen gerecht zu werden. Der iterative Prozess der Modellierung und kontinuierlichen Verbesserung von Geschäftsprozessen ist entscheidend, um SAP effizient in einem Unternehmen zu integrieren. Dieser Prozess ist jedoch zeitaufwendig und erfordert tiefgehendes Wissen über SAP sowie ein tiefes Verständnis der spezifischen Anforderungen des Unternehmens.

Ein besonders wirkungsvolles Potenzial bietet hier der Einsatz von LLMs. Ein Beispiel: Ein Unternehmen, das SAP S/4HANA in seine IT-Infrastruktur integriert hat, möchte den Order-to-Cash-Prozess optimieren. Dieser Prozess umfasst alle Schritte vom Eingang einer Kundenbestellung bis zur Bezahlung durch den Kunden. Der Standardprozess in SAP bietet eine umfängliche Grundlage, aber die spezifischen Anforderungen des Unternehmens – etwa die Integration mit einem speziellen CRM-System oder die Anpassung von Zahlungsbedingungen – erfordern zusätzliche Anpassungen.

Ein SAP-Berater könnte nun ein LLM nutzen, um relevante Anpassungen vorzuschlagen, indem er gezielt mit SAP Best Practices arbeitet. Der Prompt könnte folgendermaßen formuliert sein:

„Beschreibe die Best Practices für den Order-to-Cash-Prozess in SAP S/4HANA, und gib Empfehlungen, wie dieser Prozess optimiert werden kann, wenn das Unternehmen ein externes CRM-System integriert und spezielle Zahlungsbedingungen für bestimmte Kundengruppen verwendet."

Das LLM analysiert dann eine Vielzahl von Quellen, darunter offizielle SAP-Dokumentationen, Forenbeiträge und andere relevante Inhalte, um eine kreative Antwort zu liefern. Die Quellen können auch Unternehmensinterne Dokumente umfassen, wie beispielsweise die Dokumentation der CRM-Implementierung mit ihren Besonderheiten. Die Antwort enthält nicht nur die Best Practices für den Order-to-Cash-Prozess, sondern auch konkrete Empfehlungen, wie die gewünschten Anpassungen effektiv umgesetzt werden können. Durch diese maßgeschneiderte Beratung lassen sich viele der Herausforderungen bei der Prozessmodellierung in SAP schneller und effizienter bewältigen.

Ein entscheidender Vorteil beim Einsatz von LLMs ist ihre Fähigkeit, auf eine Fülle von öffentlichen Online-Dokumentationen, Forenbeiträgen und anderen Informationsquellen zurückzugreifen. In der SAP-Community ist eine Vielzahl von Ressourcen offen zugänglich, in denen Unternehmen und SAP-Experten ihre Erfahrungen, Lösungen und Best Practices teilen. Diese sind auch ohne LLMs die Grundlage für die Optimierung von SAP-Prozessen. Bisher erforderte der Aufwand diese gezielt zu finden jedoch einen höheren Ressourceneinsatz.

Ein SAP-Consultant, der mit einem LLM arbeitet, kann auf diese Quellen zugreifen und in Echtzeit die neuesten Lösungen und Ansätze für die Prozessoptimierung finden. Ein Beispiel aus der Praxis zeigt, wie ein Unternehmen seine Logistikprozesse optimieren konnte, indem es auf Forenbeiträge zugriff, die von anderen SAP-Anwendern verfasst wurden. Diese Beiträge behandelten spezifische Herausforderungen bei der Lagerverwaltung und bieten Lösungen, die direkt in den eigenen Prozess übernommen werden konnten. Foren sind häufig aufwendig zu lesen, da die beste Lösung erst durch den gesamten Chatverlauf verständlich wird, wobei viele Informationen nicht relevant sind.

Ein Prozessanalyst könnte eine Anfrage wie diese formulieren:

„Welche Lösungen für die Optimierung der Lagerverwaltung in SAP S/4HANA gibt es, die von der SAP-Community empfohlen werden, und wie kann diese Lösung für ein Unternehmen angepasst werden, das mehrere Lagerstandorte betreibt?"

Infolgedessen erhält der Anwender eine umfassende Antwort, die sowohl bewährte Lösungen als auch Tipps zur Implementierung und Anpassung für das spezifische Unternehmen enthält.

Das Beispiel aus dem SAP-Projekt verdeutlicht, wie der Einsatz von LLMs dazu beiträgt, Prozesse schneller zu modellieren und an die spezifischen Anforderungen des Unternehmens anzupassen. Die Integration von Best Practices und die Verfügbarkeit öffentlicher Quellen in Verbindung mit modernen Technologien wie LLMs revolutionieren die Art und Weise, wie Unternehmen SAP implementieren und kontinuierlich optimieren. Für Unternehmen, die SAP als zentrale ERP-Plattform verwenden, bedeutet dies eine deutliche Effizienzsteigerung. Sie können nicht nur bestehende Prozesse verbessern, sondern auch neue Ansätze finden, um Geschäftsabläufe effizienter zu gestalten und die Wertschöpfung aus ihren SAP-Investitionen zu maximieren.

Literatur[1]

1. Hunter, N. (2023). The Art of Prompt Engineering with chatGPT: A Hands-On Guide. Independently published
2. Weinzierl, S. Zilker, S. Dunzer, S. Matzner, M. (2024). Machine learning in business process management: A systematic literature review, Expert Systems with Applications, Volume 253
3. McTear, M., Ashurkina, M. (2024). Advanced Prompt Engineering. In: Transforming Conversational AI. Apress, Berkeley, CA
4. Bhattacharyya, S., Banerjee, J.S., De, D. (2023). Confluence of Artificial Intelligence and Robotic Process Automation. Springer, Singapore
5. Majumder, S., Dey, N. (2022). AI-empowered Knowledge Management. Springer, Singapore
6. Zschech, P. Pfitzner, M. Hilbert, A. (2017). Vom Controller zum Prozessanalysten. Springer Fachmedien Wiesbaden
7. Weske, Mathias & Aalst, Wil & Verbeek, H.. (2004). Advances in business process management. Data & Knowledge Engineering. 50. 1–8
8. van der Aalst, W. (2016). Process Mining: Data Science in Action. Springer Berlin, Heidelberg.

---

[1] Die im Folgenden aufgelistete Literatur wurde genutzt, um die theoretischen Konzepte zu erarbeiten. Die Ergebnisse der Beispiele basieren auf Experimenten und praktischen Erfahrungen des Autors und wurden mit ChatGPT generiert.

Technische Integration

5

Zusammenfassung

Wie erfolgt die Integration von LLMs in bestehende Systeme und Geschäftsprozesse? Dieses Kapitel behandelt die technische Implementierung von LLMs
im GPM. Es zeigt, wie LLMs in GPM-Tools eingebunden werden, wie Daten
effizient integriert und verwaltet werden und welche Sicherheits- sowie Daten-
schutzaspekte berücksichtigt werden müssen. Zudem wird die Entwicklung von
LLM-basierten Prozessmanagement-Systemen beleuchtet.

Zentrale Fragen
- Wie lassen sich LLMs erfolgreich in bestehende GPM-Tools integrieren?
- Was sind die wichtigsten Schritte bei der Implementierung von LLM-basierten
  Systemen?
- Welche Herausforderungen in der Datenintegration und -sicherheit müssen be-
  rücksichtigt werden?

5.1 GPM-Tools mit LLMs erweitern

5.1.1 Sprachmodelle im Vergleich

Im Vergleich von Sprachmodellen sind insbesondere die Architektur und die ge-
nutzten Trainingsdaten entscheidend für die jeweiligen Stärken und Schwächen.
Der Self-Attention-Mechanismus ermöglicht den Modellen, jedes Wort im Kontext
eines Satzes unabhängig von seiner Position zu betrachten und zu gewichten. Dies

T. Keuthen, *Prompt Engineering im Geschäftsprozessmanagement*,
https://doi.org/10.1007/978-3-658-48676-1_5

führt zu einer deutlich besseren Erkennung von Zusammenhängen und Nuancen innerhalb des Textes. Modelle mit größeren Parametern und optimierten Attention-Mechanismen, wie beispielsweise GPT-4 oder PaLM 2, profitieren von dieser Architektur in besonderem Maße. Sie bieten eine tiefere und präzisere Kontexterkennung sowie eine verbesserte Antwortgenerierung. Allerdings hat dies auch einen Nachteil: Die große Komplexität dieser Modelle macht sie äußerst ressourcenintensiv, was sowohl hohe Rechenleistungen als auch einen höheren Energieaufwand zur Folge hat [3].

Sprachmodelle werden auf riesigen Mengen an Textdaten trainiert, die ihnen ermöglichen, vielfältige und kontextreiche Antworten zu erzeugen. Modelle wie GPT-4 und PaLM 2 zeichnen sich durch besonders umfangreiche Trainingsdatensätze aus, die eine breite Wissensbasis abdecken. Sie wurden auf Inhalten aus dem Web, wissenschaftlichen Artikeln, Büchern und mehr trainiert, was sie in vielen Bereichen sehr leistungsfähig macht. Im Gegensatz dazu fokussieren sich Modelle wie LLaMA und BLOOM auf spezifischere oder kleinere Datensätze. LLaMA, beispielsweise, hat eine offenere Architektur und setzt auf eine effizientere Nutzung von Ressourcen, wobei es in bestimmten Bereichen möglicherweise nicht die gleiche Tiefgründigkeit bietet wie Modelle mit breiterem Trainingsmaterial. BLOOM hingegen ist multilingual und besonders auf eine Vielzahl von Sprachen optimiert, was ihn in sprachübergreifenden Aufgaben leistungsstark macht, jedoch auch mit den Einschränkungen einer begrenzteren Datenvielfalt kämpft. Der Umfang und die Diversität der Trainingsdaten bestimmen somit nicht nur die Reichweite und Vielseitigkeit eines Modells, sondern auch dessen Fähigkeit, in spezialisierten Bereichen oder bei komplexen Anfragen zu agieren.

Nachfolgend eine Vorstellung der bekanntesten Sprachmodelle mit Stärken und Schwächen:

GPT-4 (OpenAI)
- **Parameteranzahl**: Geschätzt mehrere 100 Mrd. (genaue Zahl nicht offengelegt)
- **Architektur**: Transformer
- **Training**: Vielfältige Datenquellen, inkl. Bücher, wissenschaftliche Artikel, Webtexte
- **Besonderheiten**: Hohe Präzision, breites Wissen, starke kontextuelle Verarbeitung
- **Anwendungsgebiete**: Textgenerierung, Chatbots, kreative Schreibaufgaben, Codierung

GPT-4 ist eines der fortschrittlichsten Sprachmodelle von OpenAI und basiert auf der bewährten Transformer-Architektur. Mit einer hohen Anzahl an Parametern und einer breiten Datenbasis verfügt es über eine herausragende Fähigkeit zur natürlichen Sprachverarbeitung. Diese hohe Kapazität ermöglicht dem Modell, kontextreiche und präzise Antworten zu generieren, selbst bei komplexen Fragen oder langfristigen Abhängigkeiten im Text. GPT-4 wurde mit einer Mischung aus Internettexten, wissenschaftlichen Artikeln, Büchern und spezifischen Trainingsdaten entwickelt, um ein breites Spektrum an Wissen abzudecken. Dabei kommt insbesondere die Mechanik der Selbstaufmerksamkeit zum Tragen, die dem Modell erlaubt, relevante Informationen in einem gegebenen Kontext effizient zu identifizieren und in kohärente Antworten zu integrieren.

Trotz seiner überlegenen Leistungsfähigkeit bringt GPT-4 einige Herausforderungen mit sich. Aufgrund seiner massiven Modellgröße erfordert es erhebliche Rechenressourcen und ist damit teuer im Betrieb. Die hohe Anzahl an Parametern führt zu komplexen Berechnungen, die eine leistungsstarke Hardware-Infrastruktur notwendig machen. Darüber hinaus bleibt GPT-4 ein proprietäres Modell, sodass die genauen Trainingsdaten nicht offengelegt werden, was Fragen zur Transparenz und Reproduzierbarkeit in wissenschaftlichen Kontexten aufwirft.

PaLM 2 (Google)
- **Parameteranzahl:** Nicht offiziell bekannt, optimierte Größe im Vergleich zum Vorgänger
- **Architektur:** Transformer mit erweiterten Attention-Mechanismen
- **Training:** Schwerpunkt auf Logik, Mathematik, Code-Verständnis und Mehrsprachigkeit
- **Besonderheiten:** Hervorragend in Kodierungsaufgaben und logischen Schlussfolgerungen
- **Anwendungsgebiete:** Programmierung, Übersetzung, analytische Textverarbeitung

PaLM 2 ist eine Weiterentwicklung von Googles früheren großen Sprachmodellen und wurde gezielt optimiert, um eine verbesserte Leistung bei logischen Schlussfolgerungen, mathematischen Operationen und Codierungsaufgaben zu erzielen. Es nutzt eine leistungsfähige Transformer-Architektur mit fortschrittlichen Attention-Mechanismen, die eine tiefgehende semantische Analyse ermöglichen. Besonders stark zeigt sich PaLM 2 in mehrsprachigen Anwendungen, da es mit einer breiten linguistischen Datenbasis trainiert wurde und dadurch die Fähigkeit besitzt, in mehreren Sprachen kohärente und kontextbezogene Antworten zu generieren. Dies macht es zu einer bevorzugten Wahl für Anwendungen, die auf interkulturelle Kommunikation und maschinelle Übersetzung angewiesen sind.

Während PaLM 2 bei strukturierten Aufgaben glänzt, zeigt es Schwächen bei der Erfassung von umgangssprachlichen oder kreativen Inhalten. Auch hier ist die Ressourcennutzung eine Herausforderung: Ähnlich wie GPT-4 benötigt PaLM 2 eine leistungsfähige Infrastruktur, um sein volles Potenzial auszuschöpfen. Darüber hinaus bleibt das Modell proprietär, was die Möglichkeiten für eine unabhängige Evaluation und Anpassung durch die Forschungsgemeinschaft einschränkt.

LLaMA 2 (Meta)

- **Parameteranzahl:** Verfügbar in Varianten mit 7B, 13B und 65B Parametern
- **Architektur:** Optimierter Transformer
- **Training:** Open-Source-Ansatz mit breiten Textdaten, aber weniger divers als GPT-4
- **Besonderheiten:** Open-Source-Modell mit hoher Effizienz
- **Anwendungsgebiete:** Forschung, KI-Anpassungen, kosteneffiziente Anwendungen

LLaMA 2 ist ein Open-Source-Sprachmodell von Meta, das speziell für eine effiziente Nutzung und einfache Anpassbarkeit entwickelt wurde. Im Gegensatz zu vielen anderen Modellen verfolgt es einen Ansatz, der eine hohe Leistungsfähigkeit bei gleichzeitig reduzierter Rechenlast ermöglicht. Dies macht es für Unternehmen und Forschungsprojekte attraktiv, die kosteneffiziente Lösungen für KI-gestützte Anwendungen suchen. Da das Modell quelloffen ist, können Entwickler es individuell anpassen, trainieren und für spezifische Anwendungsfälle optimieren.

Ein Nachteil von LLaMA 2 ist die weniger umfassende Trainingsdatensammlung im Vergleich zu Modellen wie GPT-4 oder PaLM 2. Dies kann in spezifischen Fachgebieten oder bei komplexen sprachlichen Strukturen zu Einschränkungen führen. Zudem ist das Modell in tiefgehenden, kontextreichen Konversationen teilweise weniger präzise und neigt dazu, bei besonders anspruchsvollen Aufgaben früher an seine Grenzen zu stoßen.

Claude 2 (Anthropic)

- **Parameteranzahl:** Nicht offiziell bekannt, optimiert für sicheres und ethisches Verhalten
- **Architektur:** Transformer mit Fokus auf Sicherheitsmechanismen
- **Training:** Daten mit strengen Sicherheitsrichtlinien und ethischen Vorgaben
- **Besonderheiten:** Fokus auf Sicherheit, ethische KI, erklärbare Entscheidungsfindung
- **Anwendungsgebiete:** Kundenservice, beratende Systeme, sichere Interaktionen

Claude 2 ist ein von Anthropic entwickeltes Sprachmodell mit einem besonderen Fokus auf ethische KI und sichere Nutzung. Das Modell basiert auf der Transformer-Architektur, wurde jedoch speziell darauf ausgelegt, robuste, sichere und weniger fehleranfällige Interaktionen zu ermöglichen. Es zeichnet sich durch Mechanismen zur Fehlerminimierung und zur Reduktion schädlicher Inhalte aus, was es für Anwendungen mit hohen Sicherheitsanforderungen besonders wertvoll macht. Claude 2 kann außerdem gut an verschiedene Kontexte angepasst werden und bietet eine stabile Performance in einer Vielzahl von Domänen.

Eine wesentliche Einschränkung von Claude 2 liegt in seiner begrenzten Verfügbarkeit für kommerzielle und akademische Zwecke. Aufgrund der restriktiven Zugangsbedingungen ist es für viele Entwickler und Unternehmen schwierig, das Modell umfassend zu testen oder für eigene Anwendungen zu nutzen. Zudem verfügt es über eine geringere Anzahl an Parametern als GPT-4, wodurch seine allgemeine Leistungsfähigkeit in manchen Szenarien eingeschränkt ist.

Grok (xAI/Elon Musk)
- **Parameteranzahl:** Nicht offiziell bekannt
- **Architektur:** Optimiert für soziale Netzwerke
- **Training:** Fokus auf Echtzeit-Daten und Nutzerinteraktion
- **Besonderheiten:** Enge Integration mit Twitter/X
- **Anwendungsgebiete:** Social-Media-Analysen, Echtzeitkommunikation

Grok ist ein Sprachmodell von xAI, das sich durch seine tiefe Integration in soziale Netzwerke – insbesondere Twitter/X – auszeichnet. Im Gegensatz zu vielen anderen Sprachmodellen wurde Grok speziell darauf optimiert, Echtzeitinformationen zu analysieren und mit Benutzern in interaktiven Diskussionen zu agieren. Dies ermöglicht eine dynamische Verarbeitung von Nachrichten, Trends und Nutzeranfragen, wodurch es besonders für Social-Media-Anwendungen geeignet ist. Dank seiner Architektur kann es sich schnell an veränderte Kontexte anpassen und aktuelle Ereignisse in seine Antworten einfließen lassen.

Aufgrund seiner spezifischen Ausrichtung zeigt Grok jedoch Schwächen in anderen Domänen. Es ist weniger für umfassende wissenschaftliche oder tiefgehende analytische Aufgaben geeignet, da sein Fokus primär auf schnellen und interaktiven Textverarbeitungen liegt. Zudem ist das Modell neu, sodass sich seine langfristige Leistungsfähigkeit erst noch unter Beweis stellen muss.

BLOOM (BigScience)
- **Parameteranzahl**: 176 Mrd.
- **Architektur**: Transformer

- **Training**: Multilinguale Datenbasis mit über 40 Sprachen
- **Besonderheiten**: Open-Source, hohe Sprachvielfalt
- **Anwendungsgebiete**: Sprachforschung, Übersetzung, KI-gestützte Texterstellung

BLOOM ist ein Open-Source-Sprachmodell, das im Rahmen der BigScience-Initiative entwickelt wurde. Es legt besonderen Wert auf Transparenz und ermöglicht Forschern und Entwicklern, tiefgehende Einblicke in die Trainingsdaten zu erhalten. Ein wesentlicher Vorteil von BLOOM ist seine breite mehrsprachige Unterstützung, wodurch es in verschiedenen internationalen Kontexten eingesetzt werden kann. Durch seine offene Architektur bietet es vielfältige Anpassungsmöglichkeiten und kann für spezifische Anwendungen optimiert werden.

Allerdings geht die hohe Anzahl an Parametern mit einem erheblichen Rechenaufwand einher. Dies macht BLOOM weniger geeignet für ressourcenbeschränkte Umgebungen. Zudem zeigt es in spezialisierten Fachgebieten nicht immer dieselbe Präzision wie einige proprietäre Modelle.

Mistral (Mistral AI)

- **Parameteranzahl:** Verschiedene Varianten, optimiert für Effizienz
- **Architektur:** Leichtgewichtiger Transformer
- **Training:** Kompakte, spezialisierte Datenbasis
- **Besonderheiten:** Leistungsstark trotz geringer Größe
- **Anwendungsgebiete:** Unternehmenslösungen, spezialisierte KI-Anwendungen

Mistral ist ein leichtgewichtiges und effizientes Sprachmodell, das eine beeindruckende Performance bei Benchmark-Tests erzielt. Es wurde gezielt für spezialisierte Anwendungen entwickelt und eignet sich besonders für Anwendungsfälle, in denen eine hohe Verarbeitungsleistung mit moderatem Ressourcenverbrauch kombiniert werden muss. Dank seiner kompakten Architektur ist Mistral gut skalierbar und kann flexibel eingesetzt werden.

Aufgrund seiner begrenzteren Trainingsdatenbasis kann Mistral jedoch nicht mit den umfassenden Wissensabdeckungen größerer Modelle konkurrieren. Es eignet sich eher für gezielte Aufgaben als für generelle Konversationen mit breitem Wissenshorizont.

Flan-T5 (Google)

- **Parameteranzahl:** Verfügbar in Größen von Small bis XXL
- **Architektur:** Feinabgestimmte Transformer-Variante
- **Training:** Fokus auf In-Context Learning
- **Besonderheiten:** Starke Few-Shot- und Zero-Shot-Fähigkeiten
- **Anwendungsgebiete:** Aufgabenbasierte KI, akademische Forschung

Flan-T5 wurde von Google mit dem Ziel entwickelt, Zero-Shot- und Few-Shot-Learning effizient zu ermöglichen. Es zeichnet sich durch seine Fähigkeit aus, sich schnell an neue Aufgaben anzupassen und eine hohe Präzision in spezifischen Anwendungen zu erreichen. Besonders stark ist Flan-T5 in der textbasierten Problemlösung und beim In-Context-Learning.

Allerdings hat Flan-T5 Schwierigkeiten mit offenen, kreativen Aufgaben und langen Kontexten. Es ist primär für task-basierte Anwendungen optimiert, was seine Einsatzmöglichkeiten in frei formulierten Dialogen einschränkt.

5.1.2   Sprachmodelle im GPM-Lifecycle

Die verschiedenen Phasen des Prozesslebenszyklus stellen unterschiedliche Anforderungen an KI-Modelle. Jede Phase des Lebenszyklus benötigt spezifische Stärken von LLMs. Folgend eine detaillierte Analyse, welches Modell für welche Phase des Prozesslebenszyklus am besten geeignet ist (Tab. 5.1):

Tab. 5.1 Übersicht geeigneter LLMs in den Phasen des Prozesslebenszyklus

Phase	Geeignetes Modell	Begründung
Identifikation	GPT-4, PaLM 2, Claude 2	GPT-4 und PaLM 2 bieten starke Kontext- und Sprachverarbeitungsfähigkeiten für die Identifikation relevanter Prozesse. Claude 2 aufgrund seines Fokus auf ethische Fragestellungen.
Modellierung	LLaMA 2, Flan-T5	LLaMA 2 bietet effiziente Architektur für strukturierte Datenmodellierung. Flan-T5 ist stark in Task-basierten Modellen und Feinabstimmungen.
Analyse	PaLM 2, GPT-4, Mistral	PaLM 2 und GPT-4 unterstützen die Analyse großer, komplexer Datenmengen. Mistral bietet effiziente Leistung bei spezifischen Aufgaben.
Gestaltung	PaLM 2, Claude 2	PaLM 2 eignet sich zur Entwicklung logischer und datenbasierter Prozesslösungen. Claude 2 ist stark in der ethischen Gestaltung und Anpassung von Prozessen.
Implementierung	GPT-4, Flan-T5	GPT-4 für die Generierung von Schulungs- und Kommunikationsmaterial, Flan-T5 für taskorientierte Anpassungen in Softwarelösungen.
Überwachung	PaLM 2, BLOOM	PaLM 2 bietet starke Analysefähigkeiten für KPIs und Abweichungsmanagement. BLOOM ist nützlich bei der mehrsprachigen Leistungsüberwachung.
Optimierung	GPT-4, Grok, Mistral	GPT-4 bietet kreative Lösungen für kontinuierliche Prozessverbesserung. Grok eignet sich für agile und schnelle Anpassungen. Mistral ist effizient bei kontinuierlicher Optimierung.

In der Phase der **Prozessidentifikation** sollen Geschäftsprozesse identifiziert und priorisiert werden, um sie im Rahmen eines Projekts weiter untersuchen zu können. Ein LLM wie GPT-4 oder PaLM 2 kann hier besonders wertvoll sein. Beide Modelle verfügen über ein tiefes Verständnis von Sprache und Kontext und können bei der Identifikation von Prozessen durch die Analyse von Dokumenten und Berichten helfen. Sie können potenzielle Prozesse herausfiltern, die strategisch wichtig sind, und dabei die Relevanz für die Organisation besser bewerten. Da diese Modelle große Mengen an Text und Informationen schnell verarbeiten können, sind sie in der Lage, umfassende und präzise Vorschläge zu liefern. Ein weiteres starkes Modell in dieser Phase könnte Claude 2 sein, das besonders in Bereichen, die ethische und sicherheitsrelevante Fragestellungen betreffen, stark ist – was für die Identifikation relevanter, ethischer Prozesse von Bedeutung sein kann.

In der **Prozessmodellierungsphase** wird ein modellierter Ablauf der identifizierten Prozesse erstellt. Hier könnte LLaMA 2 von Meta aufgrund seiner effizienten Architektur von Vorteil sein, da es in der Lage ist, strukturiert und ressourcenschonend auf relevante Datenquellen zuzugreifen. Insbesondere bei der Erstellung von Visualisierungen von Prozessen und bei der Unterstützung der Modellierung von Ablaufdiagrammen könnte dieses Modell durch schnelle Verarbeitung und Anpassungsfähigkeit an spezifische Aufgaben hilfreich sein. Zudem könnte Flan-T5 durch seine Expertise in der Task-basierten Modellierung nützlich sein, vor allem bei der Feinabstimmung von Prozessen, die auf bestimmte Aufgaben fokussiert sind.

In der **Prozessanalysephase**, bei der die Leistungsfähigkeit eines Prozesses überprüft wird, können Modelle wie PaLM 2 und GPT-4 helfen, da sie stark in der Verarbeitung und Analyse von Daten sind. PaLM 2 eignet sich besonders für die Analyse von Kodierungs- und mathematischen Aufgaben, die häufig auch bei der Prozessanalyse anfallen, wie zum Beispiel bei der Berechnung von KPIs oder der Durchführung von Engpassanalysen. GPT-4 kann komplexe, unstrukturierte Daten aus verschiedenen Quellen analysieren und hilft dabei, Schwächen und Ineffizienzen im Prozess zu erkennen. Mistral, mit seiner stärkeren Spezialisierung auf skalierbare Aufgaben, könnte ebenfalls eine wertvolle Unterstützung in der Identifikation von Effizienzpotenzialen darstellen.

In der Phase der **Prozessgestaltung**, die basierend auf den Ergebnissen der Analyse neue oder angepasste Prozessmodelle entwickelt, bietet sich PaLM 2 durch seine starken Fähigkeiten bei der Arbeit mit logischen Schlussfolgerungen und der Integration von komplexen Daten gut an. Die Fähigkeit, auf spezifische

Daten und Anforderungen zuzugreifen, ermöglicht eine präzisere Gestaltung von Soll-Prozessen. Claude 2 könnte hier aufgrund seines Fokus auf Sicherheit und ethische Optimierung eine wertvolle Unterstützung bei der Entwicklung von Prozessen bieten, die nicht nur effizient, sondern auch nachhaltig und verantwortungsbewusst sind.

In der **Prozessimplementierungsphase** wird das neu gestaltete Prozessmodell in die Praxis umgesetzt. Modelle wie GPT-4 und Flan-T5 können unterstützen den Implementierungsprozess zu kommunizieren, Trainingsmaterial zu generieren oder Entscheidungen über technologische Anpassungen anzufertigen. GPT-4 kann durch seine tiefe Sprach- und Kontextverarbeitung bei der Entwicklung von Schulungsunterlagen und Anweisungen unterstützen, während Flan-T5 bei der Umsetzung von taskorientierten Anpassungen von Softwarelösungen hilfreich sein könnte.

In der **Prozessüberwachungs- und Kontrollphase**, in der die Leistungsdaten des implementierten Prozesses gemessen und analysiert werden, bieten Modelle wie PaLM 2 und BLOOM Vorteile. BLOOM ist besonders stark in der Verarbeitung mehrsprachiger Daten und könnte hilfreich sein, wenn Leistungskennzahlen aus verschiedenen Abteilungen und Ländern in verschiedenen Sprachen überwacht und analysiert werden müssen. PaLM 2 hat wiederum eine besonders starke Leistung bei der Analyse von Logik und Metriken und könnte bei der Identifikation von Abweichungen vom Soll-Prozess durch automatisierte Datenverarbeitung und Anomalieerkennung sehr erfolgreich eingesetzt werden.

Die kontinuierliche **Prozessoptimierung**, die auf den Ergebnissen der Überwachung und Kontrolle basiert, benötigt ein Modell, das in der Lage ist, neue Ideen und Verbesserungspotenziale zu generieren. Hier könnte Grok von xAI, insbesondere mit seiner Integration in soziale Netzwerke und der Echtzeitanalyse, eine hilfreiche Rolle spielen, um schnelle Anpassungen vorzuschlagen und die Umsetzung von Verbesserungen agil zu gestalten. GPT-4 könnte durch seine umfassende Datenbasis und Fähigkeit zur Generierung kreativer Lösungen ebenfalls eine wertvolle Unterstützung bei der fortlaufenden Verbesserung von Prozessen bieten. Mistral mit seiner leichten und effizienten Struktur könnte insbesondere dann nützlich sein, wenn kontinuierliche, kleinere Optimierungen in großen Prozessen vorzunehmen sind, ohne umfangreiche Rechenressourcen zu binden (Tab. 5.1).

5.1.3 Auswahl geeigneter LLMs

Die Auswahl des richtigen LLMs ist eine strategische Entscheidung, die Organisationen bei der Implementierung von Technologien zur Prozessmodellierung und -optimierung treffen müssen. Diese Entscheidung beeinflusst maßgeblich die Effizienz, Skalierbarkeit und Flexibilität der eingesetzten Lösung. Die Auswahl eines geeigneten LLMs ist dabei eine komplexe Aufgabe, die von verschiedenen Faktoren abhängt. Diese umfassen unter anderem die spezifischen Anforderungen des Unternehmens, die Leistungsfähigkeit der verschiedenen Modelle sowie die damit verbundenen Kosten. Im Folgenden werden die wesentlichen Schritte und Überlegungen zur Auswahl eines geeigneten LLMs beschrieben.

1. Grundlegende Anforderungen

Der erste Schritt bei der Auswahl eines geeigneten LLMs ist die Bestimmung der spezifischen Anforderungen des Unternehmens. Diese Anforderungen bilden die Grundlage für die spätere Evaluierung und Auswahl des Modells.

Sprachunterstützung: Ein LLM sollte in der Lage sein, die Sprache(n) zu verstehen und zu verarbeiten, die im Unternehmen verwendet werden. Dies ist besonders wichtig in internationalen Unternehmen oder in Organisationen, die mit mehrsprachigen Teams oder globalen Kunden arbeiten. Die meisten Modelle können mehrere Sprachen unterstützen und ermöglicht so eine breitere Anwendbarkeit in verschiedenen Märkten. Für Unternehmen, die in einem speziellen Markt tätig sind oder die nur eine einzige Sprache verwenden, könnte ein spezialisiertes Modell, das diese Sprache besonders gut beherrscht, von Vorteil sein.

Domänenwissen: Ein weiteres wichtiges Kriterium ist das Vorhandensein von domänenspezifischem Wissen. Wenn das Unternehmen in einer spezifischen Branche tätig ist, etwa im Gesundheitswesen oder in der Finanzbranche, sollte das LLM in der Lage sein, mit branchenspezifischen Begriffen, Konzepten und Prozessen umzugehen. Ein Modell, das in der Lage ist, diese spezialisierten Daten zu verarbeiten und zu verstehen, ist für GPM in diesen Bereichen besonders wertvoll.

Anpassungsfähigkeit: Ein gutes LLM sollte anpassbar und lernfähig sein. Dies bedeutet, dass das Modell in der Lage sein sollte, sich an Änderungen im Unternehmen anzupassen, sei es durch neue Daten oder durch die Weiterentwicklung von Geschäftsprozessen. Die Fähigkeit zur Feinabstimmung (fine-tuning) und zur Integration zusätzlicher Trainingsdaten ist ein wichtiger Aspekt. Unternehmen, die mit sensiblen Informationen arbeiten, sollten außerdem sicherstellen, dass das Modell die Möglichkeit bietet, interne Dokumentationen zu nutzen, ohne dass strenge Datenschutz- und Sicherheitsrichtlinien verletzt werden.

2. Ökonomisch-/Technische Faktoren

Nach der Identifikation der spezifischen Anforderungen folgt der Vergleich der verschiedenen LLMs hinsichtlich ihrer Leistungsfähigkeit und Eignung für die Geschäftsprozessmodellierung. Dabei spielen sowohl technische als auch ökonomische Aspekte eine entscheidende Rolle. Modelle wie GPT-4 von OpenAI sind bekannt für ihre fortschrittliche Textverarbeitung und ihre natürliche Sprachverarbeitung. Diese Modelle sind besonders gut geeignet, um Text zu generieren, Informationen aus Prozessen zu extrahieren und Verbesserungsvorschläge zu machen. Für spezifischere Anwendungen wie Informationsabruf und Textklassifikation könnten jedoch Modelle wie T5 vorteilhafter sein. Diese Modelle zeichnen sich durch eine besondere Stärke in der Verarbeitung von Texten im Zusammenhang mit strukturierten Daten aus.

Leistungsbewertung: Bei der Leistungsbewertung von LLMs sollten Unternehmen mindestens folgende Kriterien berücksichtigen:

- **Verstehensvermögen:** Wie gut kann das Modell den Kontext und die spezifischen Anforderungen des Unternehmens verstehen?
- **Präzision und Relevanz der Antworten:** Wie genau und relevant sind die generierten Antworten oder Vorschläge des Modells?
- **Skalierbarkeit:** Kann das Modell mit großen Datenmengen und komplexen Geschäftsprozessen umgehen?
- **Reaktionsgeschwindigkeit:** Wie schnell bearbeitet das Modell Anfragen und liefert Antworten? Dies ist besonders wichtig in Echtzeit-Prozessen oder bei der Analyse von Echtzeitdaten.

3. Kosten-Nutzen-Analyse

Die Implementierung eines LLMs kann mit erheblichen Kosten verbunden sein. Daher sollte eine Kosten-Nutzen-Analyse durchgeführt werden, um die Investition in das Modell objektiv zu bewerten.

Kosten: Zu den Kosten eines LLMs gehören nicht nur die Lizenzgebühren, sondern auch die Kosten für die Integration des Modells in bestehende Systeme und für die Schulung von Mitarbeitern. Wenn das Modell in der Cloud betrieben wird, können auch laufende Nutzungskosten anfallen. Ein On-Premise-Modell könnte zwar höhere Anfangsinvestitionen erfordern, bietet jedoch in einigen Fällen Vorteile bei der Kontrolle über die Daten und langfristigen Betriebskosten. Im Detail sind folgende Kostenfaktoren zu betrachten:

1. **Lizenzgebühren:** Die Lizenzgebühren für LLMs variieren je nach Anbieter und Modell. Die Kosten können entweder als einmalige Zahlung oder als Abonne-

mentmodell mit monatlichen oder jährlichen Raten anfallen. Diese Gebühren sind häufig von der Nutzungsmuster und den gewünschten Funktionalitäten des Modells abhängig. Bei cloudbasierten Modellen können auch nutzungsabhängige Gebühren für API-Zugriffe hinzukommen, die sich nach der Anzahl der Anfragen oder der verarbeiteten Datenmenge richten.

2. **Integrationskosten**: Die Anpassung des Modells an spezifische Anwendungsfälle und die Anbindung an bestehende Systeme (z. B. Datenbanken, CRM-Systeme, ERP-Systeme) kann erheblichen Aufwand erfordern. Die Integration kann je nach Komplexität der Systemlandschaft und der Notwendigkeit von Anpassungen im Modellcode zwischen wenigen Wochen und mehreren Monaten in Anspruch nehmen. Hierfür sind spezialisierte Entwickler und Integrationsspezialisten erforderlich, was zu Personalkosten führt.

3. **Schulung und Weiterbildung der Mitarbeiter**: Der erfolgreiche Einsatz eines LLMs setzt eine Schulung der Mitarbeiter voraus, die mit dem Modell arbeiten werden. Diese Schulung umfasst sowohl technische Trainings für die Entwickler, die das Modell implementieren und warten, als auch spezifische Schulungen für Endnutzer, die das Modell im täglichen Geschäft nutzen. Die Kosten für diese Schulungsmaßnahmen beinhalten neben direkten Kosten für die Schulungsanbieter und Materialien auch indirekte Kosten, die durch die Ausfallzeiten der Mitarbeitende entstehen, während sie die Schulungen wahrnehmen. Für neue Mitarbeitende müssen längere Einarbeitungsphasen eingeplant werden.

4. **Betriebskosten (Cloud vs. On-Premise)**: Wenn das Modell in der Cloud betrieben wird, fallen monatliche oder jährliche Nutzungsgebühren an, die sich nach der Menge der verarbeiteten Daten, der Häufigkeit der Modellabfragen oder der Rechenleistung richten. Cloud-Dienste bieten die Flexibilität, Rechenkapazitäten je nach Bedarf zu skalieren, was jedoch zu hohen laufenden Kosten führen kann, insbesondere bei intensiver Nutzung. Eine Studie der „Gartner Group" schätzt, dass Unternehmen, die KI-Modelle in der Cloud betreiben, im Durchschnitt 20–30 % höhere Betriebskosten gegenüber einer On-Premise-Lösung haben. Im Gegensatz dazu kann der Einsatz eines On-Premise-Modells anfänglich höhere Investitionen erfordern, da die Anschaffung von Serverhardware, Speicherlösungen und entsprechender Infrastruktur notwendig wird. Diese Investitionen können jedoch durch langfristig niedrigere Betriebskosten ausgeglichen werden, da keine wiederkehrenden Gebühren für Cloud-Dienste anfallen. Außerdem bietet die On-Premise-Option in vielen Fällen Vorteile in Bezug auf Datenschutz und Datensicherheit, da die Kontrolle über die Daten und die Verarbeitung lokal im Unternehmen verbleibt. Für Unternehmen, die mit besonders sensiblen Daten arbeiten, stellt diese Lösung oft die bevorzugte Wahl dar.

5. **Zusätzliche Kostenfaktoren**: Weitere versteckte Kosten können durch die kontinuierliche Wartung, Updates und das Monitoring des Modells entstehen. Die regelmäßige Aktualisierung des Modells, um mit den neuesten Entwicklungen in der KI-Technologie Schritt zu halten, sowie die Fehlerbehebung und Optimierung erfordern kontinuierliche Ressourcen und Investitionen. Wenn das Modell auf einer Cloud-Plattform betrieben wird, können auch hier zusätzliche Gebühren für Service-Level-Agreements (SLAs) oder den Zugang zu erweiterten Funktionen anfallen.

Nutzen: Der Nutzen eines LLMs in der Geschäftsprozessmodellierung kann auf verschiedenen Wegen realisiert werden:

- **Effizienzsteigerung:** LLMs können Prozesse automatisieren, die ansonsten manuell sehr zeitaufwendig wären. Durch die Automatisierung können Unternehmen ihre Effizienz steigern und Ressourcen besser nutzen.
- **Verbesserte Prozessgenauigkeit:** Durch die Extraktion und Strukturierung von Prozessdaten trägt das Modell zur Verbesserung der Dokumentation und Optimierung der Geschäftsprozesse bei.
- **Skalierbarkeit:** Ein leistungsfähiges LLM ermöglicht Unternehmen, ihre Prozesse effizienter zu skalieren, ohne dass mehr manuelle Ressourcen erforderlich sind.

ROI-Bewertung: Letztlich müssen Unternehmen den erwarteten Return on Investment (ROI) abschätzen. Dies umfasst die Kalkulation der Einsparungen, die durch eine effizientere Prozessoptimierung erzielt werden können, sowie die Berücksichtigung der laufenden Kosten der Modellnutzung und -wartung. Ein hoher ROI ist vor allem dann zu erwarten, wenn das LLM in der Lage ist, in großem Maßstab zur Effizienzsteigerung und Prozessverbesserung beizutragen.

5.1.4 Technische Integration

Die technische Integration von LLMs in GPM-Tools muss sicherstellen, dass die LLMs mit den bestehenden Systemen und Datenquellen kommunizieren und nahtlos in die GPM-Tools eingebunden werden. Dies erfordert eine technische Planung und den Einsatz geeigneter Technologien, die die verschiedenen Systeme miteinander verbinden. Im Folgenden werden die wichtigsten Aspekte dieser technischen Integration detailliert beschrieben.

WfM-Referenzarchitektur

Eine wesentliche Grundlage für die technische Integration von LLMs in GPM-Tools ist die Entwicklung eines Meta-Modells, das die verschiedenen Komponenten und deren Interaktionen beschreibt. Im Rahmen der Referenzarchitektur für Workflow-Management (WfM) kann ein solches Modell die Beziehungen zwischen den verschiedenen Systemen und dem LLM verdeutlichen. Dabei wird aufgezeigt, wie das LLM innerhalb der bestehenden Architektur operiert und welche Schnittstellen und Kommunikationswege für die Integration genutzt werden können. Dies ermöglicht eine visuelle Darstellung der Systemlandschaft und vereinfacht das Verständnis für die beteiligten Komponenten [1].

API-Anbindung

Die API-Anbindung ist eine der häufigsten Methoden, um ein LLM in bestehende GPM-Tools zu integrieren. APIs (Application Programming Interfaces) ermöglichen verschiedenen Softwarelösungen miteinander zu kommunizieren und Daten standardisiert auszutauschen. Durch den Einsatz von APIs können Unternehmen das LLM als eigenständige Komponente in ihre bestehenden Geschäftsprozessmanagement-Tools einbinden, ohne dass eine vollständige Neugestaltung oder ein vollständiger Austausch der Systeme erforderlich ist. Eine API ermöglicht dem GPM-Tool direkte Anfragen an das LLM zu stellen und Antworten für die weitere Verarbeitung zu empfangen. Diese Anfragen können beispielsweise die Identifikation von Prozessschritten, die Analyse von Prozessdaten oder das Generieren von Verbesserungsvorschlägen umfassen.

Vorteile der API-Anbindung
- **Flexibilität:** Die APIs ermöglichen eine modulare Integration und sorgen dafür, dass Unternehmen die KI-Technologie nach Bedarf einbinden können.
- **Skalierbarkeit:** Durch APIs kann die LLM-Integration in GPM-Tools bei Bedarf skaliert werden, um die Anforderungen wachsender Geschäftsprozesse zu erfüllen.
- **Erweiterbarkeit:** APIs ermöglichen das System um neue Funktionen zu erweitern oder mit anderen Tools und Datenquellen zu integrieren.

Middleware-Entwicklung

Middleware bezeichnet Software, die als Vermittler zwischen verschiedenen Anwendungen oder Systemen arbeitet und eine nahtlose Kommunikation ermöglicht. Im Kontext der Integration eines LLMs in GPM-Tools kann die Middleware dazu genutzt werden, die Kommunikation zwischen dem LLM und den bestehenden Unternehmenssystemen zu optimieren. Middleware kann auch zusätzliche Funktionen wie Fehlerbehandlung, Datenvalidierung und Sicherheitsprotokolle implementieren, um sicherzustellen, dass der gesamte Integrationsprozess sicher erfolgt [13].

Vorteile der Middleware-Entwicklung

- **Nahtlose Integration:** Middleware ermöglicht eine reibungslose Kommunikation zwischen verschiedenen Systemen und sorgt dafür, dass LLMs problemlos in GPM-Tools integriert werden können.
- **Flexibilität und Anpassbarkeit:** Die Middleware kann so angepasst werden, dass sie die spezifischen Bedürfnisse des Unternehmens und die Besonderheiten der eingesetzten Tools berücksichtigt.
- **Erweiterbarkeit und Wartbarkeit:** Durch die Entwicklung einer robusten Middleware wird die Wartung und Erweiterung der Systemintegration erleichtert, ohne die Kernsysteme direkt zu beeinflussen.

Datenformate

Die Definition und Implementierung standardisierter Datenformate und Schnittstellen sind entscheidend für die erfolgreiche Integration von LLMs in GPM-Tools. Um sicherzustellen, dass Daten effizient und korrekt zwischen verschiedenen Systemen ausgetauscht werden, müssen sowohl die Daten als auch die Schnittstellen klar definiert werden [7].

Datenformate: Für die Kommunikation zwischen dem GPM-Tool und dem LLM müssen einheitliche Datenformate verwendet werden. Häufig verwendete Formate sind JSON, XML oder CSV, da sie eine strukturierte und leicht verarbeitbare Datenübertragung ermöglichen.

Beispiel

Ein GPM-Tool könnte Prozessdaten im JSON-Format an das LLM übermitteln. Diese Daten enthalten möglicherweise Informationen zu Prozessschritten, beteiligten Abteilungen und Zeiträumen. Das LLM verarbeitet diese Informationen, führt eine Analyse durch und gibt eine strukturierte Antwort zurück, die ebenfalls im JSON-Format übermittelt wird. Das GPM-Tool empfängt dann diese Antwort und nutzt sie zur Visualisierung oder weiteren Verarbeitung. ◄

5.1.5 No-Code Workflow-Management-Systeme

No-Code Workflow-Management-Systeme bieten Unternehmen eine leistungsstarke Möglichkeit, Geschäftsprozesse schnell und effizient zu automatisieren, ohne dass tiefgehende technische Kenntnisse erforderlich sind. In Kombination mit LLMs eröffnen diese Systeme neue Potenziale, die sowohl die Effizienz als auch die Kommunikation innerhalb der Organisation verbessern können. In diesem Abschnitt wird die Integration von LLMs in No-Code Workflow-Management-Systeme untersucht, mit besonderem Fokus auf die Optimierung des Kommunikationsaufwands und der Technik-Übertragung zwischen verschiedenen Stakeholdern im Prozessmanagement.

Definition und Bedeutung von No-Code-Systemen

No-Code-Entwicklungsplattformen ermöglichen Nutzern, Anwendungen und Workflows zu erstellen, ohne eine Zeile Code schreiben zu müssen. Diese Systeme verwenden intuitive grafische Benutzeroberflächen, die Citizen Developern – also Nutzern ohne tiefgehende Programmierkenntnisse – ermöglichen, Geschäftsprozesse zu modellieren, zu optimieren und zu automatisieren. In den letzten Jahren haben sich No-Code-Plattformen besonders in Bereichen wie Workflow-Automatisierung und Datenintegration etabliert [5].

Die Integration von LLMs in diese No-Code-Systeme verstärkt die Potenziale dieser Tools erheblich. LLMs können Prozessoptimierungspotenzialen direkt in ausführbare No-Code-Anweisungen übersetzen, die von den Citizen Developern ohne technische Unterstützung überprüft und implementiert werden können. Traditionell erfordert die Umsetzung von Prozessoptimierungen eine Vielzahl von Kommunikationsschleifen zwischen den Fachabteilungen und IT-Teams. LLMs reduzieren somit den Bedarf an technischer Kommunikation.

Beispiel

Angenommen ein Unternehmen möchte seine Prozesse in der Dokumentenverwaltung optimieren. Ein LLM könnte automatisch Verbesserungspotenziale erkennen, wie zum Beispiel das Ersetzen von manuellen durch automatisierte Dokumentenklassifizierungen. Die erkannten Verbesserungsvorschläge könnten dann direkt in No-Code-Workflows übersetzt werden, die den Prozess der Dokumentenablage, -sicherung und -freigabe automatisieren.

Der Citizen Developer würde lediglich den generierten Workflow überprüfen und gegebenenfalls anpassen, etwa wenn die spezifischen Anforderungen des Unternehmens besondere Klassifikationen erfordern. Die Notwendigkeit mit Entwicklern über technische Details zu kommunizieren entfällt, was die Implementierungszeit verkürzt. ◄

5.2 Datenintegration und -management

5.2.1 Datenakquise

Die Datenakquise ist ein entscheidender Schritt im Prozess der Geschäftsprozess-modellierung und -optimierung, besonders wenn LLMs zur Analyse eingesetzt werden. Ohne die richtigen Daten können LLMs keine relevanten Analysen liefern. Die Qualität und Struktur der Daten sind also von grundlegender Bedeutung für den Erfolg der Implementierung von LLMs. Im Folgenden wird beschrieben, wie Unternehmen die relevanten Datenquellen identifizieren und extrahieren können, um sie für die Modellierung und Analyse durch LLMs zu nutzen [7].

Der erste Schritt in der Datenakquise besteht darin, die relevanten Datenquellen zu bestimmen und auszuwählen, die für die Geschäftsprozessanalyse wichtig sind. Dabei spielen sowohl interne als auch externe Quellen eine Rolle.

Zu den wichtigsten internen Quellen gehören Geschäftsprozessdokumenta-tionen, Betriebsanweisungen, Verträge, E-Mails und andere organisatorische Dokumente. Diese Daten enthalten wertvolle Informationen über bestehende Prozesse, Zuständigkeiten, Arbeitsabläufe und historische Daten, die für die Prozessanalyse notwendig sind. Zum Beispiel könnte ein Unternehmen die Prozessdokumentation seines Einkaufsprozesses verwenden, um zu verstehen, wie Bestellungen abgewickelt werden, und diese Daten dann in ein LLM ein-fließen lassen, um Optimierungspotenziale zu identifizieren [2].

Zusätzlich zu den internen Quellen gibt es auch eine Vielzahl wertvoller ex-terner Datenquellen, die für die Geschäftsprozessanalyse nützlich sein können. Dazu gehören Marktberichte, wissenschaftliche Studien, Branchendaten und öf-fentliche Datenquellen, die auf Trends, Best Practices oder Benchmarks hinweisen. Diese externen Quellen können wertvolle Einblicke liefern und das Modell mit einer breiteren Perspektive auf die Prozesse und Marktbedingungen versorgen.

Sobald die relevanten Datenquellen identifiziert wurden, folgt der Schritt der Datenextraktion. In diesem Prozess werden die Daten aus den verschiedenen Quel-len systematisch entnommen, transformiert und in ein Format überführt, das für das LLM und die anschließende Analyse geeignet ist. Ein gängiger Ansatz zur Datenextraktion ist die Nutzung von ETL-Prozessen (Extract, Transform, Load), um die Daten aus verschiedenen Quellen zu extrahieren, zu bereinigen und in die Zielumgebung zu laden [7].

- **Extract (Extrahieren):** In diesem Schritt werden die Daten aus den identi-fizierten Quellen extrahiert. Dies kann manuell oder automatisiert erfolgen, je nach Art der Quelle und der Verfügbarkeit der Daten. Beispielsweise können Daten aus Datenbanken, Excel-Dateien oder Web-APIs extrahiert werden. Für unstrukturierte Datenquellen wie E-Mails oder Dokumente sind spezialisierte Techniken wie Text Mining oder Natural Language Processing (NLP) erforderlich, um relevante Daten zu extrahieren.

- **Transform (Transformieren):** Nachdem die Daten extrahiert wurden, müssen sie in ein Format umgewandelt werden, das für die Analyse durch das LLM geeignet ist. Dies kann eine Bereinigung von fehlerhaften oder inkonsistenten Daten, die Normalisierung von Formaten (z. B. Datumsangaben, Währungswerte) und das Entfernen von Duplikaten umfassen. Zudem müssen die Daten so strukturiert werden, dass sie die Anforderungen des Modells erfüllen (z. B. als JSON, CSV oder in einem anderen standardisierten Format).
- **Load (Laden):** Der letzte Schritt im ETL-Prozess ist das Laden der transformierten Daten in das Zielsystem, das in diesem Fall das LLM oder das GPM-Tool ist. Die geladenen Daten können dann für die Analyse, das Training des Modells oder die Generierung von Berichten genutzt werden.

5.2.2 Datenaufbereitung

Die Datenaufbereitung stellt sicher, dass die extrahierten Daten für die anschließende Analyse und Modellierung durch LLMs geeignet sind. Auch wenn die Daten aus verschiedenen Quellen extrahiert wurden, sind sie noch nicht immer in der richtigen Form für die Analyse. Die Aufbereitung der Daten umfasst mehrere Schritte, die darauf abzielen, die Qualität, Konsistenz und Relevanz der Daten sicherzustellen. Im Folgenden werden die wichtigsten Teilprozesse der Datenaufbereitung beschrieben:

Die Datenanreicherung ist der Prozess, bei dem zusätzliche, relevante Informationen in die extrahierten Daten integriert werden, um den Kontext und die Aussagekraft der Daten zu erhöhen. Durch die Anreicherung können vorhandene Daten weiter verfeinert werden, um ein vollständigeres Bild für die Analyse zu liefern.

Metadaten sind Daten, die zusätzliche Informationen über die primären Daten liefern. Diese können Informationen wie die Quelle der Daten, Zeitstempel, Benutzerinformationen oder Prozessstufen umfassen. Beispielsweise könnte in einem Vertriebsprozess die Anreicherung von Verkaufsdaten mit dem Namen des Vertriebsmitarbeiters und der Region helfen, die Leistung des Vertriebsprozesses genauer zu analysieren und Trends zu identifizieren [6].

Die Datenstandardisierung stellt sicher, dass die extrahierten und angereicherten Daten in einem einheitlichen Format vorliegen und die Vergleichbarkeit der Daten gewährleistet ist. Ohne Standardisierung könnten unterschiedliche Datenquellen unterschiedliche Formate verwenden, was zu Inkonsistenzen führt und die Analyse erschwert. Unterschiedliche Quellen verwenden möglicherweise unterschiedliche Bezeichnungen für ähnliche Kategorien (z. B. „Produktion" vs. „Fertigung"). Es ist wichtig, diese Kategorien zu vereinheitlichen, um die Vergleichbarkeit und Korrelation zu ermöglichen.

Beispiel

Ein Unternehmen hat Verkaufsdaten aus verschiedenen Regionen, in denen unterschiedliche Währungen verwendet werden. Eine Standardisierung der Währungen in die Unternehmenswährung (z. B. Euro) ermöglicht eine konsistente Analyse der Verkaufsleistung. ◄

Die Datenqualitätssicherung ist der Prozess der kontinuierlichen Überwachung und Verbesserung der Datenqualität. Auch wenn die Daten extrahiert und standardisiert wurden, müssen sie regelmäßig auf ihre Richtigkeit, Vollständigkeit und Konsistenz überprüft werden. Unvollständige, inkonsistente oder fehlerhafte Daten führen zu falschen Ergebnissen und damit zu fehlerhaften Entscheidungen. Dafür sollten Mechanismen implementiert werden, die regelmäßig die Qualität der Daten validieren, z. B. durch regelmäßige Audits oder durch die Einrichtung von Qualitätssicherungsrichtlinien. Auch die automatische Validierung der Daten durch Algorithmen ist eine gängige Praxis. Fehlende Daten müssen möglicherweise manuell ergänzt oder durch Algorithmen zur Vorhersage fehlender Werte ersetzt werden.

5.2.3 Datenverwaltung

Die Datenverwaltung ist Bestandteil jeder modernen Geschäftsstrategie, insbesondere bei der Nutzung von KI. Die strategische Verwaltung von Daten stellt sicher, dass diese zuverlässig gespeichert, geschützt und für den Zugriff durch relevante Stakeholder und Systeme optimiert werden. Eine gut strukturierte Datenverwaltungsstrategie ist auch für die Steigerung der Effizienz von Geschäftsprozessen und der Qualität der durch LLMs erzeugten Analysen und Modelle entscheidend. Im Folgenden werden die drei wesentlichen Aspekte der Datenverwaltung genauer betrachtet [4]:

Das Datenbankmanagement umfasst die effiziente und strukturierte Speicherung sowie Verwaltung von Daten. Datenbankmanagementsysteme (DBMS) spielen hierbei eine zentrale Rolle, da sie den Zugriff, die Speicherung und die Manipulation von Daten ermöglichen. Ohne ein leistungsfähiges DBMS wäre es nahezu unmöglich, große Mengen an Daten in einer Art und Weise zu organisieren, die schnellen und effizienten Zugriff ermöglicht.

Ein DBMS sorgt für die zentralisierte Speicherung aller relevanten Daten, sei es für die Geschäftsprozessanalyse, -modellierung oder andere betriebliche Anforderungen. Die Art der Datenbank – ob relationale oder NoSQL – wird je nach Anforderungen und Datentyp ausgewählt. Relationale Datenbanken sind ideal für strukturierte Daten, wie z. B. Tabellen mit festen Spalten und Zeilen, die direkt miteinander verknüpft sind. Sie bieten robuste Mechanismen zur Datenintegrität und ermöglichen komplexe Abfragen. NoSQL-Datenbanken hingegen eignen sich besser für unstrukturierte oder semi-strukturierte Daten wie Texte, Logs oder Social-Media-Beiträge.

Ein zentraler Aspekt des Datenbankmanagements ist die Datenstrukturierung. Hierbei geht es darum, Daten so zu organisieren, dass sie effizient gespeichert und abgerufen werden können. Indizes, die speziell für häufig verwendete Abfragen erstellt werden, können ebenfalls verwendet werden, um die Suchgeschwindigkeit zu verbessern. Zusätzlich müssen Daten sicher und schnell abrufbar sein, was durch regelmäßige Backups und optimierte Speicherlösungen gewährleistet werden kann. Ein gutes DBMS ist zudem in der Lage Datenkonsistenz sicherzustellen.

Die Zugriffskontrolle bezieht sich auf die Verwaltung und Restriktion des Zugriffs auf Daten innerhalb des Unternehmens. Der Schutz von sensiblen oder vertraulichen Informationen vor unbefugtem Zugriff ist nicht nur eine Frage der Datensicherheit, sondern auch der Compliance, da Unternehmen gesetzlich verpflichtet sind, bestimmte Daten auf eine sichere Weise zu verwalten (z. B. im Rahmen der Datenschutz-Grundverordnung (DSGVO) in Europa).

Die Zugriffsrechte und -rollen müssen klar definiert werden, sodass nur berechtigte Personen Zugriff auf bestimmte Datensätze oder Funktionen des Datenbanksystems haben. Hierbei wird häufig auf ein rollenbasiertes Zugriffskontrollsystem (RBAC) zurückgegriffen. Bei RBAC werden den Benutzern spezifische Rollen zugewiesen (z. B. Administrator, Analyst, Nutzer), die genau definieren, welche Aktionen sie auf den Daten durchführen können. Beispielsweise könnte ein Mitarbeiter in der Finanzabteilung nur lesenden Zugriff auf Finanzberichte haben, während ein IT-Administrator umfassende Berechtigungen für die gesamte Datenbank hat.

Die Authentifizierung ist ein weiterer wichtiger Bestandteil der Zugriffskontrolle. Sie stellt sicher, dass sich nur autorisierte Benutzer anmelden können. Dies wird typischerweise durch Benutzernamen und Passwörter erreicht, aber immer häufiger werden auch zusätzliche Sicherheitsmaßnahmen wie Zwei-Faktor-Authentifizierung (2FA) oder biometrische Verifizierung genutzt, um die Sicherheit zu erhöhen. Die Zugriffe müssen dann systematisch überwacht werden. Logs ermöglichen, nachzuvollziehen, wer wann auf welche Daten zugegriffen hat. Diese Protokolle können dazu verwendet werden, potenziellen Missbrauch oder unbefugte Änderungen zu erkennen und darauf zu reagieren. Sie sind nicht nur für Sicherheitszwecke wichtig, sondern können auch als Nachweis dienen, um regulatorischen Anforderungen gerecht zu werden.

Die Datenarchivierung stellt sicher, dass wichtige Daten auch langfristig aufbewahrt werden können, selbst wenn sie nicht mehr regelmäßig benötigt werden. Sie ist besonders für Unternehmen von Bedeutung, die große Mengen an Daten generieren, aber nicht alle Daten dauerhaft im Zugriff behalten müssen. Die Archivierung trägt dazu bei, den Speicherplatz auf aktiven Systemen zu entlasten und ermöglicht gleichzeitig, Daten für zukünftige Referenzen, Audits oder gesetzliche Anforderungen zu speichern.

Ein wichtiges Ziel der Datenarchivierung ist, eine Balance zwischen Kosteneffizienz und Langzeitverfügbarkeit zu finden. Während aktive Daten in hochperformanten Speicherlösungen wie SSDs oder RAID-Systemen gespeichert werden, können archivierte Daten in kostengünstigeren Medien abgelegt werden, wie z. B. Cloud-Storage-Lösungen oder auf physischen Bandlaufwerken. Auch die Speicherung von Daten auf externen Servern oder in speziell dafür vorgesehenen Archivsystemen kann eine langfristige Sicherung der Daten gewährleisten.

Die Archivierungsrichtlinien sollten eindeutig festlegen, welche Daten archiviert werden müssen und nach welchem Zeitraum dies erfolgen soll. Ein häufig genutzter Ansatz ist die regelbasierte Archivierung, bei der Daten nach einer festgelegten Inaktivitätsperiode archiviert werden. Ein Beispiel: Alle Verkaufsberichte, die älter als fünf Jahre sind, werden automatisch archiviert. Diese Daten sind nicht mehr für die tägliche Arbeit erforderlich, aber sie müssen aus rechtlichen Gründen aufbewahrt werden.

Ein weiterer entscheidender Aspekt der Datenarchivierung ist die Datensicherung. Archivierte Daten müssen regelmäßig gesichert werden, um einen Datenverlust durch Systemfehler, Naturkatastrophen oder Cyberangriffe zu vermeiden. Dies kann durch automatisierte Backup-Prozesse geschehen, die die archivierten Daten auf mehreren verteilten physischen oder Cloud-basierten Medien speichern.

5.2.4 Sicherheits- und Datenschutzaspekte

Im Rahmen der Datenintegration und -verwaltung müssen Unternehmen eine Reihe von Sicherheits- und Datenschutzaspekten berücksichtigen. Diese betreffen

nicht nur technische Maßnahmen zum Schutz der Daten, sondern auch die rechtlichen und regulatorischen Anforderungen, die sich aus nationalen und internationalen Datenschutzbestimmungen ergeben. Der Schutz von Daten ist ein zentrales Anliegen, um nicht nur die Integrität und Vertraulichkeit der Informationen
zu wahren, sondern auch um den rechtlichen Anforderungen gerecht zu werden
und das Vertrauen von Kunden und Geschäftspartnern zu erhalten.

Datenschutzrechtliche Anforderungen

Die Einhaltung von Datenschutzgesetzen stellt Unternehmen vor komplexe Herausforderungen, wenn LLMs auf eine zunehmende Anzahl von Datenquellen zugreifen.
Besonders die Datenschutz-Grundverordnung (DSGVO) in der Europäischen Union
hat weitreichende Implikationen für die Erhebung, Verarbeitung und Speicherung
personenbezogener Daten. Dies umfasst:

- **Einwilligung und Transparenz**: Unternehmen müssen sicherstellen, dass
  personenbezogene Daten nur dann verarbeitet werden, wenn die betroffenen
  Personen ihre ausdrückliche Einwilligung gegeben haben oder eine andere
  rechtliche Grundlage für die Verarbeitung vorliegt (z. B. Vertragserfüllung oder
  gesetzliche Verpflichtungen). Die Einwilligung muss klar und verständlich ein-
  geholt werden, und es muss transparent darüber informiert werden, welche
  Daten zu welchem Zweck verarbeitet werden.
- **Rechte der betroffenen Personen**: Die DSGVO gewährt den betroffenen Personen verschiedene Rechte, wie das Recht auf Auskunft, Berichtigung, Lö-
  schung (Recht auf Vergessenwerden) und Widerspruch. Unternehmen müssen
  sicherstellen, dass sie Mechanismen zur Wahrnehmung dieser Rechte
  implementieren, insbesondere bei der Verarbeitung von großen Datenmengen
  durch LLMs.
- **Datenminimierung und Zweckbindung**: Unternehmen sollten sicherstellen,
  dass nur diejenigen Daten verarbeitet werden, die für die Analyse durch LLMs
  unbedingt erforderlich sind. Der Grundsatz der Datenminimierung verlangt,
  dass Unternehmen keine unnötigen Daten sammeln und diese nur für den ursprünglich vorgesehenen Zweck verwendet werden.
- **Datenaufbewahrung**: Laut DSGVO dürfen personenbezogene Daten nur so
  lange gespeichert werden, wie für die Erfüllung des Verarbeitungszwecks notwendig ist. Unternehmen müssen klare Aufbewahrungsrichtlinien entwickeln
  und sicherstellen, dass Daten nach Ablauf des Aufbewahrungszeitraums sicher
  gelöscht oder anonymisiert werden.

Internationale Datenschutzregelungen und grenzüberschreitende Datenflüsse
Unternehmen, die internationale Datenverarbeitungen durchführen oder Daten in Länder außerhalb der Europäischen Union übertragen, müssen auch die Anforderungen der DSGVO in Bezug auf grenzüberschreitende Datenflüsse berücksichtigen. Die DSGVO stellt sicher, dass personenbezogene Daten nur in Länder übertragen werden, die ein angemessenes Datenschutzniveau bieten. Bei der Übertragung von Daten in Drittstaaten muss geprüft werden, ob ein entsprechendes Schutzniveau gewährleistet ist, z. B. durch:

- **Angemessenheitsbeschlüsse der EU-Kommission**: Für Länder, die von der EU-Kommission als datenschutzrechtlich sicher eingestuft wurden, wie etwa Kanada oder Japan, sind keine zusätzlichen Maßnahmen erforderlich.
- **Standardvertragsklauseln (SCC)**: Für Länder, die nicht über ein angemessenes Datenschutzniveau verfügen, können Unternehmen Standardvertragsklauseln einsetzen, um die Anforderungen der DSGVO zu erfüllen.
- **Binding Corporate Rules (BCR)**: Multinationale Unternehmen, die personenbezogene Daten innerhalb ihrer Organisation über Grenzen hinweg übertragen, können Binding Corporate Rules einsetzen, um die DSGVO-Vorgaben zu erfüllen.

Datenschutz und LLMs
Die Verwendung von LLMs zur Analyse und Modellierung von Geschäftsprozessen bringt zusätzliche Datenschutzherausforderungen mit sich. Ein wesentlicher Aspekt ist, wie die Modelle mit personenbezogenen Daten umgehen. LLMs trainieren auf großen, teils unstrukturierten Datensätzen, was das Risiko birgt, dass personenbezogene Daten in den Modellen gespeichert oder unbeabsichtigt offengelegt werden. Aus diesem Grund sollten Unternehmen darauf achten, dass [11]:

- **Datenanonymisierung und Pseudonymisierung**: Bevor personenbezogene Daten in ein LLM eingespeist werden, sollten diese idealerweise anonymisiert oder pseudonymisiert werden. Dies minimiert das Risiko von Datenschutzverletzungen und stellt sicher, dass keine Rückschlüsse auf Einzelpersonen gezogen werden können. Solche Datentransformationsschritte können in Middleware oder den Schnittstellen eingebaut werden.
- **Training auf synthetischen Daten**: Eine weitere Möglichkeit besteht darin, Modelle mit synthetischen Daten zu trainieren, die realen Datensätzen ähneln, aber keine tatsächlichen personenbezogenen Informationen enthalten. Dies kann helfen, Datenschutzrisiken zu minimieren, ohne die Qualität der Analyse zu beeinträchtigen.

- **Modellüberprüfungen und Audits**: Regelmäßige Überprüfungen und Audits der verwendeten Modelle sind notwendig, um sicherzustellen, dass keine vertraulichen oder personenbezogenen Daten unbeabsichtigt gespeichert oder wiederhergestellt werden können.

Risikomanagement und Datenschutz-Folgenabschätzung
Angesichts der potenziellen Risiken, die mit der Verarbeitung von Daten durch LLMs verbunden sind, müssen Unternehmen eine Datenschutz-Folgenabschätzung (DPIA) durchführen, insbesondere wenn neue Technologien oder Datenverarbeitungsprozesse eingeführt werden. Eine DPIA ist erforderlich, wenn die Verarbeitung von Daten voraussichtlich ein hohes Risiko für die Rechte und Freiheiten der betroffenen Personen darstellt. Bei der Nutzung von LLMs könnte eine solche Bewertung notwendig sein, wenn sensible oder groß angelegte Datenmengen verarbeitet werden, wie sie in CRM- oder ERP-Systemen vorhanden sind.

Die DPIA sollte unter anderem folgende Aspekte berücksichtigen:

- **Art, Umfang und Zweck der Datenverarbeitung**: Eine genaue Beschreibung der zu verarbeitenden Daten und der Ziele der Verarbeitung.
- **Risikobewertung**: Eine Einschätzung der Risiken für den Datenschutz und mögliche Auswirkungen auf die betroffenen Personen.
- **Minderungsmaßnahmen**: Strategien zur Risikominimierung, wie etwa technische Sicherheitsmaßnahmen, Datenschutzpraktiken und organisatorische Schutzvorkehrungen.

Sicherheit durch Datenschutztechnologien
Neben den organisatorischen Maßnahmen zur Sicherstellung der Datensicherheit ist der Einsatz von fortschrittlichen Datenschutztechnologien empfehlenswert. Verschlüsselung und sichere Datenübertragungsprotokolle stellen sicher, dass alle sensiblen Daten, die in den LLM-Prozess integriert werden, vor unbefugtem Zugriff geschützt sind. Verschlüsselungstechnologien wie AES-256 bieten eine hohe Sicherheit für die Speicherung und Übertragung von Daten.

Außerdem sollten Unternehmen die KI-Systeme in ihre Datenschutz-Management-Tools einbinden, die speziell darauf ausgerichtet sind, die Einhaltung der Datenschutzvorgaben zu überwachen und zu gewährleisten. Diese Tools können helfen, die Datenschutzpraktiken zu optimieren, indem sie automatisch auf Verstöße hinweisen und Berichte über den Status der Compliance liefern.

5.3   LLM-basierte Prozessmanagement-Systeme entwickeln

5.3.1   Typische Ausgangssituation

Das Unternehmen, das als Beispiel dient, ist ein international agierendes Fertigungsunternehmen, das sich auf die Produktion von Automobilkomponenten spezialisiert hat. Es beschäftigt mehr als 5000 Mitarbeiter weltweit und betreibt mehrere Fertigungsanlagen in Europa, Asien und Nordamerika. Das Unternehmen hat sich in den letzten Jahren als führender Anbieter auf dem Markt etabliert, jedoch stehen nun strategische Entscheidungen an, um die Wettbewerbsfähigkeit weiter zu steigern. Ein wichtiger Bereich, in dem Verbesserungen angestrebt werden, ist das Prozessmanagement.

Die Produktionsprozesse des Unternehmens umfassen mehrere komplexe Phasen, darunter Forschung und Entwicklung, Beschaffung von Rohmaterialien, Fertigung, Qualitätskontrolle sowie Vertrieb und Logistik. Innerhalb dieser Prozesse existieren zahlreiche Schnittstellen zwischen den verschiedenen Abteilungen, was zu potenziellen Ineffizienzen führt. Besonders bemerkbar machen sich diese Herausforderungen in den Bereichen der Supply Chain sowie der Produktionsplanung und -steuerung. In den letzten Jahren hat das Unternehmen seine Produktionsergebnisse stabilisieren können, jedoch bleiben die Prozesse immer wieder von Verspätungen und Fehlern geprägt, die zu Kostensteigerungen führen.

Das Unternehmen steht vor mehreren zentralen Herausforderungen im Bereich des Geschäftsprozessmanagements, die die Effizienz und Rentabilität beeinträchtigen:

- **Lange Durchlaufzeiten**: Besonders in der Produktion und der Logistik kommt es zu verzögerten Produktionszeiten und engpassbedingten Lieferverzögerungen. Diese Verzögerungen entstehen oft aufgrund unzureichender Koordination zwischen den einzelnen Abteilungen und einer ungenauen Planung der Produktionskapazitäten. Diese Probleme führen zu Kostenüberschreitungen, verspäteten Lieferungen und letztlich zu Kundenzufriedenheitsverlusten.
- **Fehleranfälligkeit und Qualitätsprobleme**: In der Fertigung gibt es regelmäßig Fehlerquoten bei der Herstellung von Automobilkomponenten. Dies geschieht teilweise aufgrund von unpräzisen Anweisungen und mangelnder Kommunikation zwischen den Abteilungen. Die Fehlerquellen können nicht immer eindeutig identifiziert werden, was die Qualitätssicherung erschwert und unnötige Nacharbeit verursacht.

- **Mangelnde Transparenz und Echtzeitinformationen:** Eine umfassende Echtzeitübersicht über den Status von Bestellungen, Produktionsprozessen und Lieferungen fehlt. Der Informationsfluss zwischen den Abteilungen ist oft lückenhaft, und die Daten werden nicht in einer zentralisierten, für alle Stakeholder zugänglichen Plattform erfasst. Dies führt zu Fehlentscheidungen und einer langsamen Reaktionsfähigkeit auf unvorhergesehene Ereignisse, wie etwa Maschinenausfälle oder Versorgungsengpässe.
- **Unzureichende Nutzung von Daten:** Trotz einer wachsenden Menge an Daten, die in den verschiedenen Bereichen des Unternehmens generiert werden, wird das Potenzial dieser Daten bislang nicht ausreichend genutzt. Es gibt Datenbanken und Systeme zur Bestandsführung, jedoch sind diese nicht miteinander integriert und können keine umfassende Prozessanalyse oder Optimierung ermöglichen.
- **Mangelnde Prozessdokumentation:** Die Dokumentation der bestehenden Prozesse ist unvollständig und veraltet. Obwohl standardisierte Arbeitsabläufe existieren, werden diese nicht regelmäßig aktualisiert oder überprüft. Dies führt zu Wissensverlust, insbesondere wenn Mitarbeiter das Unternehmen verlassen oder versetzt werden. Neue Mitarbeiter haben Schwierigkeiten, sich in die bestehenden Prozesse einzuarbeiten, was zu zusätzlichen Verzögerungen und Fehlern führt.

Die Ausgangssituation des Unternehmens ist geprägt von einer Kombination aus operativen Herausforderungen, die die Effizienz und Rentabilität im Produktionsbereich beeinträchtigen. Die fehlende Integration von Prozessen, die lange Durchlaufzeiten, die hohe Fehlerquote in der Produktion und der Mangel an transparenter und Echtzeit-Datenverarbeitung behindern das Unternehmen dabei, seine Geschäftsziele optimal zu erreichen. Die Unternehmensführung hat erkannt, dass das Vorantreiben der Prozessoptimierung notwendig ist, um konkurrenzfähig zu bleiben und zukünftiges Wachstum zu sichern. An dieser Stelle wird die Einführung fortschrittlicher Technologien wie LLMs mit gezieltem Prompt Engineering als vielversprechende Lösung betrachtet, um die oben genannten Herausforderungen zu bewältigen und eine signifikante Verbesserung der Geschäftsprozesse zu erzielen.

5.3.2 Implementierungsschritte

Die Implementierung eines neuen Systems oder einer Lösung, wie die Integration eines LLMs in das das bestehende GPM eines Unternehmens, erfordert eine strukturierte Vorgehensweise. Um sicherzustellen, dass die Integration erfolgreich verläuft und den gewünschten Nutzen bringt, müssen die Implementierungsschritte sorgfältig geplant und ausgeführt werden. Diese Schritte umfassen die Projektplanung, die technische Umsetzung und die Testphase [8].

Projektplanung
Der erste Schritt zur erfolgreichen Implementierung eines LLM im Unternehmen ist eine sorgfältige Projektplanung. Ohne einen klaren Plan riskieren Unternehmen, dass das Projekt nicht rechtzeitig abgeschlossen wird oder dass Ressourcen ineffizient eingesetzt werden. Eine detaillierte Projektplanung umfasst die folgenden wesentlichen Aspekte:

- **Zieldefinition**: Bevor mit der Planung begonnen wird, muss das Unternehmen die spezifischen Ziele der Implementierung von der Strategie ableiten. Soll das LLM dabei helfen, Prozesse zu automatisieren, Daten effizienter zu analysieren oder Optimierungspotenziale zu identifizieren? Diese Zieldefinition wird die gesamte Planung und Umsetzung des Projekts leiten.
- **Zeitplan**: Ein realistischer Zeitrahmen muss aufgestellt werden, der alle Phasen des Implementierungsprozesses abdeckt. Der Zeitplan sollte dabei Meilensteine enthalten, die ermöglichen, den Fortschritt des Projekts regelmäßig zu überprüfen. Diese Meilensteine können beispielsweise die Fertigstellung der Datenintegration, die erste Testphase oder die Bereitstellung von Trainingsdaten umfassen.
- **Ressourcenplanung**: Für die Implementierung müssen verschiedene Ressourcen eingeplant werden. Dazu gehören nicht nur technologische Ressourcen wie Software und Hardware, sondern auch personelle Ressourcen, wie Fachleute für die technische Integration, Datenwissenschaftler für die Datenaufbereitung und andere relevante Stakeholder. Darüber hinaus müssen auch Schulungsmaßnahmen für die Mitarbeiter berücksichtigt werden, die mit dem neuen System arbeiten sollen.
- **Budgetplanung**: Ein weiterer wichtiger Bestandteil der Projektplanung ist die Budgetierung. Hier müssen alle mit der Implementierung verbundenen Kosten berücksichtigt werden, darunter Lizenzgebühren für das LLM, Kosten für die Integration, Schulungsgebühren und laufende Betriebskosten.
- **Risikomanagement**: Identifikation und Bewertung potenzieller Risiken im Projektverlauf sind ebenfalls wichtig. Dies können technologische Risiken (z. B. Inkompatibilität von Systemen), organisatorische Risiken (z. B. Widerstand der Mitarbeiter gegen Veränderungen) oder externe Risiken (z. B. unerwartete Marktveränderungen) sein. Durch präventive Maßnahmen und Notfallpläne können diese Risiken reduziert werden.

Technische Umsetzung

Die technische Umsetzung der Integration des LLMs in die bestehenden Geschäftsprozesse erfordert ein tiefes Verständnis der technischen Architektur des Unternehmens. Dieser Schritt umfasst mehrere Teilbereiche, um eine nahtlose Integration des neuen Systems zu gewährleisten [12]:

- **Integration in bestehende Systeme**: Das LLM muss in die vorhandenen Geschäftsprozessmanagement-Tools des Unternehmens integriert werden. Dies erfolgt in der Regel über Systemschnittstellen, die die Kommunikation zwischen dem LLM und den bestehenden Softwarelösungen ermöglichen. Dabei sind Schnittstellen zwischen verschiedenen Systemen, wie z. B. ERP (Enterprise Resource Planning) und CRM (Customer Relationship Management), erforderlich, um den Informationsfluss zu optimieren.
- **Datenmigration und -aufbereitung**: Ein wichtiger Schritt bei der technischen Umsetzung ist die Migration der bestehenden Daten in das neue System. Das LLM benötigt saubere und strukturierte Daten, um genaue und hilfreiche Analysen und Empfehlungen liefern zu können. Hierzu sind ETL-Prozesse erforderlich, um die Daten aus den unterschiedlichen Quellen zu extrahieren, zu bereinigen und in das geeignete Format zu überführen.
- **Modelltraining und Anpassung**: Ein vortrainiertes LLM kann oft als Ausgangspunkt verwendet werden, aber erfordert eine Anpassung an die spezifischen Anforderungen des Unternehmens. Das LLM muss mit domänenspezifischen Daten angelernt werden, um die bestmögliche Leistung zu erzielen. In einigen Fällen kann erforderlich sein, maßgeschneiderte Prompts zu erstellen oder das Modell zu feintunen, um genau die gewünschten Ergebnisse zu liefern.
- **Benutzerschnittstelle**: Die Entwicklung einer benutzerfreundlichen Oberfläche, die den Mitarbeitern ermöglicht, mit dem System zu interagieren, ist ebenfalls ein wichtiger Teil der technischen Umsetzung. Hierbei muss darauf geachtet werden, dass die Benutzerschnittstelle intuitiv und einfach zu bedienen ist. Dies kann auch die Entwicklung von Dashboards und Berichten umfassen, die den Nutzern ermöglichen, die durch das LLM generierten Ergebnisse zu verstehen und umzusetzen.

Testphase

Nach der erfolgreichen Implementierung und Integration des LLMs in die Unternehmenssysteme folgt eine umfassende Testphase, um sicherzustellen, dass das System die gewünschten Ergebnisse liefert und den festgelegten Zielen entspricht. Diese Phase ist wichtig, um mögliche Fehler zu identifizieren und zu beheben, bevor das System in den Produktivbetrieb übergeht.

- **Funktionstests**: Zu Beginn sollten die grundlegenden Funktionstests durchgeführt werden, um sicherzustellen, dass das LLM korrekt arbeitet. Hierbei wird überprüft, ob die Systemintegrationen reibungslos funktionieren und ob das Modell in der Lage ist, die geforderten Aufgaben auszuführen.
- **Performance-Tests**: Die Leistung des LLMs muss ebenfalls überprüft werden. Dazu gehört die Messung der Antwortzeiten, die Skalierbarkeit des Systems sowie die Fähigkeit des LLMs, große Mengen an Daten in kurzer Zeit zu verarbeiten. Hierbei wird darauf geachtet, dass das System auch unter hoher Last stabil funktioniert.
- **Benutzerakzeptanztests (UAT)**: Während der Testphase sollten auch Benutzerakzeptanztests durchgeführt werden. Dieser Test überprüft das System auf Benutzerfreundlichkeit und praktische Anwendbarkeit durch die Endanwender. Dies hilft, eventuelle Usability-Probleme zu erkennen und zu beheben, bevor das System in den vollständigen Betrieb übergeht und ein großes Aufkommen von Nutzeranfragen riskiert.
- **Fehlerbehebung und Optimierung**: Nach der Durchführung der Tests werden alle gefundenen Fehler behoben und das System weiter optimiert. Dies kann sowohl technische Anpassungen als auch Verbesserungen der Benutzeroberfläche oder der Modellgenauigkeit umfassen.
- **Abschlussbericht und Go-Live**: Am Ende der Testphase wird ein Abschlussbericht erstellt, der alle Testergebnisse zusammenfasst und die endgültige Entscheidung für den Go-Live des Systems dokumentiert. Das System wird nun offiziell in den Produktivbetrieb überführt, wobei regelmäßig Monitoring und Performance-Überprüfungen erfolgen, um sicherzustellen, dass das System weiterhin effizient und effektiv arbeitet.

5.3.3   Potenziale

Die Einführung des LLM-basierten Systems im GPM des internationalen Fertigungsunternehmens bietet zahlreiche Potenziale, um die identifizierten Herausforderungen zu adressieren und die Wettbewerbsfähigkeit des Unternehmens weiter zu steigern. Besonders im Hinblick auf die Optimierung der Produktionsprozesse und die Verbesserung der Effizienz in den Bereichen Supply Chain, Produktionsplanung und -steuerung lassen sich durch gezielte Implementierungen wesentliche Verbesserungen erzielen.

Leistungsbewertung

- **Reduzierung der Durchlaufzeiten:** Das LLM kann als wertvolles Werkzeug zur Verbesserung der Produktionsplanung und -steuerung eingesetzt werden. Durch den Einsatz von fortschrittlichen Analysemodellen und Algorithmen für die Vorhersage von Produktionskapazitäten und Lieferkettenengpässen kann das System Verzögerungen identifizieren und vorbeugen. In der Praxis würde dies dazu führen, dass Produktionsprozesse schneller und präziser geplant werden können, was zu einer Verkürzung der Durchlaufzeiten führt und somit die Effizienz der Fertigung und Logistik steigert.
- **Fehlerreduktion und Qualitätssteigerung:** Durch die Anwendung von LLMs in der Fertigung kann eine präzisere Qualitätskontrolle ermöglicht werden. Das LLM-System könnte automatisch Prozessabweichungen und potenzielle Fehlerquellen erkennen, indem es historische Produktionsdaten analysiert und in Echtzeit prüft. Dies reduziert die Fehlerquote und ermöglicht eine frühzeitige Identifikation von Qualitätsproblemen. So werden unnötige Nacharbeiten und Materialverschwendung vermieden, was zu einer direkten Kostenreduktion führt.
- **Echtzeit-Transparenz und Informationsmanagement:** Ein LLM-basiertes System kann dazu beitragen, die fehlende Echtzeitübersicht über Produktions- und Logistikprozesse zu verbessern. Indem das LLM relevante Daten aus verschiedenen Abteilungen und Systemen integriert, können Mitarbeiter auf eine zentrale, stets aktuelle Informationsquelle zugreifen. Dies führt zu einer schnelleren und präziseren Entscheidungsfindung und einer verbesserten Reaktionsfähigkeit auf unerwartete Ereignisse, wie etwa Maschinenausfälle oder Versorgungsengpässe, was zu einer insgesamt höheren Flexibilität im Unternehmen beiträgt.

Nutzenanalyse

- **Effizienzgewinne durch Prozessoptimierung:** Ein LLM-gestütztes System ermöglicht, ineffiziente Prozesse und Engpässe in der Produktion und Logistik zu identifizieren und zu beseitigen. Durch die intelligente Analyse von Prozessdaten können Engpässe in der Supply Chain schneller erkannt und Maßnahmen zur Beseitigung dieser Engpässe ergriffen werden. Das führt zu einer optimaleren Nutzung der Produktionsressourcen, kürzeren Durchlaufzeiten und einer höheren Gesamteffizienz.
- **Kostensenkungen durch Automatisierung:** Ein weiterer wesentlicher Vorteil der LLM-Technologie liegt in der Automatisierung von Routinetätigkeiten. Prozesse, wie etwa die Dokumentation von Produktionsschritten oder die Kommunikation zwischen Abteilungen, die bislang viel manuelle Arbeit erforderten, könnten durch ein LLM-System erheblich beschleunigt und vereinfacht wer-

den. Diese Automatisierung führt zu erheblichen Kosteneinsparungen, da weniger menschliche Ressourcen für repetitive Aufgaben aufgewendet werden müssen und Fehlerquellen reduziert werden.

- **Verbesserte Datenanalyse für fundierte Entscheidungen:** Durch die gezielte Nutzung von LLMs können Daten, die in verschiedenen Abteilungen generiert werden, miteinander verknüpft und systematisch analysiert werden. Das LLM kann dabei helfen, Muster und Zusammenhänge zu erkennen, die bisher verborgen blieben, und liefert wertvolle Einblicke für strategische Entscheidungen. Mit dieser verbesserten Datentransparenz kann das Unternehmen zukunftsorientierte Entscheidungen treffen, die zu einer besseren Marktpositionierung führen.

Erfahrungsberichte

- **Steigerung der Benutzerzufriedenheit und Akzeptanz:** Die Implementierung eines LLM-Systems wird von den Nutzern voraussichtlich positiv aufgenommen, da es viele manuelle und zeitaufwändige Aufgaben übernimmt. Mitarbeiter berichten möglicherweise von einer spürbaren Entlastung, insbesondere in Bereichen wie der Dokumentation, der Analyse von Prozessdaten oder der Koordination zwischen Abteilungen. Die Verbesserung der Benutzerfreundlichkeit und die Steigerung der Arbeitszufriedenheit der Mitarbeiter stellen eine direkte positive Auswirkung der Technologie dar.
- **Förderung der interdisziplinären Zusammenarbeit:** Die Einführung des LLM-Systems könnte die Zusammenarbeit zwischen verschiedenen Abteilungen im Unternehmen verbessern. Da das LLM in der Lage ist, relevante Informationen in Echtzeit aus verschiedenen Quellen zu integrieren, können Teams aus unterschiedlichen Bereichen (z. B. Fertigung, Qualitätskontrolle, Logistik) auf denselben Datensatz zugreifen und so schnellere Entscheidungen treffen. Die gesteigerte Zusammenarbeit trägt zur Reduktion von Missverständnissen und Prozessverzögerungen bei und stärkt die Teamarbeit im gesamten Unternehmen.
- **Identifikation von Verbesserungspotenzialen:** Die Rückmeldungen der Nutzer könnten auch Herausforderungen in der Umsetzung des Systems aufzeigen, etwa in Bezug auf die Integration des LLMs in bestehende IT-Infrastrukturen oder Schulungsbedarf. Die Identifizierung solcher Herausforderungen ist von großer Bedeutung, da sie wertvolle Informationen für die kontinuierliche Verbesserung des Systems liefert. Darüber hinaus können diese Erkenntnisse genutzt werden, um weitere Anpassungen und Optimierungen vorzunehmen, um das volle Potenzial des LLM-Systems auszuschöpfen [9].

5.4   LLM-basiertes Process Mining

5.4.1   Einführung in Process Mining

Process Mining ist ein leistungsstarkes, datengetriebenes Verfahren, das Organisationen ermöglicht, ihre Geschäftsprozesse auf eine sehr präzise und empirische Weise zu analysieren, zu überwachen und letztlich zu verbessern. Im Kern zielt Process Mining darauf ab, durch die Analyse von sogenannten Event Logs, die automatisch aus verschiedenen Informationssystemen wie ERP-Systemen, CRM-Systemen und weiteren Unternehmensapplikationen extrahiert werden, einen klaren und transparenten Einblick in die tatsächliche Ausführung von Geschäftsprozessen zu gewinnen. Diese Event Logs stellen eine detaillierte Aufzeichnung sämtlicher Aktivitäten dar, die während der Durchführung von Prozessen stattfinden, und enthalten wertvolle Informationen über den Ablauf, die Dauer und die beteiligten Ressourcen [10].

Ein Ziel des Process Mining ist, den realen Ablauf von Geschäftsprozessen transparent zu machen. Hierbei werden die Prozesse so dargestellt, wie sie tatsächlich durchgeführt werden, ohne dass externe Annahmen oder Theorien über die Abläufe zugrunde gelegt werden. Durch diese präzise Datenerhebung und -analyse können anschließend Schwachstellen und ineffiziente Schritte innerhalb der Prozesse identifiziert werden. Häufig treten in Prozessen unerwünschte Variationen oder Verzögerungen auf, die den Ablauf verlangsamen oder die Qualität der Endprodukte und Dienstleistungen beeinträchtigen. Diese Ungenauigkeiten und Engpässe können durch Process Mining gezielt aufgedeckt werden. Schließlich ermöglicht es Process Mining, Optimierungspotenziale zu identifizieren, also Möglichkeiten, wie Prozesse effizienter und kostengünstiger gestaltet werden können, ohne an Qualität oder Effektivität zu verlieren.

Um eine strukturierte und effektive Analyse von Geschäftsprozessen zu ermöglichen, lässt sich das Verfahren des Process Mining grob in drei Hauptphasen unterteilen: Discovery, Conformance Checking und Enhancement. Jede dieser Phasen verfolgt ein spezifisches Ziel und nutzt unterschiedliche Methoden und Algorithmen.

Die erste Phase, **Discovery**, konzentriert sich auf das Auffinden und die Visualisierung von Prozessen. Hierbei wird ein Prozessmodell automatisch aus den Event Logs generiert, das den tatsächlichen Ablauf eines Prozesses widerspiegelt. Diese Modellierung erfolgt ohne vorherige Annahmen oder Vorgaben, was bedeutet, dass das resultierende Modell vollständig aus den vorliegenden Daten abgeleitet wird. Der Vorteil dieser Methode liegt darin, dass sie den Prozess genau so abbildet, wie er tatsächlich durchgeführt wird, was vor allem in komplexen oder dynamischen Umgebungen von hohem Wert ist.

In der zweiten Phase, dem **Conformance Checking**, wird das generierte Ist-Prozessmodell mit einem vorab definierten Soll-Prozessmodell verglichen. Ziel dieser Phase ist, Abweichungen zwischen dem Ist-Prozess und dem geplanten oder standardisierten Soll-Prozess zu erkennen. Hierbei werden die Event Logs genutzt, um zu überprüfen, ob alle Aktivitäten korrekt ausgeführt wurden und ob die Prozesse im Einklang mit den definierten Zielen und Regeln stehen. Wenn Abweichungen festgestellt werden, können diese Hinweise auf ineffiziente Praktiken, Fehlerquellen oder notwendige Prozessänderungen geben. Entscheidend dabei ist das Identifizieren bewusster und ungewollter Abweichungen vom Soll-Prozess.

Die dritte Phase, **Enhancement**, beschäftigt sich mit der Verbesserung eines bestehenden Prozessmodells. Diese Phase geht über die reine Analyse hinaus und zielt darauf ab, durch Hinzufügen von weiteren Informationen, wie etwa Leistungskennzahlen oder Anomalien, das bestehende Modell zu optimieren. Dabei werden Optimierungspotenziale aufgezeigt, etwa durch die Identifikation von Bottlenecks, redundanten Aktivitäten oder anderen ineffizienten Prozessen. Das Ziel ist, den Prozess so zu gestalten, dass er effizienter, schneller und kostengünstiger wird, was letztlich zur Steigerung der Gesamtleistung des Unternehmens beiträgt.

Im Kontext dieses Kapitels soll gezeigt werden, wie der Einsatz von LLMs die traditionellen Ansätze des Process Mining erweitern und verbessern kann. LLMs bieten ein enormes Potenzial, um insbesondere die Analyse von Event Logs und die Modellierung von Geschäftsprozessen auf eine neue Ebene zu heben. Diese Modelle, sind in der Lage, sowohl strukturierte als auch unstrukturierte Daten zu verarbeiten und zu analysieren. Während Process Mining traditionell stark auf die Analyse von Event Logs fokussiert ist, können LLMs zusätzliche Kontextinformationen aus unstrukturierten Quellen wie E-Mails, Dokumenten, Notizen und anderen Kommunikationskanälen extrahieren. Dies bietet eine wesentlich reichhaltigere und umfassendere Perspektive auf den Prozessablauf.

Die Integration von LLMs in das Process Mining ermöglicht eine tiefere, kontextuelle Analyse, bei der nicht nur die faktischen Daten, sondern auch die dahinterliegenden Bedeutungen und Zusammenhänge berücksichtigt werden. Beispielsweise können LLMs helfen, unklare oder vage Beschreibungen in den Logs zu interpretieren oder versteckte Korrelationen zwischen verschiedenen Aktivitäten zu entdecken, die für traditionelle Algorithmen unsichtbar bleiben würden. Diese erweiterte Sichtweise führt zu präziseren Modellen und einer besseren Identifikation von Abweichungen und Optimierungspotenzialen.

5.4.2　Process Discovery

In der Discovery-Phase des Process Mining geht es darum, ein Prozessmodell auf der Grundlage von Event Logs zu erstellen. Traditionell kommen in dieser Phase Algorithmen wie der Alpha-Algorithmus oder der Heuristic Miner zum Einsatz. Diese Algorithmen basieren auf einem rein datengetriebenen Ansatz, der die Event Logs auswertet, um ein Prozessmodell zu extrahieren. Sie liefern oft einen ersten Entwurf eines Modells, das den tatsächlichen Ablauf eines Prozesses darstellt. Doch gerade bei komplexeren Prozessen, bei denen viele Variationen, Unvollständigkeiten oder Abweichungen vorhanden sind, stoßen diese klassischen Algorithmen schnell an ihre Grenzen. Sie können Schwierigkeiten haben, aus den rohen Log-Daten ein vollständiges und realistisches Modell zu erstellen, das alle relevanten Prozess-Variationen und -Nuancen berücksichtigt. Bedingte Abhängigkeiten im Prozessfluss können nicht bestimmt werden.

LLMs bringen eine kognitive Komponente in den Prozess, die weit über die reine Datenverarbeitung hinausgeht. Sie sind in der Lage, sowohl strukturierte als auch unstrukturierte Daten zu analysieren und zu verarbeiten. Während klassische Process-Mining-Algorithmen in erster Linie auf die strukturierten Log-Daten angewiesen sind, können LLMs mit Hilfe von Natural Language Processing (NLP) auch unstrukturierte Daten wie Texte, Kommentare, E-Mails, Dokumente und interne Notizen einbeziehen. Dies eröffnet neue Möglichkeiten, insbesondere wenn Prozessinformationen nicht nur in formellen Log-Daten, sondern auch in informellen Kommunikationskanälen wie E-Mails oder Notizen gespeichert sind. So werden bei der Erstellung des Prozessmodells nicht nur die klaren Event Logs berücksichtigt, sondern auch kontextuelle und oft unsichtbare Informationen, die aus anderen Quellen gewonnen werden.

Ein weiterer Vorteil von LLMs in der Discovery-Phase ist ihre Fähigkeit, den Kontext und die Bedeutung von Daten zu interpretieren. Ein klassischer Algorithmus wird eventuelle Abweichungen oder Unklarheiten in den Daten als Fehler betrachten, wohingegen ein LLM in der Lage ist, diese zu hinterfragen, zu analysieren und möglicherweise zu erklären. So kann das Modell nicht nur ein Prozessmodell aus den Log-Daten generieren, sondern auch die dahinterliegenden Ursachen und Zusammenhänge aufdecken, die durch traditionelle Methoden schwer zu erkennen wären und zusätzliche manuelle Aufwände erzeugen. Dies gilt auch für die Dokumentation. LLMs können komplexe, technische Prozessmodelle in verständlicher Sprache dynamisch für verschiedene Zielgruppen beschreiben. Für Personen ohne tiefgreifende technische Kenntnisse, wie Geschäftsprozessverantwortliche oder Führungskräfte, ist diese Fähigkeit besonders wertvoll.

Beispiel

Beispielhafte Prompts, die an ein LLM in der Discovery-Phase gestellt werden können, sind:

„Erstelle ein Prozessmodell auf Basis dieser Log-Daten und dokumentiere die häufigsten Abweichungen von standardisierten Prozessen."

In diesem Fall würde das LLM nicht nur ein Modell der Event Logs erstellen, sondern auch eine Analyse der Abweichungen und deren Bedeutung durchführen, was zu einer detaillierteren und genaueren Abbildung des tatsächlichen Prozesses führen kann.

„Was ist der häufigste Engpass in diesem Prozess, basierend auf den Event Logs und den dazugehörigen Anmerkungen?"

Ein solches Prompt hilft dabei, nicht nur die reinen Event Logs zu berücksichtigen, sondern auch ergänzende unstrukturierte Daten wie Kommentare oder Notizen aus den Logs zu nutzen, um potenzielle Engpässe zu identifizieren.

„Identifiziere die häufigsten Fehlerquellen und schlage Verbesserungsmöglichkeiten basierend auf den Log-Daten vor."

Dies könnte ein besonders wertvoller Prompt sein, um das LLM zur Analyse von Fehlern und deren Ursachen einzusetzen und gleichzeitig Lösungen oder Verbesserungsansätze vorzuschlagen, die auf den Daten basieren. ◄

5.4.3   Process Conformance Checking

Die Conformance-Checking-Phase überprüft, inwieweit der tatsächlich ausgeführte Ist-Prozess mit einem zuvor definierten Soll-Prozess übereinstimmt. Ziel dieser Phase ist, Abweichungen zwischen der realen Prozessausführung und dem geplanten Modell zu erkennen und zu analysieren. Klassische Conformance-Checking-Algorithmen wie der Token Replay oder Alignments vergleichen direkt die Event Logs mit einem gegebenen Referenzmodell. Beim Token Replay beispielsweise wird das Verhalten der logischen Abläufe simuliert, während Alignments Abweichungen durch die „Ausgleichung" von Prozessen aufzeigt. Beide Ansätze stützen sich auf eine deterministische Betrachtung der Log-Daten und bieten damit eine Analyse der Übereinstimmung.

Jedoch stoßen diese klassischen Algorithmen bei der Handhabung von unvollständigen, fehlerhaften oder teilweise abweichenden Daten an ihre Grenzen. In vielen realen Szenarien sind die Event Logs nicht vollständig oder enthalten Störungen und Unregelmäßigkeiten, die eine genaue Abgleichung mit dem Referenzmodell erschweren. Fehlende Daten, Fehler in der Erfassung von Events oder unvorhergesehene Prozessabweichungen erfordern intelligentere Methoden zur Erklärung und Analyse von Abweichungen.

LLMs können Abweichungen interpretieren und Vorschläge für Korrekturen liefern, die über das bloße Erkennen von Unterschieden hinausgehen. Sie können dabei helfen, tieferliegende Ursachen für die Abweichungen zu verstehen und diese in verständlicher Form zu erklären.

Ein entscheidender Vorteil dabei ist ihre Fähigkeit, Abweichungen in natürlicher Sprache zu kommunizieren. Statt lediglich technische Differenzen aufzuzeigen, können LLMs komplexe Abweichungen und deren Ursachen auf eine Weise darstellen, die für die Prozessverantwortlichen verständlich und handlungsorientiert ist. Beispielsweise kann ein LLM in einer Conformance-Analyse erkennen, dass eine bestimmte Prozessphase häufiger verzögert wird, und in verständlicher Sprache erklären, dass diese Verzögerung aufgrund unzureichender Ressourcen oder unklarer Prozessschritte entsteht. Diese Fähigkeit macht LLMs besonders wertvoll in Unternehmen, in denen Prozessverantwortliche möglicherweise keine tiefgehenden technischen Kenntnisse besitzen.

Ein weiteres Beispiel für den Einsatz von LLMs könnte die Verbesserung der Kommunikation innerhalb des Teams betreffen. LLMs können automatisch präzise und verständliche Berichte über die Conformance-Analyse generieren. Anstatt dass die Fachabteilungen händisch die relevanten Abweichungen und deren Ursachen recherchieren müssen, können die LLMs direkt eine detaillierte Analyse des Ist-Zustands erstellen und die wichtigsten Problembereiche aufzeigen. Dies reduziert nicht nur den Aufwand für die Analyse, sondern stellt sicher, dass alle relevanten Informationen klar und übersichtlich präsentiert werden, was die Entscheidungsfindung erleichtert.

Beispiel

Im Hinblick auf konkrete Prompts für LLMs in der Conformance-Checking-Phase könnten folgende Anfragen gestellt werden:

„Vergleiche den gegebenen Event Log mit dem Referenzprozess und erläutere, welche Schritte häufig abweichen."

Hiermit wird das LLM gebeten, eine detaillierte Analyse der Event Logs vorzunehmen und spezifische Unterschiede zu einem Referenzprozessmodell zu identifizieren. Das Modell könnte dann auch die Häufigkeit von Abweichungen in bestimmten Schritten oder Phasen des Prozesses angeben.

„Welche Abweichungen im Prozess könnten zu einer Verzögerung führen, und wie könnten sie optimiert werden?"

Mit dieser Anfrage wird das LLM aufgefordert, Abweichungen im Prozess zu identifizieren, die potenziell den Ablauf verlangsamen könnten, und daraufhin Lösungsvorschläge zu unterbreiten. Die Stärke des LLMs liegt hierbei darin, dass es auf Basis der historischen Daten und eventuell auch von Best Practices in der Branche Verbesserungsvorschläge machen kann.

„Erkläre in einfachen Worten, warum der Prozess nicht vollständig konform mit dem Referenzmodell ist."

Dies ist ein Beispiel für die Kommunikation von Problemen auf eine leicht verständliche Weise. Das LLM könnte hierbei komplexe technische oder betriebliche Abweichungen in eine Sprache übersetzen, die für Entscheidungsträger, die keine tiefgehenden technischen Kenntnisse haben, zugänglich ist. ◄

5.4.4 Process Enhancement

In der Enhancement-Phase werden bestehende Prozessmodelle durch gezielte Maßnahmen verbessert. Dies geschieht durch das Hinzufügen zusätzlicher Informationen, das Einführen alternativer Vorgehensweisen oder das Simulieren optimierter Prozessmodelle, die potenziell die Effizienz des Prozesses steigern könnten. Traditionell erfordert dieser Schritt eine detaillierte und oftmals manuelle Analyse der Prozessdaten. Prozessverantwortliche müssen die verschiedenen Einflussfaktoren auf die Prozessleistung identifizieren und verstehen, wie sich Änderungen auf die Gesamtperformance auswirken könnten. Diese manuelle Analyse ist zeitaufwendig und erfordert tiefgehendes Fachwissen über den jeweiligen Geschäftsprozess und die verwendeten Systeme.

Ein zentrales Potenzial von LLMs in dieser Phase ist ihre Fähigkeit zur automatisierten Generierung von Verbesserungsstrategien. Mithilfe von umfangreichen historischen Daten und der Integration von Prognosemodellen können LLMs Vorhersagen darüber treffen, wie sich Prozessveränderungen auf die Gesamtleistung auswirken werden. Dies ermöglicht eine datengetriebenere Entscheidungsfindung, da die Auswirkungen von Änderungen simuliert und optimiert werden können, bevor sie real umgesetzt werden. LLMs sind in der Lage, verschiedene Verbesserungsszenarien zu durchdenken und die vielversprechendsten Alternativen zu empfehlen.

Beispielhafte Prompts für LLMs in der Enhancement-Phase könnten folgendermaßen aussehen:
„Welche Änderungen im Prozess könnten die Gesamteffizienz um mindestens 15 % steigern?"

Ein solches Anliegen erfordert eine detaillierte Analyse der bestehenden Prozessdaten und eine Vorhersage, welche Modifikationen zu signifikanten Effizienzgewinnen führen könnten. LLMs können hier eine Liste potenzieller Änderungen erstellen und dabei berücksichtigen, welche Auswirkungen diese auf die gesamte Prozesskette haben könnten.

„Erstelle eine Liste der Top-3-Optimierungsansätze für die aktuelle Prozesskonfiguration."

Diese Aufforderung kann von einem LLM verwendet werden, um auf Basis von Datenanalysen und Mustern die wichtigsten Optimierungsansätze zu identifizieren. LLMs können diese Vorschläge nicht nur in einer priorisierten Reihenfolge auflisten, sondern auch die potenziellen Auswirkungen jeder Maßnahme erläutern. ◀

5.5   Empfehlungen für die Praxis

Die erfolgreiche Implementierung und Nutzung eines LLM-basierten Systems im GPM erfordert eine sorgfältige Planung und Ausführung. Um den größtmöglichen Nutzen zu erzielen und gleichzeitig Risiken zu minimieren, sollten Unternehmen bestimmte strategische Empfehlungen berücksichtigen. Diese Empfehlungen betreffen die schrittweise Einführung, die Schulung und das Training der Mitarbeiter sowie die kontinuierliche Verbesserung des Systems.

Schrittweise Einführung
Die Einführung eines LLM-basierten Systems sollte nicht als ein einmaliges Projekt verstanden werden, sondern als ein kontinuierlicher Prozess. Eine schrittweise Einführung in klar definierte Phasen ist eine bewährte Strategie, um Risiken zu minimieren und sicherzustellen, dass das System effektiv und ohne größere Störungen in die bestehenden Geschäftsprozesse integriert wird. Diese Herangehensweise hat mehrere Vorteile:

- **Pilotprojekte**: Zunächst kann ein kleines, überschaubares Pilotprojekt gestartet werden, um das LLM in einem bestimmten Geschäftsbereich zu testen. Hierbei kann die Leistung des Systems unter realen Bedingungen überprüft werden, ohne dass das gesamte Unternehmen betroffen ist. Ein erfolgreicher Pilot kann als Grundlage für die Skalierung des Systems auf weitere Abteilungen oder Prozesse dienen.

- **Erfahrungen sammeln**: Durch die schrittweise Einführung können Unternehmen wertvolle Erfahrungen sammeln, die ihnen helfen, das System besser zu verstehen und anzupassen. Hierbei können technische Probleme frühzeitig identifiziert und behoben werden, bevor sie größere Auswirkungen auf den Betrieb haben.

- **Anpassungen und Feinjustierungen**: In jeder Phase der Implementierung sollten regelmäßige Evaluierungen stattfinden, um das System nach den ersten Ergebnissen weiter zu optimieren. Die Erkenntnisse aus jeder Phase tragen dazu bei, das System in den folgenden Phasen effektiver zu gestalten.

Schulung und Training

Die Schulung und das Training der Mitarbeiter sind entscheidend für den erfolgreichen Einsatz eines LLM-basierten Systems im Geschäftsprozessmanagement. Ein leistungsfähiges System ist nur dann von Nutzen, wenn Mitarbeiter dieses effektiv nutzen können. Hierbei sollten folgende Aspekte berücksichtigt werden:

- **Zielgruppenspezifische Schulungen**: Nicht alle Mitarbeiter benötigen die gleiche Art von Schulung. Fachabteilungen oder Power-User sollten tiefer gehende Schulungen erhalten, um das System umfassend zu nutzen und die besten Ergebnisse zu erzielen. Für Endanwender, die das System in ihre tägliche Arbeit integrieren, sind einfache, benutzerfreundliche Schulungen erforderlich, die sich auf die wesentlichen Funktionen konzentrieren.
- **Schulungsformate**: Schulungen sollten sowohl theoretische als auch praktische Elemente beinhalten. Neben der Vermittlung von Grundkenntnissen über das LLM-System sollten Mitarbeiter die Gelegenheit erhalten, das System in realen Szenarien zu erproben. Workshops oder Webinare sind hierfür geeignete Formate, um den Teilnehmern interaktive Lernmöglichkeiten zu bieten.
- **Kontinuierliche Weiterbildung**: Die Nutzung eines LLM-Systems ist ein fortlaufender Prozess, der kontinuierliche Schulungsmaßnahmen erfordert. Regelmäßige Auffrischungskurse und Advanced-Trainings sorgen dafür, dass die Mitarbeiter mit den neuesten Funktionen des Systems vertraut bleiben und seine volle Leistungsfähigkeit ausschöpfen können.

Kontinuierliche Verbesserung

Ein LLM-basiertes System ist kein statisches Tool, sondern sollte kontinuierlich überwacht und weiterentwickelt werden, um immer bessere Ergebnisse zu liefern.

Die kontinuierliche Verbesserung des Systems ist ein zentrales Element für seinen langfristigen Erfolg. Hierzu gehören mehrere wichtige Maßnahmen:

- **Monitoring und Feedback**: Eine kontinuierliche Überwachung des Systems ist notwendig, um zu überprüfen, wie es im realen Einsatz funktioniert. Hierbei sollten sowohl quantitative als auch qualitative Daten gesammelt werden. Zum Beispiel können Leistungskennzahlen wie Verarbeitungszeiten, Fehlerquoten oder Benutzerfeedback ausgewertet werden, um Schwächen im System zu identifizieren.
- **Nutzerfeedback**: Endnutzer des Systems sind die wichtigste Quelle für wertvolle Verbesserungen. Regelmäßige Feedback-Schleifen sollten eingerichtet werden, um direkt von denjenigen zu erfahren, die das System täglich nutzen. Ihre Erfahrungen und Vorschläge für Verbesserungen können als Grundlage für die nächste Entwicklungsphase dienen.
- **Technische Anpassungen**: Das LLM muss regelmäßig mit Updates und Fehlerbehebungen versorgt werden, um sicherzustellen, dass es mit den sich ändernden Anforderungen und der technologischen Entwicklung Schritt hält. Die Integration neuer Datenquellen, die Anpassung an veränderte Prozessbedingungen und die Verbesserung der Modellleistung sollten fortlaufend erfolgen.
- **Iterative Verbesserung der Prompts**: Ein weiterer Bereich der kontinuierlichen Verbesserung betrifft die Prompt-Optimierung. Die Qualität der Ergebnisse hängt stark von der Gestaltung der Prompts ab. Daher sollten diese regelmäßig getestet und auf Basis der Nutzungsergebnisse angepasst werden, um die Genauigkeit und Relevanz der generierten Antworten zu steigern.

Literatur[1]

1. Decardi-Nelson, B. Alshehri, A. Ajagekar, A. You, F. (2024). Generative AI and process systems engineering: The next frontier, Computers & Chemical Engineering, Volume 187
2. Du Dumas, M., La Rosa, M., Mendling, J., & Reijers, H. A. (2018). Fundamentals of Business Process Management. Springer Berlin, Heidelberg
3. Vaswani, A., Shazeer, N., & Parmar, N. (2017). Attention is All You Need. In Proceedings of NeurIPS (Vol. 30). NeurIPS

[1] Die im Folgenden aufgelistete Literatur wurde genutzt, um die theoretischen Konzepte zu erarbeiten. Die Ergebnisse der Beispiele basieren auf Experimenten und praktischen Erfahrungen des Autors und wurden mit ChatGPT generiert.

4. Radford, A., & Narasimhan, K. (2021). Learning Transferable Visual Models From Natural Language Supervision. In Proceedings of the International Conference on Machine Learning (ICML)
5. Hinrichsen, S., Sauer, S., Schröder, K. (2023) Prozesse in Industriebetrieben mittels Low-Code-Software digitalisieren. Springer Vieweg, Berlin, Heidelberg
6. Gadatsch, A. (2023). Business Process Management. Springer, Wiesbaden
7. Batini, C., & Scannapieco, M. (2006). Data Quality: Concepts, Methodologies and Techniques. Springer Berlin, Heidelberg
8. Muthusubramanian, Muthukrishnan. (2024). From Theory to Practice: Implementing AI Technologies in Project Management. International Journal For Multidisciplinary Research. 6
9. Berndt, R. (1997) Business Reengineering. Herausforderungen an das Management, vol 4. Springer, Berlin, Heidelberg
10. van der Aalst, W. (2016). Process Mining: Data Science in Action. Springer Berlin, Heidelberg
11. Pery, A., Rafiei, M., Simon, M., van der Aalst, W. (2022). Trustworthy Artificial Intelligence and Process Mining: Challenges and Opportunities. In: Munoz-Gama, J., Lu, X. (eds) Process Mining Workshops. ICPM 2021. Lecture Notes in Business Information Processing, vol 433. Springer, Cham
12. CoJetson, J. Nelis, J. (2006). Business Process Management: Practical Guidelines to Successful Implementations. Butterworth-Heinemann
13. Weske M. (2024). Business Process Management: Concepts, Languages, Architectures. Springer Berlin, Heidelberg

LLM-Prozessstrategie

6

Zusammenfassung

Wie gestaltet sich eine langfristige, strategische Nutzung von LLMs im GPM? Dieses Kapitel untersucht die strategische Bedeutung von LLMs und wie Unternehmen durch gezielte Implementierung von LLM-gestützten Prozessstrategien ihre Geschäftsprozesse effizienter gestalten können.

Zentrale Fragen

- Welche strategischen Vorteile bietet der Einsatz von LLMs im GPM?
- Wie entwickelt und implementiert sich eine LLM-gestützte Prozessstrategie?
- Welche Best Practices existieren, um LLMs effektiv in bestehende Unternehmensstrategien zu integrieren?

6.1 Strategische Bedeutung von LLMs im GPM

6.1.1 Technologische Einordnung

Die Einordnung von Technologien im Kontext ihrer Entwicklung ist ein wesentlicher Schritt, um eine geeignete Strategie in Unternehmen zu entwickeln. Der technologische Fortschritt folgt dabei nicht einem linearen Weg, sondern durchläuft einen zyklischen Prozess, der als Hype Cycle bekannt ist. Dieser beschreibt die verschiedenen Phasen, die eine Technologie von der ersten Aufmerksamkeit bis hin zur breiten Nutzung durchläuft. Um realistische Erwartungen zu setzen und die richtigen Investitionsentscheidungen zu treffen müssen Unternehmen die Techno-

© Der/die Autor(en), exklusiv lizenziert an Springer Fachmedien Wiesbaden GmbH, ein Teil von Springer Nature 2025
T. Keuthen, *Prompt Engineering im Geschäftsprozessmanagement*,
https://doi.org/10.1007/978-3-658-48676-1_6

logie in ihrem jeweiligen Entwicklungsstadium richtig bewerten. Der Hype Cycle durchläuft fünf Phasen [7]:

1. **Technology Trigger (Technologischer Auslöser):** Erste Prototypen und Proof-of-Concepts erzeugen Aufmerksamkeit.
2. **Peak of Inflated Expectations (Gipfel der überhöhten Erwartungen):** Starke mediale Präsenz führt zu unrealistischen Erwartungen.
3. **Trough of Disillusionment (Tal der Ernüchterung):** Erste Misserfolge führen zu einer realistischeren Einschätzung der Technologie.
4. **Slope of Enlightenment (Pfad der Erleuchtung):** Unternehmen identifizieren sinnvolle Anwendungsfälle.
5. **Plateau of Productivity (Produktivitätsplateau):** Die Technologie wird breit in der Praxis eingesetzt.

Aktuell befinden sich LLMs zwischen dem Peak of Inflated Expectations (Gipfel der überhöhten Erwartungen) und dem Trough of Disillusionment (Tal der Ernüchterung). In der Phase des Gipfels wird die Technologie oftmals von den Medien überschätzt und unrealistische Erwartungen werden geweckt. LLMs, die durch ihre Fähigkeit, menschenähnliche Texte zu generieren, breites Interesse auf sich gezogen haben, sind hier keine Ausnahme. Allgemein herrscht die Erwartung, dass sie in nahezu allen Bereichen unmittelbar gewinnbringend eingesetzt werden können. Doch auch wenn die Technologie Fortschritte macht, ist entscheidend, die Herausforderungen nicht zu ignorieren, die diese Erwartungen relativieren.

Ein zentrales Problem ist, dass LLMs noch immer mit tiefgehenden Herausforderungen wie Verzerrungen (Bias) und mangelnder Erklärbarkeit kämpfen. Diese Faktoren führen zu einer ersten Ernüchterung, die die Technologie in das Trough of Disillusionment führt. Unternehmen, die auf den Hype aufgesprungen sind, sehen sich nun mit der Realität konfrontiert: LLMs liefern nicht immer die gewünschten Ergebnisse und bringen in bestimmten Kontexten eher Probleme als Lösungen.

In dieser Phase sollten Unternehmen ihre Erwartungen realistischer gestalten und sich darauf konzentrieren, nachhaltige und praktikable Anwendungsfälle zu identifizieren. Der Fokus sollte auf der Weiterentwicklung von Technologien liegen, die die bestehenden Herausforderungen adressieren, anstatt auf unkritischer Begeisterung. Wenn Unternehmen diese Phase überstehen und ihre Anwendungen optimieren, können LLMs auf den Slope of Enlightenment (Pfad der Erleuchtung) übertreten. Hier wird die Technologie durch eine klarere Einsicht in ihre Stärken und Schwächen zunehmend zielgerichtet eingesetzt.

Zusammengefasst erfordert die derzeitige Phase der LLMs eine kritische Auseinandersetzung mit den tatsächlichen Möglichkeiten und Grenzen der Technologie. Unternehmen müssen ihre Erwartungen anpassen und sich auf langfristig nachhaltige Anwendungen konzentrieren, um letztlich vom Plateau of Productivity zu profitieren. Nur so kann der wahre Nutzen von LLMs im breiten Einsatz realisiert werden.

6.1.2   Auswirkungen auf Geschäftsprozesse

Die Einführung von LLMs stellt eine disruptive Innovation im GPM dar. Ihre Fähigkeit, komplexe sprachbasierte Aufgaben zu automatisieren, Muster in unstrukturierten Daten zu erkennen und Entscheidungsprozesse zu unterstützen, verändert bestehende Prozesslandschaften grundlegend. Unternehmen stehen vor der Herausforderung, ihre Geschäftsprozesse radikal neu zu gestalten. Dies betrifft nicht nur die IT-Infrastruktur, sondern auch die organisatorische Struktur, Rollenverteilungen und strategische Zielsetzungen.

Ein zentrales Konzept in diesem Zusammenhang ist das Business Process Reengineering (BPR). Traditionelle GPM-Ansätze basieren häufig auf inkrementellen Verbesserungen, während LLMs eine umfangreiche Neugestaltung vieler Prozesse gleichzeitig erfordern. Geschäftsprozesse, die bisher stark auf menschlicher Interaktion und Entscheidungsfindung basierten, können durch KI-gestützte Systeme vollständig oder teilweise ersetzt werden. Ein anschauliches Beispiel ist der Kundenservice. Während klassische Call-Center-Strukturen auf menschliche Agenten setzen, ermöglichen LLMs hoch entwickelte Chatbots und virtuelle Assistenten, die Kundenanfragen autonom bearbeiten. Dies führt nicht nur zu Effizienzsteigerungen, sondern auch zu einer veränderten Rollenverteilung: Mitarbeiter übernehmen vermehrt beratende oder überwachende Tätigkeiten, während operative Aufgaben von der KI übernommen werden. Unternehmen müssen in diesem Zuge nicht nur ihre Prozesse anpassen, sondern auch Erfolgskennzahlen neu definieren – statt Bearbeitungszeit rückt beispielsweise die Antwortqualität in den Fokus [2].

Neben der internen Prozessoptimierung erfordert die Einführung von LLMs das Neudenken der Wertschöpfungskette. Traditionell werden Geschäftsprozesse in Kern- und Support-Prozesse unterteilt. IT-Prozesse wurden lange als unterstützende Funktionen betrachtet, die die Geschäftsprozesse lediglich ermöglichen. Mit der zunehmenden Automatisierung durch LLMs verändert sich diese Logik: IT ist nicht mehr nur eine unterstützende Funktion, sondern wird zum zentralen Steuerungsinstrument der Kernprozesse. Beispielsweise werden Vertragsdokumente nicht mehr manuell erstellt, sondern durch LLMs generiert, geprüft und optimiert. Dies führt dazu, dass die Trennung zwischen Kern- und Support-Prozessen zunehmend unklarer wird. Unternehmen müssen daher ihr Verständnis von Wertschöpfung neu definieren und IT-gestützte Prozesse als integralen Bestandteil ihrer strategischen Ausrichtung begreifen.

Um den Herausforderungen dieser Transformation zu begegnen, bietet das Dynamic Capabilities Framework wertvolle Ansätze. Unternehmen dürfen nicht nur flexible Prozesse implementieren, sondern müssen ihre Fähigkeit zur kontinuierlichen Anpassung und Innovation stärken. Dieses Konzept basiert auf drei zentralen Dimensionen [6]:

1. **Sensing (Erkennen neuer Chancen und Risiken):** Unternehmen müssen frühzeitig identifizieren, wie LLMs bestehende Prozesse beeinflussen und welche neuen Möglichkeiten sich daraus ergeben. Dies erfordert eine enge Verknüpfung von Marktbeobachtung, Datenanalyse und strategischer Entscheidungsfindung.
2. **Seizing (Nutzen der neuen Möglichkeiten):** Die erfolgreiche Implementierung von LLMs setzt voraus, dass Organisationen ihre Prozesse agil gestalten und Technologien effektiv integrieren. Dazu gehört die Anpassung der IT-Architektur, die Schulung von Mitarbeitern und die Etablierung neuer Steuerungsmechanismen.
3. **Transforming (Dauerhafte Anpassungsfähigkeit sicherstellen):** Die Dynamik der technologischen Entwicklung macht notwendig, dass Unternehmen ihre Geschäftsprozesse kontinuierlich hinterfragen und optimieren. Zu starre Vorgaben und fehlende Flexibilität können langfristig die Rentabilität gefährden.

LLMs verändern das Geschäftsprozessmanagement nicht nur auf operativer, sondern auch auf strategischer Ebene tiefgreifend. Unternehmen müssen sich von traditionellen Optimierungsansätzen lösen und stattdessen ein dynamisches, KI-gestütztes GPM etablieren. Dies erfordert eine Neuausrichtung der organisatorischen Strukturen, der Rollenverteilung und der strategischen Ziele. Nur wer die Fähigkeit zur kontinuierlichen Anpassung entwickelt, wird langfristig von den Potenzialen dieser Technologie profitieren.

6.1.3 Chancen und Herausforderungen

Eine der grundlegenden Chancen von LLMs im GPM liegt in der Automatisierung von Dokumentationsaufgaben. In vielen Unternehmen ist die Erstellung und Pflege von Prozessdokumentationen sowie die Standardisierung von Arbeitsanweisungen und Protokollen ein zeitintensiver und monotoner Prozess. LLMs können hier durch die automatische Erstellung, Aktualisierung und Zusammenfassung von Dokumenten erheblichen Mehrwert bieten. So können beispielsweise Prozess-beschreibungen und SOPs (Standard Operating Procedures) automatisch generiert und laufend aktualisiert werden, ohne dass manuelle Eingriffe notwendig sind. Dies spart Zeit und stellt sicher, dass die Dokumentation immer auf dem neuesten Stand ist und schnell an Veränderungen im Unternehmensumfeld angepasst werden kann.

Neben der Dokumentation können LLMs auch die internen Kommunikations-prozesse automatisieren, insbesondere durch den Einsatz von Chatbots oder virtu-ellen Assistenten. Diese können Anfragen von Mitarbeitern zu internen Prozessen, Richtlinien oder Best Practices in Echtzeit beantworten, wodurch die Notwendig-keit entfällt, auf Wissensträger innerhalb der Organisation zugreifen zu müssen. Die Implementierung solcher Lösungen ist in der Regel mit geringem Aufwand verbunden und führt zu einer signifikanten Effizienzsteigerung, da administrative Hürden abgebaut und Mitarbeiter entlastet werden [5].

Eine weitere wichtige Möglichkeit, wie LLMs im GPM eingesetzt werden kön-nen, ist die Unterstützung bei der Prozessanalyse und der Erkennung von Optimie-rungspotenzialen. Durch die Analyse historischer Daten und Prozessberichte sind LLMs in der Lage, Muster zu identifizieren und Engpässe oder Ineffizienzen in be-stehenden Prozessen zu erkennen. Diese Fähigkeit ist besonders wertvoll im Rahmen des Process Minings, bei dem LLMs helfen können, ungenutzte Ressourcen zu identifizieren und Vorschläge für die Prozessoptimierung zu liefern [1].

Ein weiterer strategischer Vorteil ergibt sich aus der intelligenten Entscheidungs-unterstützung. LLMs können als Entscheidungshilfen dienen, indem sie auf Basis von vergangenen Erfahrungen, bestehenden Best Practices und aktuellen Prozess-daten Vorhersagen und Empfehlungen abgeben. Dies ist besonders vorteilhaft für das Management, das so Entscheidungen treffen kann, die auf einer breiten Daten-basis beruhen, ohne auf langwierige Analysen angewiesen zu sein. Die Fähigkeit, komplexe Entscheidungen schnell und akkurat zu unterstützen, führt zu einer Ver-besserung der Agilität und Reaktionsfähigkeit eines Unternehmens.

Die Implementierung von LLMs im GPM sollte strategisch und schrittweise er-folgen. Zunächst ist ratsam, mit weniger komplexen Anwendungen zu beginnen, wie der Automatisierung von Dokumentationen oder der Unterstützung bei ein-fachen Entscheidungsprozessen. Diese Anwendungen erfordern in der Regel nur geringen Implementierungsaufwand, bieten jedoch bereits große Effizienzgewinne. Sobald diese Lösungen erfolgreich integriert sind, können komplexere An-wendungen, wie die vollständige Prozessautomatisierung oder die Entwicklung eines autonomen Risiko-Management-Systems, schrittweise, unter Berücksichti-gung der bereits gesammelten Erfahrungen, implementiert werden. Die schritt-weise Implementierung könnte drei Stufen umfassen [3]:

1. **Schnell umsetzbar, hohe Effizienzsteigerung**
   - **Automatisierte Dokumentation & Prozessbeschreibungen:** LLMs können aus vorhandenen Daten schnell Prozessdokumentationen, Standard Operating Procedures (SOPs) und Arbeitsanweisungen generieren.
   - **Automatisierte Analyse & Zusammenfassung von Prozessdaten:** Zusammenfassungen aus Protokollen, Tickets oder Reports helfen dabei, den Überblick zu behalten und schnell fundierte Entscheidungen zu treffen.
   - **Chatbots für interne Anfragen:** LLM-gestützte Assistenten beantworten Mitarbeiterfragen zu Prozessen, Tools und Best Practices, was den Supportaufwand reduziert.
   - **Automatische Generierung von E-Mails und Berichten:** LLMs generieren automatisch Vorlagen und Vorschläge für E-Mails oder Berichte, wodurch der Zeitaufwand für diese Aufgaben erheblich verringert wird.

2. **Mittlerer Implementierungsaufwand, mittlere Effizienzsteigerung**
   - **Prozess-Mining & Mustererkennung:** LLMs analysieren historische Daten, erkennen Muster und schlagen Optimierungsmöglichkeiten in bestehenden Geschäftsprozessen vor.
   - **Intelligente Workflows & Entscheidungshilfen:** LLMs können auf Basis von historischen Daten und Best Practices automatisierte Entscheidungshilfen liefern und damit den Workflow optimieren.
   - **KI-gestützte Prozesssimulation & -modellierung:** LLMs erstellen Simulationen von Geschäftsprozessen, um die Auswirkungen von Änderungen zu testen und die besten Lösungsansätze zu identifizieren.
   - **Automatisierte Compliance-Prüfung:** LLMs helfen dabei, Abweichungen von internen und externen Vorschriften zu erkennen und automatisch zu berichten, was den Compliance-Aufwand verringert.

3. **Hoher Implementierungsaufwand, geringe Effizienzsteigerung**
   - **End-to-End Automatisierung von Geschäftsprozessen:** Die vollständige Automatisierung von Geschäftsprozessen mit LLMs erfordert tiefgreifende Integration mit bestehenden Systemen und bringt nur nach längerer Implementierungsphase signifikante Vorteile.
   - **Individuelle, domänenspezifische LLM-Trainings:** Das Feinabstimmen eines LLMs auf spezielle Unternehmensprozesse und -anforderungen ist ressourcenintensiv und erfordert umfangreiche Anpassungen, die oft nur eine geringe kurzfristige Effizienzsteigerung bringen.
   - **Vollautomatisierte Entscheidungsfindung & Risikomanagement:** Die Automatisierung von Entscheidungsprozessen und Risikomanagement unter Einsatz von LLMs ist aufgrund von regulatorischen, ethischen und praktischen Herausforderungen komplex und benötigt viel Zeit und Ressourcen.

- **Autonome Prozessoptimierung durch LLMs:** Die vollständige und autonome Optimierung von Geschäftsprozessen durch LLMs ist noch eine herausfordernde Aufgabe, die umfangreiche Tests und Anpassungen erfordert, bevor sie effektiv genutzt werden kann.

Diesen Chancen stehen Herausforderungen gegenüber, die in der Strategieentwicklung adressiert werden müssen. Eine der größten Hürden bei der Implementierung von LLMs im GPM ist die Datenqualität. LLMs sind nur so gut wie die Daten, mit denen sie trainiert werden. Schlechte Datenqualität, inkonsistente Informationen oder unvollständige Datensätze können die Leistung von LLMs stark beeinträchtigen und dazu führen, dass fehlerhafte oder ungenaue Ergebnisse produziert werden. Unternehmen müssen sicherstellen, dass ihre Daten gut strukturiert und von hoher Qualität sind, bevor sie LLMs für die Automatisierung und Entscheidungsunterstützung einsetzen.

Darüber hinaus ist die Akzeptanz der Mitarbeiter eine entscheidende Herausforderung. Viele Mitarbeiter sehen in der Einführung von Künstlicher Intelligenz eine Bedrohung für ihre Arbeitsplätze oder sind skeptisch gegenüber der Genauigkeit und Zuverlässigkeit von LLMs. Eine sorgfältige Change-Management-Strategie ist erforderlich, um die Bedenken der Mitarbeiter zu adressieren und ihnen zu helfen, die Vorteile der neuen Technologien zu verstehen.

Ein weiteres Risiko bei der Einführung von LLMs im GPM betrifft die ethischen und rechtlichen Fragestellungen, die mit der Nutzung von Künstlicher Intelligenz verbunden sind. Die Automatisierung von Prozessen und Entscheidungen könnte zu einer Intransparenz führen, bei der schwierig ist, nachzuvollziehen, warum bestimmte Entscheidungen getroffen wurden. Dies kann zu Problemen hinsichtlich der Rechenschaftspflicht und Compliance führen, insbesondere in stark regulierten Branchen. Unternehmen müssen sicherstellen, dass sie die notwendigen Mechanismen zur Überwachung und Kontrolle implementieren, um sicherzustellen, dass die Nutzung von LLMs im Einklang mit moralischen Vorstellungen steht [4].

6.1.4 Stakeholder-Management

Die erfolgreiche Einführung von LLMs hängt maßgeblich von ihrer Akzeptanz in der Organisation ab. Das Technology Acceptance Model (TAM) beschreibt zwei wesentliche Faktoren, die die Akzeptanz neuer Technologien beeinflussen:

- **Perceived Usefulness (wahrgenommener Nutzen):** Mitarbeiter und Führungskräfte müssen erkennen, dass LLMs einen tatsächlichen Mehrwert für ihre

Arbeit bieten. Dies kann sich in einer höheren Produktivität, einer verbesserten Qualität von Entscheidungen oder einer Entlastung von Routineaufgaben äußern.

- **Perceived Ease of Use (wahrgenommene Benutzerfreundlichkeit):** Die Technologie muss intuitiv und einfach zu bedienen sein, um Akzeptanzhürden zu minimieren. Komplexe Bedienkonzepte oder mangelnde Transparenz in der Funktionsweise können zu Widerständen führen.

Neben der individuellen Akzeptanz ist auch die organisationsweite Verbreitung von LLMs entscheidend. Die Diffusion of Innovations Theory erklärt, wie neue Technologien in einer Organisation oder Gesellschaft angenommen werden. Dabei werden fünf Kategorien von Nutzern unterschieden:

1. **Innovators (Innovatoren):** Frühe Anwender, die neue Technologien schnell ausprobieren.
2. **Early Adopters (frühe Übernehmer):** Personen mit hoher Affinität für Innovationen, die als Meinungsführer fungieren.
3. **Early Majority (frühe Mehrheit):** Anwender, die sich erst nach erkennbaren Erfolgen einer Technologie anschließen.
4. **Late Majority (späte Mehrheit):** Skeptische Nutzer, die erst auf breiten Einsatz warten.
5. **Laggards (Nachzügler):** Personen, die sich nur schwer auf neue Technologien einlassen.

Um eine erfolgreiche Diffusion von LLMs sicherzustellen, müssen Unternehmen gezielt auf die frühen Übernehmer setzen und durch gezielte Pilotprojekte Erfolge demonstrieren, die als Referenz für die breite Masse dienen. Darüber hinaus sollte die Strategie folgende Maßnahmen umfassen:

- **Technologische Kompetenzaufbau:** Eine der ersten Maßnahmen sollte eine gezielte Schulung der Mitarbeiter im Umgang mit den neuen Technologien und Prozessen sein. Schulungen sollten sowohl technische Aspekte als auch den praktischen Einsatz von LLMs im Kontext der Geschäftsprozessmodellierung abdecken. Dazu gehören Kenntnisse im Umgang mit der Benutzeroberfläche, den Möglichkeiten und Grenzen der Technologie sowie die Anwendung von Best Practices im Prozessmanagement. Ziel ist, den Mitarbeitern das notwendige Wissen und Vertrauen zu vermitteln, um LLMs selbstständig in ihren Arbeitsalltag zu integrieren.
- **Zertifizierungsprogramme und Fortbildungsmöglichkeiten:** Um die langfristige Entwicklung der Mitarbeiter zu unterstützen, können Zertifizierungs-

programme angeboten werden, die eine tiefere Auseinandersetzung mit der Technologie ermöglichen. Diese Programme können den Mitarbeitern helfen, ihre Kompetenzen auszubauen und sich für neue berufliche Herausforderungen zu qualifizieren. Darüber hinaus können regelmäßige Fortbildungen und Workshops angeboten werden, um die Mitarbeiter mit den neuesten Entwicklungen in der Technologie vertraut zu machen.

- **Unterstützung durch Mentoring und Coaching**: Neben formalen Schulungen sind Mentoring- und Coaching-Programme hilfreich, bei denen erfahrene Mitarbeiter oder externe Experten als Ansprechpartner und Vorbilder dienen. Diese können den Mitarbeitern bei der praktischen Anwendung von LLMs helfen und dabei unterstützen, Probleme oder Herausforderungen zu lösen, die während der Nutzung auftreten und nicht direkt in Schulungen adressiert wurden.
- **Einbindung in den Entwicklungsprozess**: Mitarbeiter, die direkt in den Prozess der Modellierung und Optimierung von Geschäftsprozessen mit LLMs eingebunden werden, haben die Möglichkeit, ihre Erfahrungen und ihr Fachwissen einzubringen. Indem sie als aktiver Teil des Teams arbeiten, können sie wertvolle Perspektiven und Input liefern, der zu einer besseren Modellierung und Anpassung von Geschäftsprozessen führt. Dies fördert nicht nur die Akzeptanz von LLMs, sondern erhöht auch die Qualität der entwickelten Modelle, da sie durch die Expertise der Mitarbeiter geprägt sind.
- **Förderung von Ownership**: Wenn Mitarbeiter in die kontinuierliche Verbesserung und Anpassung von Prozessen eingebunden werden, entwickeln sie ein stärkeres Verantwortungsbewusstsein für die Nutzung und den Erfolg der Technologie. Dieses Gefühl der Ownership trägt dazu bei, dass Mitarbeiter aktiver an der Lösung von Problemen arbeiten, neue Ideen einbringen und Vorschläge zur weiteren Optimierung machen.
- **Kollaboration und Teamarbeit**: Der Einsatz von LLMs zur Prozessoptimierung erfordert interdisziplinäre Zusammenarbeit zwischen verschiedenen Abteilungen und Teams. Die Beteiligung der Mitarbeiter fördert eine Kultur der Teamarbeit, bei der alle Mitarbeiter gemeinsam an der Verbesserung und Optimierung von Prozessen arbeiten. Dies stärkt nicht den Zusammenhalt innerhalb des Unternehmens und trägt zur Identifikation mit der Unternehmensvision und den Zielen bei.
- **Feedback und kontinuierliche Verbesserung**: Mitarbeiter, die regelmäßig Feedback zu den Ergebnissen der LLM-gestützten Prozessmodellierung geben, tragen aktiv zur Kontinuierlichen Verbesserung bei. Ihre Rückmeldungen ermöglichen, die Technologie und die Prozesse immer weiter zu verfeinern. Die aktive Beteiligung der Mitarbeiter in diesem Feedback-Loop stärkt zudem das Vertrauen in die Technologie und die Bereitschaft, sich auf neue Arbeitsweisen einzulassen.

6.1.5   Best Practices aus der Praxis

6.1.5.1   SAP-System-Architektur

Die Verbindung zwischen Signavio als GPM-Tool und S/4HANA als ERP-System stellt eine wertvolle Synergie dar, die Unternehmen dabei unterstützt, ihre Geschäftsprozesse zu optimieren und effizienter zu gestalten. Die beiden Systeme ergänzen sich, da Signavio eine tiefgehende Analyse und Modellierung von Prozessen ermöglicht, während S/4HANA als leistungsstarkes ERP-System die Unternehmensressourcen in Echtzeit verwaltet [8].

Als GPM-Tool dient Signavio vorrangig der Modellierung und Analyse von Geschäftsprozessen. Es ermöglicht Unternehmen, ihre bestehenden Prozesse visuell darzustellen, zu überwachen und auf Effizienzpotenziale zu untersuchen. S/4HANA stellt als ERP-System die operativen Daten und Transaktionen zur Verfügung, die als Grundlage für die Prozessoptimierung dienen.

Signavio kann direkt mit S/4HANA integriert werden, um kontinuierlich Echtzeit-Daten aus dem ERP-System zu erhalten. Diese Integration ermöglicht, Geschäftsprozesse in Signavio mit realen Daten aus S/4HANA zu verknüpfen, sodass Unternehmen ihre Prozesse auf Basis von aktuellen, operativen Informationen modellieren und überwachen können. Mithilfe von Dashboards und Reporting-Funktionen können Unternehmen ihre KPIs in Echtzeit überwachen und bei Bedarf schnell Anpassungen vornehmen.

Signavio analysiert und visualisiert nicht nur bestehende Prozesse, sondern hilft auch bei der Identifikation von Prozessoptimierungen und Automatisierungspotenzialen. Die enge Integration mit S/4HANA sorgt dafür, dass Prozessänderungen oder Optimierungen unmittelbar in das ERP-System implementiert werden können. Dies reduziert die Zeit und den Aufwand für die Umstellung von Prozessen und führt zu einer schnelleren Umsetzung von Veränderungen.

Ein Merkmal von Signavio sind die KI-Funktionen, die die Optimierung und Automatisierung von Geschäftsprozessen unterstützen:

1. **Prozessentdeckung (Process Discovery)**: Die KI-basierte Prozessentdeckung kann automatisch bestehende Prozesse aus S/4HANA extrahieren. Dies geschieht durch die Analyse von Datenströmen und Transaktionen im System, ohne dass manuell Prozessmodelle erstellt werden müssen. Dies spart Zeit und ermöglicht eine schnelle und präzise Abbildung der realen Prozessabläufe.
2. **Prozess-Intelligenz und Verbesserungsvorschläge**: Signavio nutzt KI, um Daten aus bestehenden Geschäftsprozessen zu analysieren und Muster zu erkennen. So können Verbesserungsvorschläge und Optimierungspotenziale identifiziert werden. KI-basierte Algorithmen schlagen beispielsweise vor, wie Prozesse schneller oder kostengünstiger durchgeführt werden können, und geben Hinweise auf mögliche Automatisierungsmöglichkeiten.

3. **Vorhersagen und Prognosen**: Die KI von Signavio ist in der Lage, auf Basis historischer Prozessdaten und Echtzeitinformationen aus S/4HANA Vorhersagen zu treffen. Diese Prognosen können Unternehmen dabei unterstützen, Engpässe oder Problemstellen in ihren Prozessen frühzeitig zu erkennen und proaktiv Maßnahmen zu ergreifen.

4. **Prozessbenchmarking**: Mithilfe der KI kann Signavio außerdem eine Vergleichsanalyse (Benchmarking) durchführen, bei der die eigenen Geschäftsprozesse mit branchenüblichen Standards oder den Best Practices anderer Unternehmen verglichen werden. Diese KI-gestützten Analysen liefern wertvolle Erkenntnisse zur Verbesserung der eigenen Prozesslandschaft.

Die Verbindung von Signavio als GPM-Tool mit S/4HANA als ERP-System ermöglicht eine ganzheitliche und effiziente Verwaltung und Optimierung von Geschäftsprozessen. Die KI-Funktionen von Signavio bieten dabei eine Unterstützung, indem sie nicht nur die Prozessanalyse und -modellierung vereinfachen, sondern auch gezielte Empfehlungen für Prozessverbesserungen und Automatisierungen geben. Durch die enge Integration können Unternehmen ihre Prozesse kontinuierlich überwachen, optimieren und an die sich ständig verändernden Anforderungen anpassen.

6.1.5.2 Unternehmensspezifische Prompt-Bibliothek

Im Zeitalter der KI gewinnen Unternehmensressourcen zunehmend an Bedeutung. Eine solche Ressource ist die unternehmensspezifische Prompt-Bibliothek. Diese Bibliothek stellt eine Sammlung von maßgeschneiderten Prompts dar, die entwickelt wurden, um die Interaktion mit LLMs zu optimieren und gleichzeitig sicherzustellen, dass die generierten Inhalte mit den strategischen Zielen und der Markenidentität des Unternehmens übereinstimmen. Sie bietet Unternehmen die Möglichkeit, ihre KI-Nutzung gezielt und strukturiert zu steuern [9].

Die Prompt-Bibliothek eines Unternehmens besteht aus einer Vielzahl an vorgefertigten Prompts, die entweder direkt aus den täglichen Geschäftsanwendungen stammen oder durch die kontinuierliche Anpassung und Optimierung im Rahmen spezifischer Unternehmensziele und -bedürfnisse entwickelt werden. Diese Prompts sind so konzipiert, dass sie die LLMs mit genau definierten Anforderungen füttern, um konsistente und qualitativ hochwertige Ergebnisse zu erhalten. Die Prompts reflektieren dadurch auch die Sprach- und Kommunikationsstrategie sowie die Markenwerte.

Ein konkretes Beispiel für die Anwendung einer unternehmensspezifischen Prompt-Bibliothek ist der Bereich Marketing und Kundenkommunikation. Unternehmen wie Nike nutzen spezifische Prompts, um sicherzustellen, dass alle KI-generierten Inhalte – vom Werbetext bis hin zu Social-Media-Beiträgen – die Marke repräsentieren und die Kernwerte des Unternehmens transportieren. Durch

die Erstellung standardisierter Prompts, die auf die Markenidentität und Zielgruppen ausgerichtet sind, können Marketingteams sicherstellen, dass alle KI-
generierten Texte die gewünschte Ansprache und Konsistenz aufweisen.
Eine der größten Hürden bei der Implementierung solcher Bibliotheken ist die
skalierbare Erstellung und Pflege der Prompts. Eine bewährte Methode zur Über-
windung dieser Herausforderung ist, die Bibliothek schrittweise zu implementieren und mit einem klaren Fokus auf die Schlüsselprozesse und -bereiche des Unternehmens zu starten. Zudem sollte regelmäßig überprüft werden, ob die Prompts
den gewünschten Effekt erzielen, etwa durch Feedback aus den verschiedenen Abteilungen oder aus der Kundensicht.

6.1.5.3 Gamifizierte Trainingseinheiten zur erfolgreichen Ein-
führung von LLMs

LLMs sind leistungsstark und vielseitig, aber ihre effektive Nutzung setzt auch die
Fähigkeit, kreativ und pragmatisch mit diesen Tools zu interagieren voraus. Eine
geeignete Methode, diese Fähigkeiten zu fördern, ist die Anwendung von
Gamification-Ansätzen im Training. Die Einführung neuer Technologien kann für
Mitarbeiter anfangs einschüchternd wirken, da sie oft mit technischen Details und
komplexen Konzepten konfrontiert sind. Gamification bietet in diesem Kontext
enorme Vorteile, da sie auf mehreren Ebenen die Motivation, das Engagement und
die Lernbereitschaft fördert [10]:

1. **Erhöhte Motivation und Engagement**
   Gamifizierte Trainingseinheiten erhöhen das Engagement der Mitarbeiter,
   indem sie Lernprozesse spielerisch gestalten. Dies fördert eine tiefere Auseinandersetzung mit der Technologie. Studien zeigen, dass Menschen in Spielen
   häufig mehr lernen und länger dranbleiben als bei traditionellen Lernmethoden.
   Die Integration von LLMs in solche Lernspiele sorgt dafür, dass Mitarbeiter die
   Technologie nicht nur als abstrakt oder theoretisch wahrnehmen, sondern sie direkt und praktisch anwenden. Herausforderungen, Belohnungen und Fort-
   schrittsanzeigen sorgen dafür, dass Lernende kontinuierlich motiviert bleiben
   und nicht das Interesse verlieren.

2. **Realitätsnahe Szenarien für praxisorientiertes Lernen**
   Gamification ermöglicht, realistische Szenarien zu schaffen, die den Arbeitsalltag im GPM simulieren. Diese Szenarien sind oft komplex und erfordern den
   kreativen Einsatz von LLMs, um Lösungen zu finden. Dies fördert das Vertrauen der Mitarbeiter in ihre Fähigkeit, LLMs in der Praxis anzuwenden. Sie
   können ausprobieren, wie sie durch LLMs Arbeitsprozesse optimieren, Entscheidungen verbessern oder Routineaufgaben automatisieren können, ohne
   Angst vor Fehlern haben zu müssen.

3. **Feedback und sofortige Lernfortschritte**
   Gamification basiert auf kontinuierlichem Feedback, was entscheidend für den Lernprozess ist. Mitarbeiter erhalten sofortige Rückmeldungen zu ihren Handlungen, was bei der Nutzung von LLMs besonders wichtig ist, da sie schnell lernen müssen, wie sie präzise und effektive Prompts formulieren. Fehler werden nicht als Misserfolge wahrgenommen, sondern als Lernmöglichkeiten. Das kontinuierliche Feedback führt zu einer iterativen Verbesserung der Fähigkeiten und stärkt das Selbstbewusstsein der Lernenden, was die Lernkurve stark verkürzt.

4. **Förderung von Zusammenarbeit und Wissensaustausch**
   Eine der größten Stärken der Gamification im Unternehmenskontext ist die Förderung der Zusammenarbeit. LLMs im GPM effektiv einzusetzen, erfordert nicht nur individuelles Wissen, sondern auch Teamarbeit. Gamifizierte Trainingsmethoden bieten Raum für kollaboratives Lernen, indem sie Teamwettbewerbe und -aufgaben integrieren. Mitarbeiter lernen von den Lösungen ihrer Kollegen und können ihre eigenen Herangehensweisen reflektieren. Dieser Wissensaustausch ist besonders wertvoll, um die Vielfalt der Anwendungsmöglichkeiten von LLMs im GPM zu entdecken.

Die erfolgreiche Umsetzung von Gamification im Training zur Einführung von LLMs im Geschäftsprozessmanagement erfordert eine klare Struktur, die sowohl die Lernziele als auch die Motivationsstrategien berücksichtigt. Folgendes sollte beachtet werden:

1. **Aufbau eines interaktiven Trainingsmoduls**
   Ein interaktives Trainingsmodul ermöglicht den Teilnehmern, mit LLMs in simulierten, realistischen BPM-Szenarien zu interagieren. Diese Szenarien können in Form von kurzen, spielerischen Missionen oder komplexeren Aufgaben formuliert werden:

   • **Missionen und Aufgaben**: Jede Mission stellt den Teilnehmer vor eine konkrete Herausforderung im GPM, bei der ein LLM eingesetzt werden soll. Beispiele könnten das Automatisieren der Berichterstellung, die Generierung von Optimierungsstrategien für bestehende Prozesse oder die Beantwortung von Kundenanfragen durch einen Chatbot sein. Diese Aufgaben müssen innerhalb eines bestimmten Zeitrahmens und mit bestimmten Vorgaben (z. B. Ressourcenbeschränkungen oder Prioritäten) gelöst werden.
   • **Level-System und fortschreitende Schwierigkeitsgrade**: Das Training könnte in verschiedene „Level" unterteilt werden, bei denen jedes Level komplexere Szenarien und schwierigere Aufgaben umfasst. Ein einfaches

Szenario könnte darin bestehen, einen einfachen Text von einem LLM generieren zu lassen, während ein fortgeschrittenes Level die Analyse von Geschäftsdaten und die Entwicklung strategischer Empfehlungen beinhaltet.
Durch das Erreichen jedes Levels erhalten die Lernenden Punkte und steigen
in der Rangliste auf.

2. **Punkte, Abzeichen und Belohnungen**
   Ein Punkte- und Belohnungssystem ist eine zentrale Säule der Gamification.
   Um sicherzustellen, dass die Lernenden motiviert bleiben, können für jede ab-
   geschlossene Aufgabe Punkte vergeben werden. Diese Punkte können dann in
   Belohnungen umgewandelt werden, die die Teilnehmer anspornen:

   • **Abzeichen**: Für das Erreichen bestimmter Meilensteine könnten Abzeichen
     verliehen werden. Ein Beispiel könnte ein Abzeichen für „Exzellente
     Prompt-Erstellung" oder „Effiziente Prozessautomatisierung" sein.

   • **Virtuelle Belohnungen**: Neben Abzeichen könnten virtuelle Belohnungen
     vergeben werden, wie z. B. zusätzliche Lernressourcen oder die Möglich-
     keit, mit einem besonders leistungsfähigen LLM-Modell zu arbeiten. Diese
     Belohnungen steigern das Gefühl des Fortschritts und können die Lernenden
     dazu ermutigen, tiefer in die Technologie einzutauchen.

3. **Teamwettbewerbe und kooperative Lernansätze**
   Teamwettbewerbe fördern die Zusammenarbeit und steigern das Engagement.
   Die Teilnehmer könnten in Teams eingeteilt werden, um gemeinsam eine Aufgabe zu lösen, etwa die Optimierung eines Geschäftsprozesses durch die Nutzung von LLMs. Jedes Teammitglied trägt mit eigenen Stärken bei, und der Erfolg wird kollektiv gefeiert.

Beispiel

Ein Team von Mitarbeitern könnte daran arbeiten, die Verwaltung eines Kunden-
service-Prozesses zu automatisieren. Dabei muss jedes Teammitglied unterschiedliche Aspekte des Prozesses mit einem LLM verbessern, z. B. die Analyse von Kundenanfragen, das Erstellen von Antwortvorlagen und die Implementierung eines Feedback-Systems. Am Ende wird das Team, das die
effizienteste und kreativste Lösung präsentiert, mit einer hohen Punktzahl
belohnt. ◄

4. **Feedback und kontinuierliche Verbesserung**
   Der Schlüssel zu erfolgreichem Lernen liegt in der kontinuierlichen Reflexion
   und Verbesserung. Gamifizierte Trainingsplattformen bieten sofortiges Feedback, sowohl auf individuelle als auch auf Teamleistungen:

- **Echtzeit-Feedback**: Nach jeder abgeschlossenen Aufgabe gibt das LLM oder das Schulungssystem sofort Rückmeldung zur Qualität der Arbeit des Teilnehmers. Dies könnte Hinweise zur Verbesserung von Prompts oder zu effizienteren Lösungen enthalten.
- **Peer-Feedback**: Die Möglichkeit, Arbeiten von Kollegen zu bewerten, fördert den Dialog und den Wissensaustausch. Teilnehmer können voneinander lernen und verschiedene Ansätze für die Nutzung von LLMs im BPM diskutieren.

Gamification ist eine äußerst effektive Methode, um LLMs im Geschäftsprozessmanagement zu implementieren und die Mitarbeiter erfolgreich in den Umgang mit dieser Technologie zu schulen. Sie schafft eine lernfreundliche und motivierende Umgebung, in der Mitarbeiter durch praxisorientierte, interaktive Szenarien und fortlaufendes Feedback ihre Fähigkeiten kontinuierlich verbessern. Gamifizierte Trainingsmethoden fördern kreative Problemlösungen, kollaboratives Arbeiten und eine tiefere Integration von LLMs in den Arbeitsalltag.

6.2   Phasen LLM-gestützter Prozessstrategien

6.2.1   Strategische Analyse

Die Grundlage jeder strategischen Entscheidung im GPM ist eine detaillierte Analyse der bestehenden Prozesse. Die Prozessstrategie einer Organisation beschreibt dabei die Art und Weise, wie Geschäftsprozesse organisiert und optimiert werden, um die übergeordneten Ziele der Organisation zu erreichen. Diese Strategie kann auf unterschiedlichen Ebenen der Organisation umgesetzt werden, von den operativen Kernprozessen bis hin zu den unterstützenden Funktionen. Im Rahmen der Einführung von LLMs in das GPM ist wichtig, eine klare Prozesslandkarte zu erstellen, um alle relevanten Abläufe innerhalb des Unternehmens zu visualisieren. Diese Prozesse werden in verschiedene Kategorien unterteilt:

- **Kernprozesse**: Prozesse, die direkt zur Wertschöpfung und zum Nutzen der Kunden beitragen, wie etwa die Produktion oder Kundeninteraktion.
- **Unterstützungsprozesse**: Prozesse, die nicht unmittelbar zum Kundennutzen führen, aber essenziell für das reibungslose Funktionieren der Kernprozesse sind, z. B. IT-Support oder Personalverwaltung.
- **Managementprozesse**: Strategische Steuerungsprozesse, die das Unternehmen langfristig ausrichten, wie Budgetplanung und Performance-Management.

Die Analyse von Schwachstellen in diesen Prozessen ist der erste Schritt, um
Potenziale für den Einsatz von LLMs zu identifizieren. LLMs bieten eine Reihe
von Chancen zur Optimierung von Geschäftsprozessen, die in verschiedenen Bereichen des Prozessmanagements zur Anwendung kommen können:

* **Automatisierung repetitiver Aufgaben:** Im Bereich des Geschäftsprozessmanagements kann die Automatisierung textbasierter Aufgaben Effizienzgewinne bringen. Dies ist besonders relevant in Bereichen wie Rechnungsstellung, Vertragsmanagement und Kundenservice.
* **Optimierung der Wissensverarbeitung:** LLMs können große Mengen an
  Textdaten analysieren und in strukturierte Informationen umwandeln. Diese
  Fähigkeit zur semantischen Verarbeitung kann die Wissensverarbeitung innerhalb des Unternehmens erheblich verbessern, indem wichtige Erkenntnisse aus
  großen Textmengen wie Kundenfeedback, Marktanalysen oder Compliance-
  Berichten extrahiert werden.
* **Verbesserung der Kommunikation und Entscheidungsfindung:** LLMs können als interaktive Schnittstellen zwischen Abteilungen eingesetzt werden,
  indem sie den Austausch von Informationen und die Koordination zwischen
  verschiedenen Funktionsbereichen fördern. Zudem können sie bei der Entscheidungsfindung, durch datengestützte Empfehlungen und simulationsbasierte
  Szenarien zur Veranschaulichung von Entscheidungsoptionen, unterstützen.
* **Innovationen durch neue Geschäftsmodelle:** Der Einsatz von LLMs im GPM
  kann neue KI-gesteuerte Geschäftsmodelle fördern, wie etwa automatisierte
  Content-Generierung, personalisierte Marketinglösungen oder KI-gestützte
  Chatbots für den Kundenservice. Diese Technologien ermöglichen es Unternehmen, ihr Geschäftsmodell zu erweitern und Innovationen in der Produktent-
  wicklung und Marktanalyse zu integrieren.

6.2.2 Strategieentwicklung

Der erste Schritt in der Entwicklung einer erfolgreichen Prozessstrategie besteht in
der strategischen Ausrichtung. Dabei muss das GPM-Modell der Organisation so
angepasst werden, dass es die potenziellen Mehrwerte der LLM-Technologie gezielt fördert. Wesentliche Aufgaben dieser Phase sind:

* **Identifikation strategischer Ziele:** Die Organisation muss festlegen, wie
  LLMs zur Erreichung ihrer langfristigen Ziele im GPM beitragen können.
  Dabei sollten Ziele wie Effizienzsteigerung, Kostenreduktion, Qualitätsverbes-
  serung und Kundenzufriedenheit klar definiert werden.

- **Einbettung von LLMs in das Prozessarchitektur-Modell:** Die Modellierung der Prozesslandschaft muss den gezielten Einsatz von LLMs als Innovationstreiber berücksichtigen, etwa durch die Einführung neuer Prozessmodelle oder die Anpassung bestehender Prozessketten.
- **Governance und Management:** Die Einführung eines LLMs erfordert eine Governance-Struktur, die Verantwortlichkeiten, Entscheidungsprozesse und Messgrößen für den Erfolg des Modells definiert. Diese Struktur sollte sowohl IT- als auch Fachabteilungen einbeziehen, um die ganzheitliche Steuerung des Technologieeinsatzes sicherzustellen.

Im nächsten Schritt wird die Prozessarchitektur der Organisation an die Möglichkeiten und Anforderungen der LLMs angepasst. Dies umfasst die Entwicklung einer Ziel-Prozesslandkarte, in der LLMs als technologische Enabler eingebunden sind:

- **Prozessidentifikation und -klassifizierung:** Alle Prozesse innerhalb der Organisation müssen hinsichtlich ihrer Eignung für eine LLM-Integration bewertet werden.
- **Prozessmodularisierung:** Die Einführung von LLMs kann in modularer Form erfolgen, wobei bestehende Prozesse in Teilschritte zerlegt und gezielt durch LLMs unterstützt werden. Dies fördert die Flexibilität und Anpassungsfähigkeit der gesamten Prozessarchitektur.
- **Redesign von Kernprozessen:** In einigen Fällen müssen bestehende Kernprozesse komplett neu gestaltet werden, um das Potenzial von LLMs vollständig auszuschöpfen. Dies betrifft insbesondere komplexe, wissensintensive Prozesse, bei denen LLMs als kognitive Assistenten für Entscheidungsträger eingesetzt werden sollen.

Der erfolgreiche Einsatz von LLMs im Geschäftsprozessmanagement erfordert eine technologische Integration der Modelle in die bestehende Prozessinfrastruktur. Dabei sind sowohl technische als auch organisatorische Herausforderungen zu berücksichtigen:

- **Schnittstellenentwicklung:** Für das LLM müssen Schnittstellen für die nahtlose Integration in bestehende IT-Systeme wie Enterprise Resource Planning (ERP), Customer Relationship Management (CRM) oder Business Intelligence (BI) entwickelt werden.
- **Skalierbarkeit und Flexibilität:** Ein wichtiger Aspekt bei der Integration von LLMs ist die Berücksichtigung von Skalierbarkeit und Flexibilität der Lösung. Die Organisation muss sicherstellen, dass die eingesetzten Modelle mit zu-

nehmender Datenmenge und Prozesskomplexität skalierbar bleiben, ohne an Leistungsfähigkeit zu verlieren. In die andere Richtung sollte die Organisation neue Technologien agil integrieren können.

- **Change Management**: Die Einführung neuer Technologien im Geschäfts-prozessmanagement erfordert eine aktive Unterstützung durch Change-Management-Maßnahmen. Diese Maßnahmen sollten sicherstellen, dass alle betroffenen Mitarbeiter in den Veränderungsprozess eingebunden werden und die neuen Systeme und Arbeitsweisen akzeptiert werden.

6.2.3 Strategieimplementierung

Nach der strategischen Analyse und der Entwicklung der Prozessstrategie folgt die Implementierung der neuen Prozessstrategie. Dieser Schritt umfasst die praktische Umsetzung der zuvor entwickelten Konzepte und Ziele in den operativen Ge-schäftsalltag der Organisation. Die Implementierung gliedert sich in mehrere Pha-sen, die systematisch abgearbeitet werden:

1. **Technologische Integration**: Die Integration von LLMs in die bestehende IT-Infrastruktur der Organisation ist eine erfolgsentscheidende Herausforderung der Implementierung. Zu Beginn müssen die LLMs mit den relevanten Syste-men und Anwendungen verbunden werden, die im Unternehmen bereits genutzt werden. Diese Integration sollte sowohl in Echtzeit als auch in regelmäßigen Intervallen für die Verarbeitung von Daten erfolgen. Dabei sind Schnittstellen zwischen den bestehenden Systemen und den neuen LLM-basierten An-wendungen zu entwickeln, um die Datenübertragung und -verarbeitung zu er-möglichen.
2. **Datenbereitstellung und -management**: Voraussetzung für den erfolgreichen Einsatz von LLMs ist die Qualität und Struktur der Daten, die den Modellen zur Verfügung gestellt werden. Hierzu gehören Maßnahmen wie die Daten-bereinigung, Datenmodellierung und die Schaffung eines zentralen Datenpools, auf den die LLMs zugreifen können. Die Daten sollten in einer Form vorliegen, die eine konforme und effiziente Verarbeitung durch die LLMs ermöglicht.
3. **Schulung und Weiterbildung**: Die Mitarbeiter müssen mit der Nutzung der neuen Technologien vertraut gemacht werden. Insbesondere für die Fachab-teilungen, die intensiv mit den Prozessen und den LLM-gestützten Systemen arbeiten werden, sollten praxisorientierte Trainings angeboten werden.
4. **Prozessüberwachung und Anpassung**: Nach der Implementierung müssen die neuen LLM-gestützten Prozesse kontinuierlich überwacht werden, um

sicherzustellen, dass die definierten Ziele erreicht werden. Eine regelmäßige Evaluierung der eingesetzten LLMs hilft, weitere Verbesserungspotenziale zu identifizieren und notwendige Anpassungen vorzunehmen.

6.2.4 Integration in bestehende Organisationsstrategien

Die Implementierung einer neuen Prozessstrategie hat Auswirkungen auf die Gesamtstrategie einer Organisation. Durch die Automatisierung repetitiver Aufgaben, wie etwa der Beantwortung von Kundenanfragen oder der Texterstellung, werden Ressourcen freigesetzt, die für strategisch wichtigere Aktivitäten genutzt werden können. Diese Effizienzgewinne sind ein zentraler Bestandteil der Prozessstrategie und tragen dazu bei, dass Organisationen nicht nur operativ leistungsfähiger werden, sondern auch in der Lage sind, schneller auf Marktveränderungen zu reagieren.

Ein weiterer wichtiger Aspekt der Implementierung von LLMs ist die Veränderung der Unternehmenskultur. Der Einsatz neuer Technologien wie LLMs erfordert von den Mitarbeitenden eine hohe Anpassungsfähigkeit und eine Bereitschaft, neue Arbeitsweisen zu übernehmen. Eine erfolgreiche Implementierung von LLMs hängt daher in hohem Maße von einer Unternehmenskultur ab, die Innovation und kontinuierliche Weiterbildung fördert.

In Hinblick auf Innovation ermöglicht der Einsatz von LLMs die Entwicklung neuer Produkte und Dienstleistungen, die vorher möglicherweise nicht realisierbar gewesen wären. Die Fähigkeit, personalisierte Dienstleistungen anzubieten oder in Echtzeit auf Marktveränderungen zu reagieren, ermöglicht Unternehmen, ihre Position im Markt zu stärken und ihre Marke als technologisch fortschrittlich und kundenorientiert zu präsentieren.

Dank der Fähigkeit von LLMs, große Datenmengen zu analysieren und komplexe Zusammenhänge zu erkennen, können Unternehmen tiefere Einblicke in Märkte und Kundenbedürfnisse gewinnen. Dies eröffnet neue Möglichkeiten für die Schaffung innovativer Lösungen, sei es im Bereich der Produktentwicklung, des Marketings oder der Kundeninteraktion. Insbesondere Unternehmen, die in der Lage sind, diese Technologien kreativ zu nutzen, können sich als führende Innovatoren in ihrem Sektor positionieren.

Schließlich hat die neue Prozessstrategie Auswirkungen auf das Geschäftsmodell und die Art und Weise, wie Unternehmen ihre strategische Ausrichtung definieren. Unternehmen können beispielsweise Geschäftsmodelle entwickeln, die auf der Verarbeitung und Analyse von Daten beruhen, wodurch zusätzliche Umsatzquellen erschlossen werden. In diesem Kontext wird der strategische Fokus von der reinen Produkt- oder Servicebereitstellung hin zur Maximierung des Werts von Daten und deren Analysepotenzial verschoben.

Literatur[1]

1. van der Aalst, W. (2016). Process Mining: Data Science in Action. Springer Berlin, Heidelberg
2. Svetlana, Nosova & Anna, Norkina & Svetlana, Makar & Tatiana, Gerasimenko & Olga, Medvedeva. (2022). Artificial intelligence as a driver of business process transformation. Procedia Computer Science. 213. 276–284.
3. Dumas, M., La Rosa, M., Mendling, J., & Reijers, H. A. (2018). Fundamentals of Business Process Management. Springer-Verlag
4. O'Regan, G. (2024). Ethical and Legal Aspects of Computing. Undergraduate Topics in Computer Science. Springer, Cham
5. Lacity, M. C., & Willcocks, L. P. (2018). Robotic Process Automation and Cognitive Automation: The Next Phase. SB Publishing
6. vom Brocke, J. (2017). Business Process Management Cases: Digital Innovation and Business Transformation in Practice. Springer
7. Westerman, G., & Bonnet, D. (2021). Digital Transformation: Survive and Thrive in an Era of Mass Extinction. MIT Press
8. Lech, Przemysław. (2016). Implementation of an ERP System: a Case Study of a full-scope SAP Project. Zarządzanie i Finanse – Journal of Management and Finance. 14. 49–64.
9. White, J., Hays, S., Fu, Q., Spencer-Smith, J., Schmidt, D.C. (2024). ChatGPT Prompt Patterns for Improving Code Quality, Refactoring, Requirements Elicitation, and Software Design. In: Nguyen-Duc, A., Abrahamsson, P., Khomh, F. (eds) Generative AI for Effective Software Development. Springer, Cham
10. Garaccione, G., Coppola, R., Ardito, L. et al. (2024). Gamification of business process modeling education: an experimental analysis. Softw Syst Model 23, 1569–1594.

---

[1] Die im Folgenden aufgelistete Literatur wurde genutzt, um die theoretischen Konzepte zu erarbeiten. Die Ergebnisse der Beispiele basieren auf Experimenten und praktischen Erfahrungen des Autors und wurden mit ChatGPT generiert.

Ausblick 7

Zusammenfassung

Welche Entwicklungen stehen für LLMs im Geschäftsprozessmanagement bevor? Dieses abschließende Kapitel gibt einen Ausblick auf zukünftige Trends und Fortschritte der LLM-Technologie. Es zeigt, welche strategischen Schritte Organisationen unternehmen sollten, um mit LLMs langfristige Wettbewerbsvorteile zu sichern. Neben technologischen Entwicklungen werden auch ethische Fragestellungen behandelt.

Zentrale Fragen
- Welche zukünftigen Entwicklungen in der LLM-Technologie könnten das GPM weiter revolutionieren?
- Wie können Unternehmen langfristig von LLMs profitieren?
- Welche ethischen und datenschutzrechtlichen Herausforderungen ergeben sich beim Einsatz von LLMs?

7.1 Zukünftige Weiterentwicklungstrends

7.1.1 Verbesserung der Modellgenauigkeit

Die kontinuierliche Verbesserung der Modellgenauigkeit wird ein zentraler Bestandteil der Weiterentwicklung von LLMs sein. Durch innovative Technologien und Methoden werden zukünftige LLMs nicht nur präziser in ihren Antworten und Analysen, sondern auch spezifischer in ihrer Anwendbarkeit auf verschiedene Geschäftsprozesse.

© Der/die Autor(en), exklusiv lizenziert an Springer Fachmedien
Wiesbaden GmbH, ein Teil von Springer Nature 2025
T. Keuthen, *Prompt Engineering im Geschäftsprozessmanagement*,
https://doi.org/10.1007/978-3-658-48676-1_7

Eine bedeutende Entwicklung in diesem Bereich könnte die Einführung und Weiterentwicklung von **Mixture of Experts (MoE)** Architekturen sein. Bei dieser Architektur wird das Modell so konzipiert, dass es nur einen Teil seiner „Experten" aktiviert, je nachdem, welche Aufgabe gerade zu lösen ist. Das reduziert die Rechenkomplexität und fördert gleichzeitig eine stärkere Spezialisierung. In einer MoE-Architektur sind mehrere spezialisierte Sub-Modelle oder „Experten", die auf verschiedene Aufgaben oder Wissensbereiche trainiert wurden. Ein Gateway (Schaltmechanismus) entscheidet dann dynamisch, welche Experten für eine gegebene Eingabe aktiv werden. Diese Spezialisierung führt dazu, dass das Modell präzisere Vorhersagen treffen und detailliertere Analysen durchführen kann. Beispielsweise könnte ein Experte für medizinische Texte zuständig sein, während ein anderer sich auf juristische Dokumente konzentriert [4].

Im Bereich des GPM könnte die Einführung von MoE-Architekturen einen großen Einfluss haben. LLMs, die auf MoE basieren, könnten für verschiedene Branchen oder spezifische Geschäftsprozesse maßgeschneiderte Lösungen bieten. Wenn beispielsweise ein Unternehmen seine Geschäftsprozesse in der Automobilindustrie optimieren möchte, könnte das Modell speziell den Experten aktivieren, der auf industrielle Fertigungsprozesse spezialisiert ist. Für ein anderes Unternehmen im Einzelhandel würde wiederum ein anderer Experte zum Einsatz kommen, der tiefgehendes Wissen über die Besonderheiten dieser Branche besitzt.

Darüber hinaus können MoE-Modelle die Modellierung von Geschäftsprozessen verbessern. In großen Unternehmen, in denen Geschäftsprozesse sehr komplex sind und verschiedene Bereiche wie Logistik, Mitarbeiterinteraktionen und Kundenbeziehungen umfassen, kann das Modell sich gezielt auf relevante Teilbereiche konzentrieren, anstatt das gesamte Prozessnetzwerk zu überlasten. Das führt zu spezifischeren und präziseren Analysen und Vorschlägen zur Prozessoptimierung, die besser auf die Bedürfnisse und Anforderungen des Unternehmens abgestimmt sind.

Ein weiterer Vorteil der MoE-Architektur ist ihre Skalierbarkeit. Wenn ein Unternehmen wächst oder neue Anforderungen auftreten, können neue Experten hinzugefügt werden, ohne das gesamte Modell neu zu trainieren. Diese Flexibilität macht MoE-Modelle besonders wertvoll für dynamische Geschäftsumfelder, die kontinuierlich Anpassungen benötigen.

Ein weiterer Schlüsselbereich für die Verbesserung der Modellgenauigkeit ist der Bereich des **Transfer Learning**. Hierbei wird ein vortrainiertes Modell, das in einer breiten Anwendungsdomäne ausgebildet wurde, auf spezifische Geschäftsprozesse angewendet. Diese Vorgehensweise ermöglicht Unternehmen, bestehende LLMs für maßgeschneiderte Anwendungen zu nutzen, ohne ein Modell von Grund auf neu trainieren zu müssen. Dies spart nicht nur Zeit und Ressourcen, sondern verbessert auch die Genauigkeit, da das Modell auf bereits erlerntem Wissen aufbauen kann. In der Praxis bedeutet dies, dass Unternehmen LLMs für spezifische Prozessmodelle, etwa in der Logistik oder im Finanzwesen, einsetzen können. Besonders wichtig ist hierbei die Fähigkeit der LLMs, sich durch **Few-shot und Zero-shot Learning** an neue Aufgaben anzupassen. Diese Lernmethoden minimieren die Notwendigkeit, große Mengen an Trainingsdaten zu sammeln und ermöglichen den Modellen, auch mit begrenztem Zugang zu spezifischen Daten zu arbeiten. Dies ist insbesondere im Kontext des Geschäftsprozessmanagements von Bedeutung, da viele Unternehmen nicht über umfangreiche Daten zu allen Aspekten ihrer Prozesse verfügen. Few-shot und Zero-shot Learning ermöglichen LLMs, mit einer relativ geringen Anzahl an Beispielen zu arbeiten und dennoch akkurate Vorhersagen oder Prozessmodelle zu liefern.

7.1.2 Edge AI

Edge AI kombiniert KI mit dezentraler Datenverarbeitung, indem Algorithmen für maschinelles Lernen direkt auf Edge-Geräten wie IoT-Sensoren, Laptops oder Industrieanlagen ausgeführt werden. Dies geschieht durch spezialisierte Hardware, wie KI-fähige Prozessoren (z. B. Google Edge TPU, NVIDIA Jetson, Intel Movidius), und optimierte Software-Plattformen, die Machine-Learning-Modelle für den Einsatz mit geringem Energieverbrauch anpassen. Anstatt Daten zur Analyse in die Cloud zu senden, erfolgt die Verarbeitung direkt am Ort der Datenerzeugung. Dies reduziert Latenzzeiten, ermöglicht Echtzeitreaktionen und schützt sensible Informationen vor externen Sicherheitsrisiken [1].

Ein wichtiger Anwendungsbereich ist die vorausschauende Wartung (Predictive Maintenance) in der Industrie. IoT-Sensoren, die in Maschinen und Produktionsanlagen integriert sind, erfassen kontinuierlich Betriebsdaten wie Temperatur, Vibrationen und Energieverbrauch. Edge AI verarbeitet diese Informationen in Echtzeit und erkennt Anomalien oder potenzielle Störungen frühzeitig. Dadurch können Wartungsmaßnahmen automatisch eingeleitet werden, bevor es zu Ausfällen kommt. Dies reduziert unvorhergesehene Stillstandszeiten und optimiert die Lebensdauer von Maschinen, was zu einer Kostenersparnis führt.

Ein weiteres bedeutendes Anwendungsfeld ist die Automatisierung von Geschäftsprozessen in Logistik und Lagerhaltung. Smarte Sensoren und Kameras, die mit Edge AI ausgestattet sind, können den Materialfluss überwachen, Bestände in Echtzeit erfassen und automatisierte Bestellungen auslösen. In der Logistik können mit Edge AI optimierte Routen für den Transport berechnet werden, um Lieferzeiten zu verkürzen und den Kraftstoffverbrauch zu senken. Dies trägt nicht nur zur Effizienzsteigerung, sondern auch zur Nachhaltigkeit bei.

Ein entscheidender Vorteil von Edge AI ist die Erhöhung der Sicherheit und des Datenschutzes. Unternehmen verarbeiten täglich sensible Daten, die durch Cyberangriffe gefährdet sein können. Mit Edge AI können Sicherheitsmaßnahmen direkt auf den Geräten erfolgen, wodurch die Notwendigkeit entfällt, Daten an eine externe Cloud zu senden. Intelligente Überwachungssysteme können unautorisierte Zugriffe erkennen, verdächtige Aktivitäten melden und Angriffe in Echtzeit abwehren. Auch die biometrische Authentifizierung auf Edge-Geräten sorgt für eine sichere und effiziente Zugangskontrolle.

Zusätzlich profitieren Unternehmen von Edge AI auf Laptops und mobilen Arbeitsgeräten. KI-gestützte Software kann Dokumente automatisch analysieren, Zusammenfassungen erstellen und Routineaufgaben wie die Priorisierung von E-Mails übernehmen. Dadurch werden Prozesse effizienter gestaltet und Mitarbeiter entlastet. Auch die IT-Sicherheit wird durch lokale KI-Analysen verbessert, die Cyberbedrohungen erkennen und Gegenmaßnahmen ohne Verzögerung einleiten können.

Eine der größten Herausforderungen ist die begrenzte Rechenleistung von Edge-Geräten. Während Cloud-Server über nahezu unbegrenzte Rechenkapazitäten verfügen, müssen Edge-Geräte mit deutlich weniger Leistung auskommen. KI-Modelle müssen daher stark optimiert werden, um effizient auf Embedded-Systemen oder mobilen Geräten zu laufen. Dies erfordert die Entwicklung von leichtgewichtigen Machine-Learning-Modellen, die dennoch präzise Ergebnisse liefern.

Ein weiteres Problem ist die Komplexität der Implementierung. Unternehmen, die Edge AI in ihre bestehenden Geschäftsprozesse integrieren möchten, stehen vor der Herausforderung, geeignete Software-Frameworks und Hardware-Lösungen auszuwählen. Die Anpassung und das Training von KI-Modellen für unterschiedliche Edge-Plattformen erfordert spezialisiertes Know-how, das oft nicht unmittelbar im Unternehmen vorhanden ist. Daher sind Investitionen in Fachkräfte und Schulungen notwendig.

Die Datenverwaltung und Modellaktualisierung stellt eine weitere Herausforderung dar. KI-Modelle müssen regelmäßig mit neuen Daten aktualisiert werden, um ihre Genauigkeit und Relevanz zu erhalten. Da Edge-Geräte oft in verteilten Umgebungen eingesetzt werden, ist die zentrale Verwaltung und das Ausrollen neuer Modelle schwierig. Unternehmen müssen daher Strategien für das verteilte Modellmanagement entwickeln, um sicherzustellen, dass alle Edge-Geräte auf dem neuesten Stand bleiben. Zudem stellt die Interoperabilität zwischen unterschiedlichen Edge-Geräten und Plattformen eine Herausforderung dar. Fehlende Standardisierungen führen zu Kompatibilitätsproblemen, die die Implementierung und Skalierbarkeit von Edge AI erschweren können.

Edge AI verändert das Geschäftsprozessmanagement grundlegend, indem es Unternehmen ermöglicht, Prozesse schneller, sicherer und effizienter zu gestalten. Durch den Einsatz in IoT-Geräten und Laptops lassen sich Wartung, Energieverwaltung, Sicherheit und Produktivität optimieren. Trotz bestehender Herausforderungen ist das Potenzial dieser Technologie enorm, und Unternehmen, die Edge AI frühzeitig implementieren, können sich entscheidende Wettbewerbsvorteile sichern. Die Zukunft des Geschäftsprozessmanagements wird zunehmend durch intelligente, dezentrale KI-Systeme geprägt sein.

7.1.3   Erweiterung der Anwendungsbereiche

In einer zunehmend von gesetzlichen Vorgaben geprägten Geschäftswelt kommt der Einhaltung von Vorschriften und der Integration von Compliance-Prozessen eine wachsende Bedeutung zu. Die Komplexität und Dynamik regulatorischer Anforderungen stellen Unternehmen vor erhebliche Herausforderungen, insbesondere in Bezug auf die kontinuierliche Anpassung und Überwachung von Prozessen. Hier können LLMs eine Schlüsselrolle spielen, indem sie in der Lage sind, große Mengen an Text- und Regulierungsdokumenten zu analysieren und auf Veränderungen in den gesetzlichen Bestimmungen aufmerksam zu machen. Dank ihrer Fähigkeit zur semantischen Textverarbeitung können LLMs relevante Änderungen in Gesetzen und Vorschriften in Echtzeit erkennen und Unternehmen frühzeitig darauf hinweisen, welche Anpassungen in ihren Geschäftsprozessen notwendig sind, um die Compliance zu gewährleisten [2].

Darüber hinaus erleichtern LLMs die Generierung von Dokumentationen, die den regulatorischen Anforderungen entsprechen, und tragen so zur Sicherstellung der Transparenz und Nachvollziehbarkeit bei. Durch die automatisierte Erstellung und Überprüfung von Compliance-Dokumenten können Unternehmen nicht nur ihre internen Prozesse optimieren, sondern auch das Risiko von Fehlern und Versäumnissen in der Einhaltung von Vorschriften minimieren. Dieser Prozess, der aktuell manuell und fehleranfällig ist, wird durch die Nutzung von LLMs vereinfacht und effizienter gestaltet.

Die Integration von LLMs in ERP- und GPM-Software hat großes Potenzial. LLMs können als intelligente Assistenzsysteme agieren, die auf Basis historischer Daten und aktueller Betriebsinformationen Optimierungsvorschläge unterbreiten und auf Abweichungen von definierten Prozessnormen hinweisen. In der Materialwirtschaft oder Produktion beispielsweise können LLMs durch die Analyse histo-

rischer Daten Vorhersagen zur Bedarfsplanung und Lagerhaltung treffen, ineffiziente Prozesse identifizieren und Verbesserungspotenziale aufzeigen. Ebenso
können sie in dynamischen Szenarien, wie etwa bei unvorhergesehenen Lieferverzögerungen oder Nachfrageschwankungen, als proaktive Assistenz arbeiten, indem
sie in Echtzeit Vorschläge für Prozessanpassungen liefern.

Die Integration von LLMs in ERP- und GPM-Systeme ermöglicht Unternehmen, ihre Softwarelandschaft nicht nur zu erweitern, sondern auch ihre Flexibilität
und Reaktionsgeschwindigkeit zu erhöhen. Die Fähigkeit von LLMs, dynamische
Anpassungen und Handlungsempfehlungen basierend auf aktuellen Daten zu liefern, verringert den Bedarf an manuellen Eingriffen und fördert die Effizienz der
gesamten Organisation. Insbesondere in Bereichen wie der Produktion, Logistik
und dem Einkauf, wo schnelle und überlegte Entscheidungen erforderlich sind,
können LLMs einen entscheidenden Mehrwert bieten.

Eine der vielversprechendsten Entwicklungen im Bereich der LLM-Technologie
ist die Fähigkeit zur Echtzeitunterstützung operativer Geschäftsprozesse. In
schnelllebigen Bereichen wie der Kundenbetreuung, dem Supply Chain Management oder der Finanzabwicklung, wo zeitnahe Entscheidungen und eine schnelle
Reaktion auf sich verändernde Bedingungen erforderlich sind, können LLMs als
interaktive Assistenzsysteme agieren. Sie analysieren in Echtzeit die eingehenden
Daten aus verschiedenen Quellen und liefern sofort Handlungsempfehlungen oder
Analysen, die direkt in die Geschäftsprozesse integriert werden können.

Die Fähigkeit von LLMs, auf historische Daten zurückzugreifen und potenzielle
Probleme frühzeitig zu erkennen, ist besonders wertvoll. Indem sie beispielsweise Abweichungen von normalen Geschäftsprozessen identifizieren oder Muster im Verhalten von Kunden erkennen, können sie rechtzeitig Maßnahmen empfehlen, bevor
Probleme eintreten. Auch in der Kommunikation mit Kunden und Geschäftspartnern
können LLMs eingesetzt werden, um automatisierte, aber hochgradig personalisierte
Antworten zu generieren, die den spezifischen Kontext des jeweiligen Anliegens berücksichtigen. Auf diese Weise wird die Kundenerfahrung verbessert, und gleichzeitig
die Notwendigkeit für manuelle Eingriffe verringert wird.

7.1.4   Ethik und Datenschutz

Die Weiterentwicklung von LLMs bringt nicht nur technologische und betriebliche
Vorteile, sondern stellt Unternehmen auch vor bedeutende ethische und datenschutzrechtliche Herausforderungen. Besonders im Hinblick auf den Umgang mit
sensiblen Daten und die Transparenz von Modellentscheidungen sind innovative

Lösungen erforderlich, um die Integrität und den verantwortungsbewussten Einsatz von KI-Technologien sicherzustellen.

Differenzial Privacy ist ein innovativer Ansatz, der darauf abzielt, die Privatsphäre von Individuen zu wahren, während gleichzeitig nützliche Daten für das Training von Modellen genutzt werden. Bei der Prozessmodellierung im Geschäftsprozessmanagement können LLMs auf sensible, personenbezogene oder geschäftskritische Daten zugreifen. Differenzial Privacy sorgt dafür, dass keine Rückschlüsse auf einzelne Datenpunkte gezogen werden können, selbst wenn ein Modell auf umfangreiche Daten zugreift. Dies wird durch die Einführung von „Rauschen" oder zufälligen Störungen in die Daten erreicht, um den Einfluss individueller Daten zu verschleiern. Unternehmen können so sicherstellen, dass sie die Privatsphäre der betroffenen Personen und Daten bewahren, ohne die Qualität der Prozessmodellierung oder die Nutzung von Daten zu beeinträchtigen [2].

Federated Learning ist eine dezentralisierte Lernmethode, die eine datenschutzfreundliche Alternative zu zentralisiertem Datenabruf und -verarbeitung bietet. Hierbei wird das Modell direkt auf den Endgeräten der Benutzer oder in verteilten Systemen trainiert, ohne dass die Daten zentralisiert werden müssen. Durch diese Methode können Unternehmen datenschutzkonform arbeiten, da sensible Daten nie den lokalen Speicher des Endgeräts verlassen und keine großen Datenmengen an zentrale Server übertragen werden müssen. Dies stellt eine erhebliche Verbesserung im Hinblick auf die Wahrung der Privatsphäre dar, da die Daten vor Ort bleiben und nur die Modelländerungen und nicht die Rohdaten weitergegeben werden. Federated Learning ist daher ein zukunftsweisender Ansatz, um datenschutzkonforme LLM-Modelle zu entwickeln, die sich gleichzeitig für die Prozessmodellierung und andere unternehmensspezifische Anwendungen eignen.

Ein weiterer wesentlicher Aspekt im Bereich der Ethik und des Datenschutzes ist die Entwicklung von **Explainable AI (XAI)**. LLMs sind oft als „Black Boxes" bekannt, da ihre Entscheidungsprozesse und die zugrunde liegenden Mechanismen für den Endanwender schwer verständlich sind. Um jedoch Vertrauen in KI-basierte Prozessmodelle zu schaffen und sicherzustellen, dass die verwendeten Modelle verantwortungsvoll eingesetzt werden, müssen die Entscheidungen der LLMs nachvollziehbar und transparent gemacht werden. XAI ermöglicht, die Entscheidungsfindung der KI zu erklären, indem sie die relevanten Faktoren und Zusammenhänge aufzeigt, die zu einem bestimmten Ergebnis geführt haben. Dies ist besonders wichtig, wenn die zugrunde liegenden Annahmen und Datenquellen in der Prozessmodellierung offenzulegen sind, sodass Unternehmen und Stakeholder nachvollziehbare Entscheidungen treffen können.

Ein letzter wichtiger Bereich in der ethischen Betrachtung von LLMs ist die Überprüfung der Fairness. LLMs können unabsichtliche Verzerrungen (Bias) in

den Trainingsdaten übernehmen, was zu diskriminierenden oder unfairen Ergebnissen in der Prozessmodellierung führen kann. Um diese Risiken zu minimieren,
müssen Unternehmen **Fairness Indicators** einsetzen, die regelmäßig die Fairness
und Neutralität der Modelle überprüfen. Diese Tools können helfen, nichtgerecht-
fertigte Diskriminierungen zu erkennen, sei es in Bezug auf Geschlecht, Ethnie
oder andere demografische Merkmale. Die Implementierung von Fairness-
Indikatoren ist nicht nur aus ethischer Sicht wichtig, sondern schützt Unternehmen
auch vor rechtlichen und reputationsbezogenen Risiken [3].

7.1.5 Benutzerfreundlichkeit und Zugänglichkeit

Die zukünftige Entwicklung von LLMs wird sich auch verstärkt auf die Benutzerfreundlichkeit und Zugänglichkeit konzentrieren. Während LLMs in den letzten
Jahren enorm an Leistung gewonnen haben, ist ihre Nutzung oft noch mit technischen Hürden verbunden, die insbesondere für Unternehmen ohne tiefgehende IT-
Kompetenzen eine Herausforderung darstellen. Zukünftige Entwicklungen werden
sich darauf konzentrieren, diese Hürden zu überwinden und LLMs auch für weniger technisch versierte Benutzer zugänglich zu machen.

Ein Ansatz zur Verbesserung der Benutzererfahrung ist die **Human-in-the-
loop (HITL)-Methode**. Durch die Integration von Benutzerfeedback können
LLMs kontinuierlich lernen und ihre Interaktionen an die Bedürfnisse und Erwartungen der Benutzer anpassen. Dies bedeutet, dass die Benutzer nicht nur
passive Empfänger der Ergebnisse sind, sondern aktiv in den Optimierungs-
prozess des Modells eingebunden werden. Indem ihre Rückmeldungen zu
Modellentscheidungen und -vorschlägen in Echtzeit verarbeitet werden, können
LLMs mit der Zeit immer intuitiver und benutzerfreundlicher werden. Diese
Feedbackschleifen sorgen dafür, dass LLMs die Nutzerbedürfnisse genauer
widerspiegeln und eine reibungslosere Interaktion ermöglichen, das Vertrauen
und Akzeptanz von LLMs steigert [3].

Ein weiterer Trend ist die Entwicklung von **No-Code/Low-Code-Plattformen**, die
Unternehmen ermöglichen, LLMs anzupassen und zu implementieren, ohne tiefgreifende technische Kompetenzen zu benötigen. Diese Plattformen bieten benutzerfreundliche Schnittstellen, mit denen Geschäftsprozesse und Anwendungsfälle ohne
umfangreiche Programmierkenntnisse modelliert werden können. No-Code- und Low-
Code-Ansätze fördern in kleine und mittelständische Unternehmen die Leistungsfähigkeit von LLMs zu nutzen, ohne auf interne oder externe Entwicklerteams angewiesen
zu sein.

Die API-basierte Nutzung von LLMs, wie sie durch GPT-4 und ähnliche Modelle möglich ist, ermöglicht Unternehmen, leistungsstarke Sprachmodelle in ihre bestehenden Systeme zu integrieren. Diese Nutzung als Service verringert die Notwendigkeit für umfangreiche Infrastruktur oder tiefgreifende Programmierkenntnisse. Unternehmen können über APIs direkt auf die Funktionalitäten von LLMs zugreifen, um Prozessmodelle zu erstellen, zu analysieren und zu optimieren. Diese Form der Bereitstellung macht die Technologie sowohl flexibler als auch zugänglicher für eine breite Benutzerbasis und ist ein entscheidender Schritt in Richtung breiterer Akzeptanz und Nutzung von LLMs.

7.2 Strategische Empfehlungen für Unternehmen

7.2.1 Investitionen in Technologie

Unternehmen sollten gezielt in die operative Automatisierung durch LLMs investieren. Diese Technologien ermöglichen einzelne Aufgaben zu automatisieren und dabei die Verarbeitung natürlicher Sprache in unterschiedlichsten Geschäftsprozessen zu integrieren. Besonders im Bereich der Prozessautomatisierung und -optimierung eröffnen LLMs neue Möglichkeiten.

Ein vielversprechender Bereich für Investitionen ist das Wissensmanagement. LLMs bieten enorme Potenziale, um Wissen innerhalb eines Unternehmens effizienter zu verwalten und in Echtzeit zugänglich zu machen. Sie ermöglichen eine semantische Analyse großer Datenmengen, sodass relevante Informationen gezielt bereitgestellt und Entscheidungsprozesse beschleunigt werden können. LLMs können als Grundlage für Chatbots und digitale Assistenten dienen, die nicht nur als Kundenservice-Tools, sondern auch als Unterstützer in internen Prozessen wie dem Personalmanagement oder der Verwaltung von Ressourcen eingesetzt werden können [5].

Ein weiteres bedeutendes technisches Feld, ist die Integration von Cloud-basierten Systemen und Integrationsplattformen. Cloud-Technologien bieten die nötige Flexibilität und Skalierbarkeit, um Geschäftsprozesse dynamisch anzupassen und zu integrieren. Besonders Plattformen für Automatisierung und Workflow-Management gewinnen an Bedeutung, da sie eine nahtlose Integration von verschiedenen Geschäftsprozessen ermöglichen und so die gesamte Prozesslandschaft eines Unternehmens optimieren [6].

Neben der Automatisierung und Integration sollten Unternehmen auch in Daten- und Prozessanalyse-Tools investieren. Die Fähigkeit, kontinuierlich Geschäftsprozesse zu überwachen und Schwachstellen frühzeitig zu erkennen, wird für die Optimierung der Betriebsabläufe immer wichtiger. Investitionen in prädiktive Analysetools, die auf maschinellem Lernen basieren, können helfen, zukünftige Engpässe oder Marktveränderungen vorherzusagen und proaktiv darauf zu reagieren. LLMs können hierbei unterstützen, indem sie aus unstrukturierten Daten, wie etwa E-Mails oder Chat-Protokollen, wertvolle Informationen extrahieren und somit die Datenanalyse noch gezielter gestalten.

Trotz der Vielzahl an innovativen Möglichkeiten müssen Technologien aus strategischen Gründen reflektiert betrachtet werden. Ein klarer Trend geht in Richtung der Vermeidung von veralteten On-Premise-Lösungen. Während einige Unternehmen nach wie vor in lokale IT-Infrastrukturen investieren, sind diese Lösungen in der Regel weniger flexibel und skalierbar. Cloud-basierte Systeme bieten hier klare Vorteile in Bezug auf Kosteneffizienz, Anpassungsfähigkeit und die einfache Integration neuer Technologien wie LLMs. Die veralteten On-Premise-Ansätze bieten keinen ausreichenden Raum für die Integration moderner Automatisierungs- und KI-Technologien und verlangsamen so die digitale Transformation von Unternehmen. Häufig genannte Datenschutzbedenken müssen überwunden werden.

Ein weiteres Risiko besteht in der übermäßigen Investition in Low-Code- und No-Code-Plattformen, die ohne eine klare strategische Ausrichtung schnell zu einer Fragmentierung der Geschäftsprozesse führen können. Diese Plattformen bieten eine schnelle Möglichkeit, Anwendungen zu entwickeln, jedoch ist der Erfolg dieser Lösungen stark von einer ganzheitlichen GPM-Strategie abhängig. Ohne eine gezielte Integration in die bestehende Infrastruktur und eine strategische Ausrichtung können Low-Code-Ansätze zu ineffizienten und schwer wartbaren Systemen führen.

Besondere Vorsicht ist auch bei Investitionen in robotergestützte Prozessautomatisierung (RPA) geboten, die ohne Integration von LLMs oft an ihre Grenzen stoßen. RPA ist effektiv bei der Automatisierung repetitiver und strukturierter Aufgaben, jedoch fehlt diesen Lösungen die Fähigkeit, komplexe, unstrukturierte Daten zu verarbeiten. Eine Investition in RPA ohne die Ergänzung durch KI-gestützte Tools wie LLMs kann dazu führen, dass die Automatisierungsmöglichkeiten nicht vollständig ausgeschöpft werden.

Schließlich sollten Unternehmen vorsichtig bei Investitionen in Big Data-Technologien sein, wenn diese ohne eine klare Datenstrategie und die entsprechende Infrastruktur implementiert werden. Big Data allein bietet wenig Mehrwert, wenn es nicht in einen Kontext gestellt und sinnvoll analysiert wird. Unternehmen sollten daher sicherstellen, dass sie die richtigen Analysetools und eine kohärente Datenstrategie haben, bevor sie in Big Data investieren.

7.2.2 Outsourcing-Strategien

Unternehmen stehen zunehmend vor der Herausforderung, ihre Geschäftsprozesse nicht nur zu optimieren, sondern auch neue Geschäftsmodelle zu entwickeln, die von den Fortschritten in der KI-Technologie profitieren. In diesem Zusammenhang gewinnen insbesondere Outsourcing-Strategien an Bedeutung, da Unternehmen entscheiden müssen, welche Prozesse intern verbleiben und welche ausgelagert werden sollen, um das volle Potenzial von LLMs auszuschöpfen.

Ein Bereich, in dem Unternehmen besonders von der Integration von LLMs profitieren können, ist das **Outsourcing von standardisierten und repetitiven Geschäftsprozessen**. Hierzu zählen Tätigkeiten wie die Datenverarbeitung, das Rechnungswesen und der Kundensupport. LLMs können diese Prozesse erheblich optimieren, indem sie die Geschwindigkeit und Genauigkeit der Bearbeitung verbessern. Im Kundenservice etwa ermöglichen KI-gesteuerte Chatbots und automatisierte Antwortsysteme eine schnelle Bearbeitung von Standardanfragen, während gleichzeitig die Belastung des Kundenservice-Teams reduziert wird. Derartige Prozesse lassen sich effizient an spezialisierte Dienstleister im Rahmen des Business Process Outsourcings (BPO) auslagern, die mit LLM-Technologie arbeiten und diese zur Automatisierung und Prozessoptimierung einsetzen. Das Outsourcing dieser Standardprozesse führt zu einer Kostensenkung und einer höheren Effizienz, da spezialisierte Anbieter über die nötige Expertise und die Ressourcen verfügen, um KI-gesteuerte Lösungen kontinuierlich zu verbessern und zu skalieren [6].

Ein weiteres Geschäftsmodell, das durch die Entwicklung von LLMs an Bedeutung gewinnt, ist das **Outsourcing von KI-gesteuerten Services**. Unternehmen können sich zunehmend auf externe Anbieter stützen, die spezialisierte Dienstleistungen im Bereich der KI-gestützten Automatisierung und Datenverarbeitung anbieten. Besonders vielversprechend ist dabei das Modell „Content-as-a-Service" (CaaS), bei dem LLMs zur automatisierten Erstellung von Inhalten wie Texten, Artikeln, Social-Media-Beiträgen oder Marketingmaterialien eingesetzt werden. Diese Inhalte können dabei nicht nur in hoher Geschwindigkeit, sondern auch mit einer hohen Zielgruppenspezifität erstellt werden. Unternehmen können somit von einer schnellen und skalierbaren Content-Produktion profitieren, ohne eigene Ressourcen aufbauen zu müssen.

Darüber hinaus können externe Dienstleister LLMs auch für komplexere Aufgaben wie die Prozessberatung und Datenanalyse einsetzen. Spezialisierte Beratungsfirmen nutzen KI, um maßgeschneiderte Prozessoptimierungen zu entwickeln, die auf den spezifischen Anforderungen der jeweiligen Unternehmen basieren. Dies ermöglicht eine tiefgehende Analyse und Verbesserung der internen Geschäftsprozesse. Unternehmen, die diese KI-gestützten Beratungsservices in Anspruch nehmen, profitieren von datengestützten Empfehlungen und optimierten Entscheidungsprozessen, die von Experten überwacht werden. Prozesse, die **Kreativität, strategische Entscheidungsfindung und eine hohe Individualität** erfordern, sollten **nicht ausgelagert** werden. Besonders in Bereichen wie der Markenentwicklung, dem Design oder der Produktinnovation sind kreative Prozesse unverzichtbar und sollten im Unternehmen verbleiben. LLMs können unterstützend wirken, indem sie bei der Generierung von Ideen oder der Optimierung von Inhalten helfen, die letztliche kreative Leitung und das strategische Know-how sollten jedoch nicht vollständig in die Hände von externen Dienstleistern oder KI-Systemen gelegt werden.

Darüber hinaus bleiben auch hochindividuelle Dienstleistungen, die eine persönliche und maßgeschneiderte Betreuung erfordern, oft im Unternehmen. In Bereichen wie der Finanzberatung, der juristischen Beratung oder der Personalberatung sind persönliche Interaktionen notwendig, um die Bedürfnisse der Kunden zu verstehen und individuell darauf einzugehen. Auch hier können LLMs unterstützend wirken, etwa bei der Analyse von Daten oder der Bereitstellung von allgemeinen Informationen, aber die tiefer gehende Beratung und der persönliche Kontakt sollten nicht ausgelagert werden.

Hingegen gut für das Outsourcing von Kundenkontakt geeignet, sind Backoffice- und Verwaltungsaufgaben, die keinen direkten Einfluss auf die Kundenbeziehung haben, aber dennoch für die effiziente Funktionsweise eines Unternehmens unerlässlich sind. Hierbei können LLMs zur Automatisierung von Aufgaben wie dem Vertragsmanagement, der Dokumentenerstellung und der Datenaufbereitung eingesetzt werden. Diese Prozesse können effizient an spezialisierte Dienstleister ausgelagert werden, die LLMs zur Optimierung der Workflows nutzen.

7.2.3 Zusammenarbeit mit Experten und Forschungseinrichtungen

Die Implementierung und kontinuierliche Weiterentwicklung moderner Technologien erfordern ein tiefgehendes Verständnis der zugrunde liegenden theoretischen Modelle. Eine Strategie, um dieser Anforderung gerecht zu werden, ist die enge Zusammenarbeit zwischen Unternehmen, Forschungseinrichtungen und Experten.

Die Nutzung von Co-Creation und Open Innovation als strategische Ansätze zur Entwicklung von LLM-basierten Lösungen bietet die Möglichkeit, auf das gebündelte Wissen und die Expertise von Spezialisten zurückzugreifen, was zu einer Verbesserung der Innovationskraft führt. **Co-Creation** beschreibt den kollaborativen Prozess der gemeinsamen Entwicklung von Lösungen, bei dem Unternehmen mit externen Partnern, wie Universitäten, Forschungszentren oder anderen Unternehmen, zusammenarbeiten.

Im Kontext von LLMs eröffnet **Open Innovation** den Zugang zu neuesten Forschungsergebnissen und Technologien, die in einer traditionellen Entwicklungspipeline möglicherweise übersehen oder nicht genutzt werden. Universitäten und Forschungsinstitute sind oft Vorreiter in der Entwicklung neuer Modelle und Algorithmen, die Unternehmen für ihre spezifischen Anforderungen adaptieren können. Unternehmen, die diese externen Innovationsressourcen aktiv nutzen, verschaffen sich einen Wettbewerbsvorteil, indem sie nicht nur auf bewährte, sondern auch auf disruptive und zukunftsweisende Technologien zurückgreifen können.

Ein Beispiel für diese Art der Zusammenarbeit ist die Entwicklung von maßgeschneiderten LLMs, die spezifische Geschäftsprozesse optimieren. So kann ein Unternehmen mit einer Hochschule zusammenarbeiten, um ein Modell zu entwickeln, das auf die sprachlichen Eigenheiten und die Datenstruktur eines bestimmten Marktes oder Sektors zugeschnitten ist. Auf diese Weise wird nicht nur die Qualität der eingesetzten Technologie erhöht, sondern auch die Innovationsgeschwindigkeit beschleunigt, da die Hochschule eine reale Forschungsumgebung erhält.

Ein weiteres zentrales Element der Zusammenarbeit zwischen Unternehmen und Forschungseinrichtungen ist die Einführung **agiler Entwicklungsmethoden**. Die agile Entwicklung hat sich in der Softwareentwicklung bewährt und stellt auch im Bereich der LLM-Technologie eine wichtige Grundlage dar, um schnelle Anpassungen und Optimierungen vornehmen zu können. Im agilen Umfeld arbeiten interne Teams eng mit externen Experten zusammen, um das LLM kontinuierlich zu verbessern und an die sich ständig ändernden Anforderungen des Marktes und der Geschäftsprozesse anzupassen. Der iterative Ansatz ermöglicht, neue Funktionen und Verbesserungen schrittweise zu testen und direktes Feedback von Nutzern oder Stakeholdern in den Entwicklungsprozess einfließen zu lassen. Diese Flexibilität ist besonders im Bereich der KI entscheidend. Unternehmen, die in der Lage sind, flexibel auf neue wissenschaftliche Erkenntnisse und technologische Entwicklungen zu reagieren, können ihre LLMs kontinuierlich optimieren und so langfristig einen Wettbewerbsvorteil sichern.

Der **Innovation Funnel** ist ein Modell, das den Innovationsprozess in verschiedene Phasen unterteilt und es Unternehmen ermöglicht, systematisch neue Lösungen zu entwickeln. Für Unternehmen, die LLMs implementieren wollen, stellt der Funnel ein effizientes Instrument dar, um die Entwicklung von der ersten Idee bis zur marktfähigen Lösung zu steuern. Der Innovation Funnel sorgt dafür, dass Unternehmen nicht nur auf die besten Ideen setzen, sondern auch Risiken minimieren und Ressourcen gezielt einsetzen. In der Anfangsphase werden verschiedene Ansätze getestet und nur diejenigen weiterverfolgt, die das größte Potenzial für die Geschäftsanwendung zeigen. Dies ist besonders wichtig, um zu verhindern, dass Unternehmen Ressourcen in vielversprechend erscheinende, aber letztlich nicht tragfähige Projekte investieren.

Das **Triple Helix Modell** stellt ein Framework dar, das die Zusammenarbeit zwischen Universitäten, Unternehmen und staatlichen Einrichtungen fördert. Diese enge Vernetzung der drei Sektoren bietet erhebliche Vorteile für Unternehmen, die LLMs entwickeln und implementieren möchten. Die Wissenschaft liefert die neuesten Forschungsergebnisse, die Unternehmen in praxisorientierte Lösungen übersetzen, während der Staat durch Regulierung, Förderung und Infrastruktur eine unterstützende Rolle übernimmt.

Die interdisziplinäre Zusammenarbeit im Rahmen des Triple Helix Modells bietet eine Plattform für den Austausch von Ideen und Ressourcen und beschleunigt so den Innovationsprozess. Durch diese Zusammenarbeit können Unternehmen von einer ganzheitlichen Perspektive profitieren, bei der technologische, wirtschaftliche und gesellschaftliche Aspekte berücksichtigt werden. Dies ist besonders relevant für LLM-basierte Lösungen, die nicht nur technologisch ausgereift sein müssen, sondern auch ethischen und regulatorischen Anforderungen entsprechen sollten.

Literatur[1]

1. Zhou, X., Ge, S., Chi, J., Qiu, T. (2024). Industrial Edge Computing. Springer, Singapore
2. Binns, R. (2018). The Ethics of AI and Big Data: Challenges and Opportunities for Business Management. Springer
3. Dong, M. Bonnefon, J. Rahwan, I. (2024). Toward human-centered AI management: Methodological challenges and future directions, Technovation, Volume 131
4. Porter, M. E., & Heppelmann, J. E. (2020). How Smart, Connected Products Are Transforming Competition. Harvard Business Review, 98(1), 64–88
5. Westerman, G., & Bonnet, D. (2021). Digital Transformation: Survive and Thrive in an Era of Mass Extinction. MIT Press
6. Wenzel, K. (2022). Management Models of Digital Transformation. Springer Gabler, Wiesbaden

---

[1] Die im Folgenden aufgelistete Literatur wurde genutzt, um die theoretischen Konzepte zu erarbeiten. Die Ergebnisse der Beispiele basieren auf Experimenten und praktischen Erfahrungen des Autors und wurden mit ChatGPT generiert.

Fallstudien aus der Praxis

8

Zusammenfassung

In diesem Kapitel werden praxisorientierte Fallstudien vorgestellt, die zeigen, wie LLMs in unterschiedlichen Bereichen der Prozessoptimierung und Automatisierung eingesetzt werden. Die Fallstudien basieren auf realen Anwendungen und bieten wertvolle Einblicke in die Herausforderungen und Lösungsansätze bei der Integration von LLMs in Unternehmensprozesse.

8.1 LLM-gestützte Prozessmodellierung

8.1.1 Forschungsprojekt

Das Forschungsprojekt PRODIGY (PROcess moDellIng Guidance for You) untersucht den Einsatz von LLMs zur Unterstützung der Erstellung von Prozessmodellen in Unternehmenskontexten. Im Rahmen einer Fallstudie wurde ein LLM-basierter Chatbot namens PRODIGY in Zusammenarbeit mit der Hilti Gruppe, einem multinationalen Unternehmen, entwickelt und getestet.[1]

---

[1] Ziche, C., Apruzzese, G. (2024). LLM4PM: A Case Study on Using Large Language Models for Process Modeling in Enterprise Organizations. In: Di Ciccio, C., et al. Business Process Management: Blockchain, Robotic Process Automation, Central and Eastern European, Educators and Industry Forum. BPM 2024. Lecture Notes in Business Information Processing, vol 527. Springer.

© Der/die Autor(en), exklusiv lizenziert an Springer Fachmedien Wiesbaden GmbH, ein Teil von Springer Nature 2025
T. Keuthen, *Prompt Engineering im Geschäftsprozessmanagement*,
https://doi.org/10.1007/978-3-658-48676-1_8

265

Zunächst wurde eine Vorstudie mit zehn professionellen Prozessmodellierern von Hilti durchgeführt, um die Herausforderungen und Schmerzpunkte in ihrer täglichen Arbeit zu identifizieren. Basierend auf diesen Erkenntnissen wurde der Chatbot PRODIGY entwickelt, der die Modellierer bei der Erstellung von Prozessflussdiagrammen unterstützt. Anschließend wurde PRODIGY evaluiert, indem die Teilnehmer der Vorstudie den Chatbot nutzten und Feedback zu dessen Vor- und Nachteilen gaben. Die Ergebnisse dieser Evaluation wurden in umsetzbare Erkenntnisse zusammengefasst.

Diese Forschung stellt die erste praktische Anwendung von LLMs für die Prozessmodellierung in der realen Welt dar und zeigt auf, wie Unternehmen LLMs nutzen können, um ihre GPM-Aktivitäten zu verbessern.

8.1.2 Herausforderung

Eine der größten Herausforderungen in der Prozessmodellierung ist die Komplexität der zu modellierenden Geschäftsprozesse. Die Prozesse sind oft vielschichtig, beinhalten zahlreiche Varianten und müssen in einer strukturierten Form dargestellt werden, um ihre Verständlichkeit und Anwendbarkeit zu gewährleisten. Die Modellierer müssen nicht nur die richtigen Abläufe erfassen, sondern auch sicherstellen, dass die Modelle konsistent und klar strukturiert sind. Dabei müssen bereits Änderungen und neuen Varianten mitgedacht werden. Dies führt oft zu sehr komplexen Modellen, die schwer zu verstehen und zu pflegen sind.

Ein weiteres zentrales Problem ist das fehlende domänenspezifische Wissen der Modellierer. Diese müssen auf Experten zurückgreifen, um detaillierte und spezifische Informationen zu den Prozessen zu erhalten. Dieser Ansatz ist jedoch zeitaufwendig und kann zu Fehlern und Unklarheiten führen, wenn wichtige Details übersehen oder falsch interpretiert werden. Insbesondere in großen Unternehmen, in denen Prozesse in unterschiedlichen Abteilungen und Funktionen variieren, ist eine Herausforderung, alle relevanten Informationen korrekt und vollständig zu erfassen.

In der Praxis arbeiten Prozessmodellierer oft ohne intelligente Assistenztools, die sie bei der Erstellung der Modelle unterstützen. Fehler werden häufig erst spät erkannt, was die Qualität der Modelle beeinträchtigt. Auch die Einhaltung von Modellierungsrichtlinien und -standards stellt eine Herausforderung dar, insbesondere wenn keine klaren Vorgaben für die Modellierung existieren. Darüber hinaus fehlen standardisierte Vorlagen, die eine effiziente Modellierung und eine konsistente Darstellung der Prozesse gewährleisten könnten.

Auch die Dokumentation zur Wiederverwendbarkeit von Prozessmodellen stellt eine wesentliche Herausforderung dar. In vielen Fällen werden bestehende Modelle nicht wiederverwendet, weil sie entweder schlecht dokumentiert oder schwer

zugänglich sind. Häufig fehlen zentrale Plattformen, auf denen Prozessmodelle gespeichert und verwaltet werden können. Zudem ist oft schwierig, Änderungen an
bestehenden Modellen nachzuvollziehen und sicherzustellen, dass sie den aktuellen Anforderungen entsprechen.

8.1.3 Lösungsansätze

Eine der zentralen Lösungen des PRODIGY-Systems besteht in der automatisierten
Unterstützung bei der Erstellung von Prozessmodellen. Modellierer stehen häufig
vor der Herausforderung, die richtigen Symbole und Beziehungen in ihren Diagrammen auszuwählen, was zu Inkonsistenzen und Fehlern führen kann. Der Chatbot PRODIGY übernimmt hierbei die Rolle eines intelligenten Assistenten, der die
Modellierer bei der Auswahl der geeigneten Elemente für das Prozessmodell unterstützt und sicherstellt, dass alle relevanten Informationen korrekt dargestellt werden. Durch diese Unterstützung wird nicht nur die Qualität der Modelle verbessert,
sondern auch der Modellierungsaufwand erheblich reduziert.

Ein weiterer wichtiger Aspekt von PRODIGY ist die Fehlererkennung und -kor-
rektur. Der Chatbot ist in der Lage, Fehler zu identifizieren und den Modellierern
gezielt Verbesserungsvorschläge zu unterbreiten. Diese Funktion stellt sicher, dass
Prozessmodelle mit hoher Genauigkeit erstellt werden, und verhindert die Weiter-
verwendung fehlerhafter Modelle.

Zusätzlich bietet PRODIGY eine Kontextualisierung und Erklärung der erstellten Modelle. Viele Modellierer haben Schwierigkeiten, die Bedeutung einzelner Prozessschritte und deren Interaktionen im gesamten Prozess zu verstehen. Der
Chatbot liefert hier verständliche Erklärungen und hilft den Modellierern, ein tie-
feres Verständnis für die Struktur und den Ablauf von Geschäftsprozessen zu entwickeln. Dies fördert nicht nur die Qualität der Modelle, sondern ermöglicht den
Modellierern, Entscheidungen über die Gestaltung der Prozesse zu treffen.

Ein weiterer innovativer Ansatz von PRODIGY ist die schrittweise Prozessmodellierung. Anstatt den gesamten Prozess auf einmal zu modellieren, führt der
Chatbot die Modellierer durch den Prozess in überschaubaren Schritten (Abb. 8.1).
Diese modulare Herangehensweise erleichtert den Modellierern, auch komplexe
Prozesse strukturiert und fehlerfrei abzubilden. Die schrittweise Erfassung von Informationen verhindert, dass wichtige Aspekte übersehen werden, und sorgt für
eine konsistente Darstellung des gesamten Prozesses.

Darüber hinaus hilft PRODIGY bei der Umwandlung unstrukturierter Daten in
strukturierte Prozessmodelle. Häufig liegen in Unternehmen unstrukturierte Daten
vor, die nicht direkt in ein Prozessmodell überführt werden können. Der Chatbot ist
in der Lage, diese Daten zu verarbeiten und in ein formalisiertes Modell zu über-

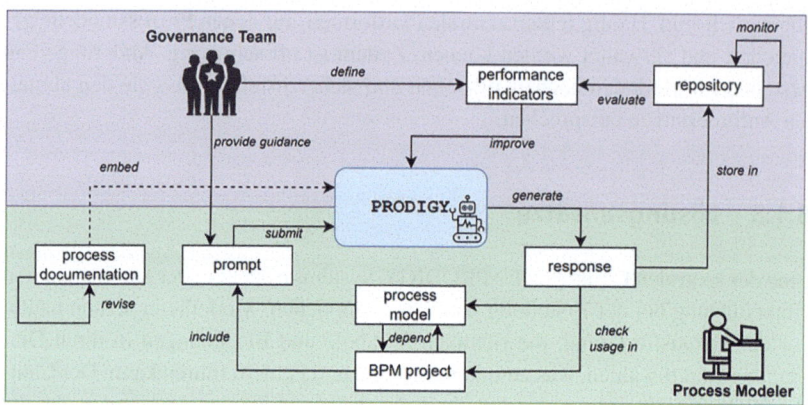

Abb. 8.1 PRODIGY Governance

führen, was den manuellen Aufwand erheblich reduziert und gleichzeitig die Geschwindigkeit bei der Erstellung von Prozessdokumentationen steigert. Diese Funktion ist besonders in Unternehmen von Bedeutung, die mit großen Mengen an unstrukturierten Daten arbeiten und deren Prozessmodellierung eine hohe Genauigkeit erfordert.

Die Integration von Best Practices und Industriestandards ist ein weiteres zentrales Merkmal von PRODIGY. Der Chatbot bietet eine umfassende Sammlung von Best Practices, die in die Prozessmodellierung integriert werden können. Diese Funktion stellt sicher, dass die erstellten Modelle den gängigen Standards entsprechen und sowohl den internen Anforderungen des Unternehmens als auch externen regulatorischen Vorgaben gerecht werden. Insbesondere in stark regulierten Branchen ist dies ein Vorteil.

Neben der Funktionalität bietet PRODIGY eine benutzerfreundliche und interaktive Oberfläche, die es auch weniger erfahrenen Modellierern ermöglicht, das System schnell zu nutzen. Der Chatbot führt die Modellierer durch den gesamten Prozess der Erstellung und Modellierung, sodass keine umfangreiche Schulung erforderlich ist, um das System effektiv zu verwenden. Dies reduziert die Einstiegshürden und ermöglicht es, dass auch Mitarbeiter ohne tiefgehende Prozessmodellierungskenntnisse von den Vorteilen des Systems profitieren können. Zudem kann der spezifische Kontext, in dem der Chatbot eingesetzt wird, definiert werden (Abb. 8.2).

Ein weiteres Alleinstellungsmerkmal von PRODIGY ist seine Fähigkeit, durch maschinelles Lernen kontinuierlich dazuzulernen und sich zu verbessern. Das System sammelt Rückmeldungen und passt seine Empfehlungen basierend auf den Interaktionen mit den Modellierern an. Diese lernende Komponente sorgt dafür,

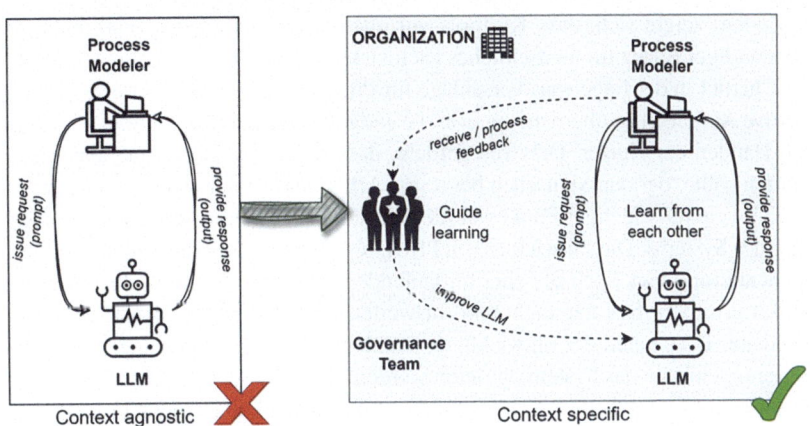

Abb. 8.2 PRODIGY Verbesserung Prozessmodellierung

dass der Chatbot im Laufe der Zeit immer präziser wird und besser auf die individuellen Bedürfnisse der Nutzer eingehen kann. Dadurch wird die Effizienz der Prozessmodellierung langfristig weiter gesteigert.

8.1.4 Ergebnisse

Ein zentrales Ergebnis der Studie ist die Erkenntnis, dass KI-gestützte Systeme wie PRODIGY nicht einfach als universelle Lösung eingesetzt werden können. Vielmehr erfordert der Erfolg solcher Tools eine enge Anpassung an die spezifischen Bedürfnisse und den Kontext des jeweiligen Unternehmens. Die Nutzer, in diesem Fall erfahrene Prozessmodellierer bei Hilti, benötigen eine KI-Unterstützung, die nicht nur allgemein verfügbar ist, sondern sich konkret an den Anwendungsfällen des Unternehmens orientiert. Dieser Bedarf an kontextbezogener Unterstützung zeigt, wie wichtig ist, dass KI-Tools mit den richtigen Daten und Informationen versorgt werden, um wirklich nützlich zu sein.

Eine weitere entscheidende Erkenntnis aus der Fallstudie betrifft die Benutzerfreundlichkeit. Trotz der fortschrittlichen Technologie ist von grundlegender Bedeutung, dass die Anwendung intuitiv und einfach zu bedienen ist. Die Akzeptanz von PRODIGY bei den Prozessmodellierern hing stark davon ab, wie schnell und einfach sie mit dem Tool arbeiten konnten. Das bedeutet, dass neben der technologischen Komplexität auch die Usability und das Design der Schnittstellen entscheidend sind. Die Technologie muss so gestaltet sein, dass sie den Nutzer nicht überfordert, sondern die Arbeit vereinfacht.

Zudem zeigte sich, dass KI-Tools vor allem als Unterstützung und nicht als vollständiger Ersatz für menschliches Fachwissen gesehen werden sollten. Obwohl der Chatbot in der Lage war, Vorschläge für Prozessmodelle zu generieren und repetitive Aufgaben zu übernehmen, war die endgültige Entscheidung immer noch in den Händen der Nutzer. Dies verdeutlicht, dass KI als ein „Co-Pilot" angesehen werden sollte, der den Menschen bei seiner Arbeit unterstützt und nicht ersetzt.

Ein weiterer wichtiger Punkt war die Bedeutung der kontinuierlichen Verbesserung des Systems. Die Entwickler von PRODIGY lernten, dass die erfolgreiche Implementierung von KI-Tools eine fortlaufende Anpassung an die Bedürfnisse der Nutzer erfordert. Das Sammeln und Auswerten von Feedback ist daher ein unverzichtbarer Bestandteil der Entwicklung. Durch regelmäßige Anpassungen und Verbesserungen kann das System optimiert werden, sodass dieses immer besser auf die Bedürfnisse der Anwender eingeht und deren Arbeitsabläufe effizienter gestaltet.

Die Akzeptanz neuer Technologien ist oft von Skepsis und Misstrauen geprägt. Auch in der Fallstudie von PRODIGY zeigte sich, dass der Weg zur breiten Akzeptanz eine gewisse Zeit benötigt. Dies verdeutlicht, dass die Einführung von KI in Unternehmensprozesse nicht nur eine technologische Herausforderung darstellt, sondern auch eine kulturelle. Vertrauen in die Technologie aufzubauen, erfordert Transparenz und eine klare Erklärung, wie die KI zu ihren Empfehlungen kommt, sowie eine behutsame Einführung.

Abschließend lässt sich festhalten, dass die erfolgreiche Implementierung von KI-basierten Tools im Prozessmanagement von der Fähigkeit abhängt, diese nahtlos in bestehende Arbeitsprozesse und IT-Landschaften zu integrieren. PRODIGY hat gezeigt, dass die KI-Technologie nur dann ihre volle Wirksamkeit entfaltet, wenn sie in die gewohnten Arbeitsabläufe integriert wird und als wertvolle Unterstützung wahrgenommen wird. Unternehmen, die in der Lage sind, diese Faktoren zu berücksichtigen, können von den Vorteilen der Prozessmodellierung durch KI profitieren.

8.2   LLM-gestützte Kundenservice-Prozesse

8.2.1   Unternehmen

Klarna Bank AB ist ein weltweit agierendes FinTech-Unternehmen und hat sich insbesondere im Bereich der digitalen Zahlungsdienstleistungen etabliert. Gegründet im Jahr 2005 in Stockholm, verfolgt Klarna das Ziel, den Online-Handel durch flexible und kundenfreundliche Zahlungsmethoden zu optimieren. Das Unternehmen bietet ein breites Spektrum an Zahlungsoptionen, darunter das „Buy Now, Pay Later"-Modell (BNPL), Ratenzahlungen sowie Sofortüberweisungen, die Verbrauchern ermöglichen, Einkäufe sofort zu tätigen und die Zahlung zu einem späteren Zeitpunkt abzuwickeln.

Mit über 150 Mio. aktiven Nutzern und mehr als zwei Millionen Handels-partnern weltweit zählt Klarna zu den größten Anbietern von BNPL-Diensten. Durch Kooperationen mit international renommierten Marken wie H&M, Nike oder IKEA konnte das Unternehmen seine Marktposition kontinuierlich ausbauen. Die im Jahr 2017 erfolgte Umwandlung in eine lizenzierte Bank markierte einen bedeutenden Schritt hin zur Diversifizierung des Angebots und zur Stärkung der Finanzdienstleistungsstruktur.

Der Erfolg von Klarna beruht auf mehreren strategischen Faktoren. Die innova-tive Produktpalette, kombiniert mit einem nutzerzentrierten Ansatz, ermöglicht dem Unternehmen, sowohl für Händler als auch für Endkunden einen hohen Mehr-wert zu schaffen. Klarna verfolgt eine agile Wachstumsstrategie, die sich durch eine schnelle internationale Expansion und kontinuierliche Anpassung an Markt-bedingungen auszeichnet.

Trotz des Erfolgs sieht sich Klarna auch mit Herausforderungen konfrontiert. Die zunehmende regulatorische Kontrolle über BNPL-Modelle aufgrund poten-zieller Überschuldungsrisiken erfordert eine Anpassung der Geschäftsstrategie. Darüber hinaus wächst der Wettbewerbsdruck durch etablierte Zahlungsdienstleis-ter wie PayPal, Affirm oder Apple Pay. Zudem könnten wirtschaftliche Schwankun-gen, insbesondere steigende Zinsen und eine sinkende Konsumfreude, das Ge-schäftsmodell langfristig beeinflussen.[2]

8.2.2 Herausforderung

Vor der Einführung von KI musste Klarna Kundenanfragen über ein großes Support-Team abwickeln. Dies führte zu erheblichen Problemen, insbesondere im Hinblick auf die Bearbeitungszeit und die Effizienz. Kunden sahen sich häufig mit langen Wartezeiten konfrontiert. Besonders in Zeiten hoher Nachfrage, wie bei-spielsweise dem Black Friday oder der Weihnachtszeit, stiegen die Anfragen sprunghaft an, wodurch das Support-Team schnell an seine Kapazitätsgrenzen stieß. Zudem führte die dezentrale Bearbeitung durch verschiedene Mitarbeitende zu Inkonsistenzen in den Antworten. Unterschiedliche Mitarbeiter gaben teils ver-schiedene Auskünfte zu denselben Anfragen, was bei den Kunden Verwirrung und Frustration hervorrief und die allgemeine Kundenzufriedenheit beeinträchtigte.

---

[2] Klarna. (2023, März 6). KI als Gamechanger für Produktivität am Arbeitsplatz: Neun von zehn der Klarna-Mitarbeiterinnen nutzen täglich KI. Klarna. https://www.klarna.com/inter-national/press/ki-als-gamechanger-fur-produktivitat-am-arbeitsplatzneun-von-zehn-der-klarna-mitarbeiterinnen-nutzen-taglich-ki/.

Ein weiteres Problem war die hohe Kostenstruktur im Kundenservice. Die Notwendigkeit, ein großes Support-Team aufrechtzuerhalten, führte zu erheblichen Personalkosten. Dies machte die Skalierung des Kundenservices teuer und ineffizient. Eine Erhöhung der Anzahl der Mitarbeitenden, um die wachsenden Anfragen zu bearbeiten, war mit einem finanziellen Aufwand verbunden und erwies sich als langfristig nicht tragbar.

Da Klarna in mehreren internationalen Märkten tätig ist, musste das Unternehmen Support-Teams in unterschiedlichen Sprachen aufbauen. Dies stellte nicht nur eine logistische Herausforderung dar, sondern führte auch zu höheren Kosten, da zusätzliche Ressourcen für Schulungen und den Einsatz von mehrsprachigen Support-Mitarbeitern erforderlich waren. Eine effiziente Kommunikation über Sprachbarrieren hinweg war eine zentrale Herausforderung, die den Kundenservice zusätzlich erschwerte.

Die Kundenservice-Mitarbeitenden sahen sich häufig mit wiederkehrenden und einfachen Anfragen konfrontiert, die wenig bis gar keine komplexen Lösungen erforderten. Fragen wie „Wie storniere ich meine Bestellung?" oder „Wie lange dauert eine Rückerstattung?" gehörten zum Tagesgeschäft. Diese Routineaufgaben nahmen viel Zeit in Anspruch und hinderten die Mitarbeitenden daran, sich auf komplexere und anspruchsvollere Anfragen zu konzentrieren, die einen höheren Bedarf an Fachwissen und individueller Betreuung erforderten. Da Kunden unterschiedliches Vokabular für die Formulierung ihrer Fragen benutzen war eine automatisierte Beantwortung durch Analyse von Stichworten nicht zielführend.

Ein weiteres Problem war die oft langwierige Suche nach relevanten Informationen innerhalb des Unternehmens. Mitarbeitende mussten sich durch zahlreiche interne Dokumente und Systeme wühlen, um die nötigen Daten für die Beantwortung von Anfragen zu finden. Dies führte zu ineffizienten Arbeitsabläufen und verlängerte zusätzlich die Einarbeitungszeit neuer Mitarbeitende.

8.2.3 Lösungsansätze

Die Einführung von KI-Assistenzsystemen bei Klarna zielte darauf ab, sowohl die Effizienz im Kundenservice als auch die interne Kommunikation zu optimieren. Zwei zentrale Lösungsansätze wurden dabei implementiert:

1. Ein KI-Assistenzsystem in der direkten Kundeninteraktion
2. Eine KI-Assistenz namens „Kiki" für die interne Kommunikation

Beide Systeme wurden entwickelt, um spezifische Herausforderungen zu adressieren und den Arbeitsalltag für Kunden und Mitarbeitende zu verbessern.

Im Bereich der direkten Kundeninteraktion stand die Automatisierung von Routineanfragen im Mittelpunkt. Die KI-gestützte Lösung wurde darauf trainiert, einfache und häufig gestellte Fragen zu Themen wie Rücksendungen, Rückerstattungen, Stornierungen oder Zahlungen zu beantworten. Diese Anfragen, die früher einen erheblichen Anteil der Kundenservicearbeit ausmachten, wurden von der KI übernommen, wodurch menschliche Mitarbeiter sich komplexeren Anfragen widmen konnten. Die KI-Assistenz ist rund um die Uhr verfügbar und ermöglicht, Kunden weltweit, unabhängig von Zeitzonen oder Geschäftszeiten, schnell zu bedienen.

Ein weiterer entscheidender Vorteil der KI-Lösung im Kundenservice ist die multilinguale Unterstützung. Durch die Fähigkeit, in über 35 Sprachen zu kommunizieren, kann Klarna Kunden in verschiedenen Ländern bedienen, ohne zusätzliche Ressourcen für Übersetzungsdienste oder mehrsprachige Support-Teams aufwenden zu müssen. Darüber hinaus trägt die Automatisierung durch die KI zur Skalierbarkeit des Kundenservices bei. Insbesondere bei saisonalen Spitzen oder besonderen Aktionen, wie während der Weihnachtszeit, kann der KI-Assistent eine enorme Anzahl von Anfragen gleichzeitig bearbeiten und somit die Arbeitslast der Mitarbeitenden verringern.

Im Bereich der internen Kommunikation wurde mit dem KI-Assistenten „Kiki" ein System eingeführt, das den Mitarbeitenden von Klarna hilft, schnell auf relevante Informationen zuzugreifen. Anstatt interne Dokumente durchzusehen oder Kollegen nach Informationen zu fragen, können Mitarbeitende ihre Fragen direkt an „Kiki" richten, der sofort eine präzise Antwort liefert. Dieser Ansatz fördert eine Selbstbedienungskultur und ermöglicht den Mitarbeitenden, ihre Produktivität zu steigern, da sie weniger Zeit mit der Informationsbeschaffung verbringen müssen. Besonders in nicht-technischen Abteilungen wie Kommunikation, Marketing und Recht hat „Kiki" eine hohe Akzeptanz gefunden, da er nicht nur technische Fragen, sondern auch unternehmensspezifische Prozesse und Richtlinien schnell zugänglich macht.

Insgesamt wurden durch die Implementierung dieser beiden KI-Assistenzsysteme wichtige Herausforderungen gelöst. Die direkte Kundeninteraktion wurde effizienter und skalierbarer gestaltet, während die interne Kommunikation optimiert wurde, sodass Mitarbeitende schnell und gezielt auf benötigte Informationen zugreifen können.

8.2.4 Ergebnisse

Die Einführung von KI-Assistenzen bei Klarna hat sowohl die Effizienz als auch die Kundenzufriedenheit signifikant gesteigert. Durch die Implementierung des externen KI-Assistenten, der direkt mit den Kunden interagiert, konnte Klarna die durchschnittliche Bearbeitungszeit von Kundenanfragen von 11 min auf unter 2 min reduzieren. Diese Reduzierung der Antwortzeit trug zu einer höheren Kundenzufriedenheit bei, da Kunden nun wesentlich schneller eine Lösung für ihre Anliegen erhalten. Die Effizienz des Kundenservice wurde durch den KI-Assistenten erheblich gesteigert, der mittlerweile rund zwei Drittel der Kundeninteraktionen abdeckt und so eine massive Entlastung des Support-Teams bewirkt.

Darüber hinaus ermöglicht die Automatisierung von Routineanfragen durch die KI eine erhebliche Kostensenkung. Klarna konnte die Arbeitsbelastung von 700 Vollzeitmitarbeitern im Kundenservice reduzieren und so jährlich mehr als 40 Mio. US-Dollar an Personalkosten einsparen. Ein weiterer wichtiger Erfolg war die Integration des KI-Assistenten in mehr als 35 Sprachen, der Klarna ermöglicht, seinen globalen Kundenstamm ohne zusätzliche sprachliche Barrieren effizient zu bedienen. Diese mehrsprachige Fähigkeit war ein entscheidender Faktor, um die Expansion und den Service in verschiedenen Märkten weltweit zu unterstützen.

Der interne KI-Assistent namens „Kiki" beantwortet täglich mehr als 2000 Anfragen von Mitarbeitenden, indem er schnellen Zugang zu wichtigen Informationen wie Verfahrensanweisungen, Projektstatus und anderen relevanten Unternehmensdaten ermöglicht. Durch diese Automatisierung von Informationsabfragen konnten die Mitarbeitenden ihre Zeit besser für wertschöpfende Tätigkeiten nutzen, was die Produktivität insgesamt steigerte. Besonders nicht-technische Teams wie Marketing, Kommunikation und Recht profitierten von der hohen Akzeptanz und Nützlichkeit von „Kiki", da er den Mitarbeitenden half, sich schneller in ihren Aufgaben zurechtzufinden und ohne Verzögerungen wichtige Informationen zu erhalten.

8.3   LLM-gestützte ERP-Systeme

8.3.1   Unternehmen

SAP SE ist ein weltweit führendes Unternehmen im Bereich der Unternehmenssoftware und Dienstleistungen. 1972 in Walldorf, Deutschland, gegründet, hat sich SAP von einem kleinen Anbieter von Standardsoftwarelösungen zu einem globalen Technologie- und Innovationsführer entwickelt. Ursprünglich als Systemanalyse und Programmentwicklungsgesellschaft gegründet, spezialisierte sich das Unternehmen zunächst auf die Entwicklung von Software für die Finanzbuchhaltung. Das erste Produkt, SAP R/1, revolutionierte die Art und Weise, wie Unternehmen ihre Geschäftsprozesse verwalteten, indem es eine integrierte Lösung zur Verwaltung von Finanz- und Unternehmensressourcen anbot. Im Laufe der Jahre erweiterte SAP sein Portfolio kontinuierlich und entwickelte Lösungen für nahezu alle Geschäftsbereiche eines Unternehmens, von der Produktion über das Personalwesen bis hin zu Vertrieb und Kundenbeziehungsmanagement.

Die Erfolgsstrategie von SAP beruht auf der ständigen Weiterentwicklung und Anpassung seiner Produkte an die sich verändernden Bedürfnisse von Unternehmen in einer zunehmend digitalen und globalisierten Wirtschaft. Mit der Einführung von SAP R/3 in den 1990er-Jahren, einem der ersten umfassenden ERP-Systeme (Enterprise Resource Planning), erlangte SAP internationalen Ruhm und baute eine große Kundenbasis auf. Heute ist das Unternehmen nicht nur als Anbieter von ERP-Systemen bekannt, sondern bietet auch Lösungen in Bereichen wie Cloud-Computing, Künstliche Intelligenz, Datenmanagement und Geschäftsprozessmanagement an.

SAPs Zukunft ist stark durch die digitale Transformation geprägt, insbesondere durch die Integration von Generative AI. Ein Beispiel hierfür ist die kontinuierliche Erweiterung der SAP Business Technology Platform (BTP), die Unternehmen eine einheitliche Plattform zur Nutzung von Cloud-Services, KI und Business Analytics bietet. Mit dieser strategischen Ausrichtung positioniert sich SAP als Wegbereiter für die digitale Zukunft vieler großer Unternehmen und Organisationen weltweit.[3]

Durch die enge Integration der SAP-Lösungen können Unternehmen ihre Geschäftsprozesse in Echtzeit überwachen, optimieren und anpassen, wodurch sie schneller auf Marktveränderungen reagieren können. Darüber hinaus hat SAP mit seiner SAP S/4HANA-Plattform, die auf der In-Memory-Datenbanktechnologie basiert, den Weg für Echtzeit-Datenverarbeitung und fortschrittliche Analysemöglichkeiten geebnet. Diese Innovationen bieten den Unternehmen einen erheblichen Wettbewerbsvorteil in der effizienten Datenverarbeitung.

8.3.2 Herausforderung

Vor der Einführung des Generative AI Hubs durch SAP standen Unternehmen vor einer Vielzahl an Herausforderungen, die eine effektive Nutzung generativer KI erschwerten. Diese Schwierigkeiten betreffen sowohl technische als auch organisatorische, ethische und sicherheitsrelevante Aspekte. Besonders herausfordernd ist die Integration von KI-Modellen unterschiedlicher Anbieter. Jedes Modell verfügte über eigene Schnittstellen und Anpassungsanforderungen, was zu einer komplizierten und fehleranfälligen Implementierung in bestehende Systeme führt. Ohne eine zentrale Plattform zur Verwaltung und Koordination dieser Modelle kann eine effiziente Nutzung nicht sichergestellt werden.

---

[3] SAP. (n.d.). Generative AI Hub in SAP AI Core. SAP. https://help.sap.com/docs/sap-ai-core/sap-ai-core-service-guide/generative-ai-hub-in-sap-ai-core.

Zusätzlich erschwert die fehlende Standardisierung den Einsatz generativer KI in Unternehmen. Die Nutzung verschiedener Modelle ohne eine einheitliche Plattform führt zu Inkonsistenzen in Geschäftsprozessen und erfordert erhebliche Ressourcen, um die Systeme kompatibel zu machen. Dies behindert die Skalierbarkeit von KI-Initiativen und verzögerte die Umsetzung neuer Projekte. Gleichzeitig stellen Sicherheits- und Datenschutzprobleme eine große Hürde dar. Unternehmen, die mit sensiblen Daten arbeiteten, müssen sicherstellen, dass ihre KI-Anwendungen keine Datenschutzverletzungen verursachen und regulatorischen Vorgaben wie der DSGVO entsprechen. Die Unsicherheit darüber, wie sich KI-Modelle sicher und gesetzeskonform betreiben lassen, erschwert ihre Einführung.

Ein weiteres Problem ist der Mangel an Ressourcen und Expertise. Die Entwicklung und Anpassung generativer KI-Modelle erfordert spezialisiertes Wissen, das in vielen Unternehmen nicht vorhanden ist. Der Aufbau interner Kompetenzen sowie die Suche nach qualifizierten Fachkräften stellen eine erhebliche Herausforderung dar und führen dazu, dass Projekte entweder nur langsam oder mit erheblichem finanziellem Aufwand umgesetzt werden können. Schließlich fehlt eine effiziente Orchestrierung mehrerer spezialisierter KI-Modelle. Ohne geeignete Tools zur Koordination dieser Modelle werden Synergien nicht optimal genutzt, was die Effizienz und Qualität der generativen KI-Anwendungen beeinträchtigt.

8.3.3 Lösungsansätze

Der Generative AI Hub bietet eine umfassende Lösung für die Herausforderungen, die Unternehmen bisher bei der Nutzung generativer KI bewältigen mussten. Als zentrale Plattform erleichtert er die Integration, Verwaltung und Orchestrierung unterschiedlicher KI-Modelle und ermöglicht eine effiziente sowie sichere Nutzung dieser Technologien in geschäftskritischen Prozessen.

Eine der zentralen Stärken des Generative AI Hubs liegt in der vereinfachten Modellintegration. Unternehmen können verschiedene generative KI-Modelle unterschiedlicher Anbieter über eine standardisierte Schnittstelle anbinden, ohne sich mit den spezifischen APIs oder Anpassungsanforderungen der einzelnen Modelle auseinandersetzen zu müssen. Dies reduziert die Komplexität und minimiert den Integrationsaufwand erheblich. Darüber hinaus sorgt die Plattform für eine einheitliche Standardisierung bei der Nutzung generativer KI, sodass Unternehmen Modelle interoperabel einsetzen und flexibel kombinieren können. Durch diese Standardisierung werden Ineffizienzen beseitigt und die Skalierbarkeit von KI-Initiativen deutlich verbessert.

Ein wesentlicher Aspekt ist zudem die Berücksichtigung von Sicherheits- und Datenschutzanforderungen. Der Generative AI Hub stellt sicher, dass Unternehmen generative KI nutzen können, ohne die Kontrolle über sensible Daten zu verlieren. Datenschutzbestimmungen wie die DSGVO werden durch Sicherheitsmechanismen gewährleistet, die verhindern, dass vertrauliche Informationen unkontrolliert an externe KI-Modelle weitergegeben werden. Zudem bietet die Plattform Transparenz- und Zugriffskontrollfunktionen, die eine regelkonforme und nachvollziehbare Nutzung der KI-Modelle ermöglichen.

Ein weiteres zentrales Merkmal ist die Optimierung von Ressourcen und Fachkräftebedarf. Da generative KI-Modelle oft spezialisiertes Know-how für ihre Entwicklung und Anpassung erfordern, stellt der Generative AI Hub Werkzeuge bereit, die es Unternehmen ermöglichen, bestehende SAP-Expertise für die KI-Nutzung zu verwenden. Dies reduziert die Notwendigkeit, zusätzliches Fachpersonal mit tiefgehender KI-Expertise einzustellen, und senkt so die Einstiegshürden für den produktiven Einsatz generativer KI.

Darüber hinaus erleichtert die Plattform die Orchestrierung mehrerer KI-Modelle. Unternehmen sind nicht mehr auf ein einziges Modell beschränkt, sondern können verschiedene generative KI-Modelle parallel nutzen und in Workflows integrieren. Durch eine intelligente Steuerung werden die jeweiligen Stärken der Modelle kombiniert, um eine optimale Performance sicherzustellen.

Ein herausragendes Merkmal des Generative AI Hubs ist seine tiefe Integration in die bestehende SAP-Systemlandschaft und deren Datenbasis. Unternehmen können generative KI direkt in SAP-Anwendungen wie SAP S/4HANA, SAP Business Technology Platform (BTP) und weitere cloudbasierte Lösungen einbinden. Dadurch lassen sich Prozesse automatisieren, personalisierte Kundenerlebnisse schaffen und datengetriebene Entscheidungen optimieren. Generative KI-Modelle können auf den umfangreichen, kontextrelevanten und geprüften Datenbeständen von SAP zugreifen, wodurch sie präzisere und unternehmensspezifische Ergebnisse liefern können. Gleichzeitig wird sichergestellt, dass sensible Informationen innerhalb der geschützten SAP-Umgebung bleiben und nicht unkontrolliert an externe Systeme gelangen. Die Architektur ermöglicht eine nahtlose Einbindung in bestehende Geschäftsprozesse, von der automatisierten Dokumentenerstellung über intelligente Chatbots bis hin zu innovativen Anwendungen in der Produktion und Finanzplanung.

8.3.4 Ergebnisse

Ein besonders anschauliches Beispiel für die vielzähligen Anwendungsmöglichkeiten des Generativen AI Hubs im ERP-Kontext ist das Supply Chain Management (SCM). Die Supply Chain ist eine der zentralen Säulen eines Unternehmens, da sie für die effiziente Planung, Beschaffung, Produktion und Lieferung von

Waren und Dienstleistungen verantwortlich ist. In einem zunehmend globalisierten und dynamischen Marktumfeld steht das Supply Chain Management vor der Herausforderung, in Echtzeit auf Veränderungen in der Nachfrage, Marktbedingungen oder Lieferengpässen zu reagieren. Traditionelle ERP-Systeme, die in der Vergangenheit auf statischen Daten und festen Prozessen basierten, stoßen hierbei an ihre Grenzen.

Eine der zentralen Stärken des GenAI Hubs im SCM ist die Fähigkeit, die Bestandsführung zu optimieren. Durch die intelligente Analyse von historischen Daten und Markttrends kann der Hub präzise Vorhersagen über zukünftige Nachfragetrends treffen und somit eine genauere Bestandsplanung ermöglichen. Dies führt zu einer Reduzierung von Überbeständen und Unterbeständen, wodurch nicht nur Lagerhaltungskosten gesenkt, sondern auch die Kapitalbindung in Beständen minimiert wird. Unternehmen profitieren von einer effizienteren Ressourcennutzung und einer verbesserten Liquidität.

Neben der Bestandsoptimierung bietet der GenAI Hub eine fortschrittliche Funktion zur prädiktiven Nachfrageprognose. Anstelle einfacher historischer Trends, berücksichtigt die KI dynamische Faktoren wie geopolitische Ereignisse, die die Nachfrage beeinflussen können. Dadurch werden nicht nur die Produktions- und Beschaffungsprozesse besser abgestimmt, sondern auch Engpässe und Produktionsstopps proaktiv vermieden. Eine höhere Prognosegenauigkeit führt zu einer besseren Planbarkeit und steigert die Kundenzufriedenheit, da Unternehmen in der Lage sind, stets die richtige Menge an Produkten zur richtigen Zeit bereitzustellen.

Die Optimierung der Lieferkettenplanung ist ein weiteres zentrales Ergebnis, das durch den Einsatz des GenAI Hubs erzielt wird. In einer zunehmend globalisierten und komplexen Weltwirtschaft ist entscheidend, Störungen in der Lieferkette frühzeitig zu erkennen und flexibel darauf zu reagieren. Der GenAI Hub überwacht in Echtzeit die gesamte Lieferkette und erkennt potenzielle Engpässe oder Verzögerungen. Dadurch können sofortige Gegenmaßnahmen ergriffen werden, sei es durch die Umplanung von Routen, den Wechsel von Lieferanten oder die Anpassung von Produktionsplänen. Diese proaktive Herangehensweise führt zu einer deutlich verbesserten Resilienz und Flexibilität der Lieferkette.

The manufacturer's authorised representative in the EU is Springer
Nature Customer Service Centre GmbH, Europaplatz 3, 69115 Heidelberg,
Germany. If you have any concerns regarding our products, please
contact ProductSafety@springernature.com

Printed and bound by CPI Group (UK) Ltd, Croydon, CR0 4YY
29/04/2026
02099471-0006